# 2026
# 고시넷

NCS 직무수행능력평가

## 전국 수협 전공시험
## 수협법 일반관리계 선택과목

# 최고 강사진의 동영상 강의

### 수강생 만족도 1위

**류준상** 선생님
- 서울대학교 졸업
- 응용수리, 자료해석 대표강사
- 정답이 보이는 문제풀이 스킬 최다 보유
- 수포자도 만족하는 친절하고 상세한 설명

### 공부의 神

**양광현** 선생님
- 서울대학교 졸업
- NCS 모듈형 대표강사
- 시험에 나올 문제만 콕콕 짚어주는 강의
- 중국 칭화대학교 의사소통 대회 우승
- 前 공신닷컴 멘토

### 경영·경제 전문가의 고퀄리티 강의

**김경진** 선생님
- 서울대학교 경영학 석사
- 미국 텍사스 주립대 경제학 석사
- CFA(국제공인재무분석사)
- 前 대기업(S사, K사) 면접관

# PREFACE
## 정오표 및 학습 질의 안내

### 정오표 확인 방법

고시넷은 오류 없는 책을 만들기 위해 최선을 다합니다. 그러나 편집 과정에서 미처 잡지 못한 실수가 뒤늦게 나오는 경우가 있습니다. 고시넷은 이런 잘못을 바로잡기 위해 정오표를 실시간으로 제공합니다. 감사하는 마음으로 끝까지 책임을 다하겠습니다.

고시넷 홈페이지 접속 > 고시넷 출판-커뮤니티 > 정오표

www.gosinet.co.kr

모바일폰에서 QR코드로 실시간 정오표를 확인할 수 있습니다.

### 학습 질의 안내

학습과 교재선택 관련 문의를 받습니다. 적절한 교재선택에 관한 조언이나 고시넷 교재 학습 중 의문 사항은 아래 주소로 메일을 주시면 성실히 답변드리겠습니다.

이메일주소 qna@gosinet.co.kr

# CONTENTS 차례

### 전국수협 인적성검사 정복

- 구성과 활용
- 전국 수협 알아두기
- 모집공고 및 채용 절차
- 수산업협동조합법 기출 유형 분석

### 파트 1 수산업협동조합법

| | |
|---|---|
| 제1장 총칙 | 16 |
| 제2장 지구별 수산업협동조합 | 22 |
| 제3장 업종별 수산업협동조합 | 76 |
| 제4장 [1]수산물가공 수산업협동조합 | 80 |
| 제4장 [2]조합공동사업법인 | 84 |
| 제5장 수산업협동조합협의회 | 88 |
| 제6장 수산업협동조합중앙회 | 90 |
| 제7장 감독 | 124 |
| 제8장 벌칙 | 130 |
| 시행령 수산업협동조합법 시행령 | 136 |
| 규칙 수산업협동조합법 시행규칙 | 176 |

### 파트 2 수산업협동조합법 기출예상모의고사

| | |
|---|---|
| 1회 기출예상문제 | 190 |
| 2회 기출예상문제 | 210 |
| 3회 기출예상문제 | 230 |
| 4회 기출예상문제 | 252 |

## 파트 3 법조문 빈칸 채우기

- 제1장 총칙 — 276
- 제2장 지구별 수산업협동조합 — 281
- 제3장 업종별 수산업협동조합 — 322
- 제4장 [1]수산물가공 수산업협동조합 — 325
- 제4장 [2]조합공동사업법인 — 328
- 제5장 수산업협동조합협의회 — 332
- 제6장 수산업협동조합중앙회 — 333
- 제7장 감독 — 360
- 제8장 벌칙 — 364
- 시행령 수산업협동조합법 시행령 — 369
- 규칙 수산업협동조합법 시행규칙 — 401

## 책 속의 책 정답과 해설

### 파트 2 수산업협동조합법 기출예상모의고사 정답과 해설

- 1회 기출예상문제 — 2
- 2회 기출예상문제 — 13
- 3회 기출예상문제 — 23
- 4회 기출예상문제 — 33

### 파트 3 법조문 빈칸 채우기 정답과 해설

- 제1장~제2장 — 43
- 제3장~제6장 — 45
- 제7장 — 46
- 제8장~시행령 — 47
- 시행규칙 — 48

# EXAMINATION GUIDE | 구성과 활용

## |1|

### 수협 소개 & 채용 절차

수협의 비전, 사업, 인재상 등을 수록하였으며, 최신 채용 절차를 쉽고 빠르게 확인할 수 있도록 구성하였습니다.

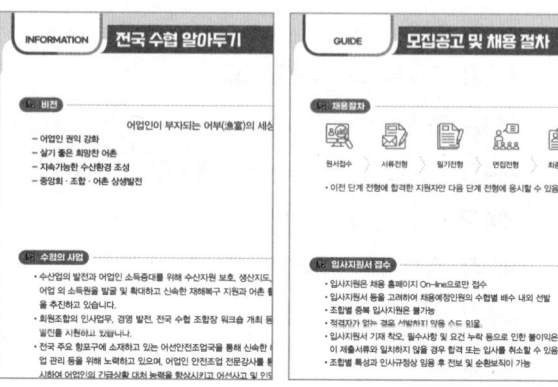

## |2|

### 수산업협동조합법 기출 유형 분석

수협 필기고시 출제 기준에 따른 최근 법률 개정안과 이에 따른 최신 기출 경향을 분석하여 한눈에 파악할 수 있도록 구성하였습니다.

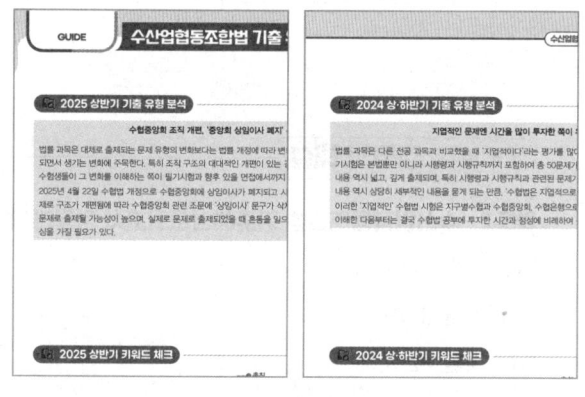

## |3|

### 수산업협동조합법 조문 익히기

수산업협동조합법과 시행령, 시행규칙의 조문과 이를 바탕으로 구성한 조문확인 OX문제와 함께 각 장별 조문을 차근차근 이해할 수 있도록 구성하였습니다.

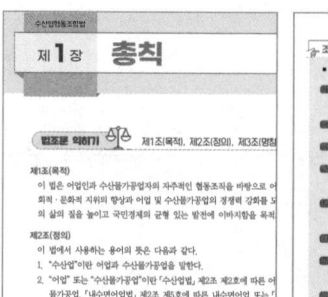

## 수산업협동조합법 기출예상모의고사

실제 수산업협동조합법 기출문제의 유형으로 구성한 총 4회의 기출예상모의고사를 통해 완벽한 실전 준비가 가능하도록 구성하였습니다.

## 법조문 빈칸 채우기

직접 수산업협동조합법의 조문 내용을 작성하면서 문제의 정답이 될 가능성이 높은 키워드를 중심으로 효과적인 조문 회독 학습이 이루어지도록 하였습니다.

## INFORMATION 전국 수협 알아두기

### 비전

어업인이 부자되는 어부(漁富)의 세상
- 어업인 권익 강화
- 살기 좋은 희망찬 어촌
- 지속가능한 수산환경 조성
- 중앙회 · 조합 · 어촌 상생발전

### 수협의 사업

- 수산업의 발전과 어업인 소득증대를 위해 수산자원 보호, 생산지도, 어장 환경개선 지원은 물론 어업 외 소득원을 발굴 및 확대하고 신속한 재해복구 지원과 어촌 활력을 불어넣는 다양한 사업을 추진하고 있습니다.
- 회원조합의 인사업무, 경영 발전, 전국 수협 조합장 워크숍 개최 등 회원조합의 지속적 성장과 발전을 지원하고 있습니다.
- 전국 주요 항포구에 소재하고 있는 어선안전조업국을 통해 신속한 해상구조지원업무 및 안전조업 관리 등을 위해 노력하고 있으며, 어업인 안전조업 전문강사를 통한 체험 · 참여형 교육을 실시하여 어업인의 긴급상황 대처 능력을 향상시키고 어선사고 및 인명피해를 예방하고 있습니다.
- 전국 위판장과 공판장 등에 설치된 방송시스템을 통해 다양한 수협 및 수산업 관련 소식을 신속하게 전달하여 대국민 홍보를 강호하고 수산업의 위상을 높이는 해양수산방송을 운영하고 있습니다.
- 어업인의 커뮤니케이션 활성화를 통해 권익을 보호하고 수협 · 수산 관련 소식의 정확한 전달과 홍보를 위해 수산물 생산 및 소비 관련 뉴스, 수산 정책 및 수산 관련 종합뉴스 등 다양한 소식을 담은 어업in수산을 매주 목요일에 발간하여 어업인, 수협, 정부, 일반인에게 배포하고 있습니다.

### CI

- 수협 로고의 외곽타원은 어민의 삶의 터전이 푸른 바다, 맑은 물을 상징
- 4마리의 물고기 도형은 어민과 어민, 수협과 어민, 수협과 정부 사이의 상호협동을 의미
- 물고기와 파도문양의 합성으로 형성한 역동감은 수협운동을 통한 진취적인 선진국가로의 발전을 투구하는 수협의 기상을 의미

## 윤리경영

**투명하고 깨끗한 세상! 수협이 앞장서겠습니다.**

### 윤리경영을 통한 세계화

세계적으로 엔론사태 이후 기업의 준법정신을 높일 수 있는 '기업윤리'가 강조되고 있으며, 윤리경영이 글로벌 스탠더드로 부상되고 있습니다.

### 철저한 윤리경영의 실천 및 확산

수협은 공사, 모든 용역, 구매 등 계약 체결의 일련과정에서 금품 또는 향응을 수수하지 못하도록 계약 상대방과 청렴계약 체결 위반 시 계약 해지, 거래 중단 등 불이익 부과로 업무의 투명성 강화와 아울러 수협의 윤리경영 실천 및 거래업체의 윤리경영 확산을 도모하고 있습니다.

### 윤리경영시스템의 운영 및 사회공헌

윤리경영은 일시적 유행이 아닌 시대적 요구사항으로 21세기 기업생존을 위한 필수요건임을 전 임직원이 인지하여, 기업경쟁력 강화차원에서 변화와 혁신의 시대적 상황과 높아진 사회의식수준에 부응하기 위하여 윤리경영시스템을 도입해 운영하고 있으며, 각종 사회봉사활동 및 공정하고 투명한 업무수행을 행하고 있습니다.

## 인재상

### Cooperation
**협동과 소통으로 시너지를 창출하는 수협인**
- 동료와 팀워크를 발휘하여 조직의 목표 달성에 기여하는 사람
- 다양한 배경과 생각을 가진 사람들과 의견을 조율하여 문제를 해결하는 사람

### Creativity
**창의와 혁신으로 미래에 도전하는 수협인**
- 번뜩이는 생각과 새로운 시각으로 변화하는 시대에 앞서 나가는 사람
- 유연한 자세와 변화를 추구하며 새로운 분야를 개척하는 사람

### Consideration
**친절과 배려로 어업인과 고객에 봉사하는 수협인**
- 고객을 섬기는 따뜻한 가슴으로 고객 행복에 앞장서는 사람
- 상대방의 입장에서 생각하고 행동하는 너그러운 마음을 품은 사람

## GUIDE — 모집공고 및 채용 절차

### 채용절차

원서접수 〉 서류전형 〉 필기전형 〉 면접전형 〉 최종발표

- 이전 단계 전형에 합격한 지원자만 다음 단계 전형에 응시할 수 있음.

### 입사지원서 접수

- 입사지원은 채용 홈페이지 On-line으로만 접수
- 입사지원서 등을 고려하여 채용예정인원의 수협별 배수 내외 선발
- 조합별 중복 입사지원은 불가능
- 적격자가 없는 경우 선발하지 않을 수도 있음.
- 입사지원서 기재 착오, 필수사항 및 요건 누락 등으로 인한 불이익은 본인 부담이며, 주요기재사항이 제출서류와 일치하지 않을 경우 합격 또는 입사를 취소할 수 있음.
- 조합별 특성과 인사규정상 임용 후 전보 및 순환보직이 가능

### 지원자격

| | |
|---|---|
| 학력 | 제한 없음(단, 졸업예정자는 면접일 이후 근무 가능한 자여야 함. 근무가 불가능할 시 합격이 취소될 수 있음). |
| 연령 | 제한 없음(단, 마감일 기준 현재 우리 조합 정년 이상인 자 제외). |
| 기타 | • 우리 조합 인사규정상 채용결격사유에 해당하지 않는 자<br>• 우리 조합 업무 관련 자격증 소지자 우대<br>• 취업지원대상자, 장애인은 관련법령에 의해 가점 등 부여 |

## 필기전형

| 구분 | 내용 |
|---|---|
| 일반관리계 | • 필수과목(30%) : 인성검사, NCS 직업기초능력평가(50문항/60분)<br>• 선택과목(70%) : 전공(50문항/50분)<br>  – 민법(친족, 상속편 제외), 회계학(원가관리회계, 세무회계 제외), 경영학(회계학 제외), 수협법(시행령, 시행규칙 포함), 상업경제 중 택 1 |
| 기술·기능계 | 필수과목 : 인성검사, NCS 직업기초능력평가(50문항/60분) |

※ 필기전형 고득점자 순으로 채용예정인원의 수협별 배수 내 선발하며 각 과목별 과락(40점 미만) 시 불합격 처리
※ 인성검사 성적은 제외하나 '부적합'의 경우 불합격 처리
※ NCS 직업기초능력평가 : 의사소통능력, 수리능력, 문제해결능력, 자원관리능력, 정보능력, 조직이해능력

## 면접전형

- 면접 관련 세부내용은 채용홈페이지에 공고하지만 조합 사정에 따라 일정 변동 가능
- 면접은 1차 인성면접과, 2차 실무면접으로 이루어지고 1·2차 면접은 같은 날 진행됨.
- 면접점수 고득점자 순으로 최종합격자를 결정
- 면접 대상자에 한하여 면접 당일 해당 조합 총무과에 다음 서류를 개별 제출

| 공통 | 해당자 |
|---|---|
| • 주민등록초본<br>• 최종학교 학력증명서·전학년 성적증명서(석사이상은 학부 졸업 및 성적증명서 포함) | • 주민등록초본(병역사항 포함)<br>  – 병역을 필한 지원자는 병역사항이 포함된 주민등록초본만 제출 가능<br>• 경력증명서<br>• 취업지원대상자증명서, 장애인증명서<br>• 자격증·면허증 사본 |

※ 면접 전행 시 제출한 서류는 채용절차의 공정화에 관한 법률 제11조에 따라 최종합격자 발표 후 14일 이내 반환 청구가 가능함.

# GUIDE
## 수산업협동조합법 기출 유형 분석

### 2025 상반기 기출 유형 분석

**수협중앙회 조직 개편, '중앙회 상임이사 폐지' 주목**

법률 과목은 대체로 출제되는 문제 유형의 변화보다는 법률 개정에 따라 변화하는 내용이 실제 시험에 반영되면서 생기는 변화에 주목한다. 특히 조직 구조의 대대적인 개편이 있는 경우에는 미래 조직의 일원이 될 수험생들이 그 변화를 이해하는 쪽이 필기시험과 향후 있을 면접에서까지 우위를 차지할 수 있을 것이다. 2025년 4월 22일 수협법 개정으로 수협중앙회에 상임이사가 폐지되고 사업전담대표이사와 집행간부 체제로 구조가 개편됨에 따라 수협중앙회 관련 조문에 '상임이사' 문구가 삭제되었다. 올 하반기부터는 직접 문제로 출제될 가능성이 높으며, 실제로 문제로 출제되었을 때 혼동을 일으키기 쉬운 내용인 만큼 특히 관심을 가질 필요가 있다.

### 2025 상반기 키워드 체크

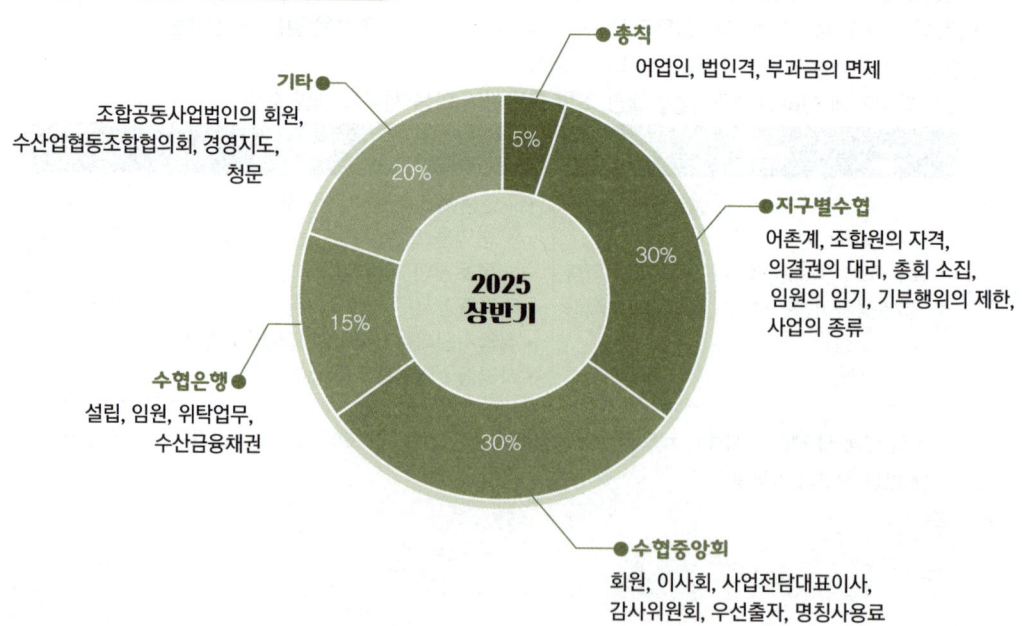

## 2024 상·하반기 기출 유형 분석

**지엽적인 문제엔 시간을 많이 투자한 쪽이 유리**

법률 과목은 다른 전공 과목과 비교했을 때 '지엽적이다'라는 평가를 많이 받는 과목이다. 특히 수협법 필기시험은 본법뿐만 아니라 시행령과 시행규칙까지 포함하여 총 50문제가 출제되는 만큼, 출제되는 문제의 내용 역시 넓고, 깊게 출제되며, 특히 시행령과 시행규칙과 관련된 문제가 출제될 경우 자연스럽게 문제의 내용 역시 상당히 세부적인 내용을 묻게 되는 만큼, '수협법은 지엽적으로 출제된다'는 평가를 자주 받는다. 이러한 '지엽적인' 수협법 시험은 지구별수협과 수협중앙회, 수협은행으로 크게 구분되는 수협법의 구조를 이해한 다음부터는 결국 수협법 공부에 투자한 시간과 정성에 비례하여 점수가 결정된다.

## 2024 상·하반기 키워드 체크

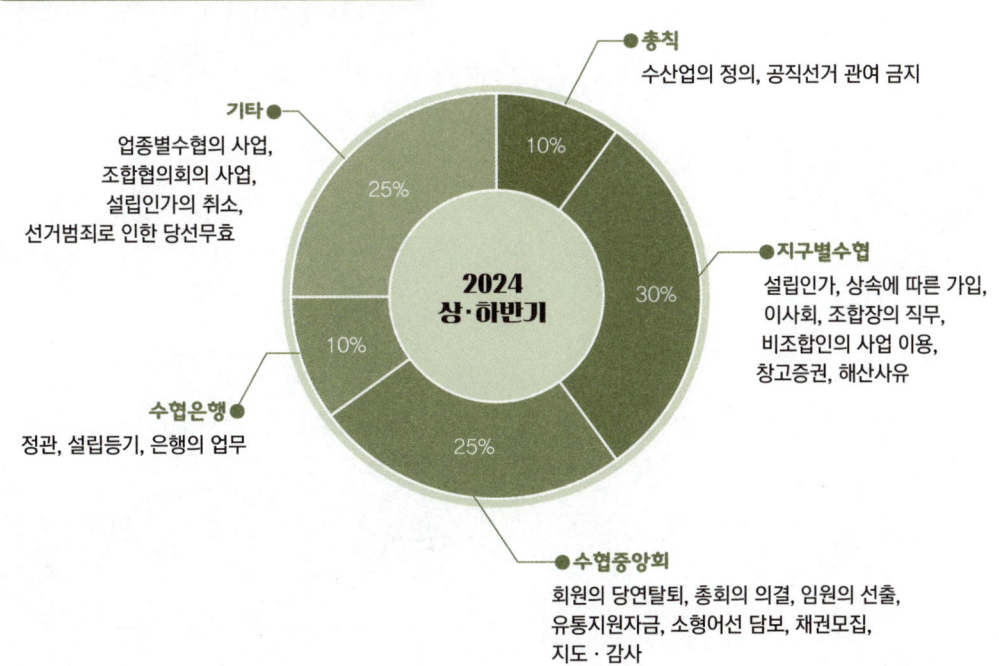

* 2025. 4. 22. 일부개정 법률 제20941호 기준
(시행일 2025. 4. 22.)

# 파트 1 수산업협동조합법

| 제1장 | 총칙 |
| --- | --- |
| 제2장 | 지구별 수산업협동조합 |
| 제3장 | 업종별 수산업협동조합 |
| 제4장 | [1]수산물가공 수산업협동조합 |
|  | [2]조합공동사업법인 |
| 제5장 | 수산업협동조합협의회 |
| 제6장 | 수산업협동조합중앙회 |
| 제7장 | 감독 |
| 제8장 | 벌칙 |
| 시행령 | 수산업협동조합법 시행령 |
| 규칙 | 수산업협동조합법 시행규칙 |

수산업협동조합법

# 제1장 총칙

**법조문 익히기** 제1조(목적), 제2조(정의), 제3조(명칭), 제4조(법인격 등)

### 제1조(목적)

이 법은 어업인과 수산물가공업자의 자주적인 협동조직을 바탕으로 어업인과 수산물가공업자의 경제적·사회적·문화적 지위의 향상과 어업 및 수산물가공업의 경쟁력 강화를 도모함으로써 어업인과 수산물가공업자의 삶의 질을 높이고 국민경제의 균형 있는 발전에 이바지함을 목적으로 한다.

### 제2조(정의)

이 법에서 사용하는 용어의 뜻은 다음과 같다.
1. "수산업"이란 어업과 수산물가공업을 말한다.
2. "어업" 또는 "수산물가공업"이란 「수산업법」 제2조 제2호에 따른 어업, 같은 법 제2조 제5호에 따른 수산물가공업, 「내수면어업법」 제2조 제5호에 따른 내수면어업 또는 「양식산업발전법」 제2조 제2호에 따른 양식업을 말한다.
3. "어업인" 또는 "수산물가공업자"란 「수산업법」 제2조 제10호에 따른 어업인, 같은 조 제15호에 따른 수산물가공업자, 「내수면어업법」에 따른 어업인, 내수면어업 관련 어업인 또는 「양식산업발전법」 제2조 제12호에 따른 양식업자를 말한다.
4. "조합"이란 이 법에 따라 설립된 지구별 수산업협동조합, 업종별 수산업협동조합 및 수산물가공 수산업협동조합을 말한다.
5. "중앙회"란 이 법에 따라 설립된 수산업협동조합중앙회를 말한다.

### 제3조(명칭)

① 조합 및 중앙회는 다음 각 호의 기준에 따라 명칭을 사용하여야 한다.
1. 지구별 수산업협동조합은 지구명을 붙인 수산업협동조합의 명칭을 사용할 것
2. 업종별 수산업협동조합은 업종명(양식방법을 포함한다) 또는 품종명을 붙인 수산업협동조합의 명칭을 사용할 것. 이 경우 주된 사무소의 소재지가 속한 지방자치단체의 명칭을 함께 사용할 수 있다.
3. 수산물가공 수산업협동조합은 수산물가공업명을 붙인 수산업협동조합의 명칭을 사용할 것
4. 중앙회는 수산업협동조합중앙회의 명칭을 사용할 것

② 이 법에 따라 설립된 조합과 중앙회가 아니면 제1항에 따른 명칭 또는 이와 유사한 명칭을 사용하지 못한다. 다만, 다음 각 호의 어느 하나에 해당하는 법인이 조합 또는 중앙회의 정관으로 정하는 바에 따라 승인을 받은 경우에는 제1항에 따른 명칭 또는 이와 유사한 명칭을 사용할 수 있다.
1. 조합 또는 중앙회가 출자하거나 출연한 법인
2. 그 밖에 중앙회가 필요하다고 인정하는 법인

**제4조(법인격 등)**
① 조합과 중앙회는 법인으로 한다.
② 조합과 중앙회의 주소는 그 주된 사무소의 소재지로 한다.

---

### 조문확인 OX 문제

제1조(목적), 제2조(정의), 제3조(명칭), 제4조(법인격 등)

■ 다음 조문을 읽고 맞는 것은 O, 틀린 것은 X에 V 표시하시오.

01 「수산업협동조합법」은 어업인과 수산물가공업자의 자주적인 협동조직을 바탕으로 지위 향상과 경쟁력 강화를 통해 국민경제에 이바지함을 목적으로 한다. [O / X]

02 「수산업협동조합법」에서 수산업이란 수산물가공업을 제외한 일체의 어업을 의미한다. [O / X]

03 내수면어업은 「수산업협동조합법」에서의 수산업에 포함되지 않는다. [O / X]

04 지구별 수산업협동조합은 해당 지구명을 사용한 수산업협동조합의 명칭을 사용하여야 한다. [O / X]

05 양식업을 주로 하는 업종별 수산업협동조합은 그 양식방법을 이름으로 하는 수산업협동조합의 명칭을 사용할 수 있다. [O / X]

06 업종별 수산업협동조합은 조합명에 소속 지방자치단체의 명칭을 사용할 수 없다. [O / X]

07 수산물가공 수산업협동조합은 수산물가공업명을 붙인 수산업협동조합의 명칭을 사용하여야 한다. [O / X]

08 수산업협동조합중앙회가 출자하여 설립된 법인은 정관의 승인이 있다면 '수산업협동조합중앙회'의 명칭을 사용할 수 있다. [O / X]

09 수산업협동조합중앙회는 법인으로 한다. [O / X]

10 지구별 수산업협동조합의 주소는 그 주된 사무소의 소재지로 한다. [O / X]

[정답] 01 O  02 X  03 X  04 O  05 O
       06 X  07 O  08 O  09 O  10 O

> **법조문 익히기** — 제5조(최대 봉사의 원칙 등), 제6조(중앙회등의 책무), 제7조(공직선거 관여 금지), 제8조(부과금의 면제)

### 제5조(최대 봉사의 원칙 등)

① 조합과 중앙회는 그 업무 수행 시 조합원이나 회원을 위하여 최대한 봉사하여야 한다.
② 조합과 중앙회는 일부 조합원이나 일부 회원의 이익에 편중되는 업무를 하여서는 아니 된다.
③ 조합과 중앙회는 설립 취지에 반하여 영리 또는 투기를 목적으로 하는 업무를 하여서는 아니 된다.

### 제6조(중앙회등의 책무)

① 중앙회는 회원의 건전한 발전을 도모하기 위하여 적극 노력하여야 한다.
② 중앙회는 회원의 사업이 원활히 이루어지도록 돕고, 회원의 공동이익을 위한 사업을 수행함을 원칙으로 하며, 회원의 사업과 직접 경합(競合)되는 사업을 하여 회원의 사업을 위축시켜서는 아니 된다. 다만, 중앙회가 회원과 공동출자 등의 방식으로 회원 공동의 이익을 위하여 사업을 수행하는 경우에는 회원의 사업과 직접 경합하는 것으로 보지 아니한다.
③ 중앙회는 자기자본을 충실히 하고 적정한 유동성을 유지하는 등 경영의 건전성 및 효율성을 확보하여야 한다.
④ 중앙회 및 중앙회가 출자한 법인(제141조의4에 따른 수협은행은 제외한다. 이하 "중앙회등"이라 한다)은 회원 또는 회원의 조합원으로부터 수집하거나 판매위탁을 받은 수산물 및 그 가공품의 유통, 가공, 판매 및 수출을 적극적으로 추진하고, 수산물 가격안정을 위하여 수급조절에 필요한 조치를 하여야 한다.

### 제7조(공직선거 관여 금지)

① 조합, 제113조의3에 따른 조합공동사업법인(이하 "조합등"이라 한다) 및 중앙회는 공직선거에서 특정 정당을 지지하는 행위와 특정인이 당선되게 하거나 당선되지 아니하도록 하는 행위를 하여서는 아니 된다.
② 누구든지 조합등과 중앙회를 이용하여 제1항에 따른 행위를 하여서는 아니 된다.

### 제8조(부과금의 면제)

조합등, 중앙회 및 제141조의4에 따른 수협은행(이하 "수협은행"이라 한다)의 업무 및 재산에 대하여는 국가 및 지방자치단체의 조세 외의 부과금을 면제한다. 다만, 그 재산이 조합등, 중앙회 및 수협은행의 사업(제60조 제1항, 제107조 제1항, 제112조 제1항, 제113조의8, 제138조 제1항 및 제141조의9 제1항에 따른 사업에 한정한다) 외의 목적으로 사용되는 경우에는 그러하지 아니하다.

**조문확인 OX 문제**  제5조(최대 봉사의 원칙 등), 제6조(중앙회등의 책무), 제7조(공직선거 관여 금지), 제8조(부과금의 면제)

- 다음 조문을 읽고 맞는 것은 O, 틀린 것은 X에 V 표시하시오.

01 중앙회는 일부 회원의 이익에 편중되는 업무를 하여서는 아니 된다.　　　　O　X

02 조합은 설립 취지에 반하는 영리 목적의 업무를 하여서는 아니 된다. 　　　O　X

03 중앙회는 회원과의 공동이익을 위한 사업을 수행하는 것을 원칙으로 한다. 　O　X

04 중앙회가 회원과 공동출자의 방식으로, 회원 공동의 이익을 위한 사업을 수행하는 경우는 회원의 사업과 경합하는 것으로 본다. 　O　X

05 중앙회는 회원으로부터 수산물의 판매위탁을 받아 이를 판매할 수 있다. 　O　X

06 중앙회는 수산물의 가격안정을 위해 수급조절에 필요한 조치를 하여야 한다. 　O　X

07 조합공동사업법인은 공직선거에서 특정 정당에 대한 지지를 표명하고 선거운동에 직접 참여할 수 있다. 　O　X

08 누구든지 중앙회를 이용하여 특정인이 당선되게 하는 행위를 하여서는 아니 된다. 　O　X

09 국가는 중앙회의 사업을 목적으로 하는 재산 운용에 있어서 국세를 면제한다. 　O　X

10 지방자치단체는 수협은행의 사업을 목적으로 하는 업무에 대해 지방세를 면제한다. 　O　X

[정답] 01 O  02 O  03 O  04 X  05 O  06 O  07 X  08 O  09 X  10 X

제9조(국가·공공단체의 협력 등), 제10조(다른 협동조합 등과의 협력), 제12조(다른 법률의 적용 배제 및 준용), 제12조의2(「근로복지기본법」과의 관계, 제12조의3(「중소기업제품 구매촉진 및 판로지원에 관한 법률」과의 관계

### 제9조(국가·공공단체의 협력 등)

① 국가와 공공단체는 조합등과 중앙회의 사업에 적극적으로 협력하여야 한다. 이 경우 국가와 공공단체는 조합등과 중앙회의 사업에 필요한 경비를 보조하거나 융자할 수 있다.
② 국가와 공공단체는 조합등과 중앙회의 자율성을 침해하여서는 아니 된다.
③ 중앙회의 회장은 조합등과 중앙회의 발전을 위하여 필요한 사항에 관하여 국가와 공공단체에 의견을 제출할 수 있다. 이 경우 국가와 공공단체는 그 의견이 반영되도록 노력하여야 한다.

### 제10조(다른 협동조합 등과의 협력)

조합등과 중앙회는 조합등 간, 조합등과 중앙회 간 또는 다른 법률에 따른 협동조합 및 외국의 협동조합과의 상호협력·이해증진 및 공동사업 개발 등을 위하여 노력하여야 한다.

### 제11조 삭제 〈2016. 5. 29.〉

### 제12조(다른 법률의 적용 배제 및 준용)

① 조합과 중앙회의 사업에 대하여는 「보험업법」, 「해운법」 제24조, 「석유 및 석유대체연료 사업법」 제10조, 「여객자동차 운수사업법」 제4조·제8조·제81조 및 「화물자동차 운수사업법」 제56조를 적용하지 아니한다.
② 조합과 중앙회의 보관사업에 대해서는 이 법에서 정한 것 외에 「상법」 제155조부터 제168조까지의 규정을 준용한다.
③ 제113조의3에 따른 조합공동사업법인의 사업에 대해서는 「화물자동차 운수사업법」 제56조를 적용하지 아니한다.

### 제12조의2(「근로복지기본법」과의 관계)

① 중앙회와 수협은행은 「근로복지기본법」을 적용하는 경우 동일한 사업 또는 사업장으로 보고 같은 법 제50조에 따른 사내근로복지기금을 통합하여 운용할 수 있다.
② 제1항에서 정한 것 외에 중앙회와 수협은행을 사업 또는 사업장으로 하여 설립하는 「근로복지기본법」 제50조에 따른 사내근로복지기금의 통합·운용을 위하여 필요한 사항은 해당 사내근로복지기금법인의 정관으로 정한다.
[법률 제14242호(2016. 5. 29.) 제12조의2의 개정규정은 같은 법 부칙 제2조의 규정에 의하여 2021년 11월 30일까지 유효함]

### 제12조의3(「중소기업제품 구매촉진 및 판로지원에 관한 법률」과의 관계)

조합등이 공공기관(「중소기업제품 구매촉진 및 판로지원에 관한 법률」 제2조 제2호에 따른 공공기관을 말한다)에 직접 생산하는 물품을 공급하는 경우에는 조합등을 「중소기업제품 구매촉진 및 판로지원에 관한 법률」 제33조 제1항 각 호 외의 부분에 따른 국가와 수의계약의 방법으로 납품계약을 체결할 수 있는 자로 본다.
[법률 제16509호(2019. 8. 20.) 제12조의3의 개정규정은 같은 법 부칙 제2조의 규정에 의하여 2024년 8월 19일까지 유효함]

제9조(국가·공공단체의 협력 등), 제10조(다른 협동조합 등과의 협력), 제12조(다른 법률의 적용 배제 및 준용), 제12조의2(「근로복지기본법」과의 관계, 제12조의3「중소기업제품 구매촉진 및 판로지원에 관한 법률」과의 관계

## 조문확인 OX 문제

■ 다음 조문을 읽고 맞는 것은 O, 틀린 것은 X에 V 표시하시오.

01 국가는 중앙회의 재정적 자율성을 위해 중앙회의 사업경비를 직접 보조하여서는 아니 된다. | O | X |

02 중앙회의 회장은 중앙회의 발전을 위해 필요한 사항에 대해 공공단체에 의견을 제출할 수 있다. | O | X |

03 국가는 중앙회의 발전을 위해 제출한 의견에 대해 그 내용이 반영되도록 노력하여야 한다. | O | X |

04 중앙회는 지구별수협과의 상호협력을 위하여 노력하여야 한다. | O | X |

05 지구별수협은 외국의 협동조합과의 상호협력을 위한 공동사업을 추진할 수 있다. | O | X |

06 중앙회의 보험사업에 관하여는 「보험업법」을 적용하지 아니한다. | O | X |

07 중앙회의 내항 화물운송사업에 대해서는 「해운법」 제24조(사업의 등록)를 적용하지 아니한다. | O | X |

08 중앙회의 운수사업에 대하여는 「여객자동차 운수사업법」 제81조(자가용 자동차의 유상 운송 금지)를 적용하지 아니한다. | O | X |

09 중앙회의 보관사업에 대하여는 「상법」 제156조(창고증권의 발행)를 준용한다. | O | X |

10 조합공동사업법인의 사업에 대해서는 「화물자동차 운수사업법」 제56조(유상운송의 금지)를 준용한다. | O | X |

[정답] 01 X  02 O  03 O  04 O  05 O
       06 O  07 O  08 O  09 O  10 X

# 제 2 장 지구별 수산업협동조합

**법조문 익히기** 제13조(목적), 제14조(구역 및 지사무소), 제15조(어촌계), 제16조(설립인가 등)

제13조(목적)

지구별 수산업협동조합(이하 이 장에서 "지구별수협"이라 한다)은 조합원의 어업 생산성을 높이고 조합원이 생산한 수산물의 판로(販路) 확대 및 유통의 원활화를 도모하며, 조합원에게 필요한 자금·자재·기술 및 정보 등을 제공함으로써 조합원의 경제적·사회적·문화적 지위 향상을 증대시키는 것을 목적으로 한다.

제14조(구역 및 지사무소)

① 지구별수협의 구역은 시·군의 행정구역에 따른다. 다만, 해양수산부장관의 인가를 받은 경우에는 그러하지 아니하다.
② 지구별수협은 정관으로 정하는 바에 따라 지사무소(支事務所)를 둘 수 있다.

제15조(어촌계)

① 지구별수협의 조합원은 행정구역·경제권 등을 중심으로 어촌계를 조직할 수 있으며, 그 구역은 어촌계의 정관으로 정한다.
② 어촌계의 관리 등에 필요한 사항은 대통령령으로 정한다.

제16조(설립인가 등)

① 지구별수협을 설립하려면 해당 구역의 조합원 자격을 가진 자 20인 이상이 발기인(發起人)이 되어 정관을 작성하고 창립총회의 의결을 거친 후 해양수산부장관의 인가를 받아야 한다. 이 경우 조합원 수, 출자금 등 인가의 기준 및 절차는 대통령령으로 정한다.
② 창립총회의 의사(議事)는 개의(開議) 전까지 발기인에게 설립동의서를 제출한 자 과반수의 찬성으로 의결한다.
③ 해양수산부장관은 제1항에 따라 지구별수협의 설립인가 신청을 받으면 다음 각 호의 경우를 제외하고는 인가하여야 한다.
1. 설립인가 구비서류를 갖추지 못한 경우
2. 설립의 절차, 정관 및 사업계획서의 내용이 법령을 위반한 경우
3. 그 밖에 제1항 후단에 따른 설립인가기준에 미달된 경우
④ 해양수산부장관은 제1항에 따른 지구별수협의 설립인가 신청을 받은 날부터 60일 이내에 인가 여부를 신청인에게 통지하여야 한다.
⑤ 해양수산부장관이 제4항에 따른 기간 내에 인가 여부 또는 민원 처리 관련 법령에 따른 처리기간의 연장 여부를 신청인에게 통지하지 아니하면 그 기간(민원 처리 관련 법령에 따라 처리기간이 연장 또는 재연장된 경우에는 해당 처리기간을 말한다)이 끝난 날의 다음날에 제1항에 따른 인가를 한 것으로 본다.

## 조문확인 OX 문제
제13조(목적), 제14조(구역 및 지사무소), 제15조(어촌계), 제16조(설립인가 등)

■ 다음 조문을 읽고 맞는 것은 O, 틀린 것은 X에 V 표시하시오.

01 지구별수협은 조합원의 경제적·사회적·문화적 지휘 향상을 증대시키는 것을 목적으로 한다. | O | X

02 지구별수협의 구역은 시·군의 행정구역에 따른다. | O | X

03 지구별수협의 지사무소 설치에 대하여는 정관으로 정한다. | O | X

04 지구별수협의 조합원은 경제권을 중심으로 어촌계를 조직할 수 있다. | O | X

05 지구별수협을 설립하기 위한 발기는 해당 구역의 조합원의 자격을 가질 것을 요구하지 않는다. | O | X

06 지구별수협 창립총회의 의사는 발기인에게 설립동의서를 제출한 자 전원의 찬성으로 의결한다. | O | X

07 해양수산부장관은 지구별수협의 설립인가 신청을 받은 날부터 1년 이내에 인가 여부를 신청인에게 통지하여야 한다. | O | X

08 해양수산부장관이 기간 내에 지구별수협의 설립인가 여부를 신청인에게 통지하지 아니하면 그 기간이 끝난 날의 다음날에 인가를 한 것으로 본다. | O | X

[정답] 01 O  02 O  03 O  04 O  05 X  06 X  07 X  08 O

## 법조문 익히기

**제17조(정관 기재사항), 제18조(설립사무의 인계와 출자납입), 제19조(지구별수협의 성립)**

### 제17조(정관 기재사항)
지구별수협의 정관에는 다음 각 호의 사항이 포함되어야 한다.
1. 목적
2. 명칭
3. 구역
4. 주된 사무소의 소재지
5. 조합원의 자격·가입·탈퇴 및 제명(除名)에 관한 사항
6. 출자(出資) 1계좌의 금액과 조합원의 출자계좌 수 한도 및 납입 방법과 지분 계산에 관한 사항
7. 제22조의2에 따른 우선출자에 관한 사항
8. 경비 및 과태금의 부과·징수에 관한 사항
9. 적립금의 종류와 적립 방법에 관한 사항
10. 잉여금의 처분과 손실금의 처리 방법에 관한 사항
11. 회계연도와 회계에 관한 사항
12. 사업의 종류와 그 집행에 관한 사항
13. 총회 및 그 밖의 의결기관과 임원의 정수(定數)·선출 및 해임에 관한 사항
14. 간부직원의 임면(任免)에 관한 사항
15. 공고의 방법에 관한 사항
16. 존립시기 또는 해산의 사유를 정한 경우에는 그 시기 또는 사유
17. 설립 후 현물출자(現物出資)를 약정한 경우에는 그 출자 재산의 명칭·수량·가격 및 출자자의 성명·주소와 현금출자로의 전환 및 환매특약 조건
18. 설립 후 양수하기로 약정한 재산이 있는 경우에는 그 재산의 명칭·수량·가격과 양도인의 성명·주소

### 제18조(설립사무의 인계와 출자납입)
① 발기인은 제16조 제1항에 따른 설립인가를 받으면 지체 없이 그 사무를 조합장에게 인계하여야 한다.
② 조합장은 제1항에 따라 사무를 인수하면 정관으로 정하는 기일 이내에 조합원이 되려는 자에게 출자액 전액을 납입하게 하여야 한다.
③ 현물출자자는 제2항에 따른 납입기일 이내에 출자 목적인 재산을 인도하고 등기·등록 및 그 밖의 권리 이전에 필요한 서류를 갖추어 지구별수협에 제출하여야 한다.

### 제19조(지구별수협의 성립)
① 지구별수협은 주된 사무소의 소재지에서 제92조에 따른 설립등기를 함으로써 성립한다.
② 지구별수협의 설립무효에 관하여는 「상법」 제328조를 준용한다. 이 경우 "주주"는 "조합원"으로 본다.

## 조문확인 OX 문제
제17조(정관 기재사항), 제18조(설립사무의 인계와 출자납입), 제19조(지구별수협의 성립)

■ 다음 조문을 읽고 맞는 것은 O, 틀린 것은 X에 V 표시하시오.

01 지구별수협의 정관에는 지구별수협 조합원으로 가입하기 위한 자격에 대한 사항을 포함하여야 한다.   O  X

02 지구별수협의 정관에 지구별수협이 수행하는 사업의 종류와 그 집행에 관한 사항은 포함하지 않는다.   O  X

03 지구별수협은 설립 후 현물출자를 약정한 경우 그 출자 재산의 명칭과 수량, 가격을 정관에 기재해야 한다.   O  X

04 지구별수협은 설립 후 양수하기로 약정한 재산이 있는 경우 그 재산 양도인의 성명과 주소를 정관에 기재해야 한다.   O  X

05 설립인가를 받아 조합장으로부터 사무를 인계받은 발기인은 조합원이 되려는 자에게 출자금 전액을 납입하게 하여야 한다.   O  X

06 지구별수협의 설립에 현물을 출자하는 출자자는 출자 목적의 재산을 인도하고 등기 등을 포함한 서류를 지구별수협에 제출하여야 한다.   O  X

07 지구별수협의 설립은 중앙회의 소재지에서 설립등기를 함으로써 성립한다.   O  X

[정답]  01 O  02 X  03 O  04 O  05 X
        06 O  07 X

**법조문 익히기** 제20조(조합원의 자격), 제21조(준조합원), 제22조(출자), 제22조의2(우선출자), 제22조의3(출자배당금의 출자전환), 제23조(회전출자)

제20조(조합원의 자격)
① 조합원은 지구별수협의 구역에 주소 · 거소(居所) 또는 사업장이 있는 어업인이어야 한다. 다만, 사업장 외의 지역에 주소 또는 거소만이 있는 어업인이 그 외의 사업장 소재지를 구역으로 하는 지구별수협의 조합원이 되는 경우에는 주소 또는 거소를 구역으로 하는 지구별수협의 조합원이 될 수 없다.
②「농어업경영체 육성 및 지원에 관한 법률」 제16조와 제19조에 따른 영어조합법인과 어업회사법인으로서 그 주된 사무소를 지구별수협의 구역에 두고 어업을 경영하는 법인은 지구별수협의 조합원이 될 수 있다.
③ 제1항에 따른 어업인의 범위는 대통령령으로 정한다.

제21조(준조합원)
① 지구별수협은 정관으로 정하는 바에 따라 다음 각 호의 어느 하나에 해당하는 자를 준조합원으로 할 수 있다.
1. 지구별수협의 구역에 주소를 둔 어업인이 구성원이 되거나 출자자가 된 해양수산 관련 단체
2. 지구별수협의 사업을 이용하는 것이 적당하다고 인정되는 자
② 지구별수협은 준조합원에 대하여 정관으로 정하는 바에 따라 가입금과 경비를 부담하게 할 수 있다.
③ 준조합원은 정관으로 정하는 바에 따라 지구별수협의 사업을 이용할 권리 및 탈퇴 시 가입금의 환급을 청구할 권리를 가진다.

제22조(출자)
① 조합원은 정관으로 정하는 계좌 수 이상을 출자하여야 한다.
② 출자 1계좌의 금액은 균일하게 정하여야 한다.
③ 출자 1계좌의 금액 및 조합원 1인의 출자계좌 수의 한도는 정관으로 정한다.
④ 조합원의 출자금은 질권(質權)의 목적이 될 수 없다.
⑤ 조합원은 지구별수협에 대한 채권과 출자금 납입을 상계(相計)할 수 없다.

제22조의2(우선출자)
① 지구별수협의 우선출자에 관하여는 제147조 제1항부터 제5항까지 및 제148조부터 제152조까지의 규정을 준용한다. 이 경우 "중앙회"는 "지구별수협"으로, "회원"은 "조합원"으로 보고, 제147조 제3항 본문 중 "제120조 제2항"은 "제22조"로, "자기자본"은 "제68조에 따른 자기자본"으로 본다.
② 제1항에도 불구하고 지구별수협은 중앙회 및 다른 조합을 대상으로 우선출자를 하게 할 수 없다.

제22조의3(출자배당금의 출자전환)
지구별수협은 정관으로 정하는 바에 따라 조합원의 출자액에 대한 배당 금액의 전부 또는 일부를 그 조합원으로 하여금 출자하게 할 수 있다. 이 경우 그 조합원은 배당받을 금액을 지구별수협에 대한 채무와 상계할 수 없다.

**제23조(회전출자)**

지구별수협은 제22조에 따른 출자 외에 정관으로 정하는 바에 따라 그 사업의 이용 실적에 따라 조합원에게 배당할 금액의 전부 또는 일부를 그 조합원에게 출자하게 할 수 있다. 이 경우 제22조 제5항을 준용한다.

### 조문확인 OX 문제

제20조(조합원의 자격), 제21조(준조합원), 제22조(출자), 제22조의2(우선출자), 제22조의3(출자배당금의 출자전환), 제23조(회전출자)

■ 다음 조문을 읽고 맞는 것은 O, 틀린 것은 X에 V 표시하시오.

01 지구별수협의 구역에 주소가 있는 어업인은 지구별수협의 조합원이 될 수 있다. | O | X |

02 어업회사법인은 주된 사무소가 지구별수협의 구역에 있다면 해당 지구별수협의 조합원이 될 수 있다. | O | X |

03 지구별수협의 구역에 주소를 둔 어업인을 구성원으로 하는 해양수산 관련 단체는 해당 지구별수협의 준조합원이 될 수 있다. | O | X |

04 지구별수협은 준조합원에 대해 가입금을 요구할 수 없다. | O | X |

05 준조합원은 정관에 따라 지구별수협의 사업을 이용할 권리를 가진다. | O | X |

06 지구별수협의 조합원은 정관으로 정하는 계좌 수 이하를 출자하여야 한다. | O | X |

07 지구별수협의 조합원은 지구별수협에 대한 채권을 출자금 납입과 상계할 수 있다. | O | X |

08 지구별수협은 중앙회를 대상으로 우선출자를 하게 할 수 있다. | O | X |

09 지구별수협은 조합원의 출자액에 대한 배당 금액의 전부를 그 조합원으로 하여금 출자하게 할 수 있다. | O | X |

10 지구별수협은 사업의 이용 실적을 기준으로 조합원에게 배당할 금액의 전부를 그 조합원에게 출자하게 할 수 있다. | O | X |

[정답] 01 O  02 O  03 O  04 X  05 O  06 X  07 X  08 X  09 O  10 O

**법조문 익히기** 제24조(지분의 양도·양수와 공유 금지), 제25조(조합원의 책임), 제26조(경비와 과태금 등의 부과), 제27조(의결권 및 선거권), 제28조(의결권의 대리)

### 제24조(지분의 양도·양수와 공유 금지)
① 조합원은 이사회의 승인 없이 그 지분을 양도할 수 없다.
② 조합원이 아닌 자가 지분을 양수할 때에는 이 법 또는 정관에서 정하고 있는 가입 신청, 자격 심사 등 조합원 가입에 관한 규정에 따른다.
③ 지분의 양수인은 그 지분에 관하여 양도인의 권리·의무를 승계한다.
④ 조합원의 지분은 공유할 수 없다.

### 제25조(조합원의 책임)
① 조합원의 책임은 그 출자액을 한도로 한다.
② 조합원은 지구별수협의 운영 과정에 성실히 참여하여야 하며, 생산한 수산물을 지구별수협을 통하여 출하하는 등 그 사업을 성실히 이용하여야 한다.

### 제26조(경비와 과태금 등의 부과)
① 지구별수협은 정관으로 정하는 바에 따라 조합원에게 경비와 과태금을 부과할 수 있다.
② 지구별수협은 정관으로 정하는 바에 따라 사용료나 수수료를 징수할 수 있다.
③ 조합원은 제1항의 경비와 과태금 및 제2항의 사용료 또는 수수료를 납부할 때 지구별수협에 대한 채권과 상계할 수 없다.

### 제27조(의결권 및 선거권)
조합원은 출자금의 많고 적음과 관계없이 평등한 의결권 및 선거권을 가진다. 이 경우 선거권은 임원 또는 대의원의 임기 만료일(보궐선거 등의 경우에는 그 선거 실시 사유가 확정된 날) 전 180일까지 해당 조합의 조합원으로 가입한 자만 행사할 수 있다.

### 제28조(의결권의 대리)
① 조합원은 대리인에게 의결권을 행사하게 할 수 있다. 이 경우 그 조합원은 출석한 것으로 본다.
② 대리인은 다음 각 호의 어느 하나에 해당하는 자이어야 하고, 대리인은 조합원 1인만을 대리할 수 있다.
1. 다른 조합원
2. 본인과 동거하는 가족
3. 제20조 제2항에 따른 법인의 경우에는 조합원·사원 등 그 구성원
③ 대리인은 대리권을 증명하는 서면을 지구별수협에 제출하여야 한다.

## 조문확인 OX 문제

제24조(지분의 양도·양수와 공유 금지), 제25조(조합원의 책임), 제26조(경비와 과태금 등의 부과), 제27조(의결권 및 선거권), 제28조(의결권의 대리)

■ 다음 조문을 읽고 맞는 것은 O, 틀린 것은 X에 V 표시하시오.

01 지구별수협 조합원의 지분을 양도하기 위해서는 이사회의 승인을 요구한다. O X

02 지구별수협 조합원이 아닌 자가 조합원의 지분을 양수할 때에는 조합원 가입에 관한 규정을 따라야 한다. O X

03 지구별수협 조합원의 지분은 공유할 수 있다. O X

04 지구별수협 조합원의 책임은 그 출자액을 한도로 하며, 조합원은 지구별수협의 운영 과정에 성실히 참여해야 하는 의무를 진다. O X

05 지구별수협은 정관에 따라 조합원에게 경비와 과태금을 부과할 수 있다. O X

06 지구별수협은 정관에 따라 지구별수협의 사업을 이용함에 있어서 그 사용료나 수수료를 징수할 수 있다. O X

07 지구별수협의 조합원은 출자액에 비례하여 의결권을 가진다. O X

08 지구별수협의 임원 선거에 대한 선거권은 해당 임원의 임기 만료일 전 180일까지 해당 조합의 조합원으로 가입한 자만 행사할 수 있다. O X

09 지구별수협의 조합원이 대리인을 통해 의결권을 행사할 경우, 해당 조합원은 출석한 것으로 본다. O X

10 지구별수협의 조합원은 다른 조합원의 의결권을 대리할 수 없다. O X

[정답] 01 O  02 O  03 X  04 O  05 O
06 O  07 X  08 O  09 O  10 X

**법조문 익히기** 제29조(가입), 제30조(상속에 따른 가입), 제31조(탈퇴), 제32조(제명)

제29조(가입)
① 지구별수협은 정당한 사유 없이 조합원 자격을 갖추고 있는 자의 가입을 거절하거나 다른 조합원보다 불리한 가입 조건을 달 수 없다.
② 새로 조합원이 되려는 자는 정관으로 정하는 바에 따라 출자하여야 한다.
③ 지구별수협은 조합원의 수를 제한할 수 없다.

제30조(상속에 따른 가입)
① 사망으로 인하여 탈퇴하게 된 조합원의 상속인(공동상속인 경우에는 공동상속인이 선정한 1명의 상속인을 말한다)이 조합원 자격이 있는 경우에는 피상속인의 출자를 승계하여 조합원이 될 수 있다.
② 제1항에 따라 출자를 승계한 상속인에 관하여는 제29조 제1항을 준용한다.

제31조(탈퇴)
① 조합원은 지구별수협에 탈퇴 의사를 서면으로 통지하고 지구별수협을 탈퇴할 수 있다.
② 조합원이 다음 각 호의 어느 하나에 해당하면 당연히 탈퇴한다.
1. 조합원의 자격이 없는 경우
2. 사망한 경우
3. 파산한 경우
4. 성년후견개시의 심판을 받은 경우
5. 조합원인 법인이 해산한 경우
③ 지구별수협은 조합원의 전부 또는 일부를 대상으로 제2항 각 호의 어느 하나에 해당하는지를 확인하여야 한다. 이 경우 제2항 제1호에 해당하는지는 이사회 의결로 결정한다.
④ 지구별수협은 제2항 제1호에 해당하는 사유에 따라 조합원에 대하여 당연탈퇴의 결정이 이루어진 경우에는 그 사실을 지체 없이 해당 조합원에게 통보하여야 한다.

제32조(제명)
① 지구별수협은 조합원이 다음 각 호의 어느 하나에 해당하면 총회의 의결을 거쳐 제명할 수 있다.
1. 1년 이상 지구별수협의 사업을 이용하지 아니한 경우
2. 출자 및 경비의 납입과 그 밖의 지구별수협에 대한 의무를 이행하지 아니한 경우
3. 정관에서 금지된 행위를 한 경우
② 지구별수협은 조합원이 제1항 각 호의 어느 하나에 해당하면 총회 개회 10일 전에 그 조합원에게 제명의 사유를 알리고 총회에서 의견을 진술할 기회를 주어야 한다.

## 조문확인 OX 문제
제29조(가입), 제30조(상속에 따른 가입), 제31조(탈퇴), 제32조(제명)

■ 다음 조문을 읽고 맞는 것은 O, 틀린 것은 X에 V 표시하시오.

01 지구별수협은 정당한 사유 없이 조합원 가입에 대해 다른 조합원보다 불리한 가입 조건을 달 수 없다. [O / X]

02 지구별수협의 새로운 조합원이 되려는 자는 정관에 따라 출자하여야 한다. [O / X]

03 사망으로 탈퇴하게 된 지구별수협 조합원의 상속인은 피상속인의 출자를 승계하여 조합원이 될 수 없다. [O / X]

04 지구별수협의 조합원이 해당 지구별수협에 탈퇴하게 위해서는 서면으로 탈퇴를 통지하여야 한다. [O / X]

05 지구별수협의 조합원은 성년후견개시의 심판을 받은 경우 당연히 탈퇴한다. [O / X]

06 조합원인 법인이 해산하면 법인은 당연히 조합에서 탈퇴한다. [O / X]

07 1년 이상 지구별수협의 사업을 이용하지 아니한 조합원은 당연히 탈퇴한다. [O / X]

08 지구별수협은 조합원이 정관에 금지된 행위를 하였음을 이유로 총회의 의결을 거쳐 제명할 수 있다. [O / X]

09 지구별수협은 출자를 납입하지 않음을 이유로 조합원을 제명하기 전 총회에서 해당 조합원이 의견을 진술할 기회를 주어야 한다. [O / X]

[정답] 01 O  02 O  03 X  04 O  05 O
       06 O  07 X  08 O  09 O

**법조문 익히기** — 제33조(지분환급청구권과 환급정지), 제34조(탈퇴 조합원의 손실액 부담), 제35조(의결 취소의 청구 등)

### 제33조(지분환급청구권과 환급정지)

① 탈퇴 조합원(제명된 조합원을 포함한다. 이하 이 조와 제34조에서 같다)은 탈퇴(제명을 포함한다. 이하 이 조와 제34조에서 같다) 당시 회계연도의 다음 회계연도부터 정관으로 정하는 바에 따라 그 지분의 환급을 청구할 수 있다.
② 제1항에 따른 지분은 탈퇴한 회계연도 말의 지구별수협의 자산과 부채에 따라 정한다.
③ 제1항에 따른 청구권은 2년간 행사하지 아니하면 시효로 인하여 소멸된다.
④ 지구별수협은 탈퇴 조합원이 지구별수협에 대한 채무를 다 갚을 때까지는 제1항에 따른 지분의 환급을 정지할 수 있다.

### 제34조(탈퇴 조합원의 손실액 부담)

지구별수협은 지구별수협의 재산으로 그 채무를 다 갚을 수 없는 경우에는 제33조에 따른 지분의 환급분을 계산할 때 정관으로 정하는 바에 따라 탈퇴 조합원이 부담하여야 할 손실액의 납입을 청구할 수 있다. 이 경우 제33조 제3항을 준용한다.

### 제35조(의결 취소의 청구 등)

① 조합원은 총회(창립총회를 포함한다)의 소집 절차, 의결 방법, 의결 내용 또는 임원(대의원을 포함한다)의 선거가 법령, 법령에 따른 처분 또는 정관을 위반한 것을 사유로 하여 그 의결이나 선거에 따른 당선의 취소 또는 무효 확인을 해양수산부장관에게 청구하거나 이를 청구하는 소를 제기할 수 있다.
② 조합원은 제1항에 따라 해양수산부장관에게 의결이나 선거에 따른 당선의 취소 또는 무효 확인을 청구할 때에는 의결일 또는 선거일부터 1개월 이내에 조합원 10분의 1 이상의 동의를 받아 청구하여야 한다. 이 경우 해양수산부장관은 그 청구서를 받은 날부터 3개월 이내에 처리 결과를 청구인에게 알려야 한다.
③ 제1항에 따른 소에 관하여는 「상법」 제376조부터 제381조까지의 규정을 준용한다.

## 조문확인 OX 문제

제33조(지분환급청구권과 환급정지), 제34조(탈퇴 조합원의 손실액 부담), 제35조(의결 취소의 청구 등)

■ 다음 조문을 읽고 맞는 것은 O, 틀린 것은 X에 V 표시하시오.

01 지구별수협으로부터 제명된 조합원은 제명 당시 회계연도의 다음 회계연도부터 본인 지분의 환급을 청구할 수 있다. [O / X]

02 지구별수협에서 탈퇴한 조합원이 지분의 환급을 청구할 경우 그 지분은 탈퇴한 회계연도 말 지구별수협의 자산과 부채에 따라 정한다. [O / X]

03 지구별수협에서 탈퇴한 조합원의 지분환급청구권은 1년간 행사하지 않으면 시효로 인하여 소멸한다. [O / X]

04 지구별수협은 탈퇴한 조합원이 지구별수협에 대한 채무를 가지고 있음을 이유로 지분의 환급을 정지할 수는 없다. [O / X]

05 지구별수협에서 탈퇴한 조합원이 지분환급청구권을 행사할 때 지구별수협이 채무를 갚을 수 없는 경우에는 탈퇴한 조합원이 부담해야 할 손실액의 납입을 청구할 수 있다. [O / X]

06 지구별수협의 조합원은 총회의 의결 내용이 법령을 위반하였음을 이유로 그 무효의 확인을 해양수산부장관에 청구할 수 있다. [O / X]

07 지구별수협의 조합원은 총회의 소집 절차가 법령이 아닌 정관을 위반하였음을 이유로 해당 의결의 무효 확인을 해양수산부장관에 청구할 수는 없다. [O / X]

08 지구별수협의 조합원이 해양수산부장관에게 총회의 선거에 따른 당선의 취소 확인을 청구할 때에는 그 선거일로부터 1개월 이내에 조합원 10분의 1 이상의 동의를 받아야 한다. [O / X]

09 해양수산부장관은 지구별수협의 법령 위반에 따른 해당 조합원의 무효 확인 청구에 대해 그 청구서를 받은 날부터 3개월 이내에 처리 결과를 청구인에게 알려야 한다. [O / X]

[정답] 01 O  02 O  03 X  04 X  05 O
       06 O  07 X  08 O  09 O

제2장 지구별 수산업협동조합

**법조문 익히기** 제36조(총회), 제37조(총회의 의결 사항 등), 제38조(총회의 소집 청구), 제39조(조합원에 대한 통지와 독촉)

제36조(총회)
① 지구별수협에 총회를 둔다.
② 총회는 조합원으로 구성한다.
③ 정기총회는 회계연도 경과 후 3개월 이내에 조합장이 매년 1회 소집하고, 임시총회는 조합장이 필요하다고 인정할 때 소집할 수 있다.

제37조(총회의 의결 사항 등)
① 다음 각 호의 사항은 총회의 의결을 거쳐야 한다.
1. 정관의 변경
2. 해산·합병 또는 분할
3. 조합원의 제명
4. 임원의 선출 및 해임
5. 법정적립금의 사용
6. 사업계획의 수립, 수지예산(收支豫算)의 편성, 사업계획 및 수지예산 중 정관으로 정하는 중요한 사항의 변경
7. 차입금의 최고 한도
8. 사업보고서, 재무상태표 및 손익계산서와 잉여금처분안 또는 손실금처리안
9. 사업계획 및 수지예산으로 정한 것 외에 새로 의무를 부담하거나 권리를 상실하는 행위. 다만, 정관으로 정하는 행위는 제외한다.
10. 어업권·양식업권의 취득·처분 또는 이에 관한 물권(物權)의 설정. 다만, 정관으로 정하는 행위는 제외한다.
11. 중앙회의 설립 발기인이 되거나 이에 가입 또는 탈퇴하는 것
12. 그 밖에 조합장이나 이사회가 필요하다고 인정하는 사항
② 제1항 제1호 및 제2호의 사항은 해양수산부장관의 인가를 받지 아니하면 효력이 발생하지 아니한다. 다만, 제1항 제1호의 사항을 해양수산부장관이 정하는 정관 예에 따라 변경하는 경우에는 그러하지 아니하다.

제38조(총회의 소집 청구)
① 조합원은 조합원 5분의 1 이상의 동의를 받아 소집의 목적과 이유를 서면에 적어 조합장에게 제출하고 총회의 소집을 청구할 수 있다.
② 조합장은 제1항에 따른 청구를 받으면 2주 이내에 총회를 소집하여야 한다.
③ 총회를 소집할 사람이 없거나 조합장이 제2항에 따른 기간 이내에 정당한 사유 없이 총회를 소집하지 아니할 때에는 감사가 5일 이내에 총회를 소집하여야 한다. 이 경우 감사가 의장의 직무를 수행한다.
④ 감사가 제3항에 따른 기간 이내에 총회를 소집하지 아니할 때에는 제1항에 따라 소집을 청구한 조합원의 대표가 총회를 소집한다. 이 경우 조합원의 대표가 의장의 직무를 수행한다.

제39조(조합원에 대한 통지와 독촉)
① 지구별수협이 조합원에게 통지 또는 독촉을 할 때에는 조합원 명부에 기재된 조합원의 주소 또는 거소나 조합원이 지구별수협에 통지한 연락처로 하여야 한다.
② 총회를 소집하려면 총회 개회 7일 전까지 회의 목적 등을 적은 총회소집통지서를 조합원에게 발송하여야 한다. 다만, 같은 목적으로 총회를 다시 소집할 때에는 개회 전날까지 통지한다.

## 조문확인 OX 문제

제36조(총회), 제37조(총회의 의결 사항 등), 제38조(총회의 소집 청구), 제39조(조합원에 대한 통지와 독촉)

■ 다음 조문을 읽고 맞는 것은 O, 틀린 것은 X에 ∨ 표시하시오.

01 지구별수협의 정기총회는 회계연도 경과 후 1년 이내에 매년 1회 소집한다. [O] [X]

02 지구별수협의 조합장은 필요하다고 인정할 때 임시총회를 소집할 수 있다. [O] [X]

03 지구별수협의 총회에서는 지구별수협의 사업계획의 수립에 관한 사항을 의결할 수 있다. [O] [X]

04 지구별수협의 정관을 변경할 때 해양수산부장관이 정하는 정관 예에 따르지 않을 경우 총회의 의결과 별도로 해양수산부장관의 인가를 요구한다. [O] [X]

05 지구별수협의 조합원은 조합원 3분의 1 이상의 동의를 받아 조합장에게 총회의 소집을 청구할 수 있다. [O] [X]

06 지구별수협의 조합장이 조합원의 청구에도 불구하고 정당한 사유 없이 총회 소집에 불응할 경우, 감사가 5일 이내에 총회를 소집하여야 한다. [O] [X]

07 지구별수협의 조합장과 감사가 모두 총회 소집에 불응할 경우, 소집을 청구한 조합원의 대표가 직접 총회를 소집하고 의장의 직무를 수행한다. [O] [X]

08 지구별수협이 조합원에게 통지를 할 경우의 연락처는 명부에 기재된 조합원의 주소를 기준으로 할 수 있다. [O] [X]

09 지구별수협이 총회를 소집하려면 총회 개최 20일 전까지 총회소집통지서를 조합원에게 발송하여야 한다. [O] [X]

[정답] 01 X 02 O 03 O 04 O 05 X 06 O 07 O 08 O 09 X

**법조문 익히기** — 제40조(총회의 개의와 의결), 제41조(의결권의 제한 등), 제42조(총회의 의사록), 제43조(총회 의결의 특례)

제40조(총회의 개의와 의결)

총회는 이 법에 다른 규정이 있는 경우를 제외하고는 구성원 과반수의 출석으로 개의하고 출석구성원 과반수의 찬성으로 의결한다. 다만, 제37조 제1항 제1호부터 제3호까지 및 제11호의 사항은 구성원 과반수의 출석과 출석구성원 3분의 2 이상의 찬성으로 의결한다.

제41조(의결권의 제한 등)

① 총회에서는 제39조 제2항에 따라 통지한 사항에 대하여만 의결할 수 있다. 다만, 제37조 제1항 제1호부터 제4호까지의 사항을 제외한 긴급한 사항으로서 구성원 과반수의 출석과 출석구성원 3분의 2 이상의 찬성이 있을 때에는 그러하지 아니하다.
② 지구별수협과 총회 구성원이 이해가 상반되는 의사를 의결할 때에는 해당 구성원은 그 의결에 참여할 수 없다.
③ 조합원은 조합원 10분의 1 이상의 동의를 받아 총회 개회 30일 전까지 조합장에게 서면으로 일정한 사항을 총회의 목적 사항으로 할 것을 제안(이하 "조합원제안"이라 한다)할 수 있다. 이 경우 조합원제안 내용이 법령 또는 정관을 위반하는 경우를 제외하고는 이를 총회의 목적 사항으로 하여야 하고, 조합원제안을 한 사람이 청구하면 총회에서 그 제안을 설명할 기회를 주어야 한다.

제42조(총회의 의사록)

① 총회의 의사에 관하여는 의사록(議事錄)을 작성하여야 한다.
② 의사록에는 의사의 진행 상황 및 그 결과를 기록하고 의장과 총회에서 선출한 조합원 3인 이상이 기명날인(記名捺印)하거나 서명하여야 한다.
③ 조합장은 의사록을 주된 사무소에 갖추어 두어야 한다.

제43조(총회 의결의 특례)

① 다음 각 호의 사항에 대하여는 제37조 제1항에도 불구하고 조합원의 투표로 총회의 의결을 갈음할 수 있다. 이 경우 조합원 투표의 통지·방법, 그 밖에 투표에 필요한 사항은 정관으로 정한다.
1. 해산·합병 또는 분할
2. 조합장 선출 방식에 관한 정관의 변경
② 제1항 각 호의 사항에 대한 조합원 투표는 조합원 과반수의 투표와 투표한 조합원 3분의 2 이상의 찬성을 얻어야 한다.

**조문확인 OX 문제**   제40조(총회의 개의와 의결), 제41조(의결권의 제한 등), 제42조(총회의 의사록), 제43조(총회 의결의 특례)

■ 다음 조문을 읽고 맞는 것은 O, 틀린 것은 X에 V 표시하시오.

01 지구별수협의 조합원을 제명하기 위한 의결에는 구성원 과반수의 출석과 출석구성원 과반수의 찬성을 요구한다. | O | X |

02 지구별수협의 총회에서는 총회소집통지서에서 통지된 사항에 대해서만 의결하는 것을 원칙으로 한다. | O | X |

03 지구별수협과 총회 구성원의 이해가 상반되는 의사를 의결함에 있어서 해당 구성원에게 총회에서 의견을 제시할 기회를 주어야 한다. | O | X |

04 지구별수협의 조합원제안은 조합원 10분의 1 이상의 동의로 조합장에게 일정한 사항을 총회의 목적 사항으로 할 것을 제안하는 제도이다. | O | X |

05 지구별수협 총회의 의사록에는 의장과 총회에서 선출한 조합원 5인 이상이 기명날인하거나 서명하여야 한다. | O | X |

06 지구별수협 총회의 의사록은 지구별수협의 주된 사무소에 갖추어 두어야 한다. | O | X |

07 지구별수협의 합병을 결정함에 있어서는 조합원의 투표로 총회의 의견을 갈음할 수 있다. | O | X |

08 지구별수협 총회의 의견을 갈음하여 조합원의 투표로 결정하는 경우 조합원 과반수의 투표와 투표한 조합원 과반수의 찬성을 요구한다. | O | X |

[정답] 01 X  02 O  03 X  04 O  05 X  06 O  07 O  08 X

제2장 지구별 수산업협동조합

**법조문 익히기** — 제44조(대의원회), 제45조(이사회)

제44조(대의원회)
① 지구별수협은 정관으로 정하는 바에 따라 제43조 제1항 각 호에 규정된 사항 외의 사항에 대한 총회의 의결에 관하여 총회를 갈음하는 대의원회를 둘 수 있으며, 대의원회는 조합장과 대의원으로 구성한다.
② 대의원은 조합원(법인인 경우에는 그 대표자를 말한다)이어야 한다.
③ 대의원의 정수 및 선출 방법은 정관으로 정하며, 그 임기는 2년으로 한다. 다만, 임기 만료 연도 결산기의 마지막 달 이후 그 결산기에 관한 정기총회 전에 임기가 만료된 경우에는 정기총회가 끝날 때까지 그 임기가 연장된다.
④ 대의원은 해당 지구별수협의 조합장을 제외한 임직원과 다른 조합(다른 법률에 따른 협동조합을 포함한다)의 임직원을 겸직하여서는 아니 된다.
⑤ 대의원회에 대하여는 총회에 관한 규정을 준용한다. 다만, 대의원의 의결권은 대리인이 행사할 수 없다.

제45조(이사회)
① 지구별수협에 이사회를 둔다.
② 이사회는 조합장을 포함한 이사로 구성하되, 조합장이 소집한다.
③ 이사회는 다음 각 호의 사항을 의결한다.
1. 조합원의 자격 및 가입에 관한 심사
2. 규약의 제정·변경 또는 폐지
3. 업무 집행에 관한 기본방침의 결정
4. 부동산의 취득·처분 또는 이에 관한 물권의 설정. 다만, 정관으로 정하는 행위는 제외한다.
5. 경비의 부과 및 징수 방법
6. 사업계획 및 수지예산 중 제37조 제1항 제6호에서 정한 사항 외의 경미한 사항의 변경
7. 인사추천위원회 구성에 관한 사항
8. 간부직원의 임면에 관한 사항
9. 총회에서 위임한 사항
10. 법령 또는 정관에 규정된 사항
11. 그 밖에 조합장 또는 이사 5분의 1 이상이 필요하다고 인정하는 사항
④ 이사회는 구성원 과반수의 출석으로 개의하고 출석구성원 과반수의 찬성으로 의결한다.
⑤ 간부직원은 이사회에 출석하여 의견을 진술할 수 있다.
⑥ 이사회의 운영에 필요한 사항은 정관으로 정한다.
⑦ 이사회에서 의결할 때에는 해당 안건과 특별한 이해관계가 있는 이사회의 구성원은 그 안건의 의결에 참여할 수 없다. 이 경우 의결에 참여하지 못하는 이사 등은 제4항에 따른 이사회의 구성원 수에 포함되지 아니한다.

## 조문확인 OX 문제

제44조(대의원회), 제45조(이사회)

■ 다음 조문을 읽고 맞는 것은 O, 틀린 것은 X에 V 표시하시오.

01 지구별수협의 대의원회는 총회의 의결을 갈음하는 기관으로 조합장과 대의원으로 구성한다. | O | X |

02 지구별수협 대의원회의 대의원은 조합원이어야 한다. | O | X |

03 지구별수협 대의원회의 대의원은 조합장을 제외한 임직원을 겸직하여서는 아니 된다. | O | X |

04 지구별수협의 이사회는 조합장이 소집한다. | O | X |

05 지구별수협 이사회는 조합원의 자격 및 가입에 대한 심사를 의결한다. | O | X |

06 이사회는 구성원 과반수의 출석으로 개의하고 출석구성원 과반수의 찬성으로 의결한다. | O | X |

07 이사회의 의결에 이해관계가 있어 안건의 의결에 참여하지 못하는 이사는 이사회 의결에 필요한 정족수에 포함한다. | O | X |

[정답] 01 O  02 O  03 O  04 O  05 O
06 O  07 X

## 법조문 익히기 — 제46조(임원의 정수 및 선출)

**제46조(임원의 정수 및 선출)**

① 지구별수협에 임원으로 조합장을 포함한 7명 이상 11명 이하의 이사와 2명의 감사를 두되, 감사 중 1명은 대통령령으로 정하는 요건에 적합한 외부전문가 중에서 선출하여야 하며, 이사의 정수와 조합장의 상임이나 비상임 여부는 정관으로 정한다. 다만, 「수산업협동조합의 부실예방 및 구조개선에 관한 법률」 제9조에 따라 경영정상화 이행약정을 체결한 지구별수협이 2년 연속하여 그 경영정상화 이행약정을 이행하지 못한 경우에는 해당 지구별수협의 조합장은 비상임으로 한다.

② 지구별수협은 제1항에 따른 이사 중 2명 이내의 상임이사를 두어야 하고, 상임이사 외에 조합원이 아닌 1명의 이사를 정관으로 정하는 바에 따라 둘 수 있으며, 감사 중 1명을 상임으로 할 수 있다. 다만, 자산규모가 해양수산부령으로 정하는 기준에 미달하거나 신용사업을 수행하지 아니하는 경우에는 상임이사를 두지 아니할 수 있다.

③ 조합장은 조합원(법인인 경우에는 그 대표자를 말한다) 중에서 정관으로 정하는 바에 따라 다음 각 호의 어느 하나의 방법으로 선출한다.
1. 조합원이 총회 또는 총회 외에서 투표로 직접 선출
2. 대의원회의 선출
3. 이사회가 이사회 구성원 중에서 선출

④ 조합장 외의 임원은 총회에서 선출한다. 다만, 상임이사와 상임이사 외의 조합원이 아닌 이사는 조합 업무에 관한 전문지식과 경험이 풍부한 사람으로서 대통령령으로 정하는 요건을 충족하는 사람 중에서 인사추천위원회에서 추천한 사람을 총회에서 선출한다.

⑤ 조합장(상임인 경우에만 해당한다), 상임이사 및 상임감사를 제외한 지구별수협의 임원은 명예직으로 하되, 정관으로 정하는 바에 따라 실비변상(實費辨償)을 받을 수 있다.

⑥ 지구별수협의 조합장선거에 입후보하기 위하여 임기 중 그 직을 그만둔 지구별수협의 이사 또는 감사는 그 사직으로 인하여 공석이 된 이사 또는 감사의 보궐선거의 후보자가 될 수 없다.

⑦ 임원의 선출과 추천, 제4항에 따른 인사추천위원회 구성과 운영에 관하여 이 법에서 정한 사항 외에 필요한 사항은 정관으로 정한다.

⑧ 지구별수협은 이사 정수의 5분의 1 이상을 여성조합원에게 배분되도록 노력하여야 한다. 다만, 여성조합원이 전체 조합원의 100분의 30 이상인 지구별수협은 이사 중 1명 이상을 여성조합원 중에서 선출하여야 한다.

⑨ 제1항의 감사 선출에서 조합이 도서지역에 있거나 영세하여 부득이하게 외부전문가 감사를 선출할 수 없는 경우 등 대통령령으로 정하는 경우에는 중앙회에서 외부전문가인 감사를 파견하거나 감사 선출과 관련한 재정적 지원을 할 수 있다.

## 조문확인 OX 문제

제46조(임원의 정수 및 선출)

■ 다음 조문을 읽고 맞는 것은 O, 틀린 것은 X에 V 표시하시오.

01 지구별수협에는 조합장을 포함하여 7명 이상 11명 이하의 이사를 두어야 한다. | O | X |

02 지구별수협의 감사 2명 중 1명은 외부전문가 중에서 선출하여야 한다. | O | X |

03 경영정상화 이행약정을 체결한 지구별수협이 2년 연속으로 이를 이행하지 못한 경우 해당 지구별수협의 조합장은 비상임으로 한다. | O | X |

04 지구별수협 이사회는 그 구성원 중에서 선출하는 방식으로 조합장을 선출할 수 없다. | O | X |

05 지구별수협의 상임이사는 총회에서 선출한다. | O | X |

06 지구별수협은 조합원이 아닌 이사를 선임할 수 없다. | O | X |

07 지구별수협의 조합장과 상임이사는 명예직으로 하며, 실비변상을 받을 수 없다. | O | X |

08 지구별수협의 조합장선거에 입후보하기 위해 임기 중 그 직을 그만둔 지구별수협의 이사는 이로 인해 발생한 이사의 보궐선거의 후보자가 될 수 있다. | O | X |

09 여성조합원이 전체 조합원의 100분의 30 이상인 지구별수협은 이사 중 1명 이상을 여성조합원 중에서 선출하여야 한다. | O | X |

10 지구별수협이 도서지역에 있거나 영세하여 외부전문가 감사를 선출할 수 없는 경우 중앙회에서 외부전문가인 감사를 파견할 수 있다. | O | X |

[정답] 01 O  02 O  03 O  04 X  05 O
       06 X  07 X  08 X  09 O  10 O

> **법조문 익히기** — 제47조(조합장 및 상임이사의 직무)

제47조(조합장 및 상임이사의 직무)

① 조합장은 지구별수협을 대표하며 업무를 집행한다. 다만, 조합장이 비상임일 경우에는 상임이사나 간부직원인 전무가 그 업무를 집행한다.

② 조합장은 총회와 이사회의 의장이 된다.

③ 제1항에도 불구하고 다음 각 호의 업무는 상임이사가 전담하여 처리하고 그에 대하여 경영책임을 진다.

1. 제60조 제1항 제3호 및 제4호의 신용사업 및 공제사업
2. 제60조 제1항 제8호부터 제13호까지 및 제15호의 사업 중 같은 항 제3호·제4호의 사업에 관한 사업과 그 부대사업
3. 제1호 및 제2호의 소관 업무에 관한 경영목표의 설정, 조직 및 인사에 관한 사항
4. 제1호 및 제2호의 소관 업무에 관한 사업계획, 예산·결산 및 자금 조달·운용계획의 수립
5. 제1호 및 제2호의 소관 업무의 부동산등기에 관한 사항
6. 그 밖에 정관으로 정하는 업무

④ 「수산업협동조합의 부실예방 및 구조개선에 관한 법률」 제2조 제3호에 따른 부실조합으로서 같은 법 제4조의2 제1항에 따라 해양수산부장관으로부터 적기시정조치(권고에 관한 사항은 제외한다)를 받은 지구별수협의 경우에는 상임이사가 대통령령으로 정하는 바에 따라 그 지구별수협이 그 적기시정조치의 이행을 마칠 때까지 제3항 각 호의 업무 외에도 다음 각 호의 업무를 전담하여 처리하고 그에 대하여 경영책임을 진다.

1. 제60조 제1항 제2호의 경제사업
2. 제60조 제1항 제8호부터 제13호까지 및 제15호의 사업 중 같은 항 제2호의 사업에 관한 사업과 그 부대사업
3. 제1호 및 제2호의 소관 업무에 관한 경영목표의 설정, 조직 및 인사에 관한 사항
4. 제1호 및 제2호의 소관 업무에 관한 사업계획, 예산·결산 및 자금 조달·운용계획의 수립
5. 제1호 및 제2호의 소관 업무의 부동산등기에 관한 사항
6. 그 밖에 정관으로 정하는 업무

⑤ 조합장이 궐위(闕位)·구금되거나 「의료법」에 따른 의료기관에서 60일 이상 계속하여 입원한 경우 등 부득이한 사유로 직무를 수행할 수 없을 때에는 이사회가 정하는 순서에 따라 이사가 그 직무를 대행한다.

⑥ 상임이사가 제5항에 따른 사유로 그 직무를 수행할 수 없을 때에는 이사회가 정한 순서에 따라 제59조 제2항에 따른 간부직원이 그 직무를 대행한다. 다만, 상임이사의 궐위기간이 6개월을 초과하는 경우에는 중앙회는 해양수산부장관의 승인을 받아 관리인을 파견할 수 있으며 관리인은 상임이사가 선출될 때까지 그 직무를 수행한다.

## 조문확인 OX 문제

제47조(조합장 및 상임이사의 직무))

■ 다음 조문을 읽고 맞는 것은 O, 틀린 것은 X에 V 표시하시오.

01 지구별수협의 조합장은 지구별수협을 대표한다.   O | X

02 지구별수협의 조합장이 비상임인 경우에는 상임이사나 전무가 지구별수협의 업무를 집행한다.   O | X

03 지구별수협 총회의 의장은 지구별수협의 조합장이다.   O | X

04 지구별수협의 신용사업 및 공제사업에 대해서는 상임이사가 전담하여 처리하고 그에 대한 경영책임을 진다.   O | X

05 지구별수협의 신용사업에 관한 인사이동은 지구별수협의 조합장이 전담하여 처리한다.   O | X

06 지구별수협이 부실조합으로서 적기시정조치를 받은 경우 그 이행을 마칠 때까지 조합장은 지구별수협의 경제사업을 전담하여 처리하고 그에 대한 경영책임을 진다.   O | X

07 지구별수협 조합장이 궐위·구금되어 직무를 수행할 수 없는 경우에는 이사회가 정하는 순서에 따라 이사가 그 직무를 대행한다.   O | X

08 지구별수협 상임이사의 궐위기간이 6개월을 초과하는 경우, 중앙회는 해양수산부장관의 승인을 받아 관리인을 파견할 수 있다.   O | X

09 지구별수협 상임이사의 궐위를 이유로 파견된 관리인은 상임이사가 선출될 때까지 직무를 수행한다.   O | X

[정답] 01 O   02 O   03 O   04 O   05 X
06 X   07 O   08 O   09 O

## 법조문 익히기 — 제48조(감사의 직무), 제49조(감사의 대표권), 제50조(임원의 임기)

### 제48조(감사의 직무)

① 감사는 지구별수협의 재산과 업무 집행 상황을 감사하여 총회에 보고하여야 하며, 전문적인 회계감사가 필요하다고 인정될 때에는 중앙회에 회계감사를 의뢰할 수 있다.

② 감사는 지구별수협의 재산 상황 또는 업무 집행에 관하여 부정한 사실을 발견하면 총회 및 중앙회 회장에게 보고하여야 하며, 그 내용을 총회에 신속히 보고하여야 할 필요가 있는 경우에는 정관으로 정하는 바에 따라 기간을 정하여 조합장에게 총회의 소집을 요구하고 조합장이 그 기간 이내에 총회를 소집하지 아니하면 직접 총회를 소집할 수 있다.

③ 감사는 자체감사 또는 중앙회 등 외부기관의 감사결과 주요 지적 사항이 발생한 경우에는 조합장에게 이사회의 소집을 요구하여 이에 대한 시정권고를 할 수 있다.

④ 감사는 총회 또는 이사회에 출석하여 의견을 진술할 수 있다.

⑤ 감사의 직무에 관하여는 「상법」 제412조의4, 제413조 및 제413조의2를 준용한다.

### 제49조(감사의 대표권)

① 지구별수협이 조합장을 포함한 이사와 계약을 할 때에는 감사가 지구별수협을 대표한다.

② 지구별수협과 조합장을 포함한 이사 간의 소송에 관하여도 제1항을 준용한다.

### 제50조(임원의 임기)

① 조합장과 이사의 임기는 4년으로 하고, 감사의 임기는 3년으로 하되, 비상임인 조합장은 한 번만 연임할 수 있고, 상임인 조합장은 두 번만 연임할 수 있다. 다만, 상임이사에 대하여는 임기가 시작된 후 2년이 되는 때에 그 업무 실적 등을 고려하여 이사회의 의결로 남은 임기를 계속 채울지를 정한다.

② 제1항의 임원의 임기가 만료되는 경우에는 제44조 제3항 단서를 준용한다.

③ 합병으로 설립되는 조합의 설립 당시 조합장·이사 및 감사의 임기는 제1항(제108조 및 제113조에 따라 준용되는 경우를 포함한다)에도 불구하고 설립등기일부터 2년으로 한다. 다만, 합병으로 소멸되는 조합의 조합장이 합병으로 설립되는 조합의 조합장으로 선출되는 경우 설립등기일 현재 조합장의 종전 임기의 남은 임기가 2년을 초과하는 경우에는 그 남은 임기를 그 조합장의 임기로 한다.

④ 합병 후 존속하는 조합의 변경등기 당시 재임 중인 조합장·이사 및 감사의 남은 임기가 변경등기일 현재 2년 미만인 경우에는 제1항(제108조 및 제113조에 따라 준용되는 경우를 포함한다)에도 불구하고 그 임기를 변경등기일부터 2년으로 한다.

## 조문확인 OX 문제

제48조(감사의 직무), 제49조(감사의 대표권), 제50조(임원의 임기)

■ 다음 조문을 읽고 맞는 것은 O, 틀린 것은 X에 V 표시하시오.

01 지구별수협의 감사는 지구별수협의 재산과 업무 집행 상황을 감사하여 총회에 보고하여야 한다. [ O | X ]

02 감사는 지구별수협에 전문적인 회계감사가 필요하다고 인정할 때에는 중앙회에 회계감사를 의뢰할 수 있다. [ O | X ]

03 감사는 지구별수협의 업무 집행에 관하여 부정한 사실을 발견하면 총회 및 중앙회 회장에게 보고하여야 한다. [ O | X ]

04 지구별수협의 감사는 자체감사 결과 주요 지적 사항이 발생한 경우 중앙회에 이사회의 소집을 요구하여 이에 대한 시정권고를 할 수 있다. [ O | X ]

05 지구별수협과 조합장을 포함한 이사 간의 소송에 관하여는 중앙회가 지구별수협을 대표한다. [ O | X ]

06 지구별수협 조합장의 임기는 4년으로 한다. [ O | X ]

07 지구별수협의 비상임이사는 임기 시작 후 2년이 되는 때 업무 실적 등을 고려하여 이사회의 의결로 남은 임기를 계속 채울지를 결정한다. [ O | X ]

08 합병으로 설립되는 지구별수협 조합장의 임기는 설립등기일을 기준으로 4년으로 한다. [ O | X ]

09 합병 후 존속하는 지구별수협의 변경등기 당시 상임이사의 남은 임기가 2년 미만인 경우, 해당 상임이사의 임기는 변경등기일을 기준으로 2년으로 한다. [ O | X ]

[정답] 01 O  02 O  03 O  04 X  05 X
       06 O  07 X  08 X  09 O

## 법조문 익히기 — 제51조(임원의 결격사유), 제51조의2(형의 분리 선고)

**제51조(임원의 결격사유)**

① 다음 각 호의 어느 하나에 해당하는 사람은 지구별수협의 임원이 될 수 없다. 다만, 제11호와 제13호는 조합원인 임원에게만 적용한다.

1. 대한민국 국민이 아닌 사람
2. 미성년자·피성년후견인·피한정후견인
3. 파산선고를 받고 복권되지 아니한 사람
4. 법원의 판결 또는 다른 법률에 따라 자격이 상실되거나 정지된 사람
5. 금고 이상의 형을 선고받고 그 집행이 끝나거나(집행이 끝난 것으로 보는 경우를 포함한다) 집행이 면제된 날부터 3년이 지나지 아니한 사람
6. 제146조 제3항 제1호, 제170조 제2항 제1호 또는 「신용협동조합법」 제84조에 따른 개선(改選) 또는 징계면직의 처분을 받은 날부터 5년이 지나지 아니한 사람
7. 금고 이상의 형의 집행유예를 선고받고 그 유예기간 중에 있는 사람
8. 삭제 〈2020. 3. 24.〉

8의2. 「형법」 제303조 또는 「성폭력범죄의 처벌 등에 관한 특례법」 제10조에 규정된 죄를 저지른 사람으로서 300만 원 이상의 벌금형을 선고받고 그 형이 확정된 후 2년이 지나지 아니한 사람

9. 제178조 제1항부터 제4항까지 또는 「공공단체등 위탁선거에 관한 법률」 제58조(매수 및 이해유도죄)·제59조(기부행위의 금지·제한 등 위반죄)·제61조(허위사실 공표죄)부터 제66조(각종 제한규정 위반죄)까지에 규정된 죄를 지어 징역 또는 100만 원 이상의 벌금형을 선고받고 4년이 지나지 아니한 사람
10. 이 법에 따른 임원 선거에서 당선되었으나 제179조 제1항 제1호 또는 「공공단체등 위탁선거에 관한 법률」 제70조(위탁선거범죄로 인한 당선무효) 제1호에 따라 당선이 무효가 된 사람으로서 그 무효가 확정된 날부터 4년이 지나지 아니한 사람
11. 이 법에 따른 선거일 공고일 현재 해당 지구별수협의 조합원 신분을 2년 이상 계속 보유하고 있지 아니하거나 정관으로 정하는 출자계좌 수 이상의 납입출자금을 2년 이상 계속 보유하고 있지 아니한 사람. 다만, 설립 또는 합병 후 2년이 지나지 아니한 지구별수협의 경우에는 선거일 공고일 현재 조합원 신분을 보유하고 있지 아니하거나 정관으로 정하는 출자계좌 수 이상의 납입출자금을 보유하고 있지 아니한 사람을 말한다.
12. 이 법에 따른 선거일 공고일 현재 해당 지구별수협, 중앙회, 수협은행 또는 다음 각 목의 어느 하나에 해당하는 금융기관에 대하여 정관으로 정하는 금액과 기간을 초과하여 채무 상환을 연체하고 있는 사람
    가. 「은행법」에 따라 설립된 은행
    나. 「한국산업은행법」에 따른 한국산업은행
    다. 「중소기업은행법」에 따른 중소기업은행
    라. 그 밖에 대통령령으로 정하는 금융기관
13. 선거일 공고일 현재 해당 지구별수협의 정관으로 정하는 일정규모 이상의 사업 이용 실적이 없는 사람

② 제1항에 따라 임원이 될 수 없는 해당 임원은 당연히 퇴직한다. 다만, 제1항 제8호에 해당할 때에는 그러하지 아니하다.
③ 제2항에 따라 퇴직한 임원이 퇴직 전에 관여한 행위는 그 효력을 상실하지 아니한다.

### 제51조의2(형의 분리 선고)
「형법」 제38조에도 불구하고 다음 각 호의 어느 하나에 해당하는 경우에는 형을 분리하여 선고하여야 한다.
1. 제51조 제1항 제8호의2 또는 제9호에 규정된 죄와 다른 죄의 경합범에 대하여 형을 선고하는 경우
2. 당선인의 직계존속·비속이나 배우자에게 제178조 제1항 제2호 또는 같은 조 제2항 제4호에 규정된 죄와 다른 죄의 경합범으로 형을 선고하는 경우

---

**조문확인 OX 문제**　　　제51조(임원의 결격사유), 제51조의2(형의 분리 선고)

■ 다음 조문을 읽고 맞는 것은 O, 틀린 것은 X에 ∨ 표시하시오.

01 대한민국 국민이 아니더라도 지구별수협의 임원이 될 수 있다.　　　O　X

02 파산선고를 받고 복권되지 아니한 사람은 지구별수협의 임원이 될 수 없다.　　　O　X

03 지구별수협 임원 선거에 당선되었으나 선거범죄를 이유로 당선이 무효가 된 사람은 그 무효가 확정된 날부터 4년 동안 지구별수협의 임원이 될 수 없다.　　　O　X

04 지구별수협 임원 선거의 후보자 중 해당 지구별수협에 정관으로 정하는 금액 이상의 채무 상환을 연체하고 있는 자는 해당 지구별수협의 임원이 될 수 없다.　　　O　X

05 지구별수협 임원의 결격사유에 해당하게 된 임원은 당연히 퇴직한다.　　　O　X

06 지구별수협 임원의 결격사유로 인해 퇴직하게 된 임원이 퇴직 전 관여한 행위는 효력을 가지지 않는다.　　　O　X

[정답] 01 X　02 O　03 O　04 O　05 O
　　　06 X

## 법조문 익히기 — 제52조(임시이사 임명), 제53조(선거운동의 제한), 제53조의2(기부행위의 제한)

### 제52조(임시이사 임명)
① 중앙회 회장은 이사의 결원으로 지구별수협의 이사회를 개최할 수 없어 지구별수협의 업무가 지연되어 손해가 생길 우려가 있으면 조합원이나 이해관계인의 청구에 의하여 또는 직권으로 임시이사를 임명할 수 있다.
② 조합장은 임시이사가 취임한 날부터 1개월 이내에 총회를 소집하여 결원된 이사를 선출하여야 한다.
③ 임시이사는 제2항의 이사가 취임할 때까지 그 직무를 수행한다.

### 제53조(선거운동의 제한)
① 누구든지 자기 또는 특정인을 지구별수협의 임원이나 대의원으로 당선되게 하거나 당선되지 못하게 할 목적으로 다음 각 호의 어느 하나에 해당하는 행위를 할 수 없다.
1. 선거인(선거인 명부 작성 전에는 선거인명부에 오를 자격이 있는 사람으로서 이미 조합에 가입한 사람 또는 조합에 가입 신청을 한 사람을 포함한다. 이하 이 조에서 같다)이나 그 가족(선거인의 배우자, 선거인 또는 그 배우자의 직계 존속·비속과 형제자매, 선거인의 직계 존속·비속 및 형제자매의 배우자를 말한다. 이하 같다) 또는 선거인이나 그 가족이 설립·운영하고 있는 기관·단체·시설에 대한 다음 각 목의 어느 하나에 해당하는 행위
   가. 금전·물품·향응이나 그 밖의 재산상의 이익을 제공하는 행위
   나. 공사(公私)의 직을 제공하는 행위
   다. 금전·물품·향응, 그 밖의 재산상의 이익이나 공사의 직을 제공하겠다는 의사표시 또는 그 제공을 약속하는 행위
2. 후보자가 되지 아니하도록 하거나 후보자를 사퇴하게 할 목적으로 후보자가 되려는 사람이나 후보자에게 하는 제1호 각 목의 행위
3. 제1호 또는 제2호에 규정된 이익이나 직을 제공받거나 그 제공의 의사 표시를 승낙하는 행위 또는 그 제공을 요구하거나 알선하는 행위

② 임원이나 대의원이 되려는 사람은 선거운동을 위하여 선거일 공고일부터 선거일까지의 기간 중에는 조합원을 호별(戶別)로 방문하거나 특정 장소에 모이게 할 수 없다.
③ 누구든지 지구별수협의 임원 또는 대의원 선거와 관련하여 연설·벽보 및 그 밖의 방법으로 거짓 사실을 공표하거나 공연히 사실을 구체적으로 제시하여 후보자(후보자가 되려는 사람을 포함한다. 이하 같다)를 비방할 수 없다.
④ 누구든지 특정 임원의 선거에 투표하거나 투표하게 할 목적으로 자신이나 타인의 이름을 거짓으로 선거인명부에 올려서는 아니 된다.
⑤ 누구든지 후보자등록마감일의 다음 날부터 선거일 전일까지의 선거운동 기간 외에 선거운동을 할 수 없다.
⑥ 누구든지 자기 또는 특정인을 당선되게 하거나 당선되지 못하게 할 목적으로 선거기간 중 포장된 선물 또는 돈봉투 등 다수의 조합원(조합원의 가족 또는 조합원이나 그 가족이 설립·운영하고 있는 기관·단체·시설을 포함한다)에게 배부하도록 구분된 형태로 되어 있는 금품을 운반하지 못한다.

⑦ 누구든지 다음 각 호의 어느 하나에 해당하는 행위를 할 수 없다.
1. 제54조 제1항에 따른 조합선거관리위원회 또는 같은 조 제2항에 따라 선거의 관리를 위탁받은 구·시·군선거관리위원회의 위원·직원·선거부정감시단원, 그 밖에 선거사무에 종사하는 자를 폭행·협박·유인 또는 체포·감금하는 행위
2. 제54조 제1항에 따른 조합선거관리위원회 또는 같은 조 제2항에 따라 선거의 관리를 위탁받은 구·시·군선거관리위원회의 위원·직원·선거부정감시단원, 그 밖에 선거사무에 종사하는 자에게 폭행이나 협박을 가하여 투표소·개표소 또는 선거관리위원회 사무소를 소요·교란하는 행위
3. 투표용지·투표지·투표보조용구·전산조직 등 선거관리 또는 단속사무와 관련한 시설·설비·장비·서류·인장 또는 선거인명부를 은닉·파손·훼손 또는 탈취하는 행위

⑧ 누구든지 임원 또는 대의원 선거와 관련하여 다음 각 호의 방법(조합장을 대의원회에서 선출하는 경우에는 제2호와 제5호, 비상임이사 및 감사선거의 경우에는 제3호와 제5호에 한정한다) 외의 행위를 할 수 없다.
1. 선전벽보의 부착
2. 선거공보의 배부
3. 도로·시장 등 해양수산부령으로 정하는 다수인이 왕래하거나 집합하는 공개된 장소에서의 지지 호소 및 명함의 배부
4. 합동연설회 또는 공개토론회의 개최
5. 전화(문자메시지를 포함한다)·컴퓨터통신(전자우편을 포함한다)을 이용한 지지 호소

⑨ 제8항에 따른 선거운동방법에 관한 세부적인 사항은 해양수산부령으로 정한다.

⑩ 지구별수협의 임직원은 다음 각 호의 어느 하나에 해당하는 행위를 할 수 없다.
1. 그 지위를 이용하여 선거운동을 하는 행위
2. 선거운동의 기획에 참여하거나 그 기획의 실시에 관여하는 행위
3. 후보자(후보자가 되려는 사람을 포함한다. 이하 같다)에 대한 조합원의 지지도를 조사하거나 이를 발표하는 행위

## 제53조의2(기부행위의 제한)

① 지구별수협의 임원 선거 후보자, 그 배우자 및 후보자가 속한 기관·단체·시설은 해당 임원의 임기 만료일 전 180일(보궐선거 등의 경우에는 그 선거 실시 사유가 확정된 날)부터 해당 선거일까지 선거인(선거인명부 작성 전에는 선거인 명부에 오를 자격이 있는 사람으로서 이미 조합에 가입한 사람 또는 조합에 가입 신청을 한 사람을 포함한다. 이하 이 조에서 같다)이나, 그 가족 또는 선거인이나 그 가족이 설립·운영하고 있는 기관·단체·시설에 대하여 금전·물품이나 그 밖의 재산상 이익의 제공, 이익 제공의 의사표시 또는 그 제공을 약속하는 행위(이하 "기부행위"라 한다)를 할 수 없다.

② 제1항에도 불구하고 다음 각 호의 어느 하나에 해당하는 행위는 기부행위로 보지 아니한다.
1. 직무상의 행위
   가. 후보자가 소속된 기관·단체·시설(나목에 따른 조합은 제외한다)의 자체 사업계획과 예산으로 하는 의례적(儀禮的)인 금전·물품 제공 행위(포상을 포함하되, 화환·화분을 제공하는 행위는 제외한다)
   나. 법령과 정관에 따른 조합의 사업계획 및 수지예산에 따라 집행하는 금전·물품 제공 행위(포상을 포함하되, 화환·화분을 제공하는 행위는 제외한다)
   다. 물품 구매, 공사, 서비스 등에 대한 대가의 제공 또는 부담금의 납부 등 채무를 이행하는 행위

    라. 가목부터 다목까지의 규정에 해당하는 행위 외에 법령의 규정에 근거하여 물품 등을 찬조·출연 또는 제공하는 행위
  2. 의례적 행위
    가. 「민법」 제777조에 따른 친족의 관혼상제 의식이나 그 밖의 경조사에 축의·부의금품을 제공하는 행위
    나. 후보자가 「민법」 제777조에 따른 친족이 아닌 사람의 관혼상제 의식에 일반적인 범위에서 축의·부의금품(화환·화분은 제외한다)을 제공하거나 주례를 서는 행위
    다. 후보자의 관혼상제 의식이나 그 밖의 경조사에 참석한 하객이나 조객(弔客) 등에게 일반적인 범위에서 음식물이나 답례품을 제공하는 행위
    라. 후보자가 그 소속 기관·단체·시설(후보자가 임원이 되려는 해당 조합은 제외한다)의 유급(有給) 사무직원 또는 「민법」 제777조에 따른 친족에게 연말·설 또는 추석에 의례적인 선물을 제공하는 행위
    마. 친목회·향우회·종친회·동창회 등 각종 사교·친목단체 및 사회단체의 구성원으로서 해당 단체의 정관·규약 또는 운영관례상의 의무에 기초하여 종전의 범위에서 회비를 내는 행위
    바. 후보자가 평소 자신이 다니는 교회·성당·사찰 등에 일반적으로 헌금(물품의 제공을 포함한다)하는 행위
  3. 「공직선거법」 제112조 제2항 제3호에 따른 구호적(救護的)·자선적 행위에 준하는 행위
  4. 제1호부터 제3호까지의 행위에 준하는 행위로서 해양수산부령으로 정하는 행위
③ 제2항에 따라 일반적인 범위에서 1명에게 제공할 수 있는 축의·부의금품, 음식물, 답례품 및 의례적인 선물의 금액 범위는 별표와 같다.
④ 누구든지 제1항의 행위를 약속·지시·권유·알선 또는 요구할 수 없다.
⑤ 누구든지 해당 선거에 관하여 후보자를 위하여 제1항의 행위를 하거나 하게 할 수 없다.
⑥ 조합장은 재임 중 제1항에 따른 기부행위를 할 수 없다. 다만, 제2항에 따라 기부행위로 보지 아니하는 행위는 그러하지 아니하다.

## 조문확인 OX 문제
제52조(임시이사 임명), 제53조(선거운동의 제한), 제53조의2(기부행위의 제한)

■ 다음 조문을 읽고 맞는 것은 O, 틀린 것은 X에 ∨ 표시하시오.

01 지구별수협 이사의 결원으로 이사회를 개최할 수 없어 업무가 지연될 경우, 중앙회의 회장은 직권으로 지구별수협의 임시이사를 임명할 수 있다. [O / X]

02 지구별수협은 임시이사가 취임한 날로부터 3개월 이내에 총회를 소집하여 결원된 이사를 선출하여야 한다. [O / X]

03 누구든지 지구별수협의 임원 후보자가 사퇴하게 할 목적으로 임원 후보자의 가족이 운영하고 있는 시설에 금전·물품·향응을 제공하여서는 아니 된다. [O / X]

04 지구별수협의 임원이 되려는 사람이 선거운동을 목적으로 조합원을 호별로 방문하는 것은 허용되지 않는다. [O / X]

05 누구든지 도로·시장 등 다수인이 왕래하거나 집합하는 공개된 장소에서 지구별수협의 임원선거 후보의 명함을 배부할 수 없다. [O / X]

06 지구별수협의 임원 선거 후보자는 선거운동 기간 중 지구별수협의 선거권자들에게 지지를 호소하는 문자메세지를 발송할 수 있다. [O / X]

07 지구별수협의 임직원은 해당 지구별수협의 임원 선거 후보자들에 대한 조합원들의 지지도를 조사하고 이를 발표하여서는 아니 된다. [O / X]

08 지구별수협의 임원 선거 후보자가 친족의 결혼식에 화환을 제공하는 행위는 기부행위에 해당하지 않는다. [O / X]

09 지구별수협의 임원 선거 후보자가 친족의 결혼식에 주례를 서는 행위는 기부행위에 해당한다. [O / X]

10 지구별수협의 임원 선거 후보자가 「공직선거법」 제112조 제2항 제3호에 해당하는 구호적·자선적 행위에 준하는 행위를 하는 것은 기부행위에 해당하지 않는다. [O / X]

[정답] 01 O  02 X  03 O  04 O  05 X
        06 O  07 O  08 O  09 X  10 O

**법조문 익히기** — 제53조의3(조합장의 축의·부의금품 제공 제한), 제54조(선거관리위원회), 제55조(임직원의 겸직 금지 등), 제56조(임원의 의무와 책임)

### 제53조의3(조합장의 축의·부의금품 제공 제한)

① 조합의 경비로 관혼상제 의식이나 그 밖의 경조사에 축의·부의금품을 제공할 때에는 조합의 명의로 하여야 하며, 해당 조합의 경비임을 명기하여야 한다.
② 제1항에 따라 축의·부의금품을 제공할 경우 해당 조합장의 직명 또는 성명을 밝히거나 그가 하는 것으로 추정할 수 있는 방법으로 하는 행위는 기부행위로 본다.

### 제54조(선거관리위원회)

① 지구별수협은 임원 선거를 공정하게 관리하기 위하여 대통령령으로 정하는 바에 따라 선거관리위원회를 구성·운영한다.
② 지구별수협은 제46조 제3항 제1호 및 제2호에 따라 선출하는 조합원 선거의 관리에 대하여는 정관으로 정하는 바에 따라 그 주된 사무소의 소재지를 관할하는 「선거관리위원회법」에 따른 구·시·군선거관리위원회에 위탁하여야 한다.
③ 삭제 〈2014. 6. 11.〉
④ 삭제 〈2014. 6. 11.〉

### 제55조(임직원의 겸직 금지 등)

① 조합장을 포함한 이사는 그 지구별수협의 감사를 겸직할 수 없다.
② 지구별수협의 임원은 그 지구별수협의 직원을 겸직할 수 없다.
③ 지구별수협의 임원은 다른 조합의 임원 또는 직원을 겸직할 수 없다.
④ 지구별수협의 사업과 실질적인 경쟁관계에 있는 사업을 경영하거나 이에 종사하는 사람은 지구별수협의 임직원 및 대의원이 될 수 없다.
⑤ 제4항에 따른 실질적인 경쟁관계에 있는 사업의 범위는 대통령령으로 정한다.
⑥ 조합장을 포함한 이사는 이사회의 승인을 받지 아니하고는 자기 또는 제3자의 계산으로 해당 지구별수협과 정관으로 정하는 규모 이상의 거래를 할 수 없다.

### 제56조(임원의 의무와 책임)

① 지구별수협의 임원은 이 법과 이 법에 따른 명령·처분·정관 및 총회 또는 이사회의 의결을 준수하고 그 직무를 성실히 수행하여야 한다.
② 임원이 그 직무를 수행하면서 고의 또는 과실(비상임인 임원의 경우에는 중대한 과실)로 지구별수협에 끼친 손해에 대하여는 연대하여 손해배상의 책임을 진다.
③ 임원이 그 직무를 수행하면서 고의 또는 중대한 과실로 제3자에게 끼친 손해에 대하여는 연대하여 손해배상의 책임을 진다.
④ 제2항과 제3항의 행위가 이사회의 의결에 따른 것이면 그 의결에 찬성한 이사도 연대하여 손해배상의 책임을 진다. 이 경우 의결에 참가한 이사 중 이의를 제기한 사실이 의사록에 기록되어 있지 아니한 사람은 그 의결에 찬성한 것으로 추정한다.

## 조문확인 OX 문제

제53조의3(조합장의 축의·부의금품 제공 제한), 제54조(선거관리위원회), 제55조(임직원의 겸직 금지 등), 제56조(임원의 의무와 책임)

■ 다음 조문을 읽고 맞는 것은 O, 틀린 것은 X에 V 표시하시오.

01 지구별수협은 조합의 경비로 경조사에 축의금을 제공할 때에는 조합의 명의로 하여야 하며, 해당 조합의 경비임을 명기하여야 한다. [O / X]

02 지구별수협이 조합의 경비로 경조사에 축의금을 제공할 때 해당 조합장이 하는 것으로 추정할 수 있다면 이는 기부행위로 본다. [O / X]

03 지구별수협은 그 주된 사무소의 소재지를 관할하는 구·시·군선거관리위원회에 해당 조합장 선거의 관리를 위탁하여야 한다. [O / X]

04 지구별수협의 조합장은 그 지구별수협의 감사를 겸직할 수 없다. [O / X]

05 지구별수협의 임원은 그 지구별수협의 직원을 겸직할 수 있다. [O / X]

06 지구별수협의 사업과 실질적인 경쟁관계에 있는 사업의 경영자는 그 지구별수협의 임원이 될 수 없다. [O / X]

07 지구별수협의 임원은 직무를 수행하는 과정에서 중대한 과실로 제3자에 끼친 손해에 대해 연대책임을 진다. [O / X]

08 지구별수협의 임원이 이사회의 의결에 근거한 직무를 수행하는 과정에서 중대한 과실로 지구별수협의 손해를 끼친 경우, 그 의결에 찬성한 이사도 연대하여 손해배상의 책임을 진다. [O / X]

[정답] 01 O  02 O  03 O  04 O  05 X  06 O  07 O  08 O

## 법조문 익히기

**제57조(임원의 해임), 제58조(「민법」·「상법」의 준용), 제59조(직원의 임면)**

### 제57조(임원의 해임)

① 조합원은 조합원 3분의 1 이상의 동의로 총회에 임원의 해임을 요구할 수 있다. 이 경우 총회는 구성원 과반수의 출석과 출석구성원 3분의 2 이상의 찬성으로 의결한다.

② 제1항에 따른 방법 외에 다음 각 호의 구분에 따른 방법으로 조합장을 해임할 수 있다. 이 경우 선출 시 사용한 표결 방법과 같은 방법으로 해임을 의결하여야 한다.

1. 대의원회에서 선출된 조합장 : 대의원 3분의 1 이상의 요구 및 대의원 과반수의 출석과 출석대의원 3분의 2 이상의 찬성으로 대의원회에서 해임 의결
2. 이사회에서 선출된 조합장 : 이사회의 해임 요구 및 총회에서의 해임 의결. 이 경우 이사회의 해임 요구와 총회의 해임 의결에 관하여는 제1호에 따른 정족수를 준용한다.
3. 조합원이 총회 외에서 직접 선출한 조합장 : 대의원 3분의 1 이상의 요구와 대의원회의 의결을 거쳐 조합원 투표로 해임 결정. 이 경우 대의원회의 의결에 관하여는 제1호에 따른 정족수를 준용하며, 조합원 투표에 의한 해임 결정은 조합원 과반수의 투표와 투표한 조합원 과반수의 찬성을 얻어야 한다.

③ 이사회는 제142조 제2항에 따른 경영 상태의 평가 결과 상임이사가 소관 업무의 경영 실적이 부실하여 그 직무를 담당하기 곤란하다고 인정되거나, 이 법이나 이 법에 따른 명령 또는 정관을 위반하는 행위를 한 경우에는 상임이사의 해임을 총회에 요구할 수 있다. 이 경우 총회의 해임 의결에 관하여는 제1항에 따른 의결정족수를 준용한다.

④ 제1항부터 제3항까지의 규정에 따라 해임 의결을 할 때에는 해당 임원에게 해임 이유를 통지하고 총회 또는 대의원회에서 의견을 진술할 기회를 주어야 한다.

### 제58조(「민법」·「상법」의 준용)

지구별수협의 임원에 관하여는 「민법」 제35조와 「상법」 제382조 제2항, 제385조 제2항·제3항, 제402조부터 제408조까지의 규정을 준용한다. 이 경우 「상법」 제385조 제2항 중 "발행주식의 총수의 100분의 3 이상에 해당하는 주식을 가진 주주" 및 같은 법 제402조 및 제403조 제1항 중 "발행주식의 총수의 100분의 1 이상에 해당하는 주식을 가진 주주"는 각각 "조합원 5분의 1 이상의 동의를 받은 조합원"으로 본다.

### 제59조(직원의 임면)

① 지구별수협의 직원은 정관으로 정하는 바에 따라 조합장이 임면하되, 조합장이 비상임일 경우에는 상임이사의 제청에 의하여 조합장이 임면한다. 다만, 상임이사 소관 사업 부문에 속한 직원의 승진 및 전보(轉補)에 대하여는 상임이사가 전담하되, 상임이사가 전담하는 승진과 전보의 방법·절차 및 다른 사업 부문에서 상임이사 소관 사업 부문으로의 전보 등에 관한 구체적인 사항은 정관으로 정한다.

② 지구별수협에는 정관으로 정하는 바에 따라 간부직원을 두어야 하며, 간부직원은 대통령령으로 정하는 자격을 가진 사람 중 조합장이 이사회의 의결을 거쳐 임면한다. 다만, 상임이사를 두지 아니하는 조합의 경우에는 간부직원인 전무 1명을 둘 수 있다.

③ 제2항 단서에 따른 전무는 조합장을 보좌하고 정관으로 정하는 바에 따라 조합의 업무를 처리한다.

④ 간부직원에 대하여는 「상법」 제10조, 제11조 제1항·제3항, 제12조, 제13조 및 제17조와 「상업등기법」 제23조 제1항, 제50조 및 제51조를 준용한다.

## 조문확인 OX 문제

제57조(임원의 해임), 제58조(「민법」·「상법」의 준용), 제59조(직원의 임면)

■ 다음 조문을 읽고 맞는 것은 O, 틀린 것은 X에 V 표시하시오.

01 지구별수협의 조합원은 조합원 3분의 1의 동의로 총회에 임원의 해임을 요구할 수 있다. [O] [X]

02 지구별수협 총회에서 임원의 해임을 의결하기 위해서는 총회 구성원 전원의 출석과 출석구성원 과반수의 찬성을 요구한다. [O] [X]

03 지구별수협의 이사회에서 조합장을 선출한 경우 해당 조합장을 해임하기 위해서는 총회에서 해임을 요구하고 이사회에서 해임을 의결해야 한다. [O] [X]

04 지구별수협의 조합장을 이사회에서 선출한 경우 이사회는 총회에 조합장의 해임을 요구할 수 있다. [O] [X]

05 지구별수협의 이사회는 상임이사의 경영 실적이 부실함을 이유로 상임이사의 해임을 총회에 요구할 수 있다. [O] [X]

06 지구별수협의 직원은 정관에 따라 조합장이 임면하되, 조합장이 비상임이라면 상임이사가 임면한다. [O] [X]

07 상임이사 소관 사업부문에 속한 직원의 승진은 해당 상임이사가 전담한다. [O] [X]

08 지구별수협의 간부직원은 상임이사가 이사회의 의결을 거쳐 임면한다. [O] [X]

09 간부직원인 전무는 조합장을 보좌하고 정관에 따라 조합의 업무를 처리한다. [O] [X]

[정답] 01 O  02 X  03 X  04 O  05 O  06 X  07 O  08 X  09 O

**법조문 익히기** 제60조(사업), 제60조의2(공제규정), 제60조의3(조합원에 대한 교육), 제60조의4(수산물 판매활성화), 제61조(비조합원의 사업 이용)

제60조(사업)

① 지구별수협은 그 목적을 달성하기 위하여 다음 각 호의 사업의 전부 또는 일부를 수행한다.

1. 교육 · 지원 사업

    가. 수산종자의 생산 및 보급

    나. 어장 개발 및 어장환경의 보전 · 개선

    다. 어업질서 유지

    라. 어업권 · 양식업권과 어업피해 대책 및 보상 업무 추진

    마. 어촌지도자 및 후계어업경영인 발굴 · 육성과 수산기술자 양성

    바. 어업 생산의 증진과 경영 능력의 향상을 위한 상담 및 교육훈련

    사. 생활환경 개선과 문화 향상을 위한 교육 및 지원과 시설의 설치 · 운영

    아. 어업 및 어촌생활 관련 정보의 수집 및 제공

    자. 조합원의 노동력 또는 어촌의 부존자원(賦存資源)을 활용한 관광사업 등 어가(漁家) 소득증대사업

    차. 외국의 협동조합 및 도시와의 교류 촉진을 위한 사업

    카. 어업에 관한 조사 · 연구

    타. 각종 사업과 관련한 교육 및 홍보

    파. 그 밖에 정관으로 정하는 사업

2. 경제사업

    가. 구매사업

    나. 보관 · 판매 및 검사 사업

    다. 이용 · 제조 및 가공(수산물의 처리를 포함한다) 사업

    라. 수산물 유통 조절 및 비축사업

    마. 조합원의 사업 또는 생활에 필요한 공동시설의 운영 및 기자재의 임대사업

3. 신용사업

    가. 조합원의 예금 및 적금의 수납업무

    나. 조합원에게 필요한 자금의 대출

    다. 내국환

    라. 어음 할인

    마. 국가, 공공단체 및 금융기관 업무의 대리

    바. 조합원의 유가증권 · 귀금속 · 중요물품의 보관 등 보호예수(保護預受) 업무

4. 공제사업

5. 후생복지사업

    가. 사회 · 문화 복지시설의 설치 · 운영 및 관리

    나. 장제사업(葬祭事業)

    다. 의료지원사업

6. 운송사업
7. 어업통신사업
8. 국가, 공공단체, 중앙회, 수협은행 또는 다른 조합이 위탁하거나 보조하는 사업
9. 다른 경제단체·사회단체 및 문화단체와의 교류·협력
10. 다른 조합·중앙회 또는 다른 법률에 따른 협동조합과의 공동사업 및 업무의 대리
11. 다른 법령에서 지구별수협의 사업으로 정하는 사업
12. 제1호부터 제11호까지의 사업에 관련된 대외무역
13. 차관사업(借款事業)
14. 제1호부터 제13호까지의 사업에 부대하는 사업
15. 그 밖에 지구별수협의 목적 달성에 필요한 사업으로서 중앙회의 회장의 승인을 받은 사업

② 지구별수협은 제1항의 사업 목적을 달성하기 위하여 국가, 공공단체, 중앙회, 수협은행 또는 다른 금융기관으로부터 자금을 차입할 수 있다.
③ 제1항 제3호에 따른 신용사업의 한도와 방법 및 제2항에 따라 지구별수협이 중앙회 또는 수협은행으로부터 차입할 수 있는 자금의 한도는 대통령령으로 정한다.
④ 국가나 공공단체는 제1항 제8호에 따라 사업을 위탁하는 경우에는 대통령령으로 정하는 바에 따라 지구별수협과 위탁 계약을 체결하여야 한다.
⑤ 국가나 공공단체는 제1항 제7호 및 제8호의 사업을 하는 과정에서 발생하는 비용을 지원할 수 있다.
⑥ 국가로부터 차입한 자금은 해양수산부령으로 정하는 바에 따라 조합원이 아닌 수산업자에게도 대출할 수 있다.
⑦ 삭제 〈2016. 5. 29.〉
⑧ 지구별수협은 제1항의 사업을 수행하기 위하여 필요하면 제68조에 따른 자기자본의 범위에서 다른 법인에 출자할 수 있다. 이 경우 같은 법인에 대한 출자는 다음 각 호의 경우를 제외하고는 자기자본의 100분의 20을 초과할 수 없다.
1. 중앙회에 출자하는 경우
2. 제1항 제2호에 따른 경제사업을 하기 위하여 지구별수협이 보유하고 있는 부동산 및 시설물을 출자하는 경우
⑨ 지구별수협은 제1항의 사업을 안정적으로 하기 위하여 정관으로 정하는 바에 따라 사업손실보전자금 및 대손보전자금(貸損補塡資金)을 조성·운용할 수 있다.
⑩ 국가·지방자치단체 및 중앙회는 예산의 범위에서 제9항에 따른 사업손실보전자금 및 대손보전자금의 조성을 지원할 수 있다.

### 제60조의2(공제규정)

① 지구별조합이 제60조 제1항 제4호에 따른 공제사업을 하려면 공제규정을 정하여 해양수산부장관의 인가를 받아야 한다. 공제규정을 변경하려는 때에도 또한 같다.
② 제1항에 따른 공제규정에는 해양수산부령으로 정하는 바에 따라 공제사업의 실시, 공제계약 및 공제료와 공제사업의 책임준비금, 그 밖에 준비금 적립에 관한 사항 등이 포함되어야 한다.
③ 제2항에 따른 책임준비금 등은 해양수산부령으로 정하는 기준에 따라 매 회계연도 말에 공제사업의 종류별로 계산하여 적립하여야 한다.

제60조의3(조합원에 대한 교육)
① 지구별수협은 조합원에게 협동조합의 운영원칙과 방법에 대한 교육을 실시하여야 한다.
② 지구별수협은 조합원의 권익이 증진될 수 있도록 조합원에 대하여 적극적으로 전문기술교육과 경영상담 등을 하여야 한다.
③ 지구별수협은 제2항에 따른 교육 및 상담을 효율적으로 수행하기 위하여 전문상담원을 둘 수 있다.

제60조의4(수산물 판매활성화)
① 지구별수협은 조합원이 생산한 수산물의 효율적인 판매를 위하여 다음 각 호의 사항을 추진하여야 한다.
1. 다른 조합 및 중앙회와의 공동사업
2. 수산물의 유통, 판매 및 수출 등에 관한 규정의 제정 및 개정
3. 그 밖에 거래처 확보 등 수산물의 판매활성화 사업에 필요한 사항
② 지구별수협은 제1항에 따른 사업수행에 필요한 경우 중앙회등에 수산물의 판매위탁을 요청할 수 있다.
③ 제2항에 따른 판매위탁사업의 조건과 절차 등에 관한 세부사항은 중앙회의 사업전담대표이사 또는 중앙회가 출자한 법인의 대표이사가 각각 정한다.
④ 중앙회는 제1항 및 제2항에 따른 사업실적 등을 고려하여 정관으로 정하는 바에 따라 지구별수협에 제139조의4에 따라 조성한 유통지원자금의 지원 등 우대조치를 할 수 있다.

제61조(비조합원의 사업 이용)
① 지구별수협은 조합원의 이용에 지장이 없는 범위에서 조합원이 아닌 자에게 그 사업을 이용하게 할 수 있다. 다만, 제60조 제1항 제3호·제9호부터 제11호까지 및 제14호의 사업에 대하여는 대통령령으로 정하는 바에 따라 비조합원의 이용을 제한할 수 있다.
② 다음 각 호의 어느 하나에 해당하는 자가 지구별수협의 사업을 이용하는 경우에는 조합원이 그 사업을 이용한 것으로 본다.
1. 조합원과 같은 세대(世帶)에 속하는 사람
2. 준조합원
3. 다른 조합 및 다른 조합의 조합원

**조문확인 OX 문제**     제60조(사업), 제60조의2(공제규정), 제60조의3(조합원에 대한 교육), 제60조의4(수산물 판매활성화), 제61조(비조합원의 사업 이용)

■ 다음 조문을 읽고 맞는 것은 O, 틀린 것은 X에 V 표시하시오.

01 지구별수협은 수산종자의 생산·보급과 어장 개발에 관한 사업을 수행할 수 있다.    [ O | X ]

02 지구별수협은 사업 목적을 달성하기 위해 공공단체로부터 자금을 차입할 수 있다.    [ O | X ]

03 국가는 지구별수협에 사업을 위탁할 경우 발생하는 비용을 직접 지원할 수 없다.    [ O | X ]

04 지방자치단체는 지구별수협이 조성하는 사업손실보전자금 및 대손보전자금을 지원할 수 있다.    [ O | X ]

05 지구별수협의 공제사업을 위한 책임준비금은 매 회계연도가 시작되기 1개월 전에 공제사업의 종류별로 계산하여 적립하여야 한다.    [ O | X ]

06 지구별수협은 조합원을 대상으로 협동조합의 운영원칙과 방법에 대한 교육을 실시하여야 한다.    [ O | X ]

07 지구별수협은 조합원이 생산한 수산물을 판매하기 위해 다른 조합과의 공동사업을 추진하여야 한다.    [ O | X ]

08 지구별수협은 조합원이 생산한 수산물을 중앙회에 판매위탁 요청할 수 있다.    [ O | X ]

09 지구별수협의 조합원과 같은 세대에 속하는 사람이 그 지구별수협의 사업을 이용하는 경우에는 조합원이 그 사업을 이용한 것으로 본다.    [ O | X ]

10 지구별수협의 준조합원이 그 지구별수협의 사업을 이용하는 것은 지구별수협의 조합원이 이용한 것으로 볼 수 없다.    [ O | X ]

[정답] 01 O   02 O   03 X   04 O   05 X   06 O   07 O   08 O   09 O   10 X

## 법조문 익히기

제62조(유통지원자금의 조성·운용), 제63조(창고증권의 발행), 제64조(어업의 경영)

### 제62조(유통지원자금의 조성·운용)

① 지구별수협은 조합원이 생산한 수산물 및 그 가공품 등의 유통을 지원하기 위하여 유통지원자금을 조성·운용할 수 있다.
② 제1항에 따른 유통지원자금은 다음 각 호의 사업에 운용한다.
1. 수산물의 생산 관련 사업
2. 수산물 및 그 가공품의 출하조절사업
3. 수산물의 공동규격 출하촉진사업
4. 매취(買取)사업
5. 그 밖에 지구별수협이 필요하다고 인정하는 유통 관련 사업

③ 국가, 공공단체 및 중앙회는 예산의 범위에서 제1항에 따른 유통지원자금의 조성을 지원할 수 있다.

### 제63조(창고증권의 발행)

① 제60조 제1항 제2호 나목의 보관사업을 하는 지구별수협은 정관으로 정하는 바에 따라 임치물(任置物)에 관하여 창고증권을 발행할 수 있다.
② 창고증권을 발행하는 지구별수협은 그 지구별수협의 명칭으로 된 창고증권이라는 글자를 사용하여야 한다.
③ 지구별수협이 아닌 자가 발행하는 창고증권에는 수산업협동조합창고증권이라는 글자를 사용하여서는 아니 된다.
④ 지구별수협이 창고증권을 발행한 임치물의 보관 기간은 임치일부터 6개월 이내로 한다.
⑤ 제4항의 임치물의 보관 기간은 갱신할 수 있다. 다만, 창고증권의 소지인이 조합원이 아닌 경우에는 조합원의 이용에 지장이 없는 범위에서 갱신한다.

### 제64조(어업의 경영)

① 지구별수협은 조합원의 공동이익을 위하여 어업 및 그에 부대하는 사업을 경영할 수 있다.
② 제1항에 따라 지구별수협이 어업 및 그에 부대하는 사업을 경영하려면 총회의 의결을 거쳐야 한다.

## 조문확인 OX 문제
제62조(유통지원자금의 조성·운용), 제63조(창고증권의 발행), 제64조(어업의 경영)

■ 다음 조문을 읽고 맞는 것은 O, 틀린 것은 X에 V 표시하시오.

01 지구별수협의 유통지원자금은 조합원이 생산한 수산물 및 그 가공품의 유통을 지원하기 위해 운용할 수 있다. [O X]

02 지구별수협의 유통지원자금은 수산물 및 그 가공품의 출하조절사업에 운용할 수 있다. [O X]

03 지구별수협의 유통지원자금은 지구별수협의 매취사업에 운용할 수 없다. [O X]

04 중앙회는 지구별수협의 유통지원자금 조성을 지원할 수 있다. [O X]

05 보관사업을 하는 지구별수협은 그 임치물에 관한 창고증권을 발행할 수 있다. [O X]

06 지구별수협이 발행한 창고증권에는 그 지구별수협의 명칭으로 된 창고증권이라는 글자를 사용하여야 한다. [O X]

07 지구별수협이 창고증권을 발행한 임치물의 보관 기간은 임치일로부터 1년으로 한다. [O X]

08 지구별수협이 창고증권을 발행한 임치물의 보관 기간은 갱신할 수 없다. [O X]

09 지구별수협이 어업을 직접 경영하기 위해서는 총회의 의결을 거쳐야 한다. [O X]

[정답] 01 O  02 O  03 X  04 O  05 O
       06 O  07 X  08 X  09 O

제2장 지구별 수산업협동조합

## 법조문 익히기

제65조(회계연도), 제66조(회계의 구분 등), 제67조(사업계획과 수지예산), 제68조(자기자본)

### 제65조(회계연도)
지구별수협의 회계연도는 정관으로 정한다.

### 제66조(회계의 구분 등)
① 지구별수협의 회계는 일반회계와 특별회계로 구분한다.
② 일반회계는 신용사업 부문 회계와 신용사업 외의 사업 부문 회계로 구분하여 회계처리하여야 한다.
③ 특별회계는 다음 각 호의 어느 하나에 해당하는 경우에 정관으로 정하는 바에 따라 설치한다.
1. 특정 사업을 운영할 경우
2. 특정 자금을 보유하여 운영할 경우
3. 그 밖에 일반회계와 구분할 필요가 있는 경우
④ 다음 각 호의 어느 하나의 재무관계와 그에 관한 재무기준은 해양수산부장관이 정한다. 이 경우 신용사업 부문과 신용사업 외의 사업 부문 간의 재무관계에 관한 재무기준에 관하여는 금융위원회와 협의하여야 한다.
1. 일반회계와 특별회계 간의 재무관계와 그에 관한 재무기준
2. 신용사업 부문과 신용사업 외의 사업 부문 간의 재무관계와 그에 관한 재무기준
3. 조합과 조합원 간의 재무관계와 그에 관한 재무기준
⑤ 조합의 회계처리기준에 필요한 사항은 중앙회의 회장이 정한다. 다만, 신용사업의 회계처리기준에 관하여 필요한 사항은 금융위원회가 따로 정할 수 있다.

### 제67조(사업계획과 수지예산)
① 지구별수협은 매 회계연도의 사업계획서와 수지예산서를 작성하여 해당 회계연도가 시작되기 1개월 전에 총회의 의결을 거쳐 중앙회의 회장에게 제출하여야 한다.
② 지구별수협이 제1항에 따른 사업계획과 수지예산 중 정관으로 정하는 중요한 사항을 변경하려면 총회의 의결을 거쳐 중앙회의 회장에게 제출하여야 한다.

### 제68조(자기자본)
지구별수협의 자기자본은 다음 각 호의 금액을 합친 금액으로 한다. 다만, 이월결손금이 있는 경우에는 그 금액을 공제한다.
1. 납입출자금
2. 회전출자금
3. 우선출자금(누적되지 아니하는 것만 해당한다)
4. 가입금
5. 각종 적립금
6. 미처분 이익잉여금

## 조문확인 OX 문제

제65조(회계연도), 제66조(회계의 구분 등), 제67조(사업계획과 수지예산), 제68조(자기자본)

■ 다음 조문을 읽고 맞는 것은 O, 틀린 것은 X에 V 표시하시오.

01 지구별수협의 일반회계는 신용사업 부문의 회계와 그 외의 사업 부문 회계로 구분하여 회계처리하지 아니한다. [O / X]

02 지구별수협의 특별회계는 특정 자금을 보유하여 운영하는 등 일반회계와 구분할 필요가 있는 경우에 정관으로 정하는 바에 따라 설치한다. [O / X]

03 지구별수협의 신용사업 부문과 신용사업 외의 사업 부문 간의 재무관계에 관한 재무기준은 금융위원회와 협의하여 해양수산부장관이 정한다. [O / X]

04 지구별수협의 회계처리기준에 필요한 사항은 중앙회의 회장이 정한다. [O / X]

05 지구별수협의 사업계획서와 수지예산서는 회계연도가 시작되기 1개월 전에 이사회의 의결을 거쳐 중앙회의 회장에게 제출하여야 한다. [O / X]

06 지구별수협이 사업계획 중 정관으로 정하는 중요한 사항을 변경하기 위해서는 총회의 의결을 거쳐 중앙회의 회장에게 제출하여야 한다. [O / X]

07 지구별수협의 자기자본에는 납입출자금과 회전출자금, 준조합원의 가입금을 포함한다. [O / X]

08 지구별수협의 자기자본에는 미처분 이익잉여금을 포함하지 않는다. [O / X]

[정답] 01 X  02 O  03 O  04 O  05 X  06 O  07 O  08 X

제2장 지구별 수산업협동조합

**법조문 익히기** — 제69조(여유자금의 운용), 제70조(법정적립금 등), 제71조(손실의 보전과 잉여금의 배당), 제72조(법정적립금 및 자본적립금의 사용 금지)

### 제69조(여유자금의 운용)

① 지구별수협은 다음 각 호의 방법으로만 업무상의 여유자금을 운용할 수 있다.
1. 국채·공채 및 대통령령으로 정하는 유가증권의 매입
2. 중앙회, 수협은행 또는 대통령령으로 정하는 금융기관에 예치(豫置)

② 제1항 제2호에 따른 중앙회에 대한 예치 하한 비율 또는 금액은 여유자금의 건전한 운용을 해치지 아니하는 범위에서 중앙회의 회장이 정한다.

### 제70조(법정적립금 등)

① 지구별수협은 매 회계연도의 손실 보전을 하고 남을 때에는 자기자본의 3배가 될 때까지 매 사업연도 잉여금의 10분의 1 이상을 법정적립금으로 적립하여야 한다.

② 지구별수협은 정관으로 정하는 바에 따라 교육·지원 사업 등의 지도사업 비용에 충당하기 위하여 잉여금의 100분의 20 이상을 지도사업이월금으로 다음 회계연도로 이월하여야 한다.

③ 지구별수협은 정관으로 정하는 바에 따라 사업준비금 등을 임의적립금으로 적립할 수 있다.

④ 지구별수협은 다음 각 호에 따라 발생하는 금액을 자본적립금으로 적립하여야 한다.
1. 감자(減資)에 따른 차익
2. 자산재평가 차익
3. 합병차익
4. 그 밖의 자본잉여금

### 제71조(손실의 보전과 잉여금의 배당)

① 지구별수협은 매 회계연도의 결산 결과 손실금[당기손실금(當期損失金)을 말한다]이 발생하였을 때에는 다음 각 호의 순으로 보전하고, 보전한 후에도 부족할 때에는 다음 회계연도로 이월한다.
1. 미처분 이월금
2. 임의적립금
3. 법정적립금
4. 자본적립금

② 지구별수협은 제1항에 따라 손실을 보전하고 제70조 제1항부터 제3항까지의 규정에 따른 법정적립금, 지도사업이월금 및 임의적립금을 공제한 후가 아니면 잉여금을 배당하지 못한다.

③ 잉여금은 정관으로 정하는 바에 따라 다음 각 호의 순서대로 배당한다.
1. 조합원의 사업 이용 실적에 대한 배당
2. 정관으로 정하는 비율의 한도 이내에서 납입출자액에 대한 배당
3. 준조합원의 사업 이용 실적에 대한 배당

**제72조(법정적립금 및 자본적립금의 사용 금지)**
법정적립금과 자본적립금은 다음 각 호의 경우 외에는 사용하지 못한다.
1. 지구별수협의 손실금을 보전하는 경우
2. 지구별수협의 구역이 다른 조합의 구역이 된 경우에 그 재산의 일부를 다른 조합에 양여하는 경우

### 조문확인 OX 문제

제69조(여유자금의 운용), 제70조(법정적립금 등), 제71조(손실의 보전과 잉여금의 배당), 제72조(법정적립금 및 자본적립금의 사용 금지)

■ 다음 조문을 읽고 맞는 것은 O, 틀린 것은 X에 ∨ 표시하시오.

01 지구별수협은 업무상의 여유자금을 이용해 국채를 매입할 수 있다.  O | X

02 지구별수협은 업무상 여유자금을 수협은행 이외의 금융기관에는 예치할 수 없다.  O | X

03 지구별수협은 잉여금의 100분의 20 이상을 지도사업이월금으로 다음 회계연도로 이월해야 한다.  O | X

04 지구별수협은 사업준비금을 임의적립금으로 적립할 수 있다.  O | X

05 지구별수협은 감자(減資)에 대한 차익이 발생할 경우 이를 자본적립금으로 적립하여야 한다.  O | X

06 지구별수협은 매 회계연도의 결산 결과 손실금이 발생하였을 때에는 미처분 이월금을 법정적립금보다 우선적으로 보전한다.  O | X

07 지구별수협의 잉여금 배당은 손실을 보전하고 법정적립금, 지도사업이월금 및 임의적립금까지 공제한 후에 진행한다.  O | X

08 지구별수협의 잉여금 배당은 준조합원의 사업 이용 실적에 따른 배당보다 조합원의 사업 이용 실적에 대한 배당을 우선으로 한다.  O | X

09 지구별수협의 법정적립금과 자본적립금은 지구별수협의 손실금 보전에 사용하여서는 아니 된다.  O | X

[정답]  01 O  02 X  03 O  04 O  05 O
        06 O  07 O  08 O  09 X

**법조문 익히기** — 제73조(결산 등), 제74조(출자금액의 감소 의결), 제75조(출자감소 의결에 대한 채권자의 이의), 제76조(지분 취득 등의 금지)

### 제73조(결산 등)

① 조합장은 정기총회 1주 전까지 결산보고서(사업보고서, 재무상태표 및 손익계산서와 잉여금처분안 또는 손실금처리안 등을 말한다)를 감사에게 제출하고 이를 주된 사무소에 갖추어 두어야 한다.

② 조합원과 채권자는 정관, 총회의사록, 조합원 명부 및 제1항에 따른 서류 등을 열람하거나 그 사본의 발급을 청구할 수 있다. 이 경우 지구별수협이 정한 수수료를 내야 한다.

③ 조합장은 제1항에 따른 서류와 감사 의견서를 정기총회에 제출하여 승인을 받은 후 재무상태표를 지체 없이 공고하여야 한다.

④ 제3항에 따른 승인을 받은 경우 임원의 책임 해제에 관하여는 「상법」 제450조를 준용한다.

### 제74조(출자금액의 감소 의결)

① 지구별수협은 출자 1계좌의 금액 또는 출자계좌 수의 감소(이하 "출자감소"라 한다)를 의결하였을 때에는 그 의결을 한 날부터 2주 이내에 재무상태표를 작성하여야 한다.

② 지구별수협은 정관으로 정하는 바에 따라 제1항에 따른 감소 의결에 대하여 이의가 있는 채권자는 일정한 기일 이내에 이의를 제기하라는 취지를 1개월 이상 공고하고, 이미 알고 있는 채권자에 대하여는 따로 독촉하여야 한다.

③ 제2항에 따른 공고 또는 독촉은 제1항에 따른 의결을 한 날부터 2주 이내에 하여야 한다.

### 제75조(출자감소 의결에 대한 채권자의 이의)

① 채권자가 제74조 제2항에 따른 기일 이내에 출자감소 의결에 대하여 이의를 제기하지 아니하면 이를 승인한 것으로 본다.

② 채권자가 제74조 제1항에 따른 출자감소 의결에 대하여 이의를 제기한 경우 지구별수협이 이를 변제하거나 감소분에 상당하는 담보를 제공하지 아니하면 그 의결은 효력을 발생하지 아니한다.

### 제76조(지분 취득 등의 금지)

지구별수협은 조합원의 지분을 취득하거나 이에 대하여 질권을 설정하지 못한다.

조문확인 **OX** 문제   제73조(결산 등), 제74조(출자금액의 감소 의결), 제75조(출자감소 의결에 대한 채권자의 이의), 제76조(지분 취득 등의 금지)

- 다음 조문을 읽고 맞는 것은 O, 틀린 것은 X에 V 표시하시오.

01 지구별수협의 조합장은 정기총회 1개월 전까지 결산보고서를 감사에게 제출하고 이를 주된 사무실에 갖추어 두어야 한다. | O | X |

02 지구별수협의 조합원이 아닌 채권자는 지구별수협의 총회의사록 사본의 발급을 청구할 수 없다. | O | X |

03 지구별수협의 조합원은 결산보고서의 발급을 청구할 때 지구별수협이 정한 수수료 납입이 면제된다. | O | X |

04 지구별수협의 조합장은 서류와 감사 의견서를 정기총회에 제출하여 승인을 받은 후 재무상태표를 지체 없이 공고하여야 한다. | O | X |

05 지구별수협은 출자 1계좌의 금액 또는 출자계좌 수의 감소를 의결한 경우 그 의결을 한 날부터 2주 이내에 재무상태표를 작성하여야 한다. | O | X |

06 출자감소를 의결한 지구별수협은 채권자에게 이에 대한 이의를 제기하라는 취지를 1개월 이상 공고하여야 한다. | O | X |

07 지구별수협은 출자감소를 의결한 사실을 이미 알고 있는 채권자에 대해서는 따로 독촉하지 아니한다. | O | X |

08 지구별수협의 출자감소 의결에 대해 채권자가 기일 이내에 이의를 제기하지 않으면 채권자가 이를 승인한 것으로 본다. | O | X |

09 지구별수협은 조합원의 지분을 직접 취득할 수 있다. | O | X |

10 지구별수협은 조합원의 지분에 대한 질권을 설정하지 못한다. | O | X |

[정답] 01 X  02 X  03 X  04 O  05 O  06 O  07 X  08 O  09 X  10 O

제77조(합병), 제78조(설립위원), 제79조(합병 지원), 제80조(분할), 제81조(합병으로 인한 권리의무의 승계), 제82조(합병·분할의 공고 및 독촉 등), 제83조(합병의 효력)

제77조(합병)
① 지구별수협이 다른 조합과 합병할 때에는 합병계약서를 작성하고 각 총회의 의결을 거쳐야 한다.
② 합병은 해양수산부장관의 인가를 받아야 한다.
③ 합병무효에 관하여는 「상법」 제529조를 준용한다.

제78조(설립위원)
① 합병으로 지구별수협을 설립할 때에는 설립위원을 총회에서 선출하여야 한다.
② 설립위원의 정수는 20명 이상 30명 이하로 하고 합병하려는 각 조합의 조합원 중에서 조합원 수의 비율로 선출한다.
③ 설립위원은 설립위원회를 개최하여 정관을 작성하고 임원을 선출하여 제77조 제2항에 따른 인가를 받아야 한다.
④ 설립위원회에서 임원을 선출할 때에는 설립위원이 추천한 사람 중에서 설립위원 과반수의 출석과 출석 설립위원 과반수의 찬성이 있어야 한다.
⑤ 제1항부터 제4항까지의 규정에 따른 지구별수협의 설립에 관하여는 합병설립의 성질에 반하지 아니하는 범위에서 이 장 제2절의 설립에 관한 규정을 준용한다.

제79조(합병 지원)
국가와 중앙회는 지구별수협의 합병을 촉진하기 위하여 필요하다고 인정하면 예산의 범위에서 자금을 지원할 수 있다.

제80조(분할)
① 지구별수협이 분할할 때에는 분할 후 설립되는 조합이 승계하여야 하는 권리의무의 범위를 총회에서 의결하여야 한다.
② 제1항에 따른 조합의 설립에 관하여는 분할설립의 성질에 반하지 아니하는 범위에서 이 장 제2절의 설립에 관한 규정을 준용한다.

제81조(합병으로 인한 권리의무의 승계)
① 합병 후 존속하거나 합병으로 설립되는 지구별수협은 소멸되는 지구별수협의 권리의무를 승계한다.
② 지구별수협의 합병 후 등기부 및 그 밖의 공적 장부에 표시된 소멸 지구별수협의 명의는 합병 후 존속하거나 합병으로 설립된 지구별수협의 명의로 본다.

제82조(합병·분할의 공고 및 독촉 등)
지구별수협의 합병·분할의 공고, 독촉 및 채권자이익에 관하여는 제74조 제2항 및 제75조를 준용한다.

제83조(합병의 효력)
지구별수협의 합병은 합병 후 존속하거나 합병으로 설립되는 지구별수협이 그 주된 사무소의 소재지에서 제97조에 따른 등기를 함으로써 그 효력을 가진다.

**조문확인 OX 문제**  제77조(합병), 제78조(설립위원), 제79조(합병 지원), 제80조(분할), 제81조(합병으로 인한 권리의무의 승계), 제82조(합병·분할의 공고 및 독촉 등), 제83조(합병의 효력)

■ 다음 조문을 읽고 맞는 것은 O, 틀린 것은 X에 V 표시하시오.

**01** 지구별수협이 다른 조합과 합병하기 위해서는 각 이사회의 의결을 요구한다. | O | X |

**02** 지구별수협의 합병은 해양수산부장관의 인가를 요구한다. | O | X |

**03** 합병으로 설립되는 지구별수협의 설립위원은 각 조합의 조합원 중에서 동수로 선출한다. | O | X |

**04** 합병으로 설립되는 지구별수협의 설립위원회는 정관을 작성하고 임원을 선출하여 해양수산부장관의 인가를 받아야 한다. | O | X |

**05** 합병으로 설립되는 지구별수협의 설립위원회에서 임원을 선출하기 위해서는 설립위원 과반수의 출석과 출석 설립위원 과반수의 찬성이 있어야 한다. | O | X |

**06** 중앙회는 지구별수협의 합병을 촉진하기 위하여 예산의 범위에서 자금을 지원할 수 있다. | O | X |

**07** 지구별수협이 분할할 때에는 분할 후 설립되는 조합이 승계하는 권리의무의 범위를 이사회에서 의결하여야 한다. | O | X |

**08** 지구별수협의 합병으로 소멸되는 지구별수협의 권리의무는 합병 후 존속하는 지구별수협이 이를 승계하지 아니한다. | O | X |

**09** 지구별수협의 합병 후 등기부에 표시되어 있는 소멸된 지구별수협의 명의는 합병 후 존속하거나 합병으로 설립된 지구별수협의 명의로 본다. | O | X |

**10** 지구별수협의 합병은 지구별수협의 합병으로 설립되는 지구별수협이 그 주된 사무소의 소재지에서 등기를 함으로써 그 효력을 가진다. | O | X |

[정답] 01 X 02 O 03 X 04 O 05 O 06 O 07 X 08 X 09 O 10 O

### 법조문 익히기

제84조(해산 사유), 제85조(파산선고), 제86조(청산인), 제87조(청산인의 직무), 제88조(청산 잔여재산), 제89조(청산인의 재산 분배 제한), 제90조(결산보고서), 제91조(「민법」 등의 준용)

#### 제84조(해산 사유)

지구별수협은 다음 각 호의 어느 하나의 사유로 해산한다.
1. 정관으로 정한 해산 사유의 발생
2. 총회의 의결
3. 합병 또는 분할
4. 조합원 수가 100인 미만인 경우
5. 설립인가의 취소

#### 제85조(파산선고)

지구별수협이 그 채무를 다 갚을 수 없게 되었을 때에는 법원은 조합장이나 채권자의 청구에 의하여 또는 직권으로 파산을 선고할 수 있다.

#### 제86조(청산인)

① 지구별수협이 해산(파산으로 인한 경우는 제외한다)하였을 때에는 조합장이 청산인(淸算人)이 된다. 다만, 총회에서 다른 사람을 청산인으로 선임하였을 때에는 그러하지 아니하다.
② 청산인이 결원 상태인 경우 또는 설립인가의 취소로 인하여 지구별수협이 해산한 경우에는 해양수산부장관이 청산인을 임명한다.
③ 청산인은 그 직무의 범위에서 조합장과 동일한 권리의무를 가진다.
④ 해양수산부장관은 지구별수협의 청산 사무를 감독한다.

#### 제87조(청산인의 직무)

① 청산인은 취임 후 지체 없이 재산 상황을 조사하고 재산목록 및 재무상태표를 작성하여 재산 처분 방법을 정한 후 이를 총회에 제출하여 승인을 받아야 한다.
② 제1항의 승인을 받기 위하여 2회 이상 총회를 소집하여도 총회가 구성되지 아니하여 총회의 승인을 받을 수 없을 때에는 해양수산부장관의 승인으로 총회의 승인을 갈음할 수 있다.

#### 제88조(청산 잔여재산)

해산한 지구별수협의 청산 후 남은 재산은 따로 법률로 정하는 것 외에는 정관으로 정하는 바에 따라 처분한다.

#### 제89조(청산인의 재산 분배 제한)

청산인은 지구별수협의 채무를 변제하거나 변제에 필요한 금액을 공탁한 후가 아니면 그 재산을 분배할 수 없다.

#### 제90조(결산보고서)

청산 사무가 끝나면 청산인은 지체 없이 결산보고서를 작성하고 이를 총회에 제출하여 승인을 받아야 한다. 이 경우 제87조 제2항을 준용한다.

**제91조(「민법」 등의 준용)**
　지구별수협의 해산과 청산에 관하여는 「민법」 제79조, 제81조, 제87조, 제88조 제1항·제2항, 제89조부터 제92조까지 및 제93조 제1항·제2항과 「비송사건절차법」 제121조를 준용한다.

제84조(해산 사유), 제85조(파산선고), 제86조(청산인), 제87조(청산인의 직무), 제88조(청산 잔여재산), 제89조(청산인의 재산 분배 제한), 제90조(결산보고서), 제91조(「민법」 등의 준용)

### 조문확인 OX 문제

■ 다음 조문을 읽고 맞는 것은 O, 틀린 것은 X에 V 표시하시오.

01 지구별수협은 총회의 의결로 해산할 수 있다.　　O　X

02 조합원 수가 100명 미만인 지구별수협은 이를 이유로 해산할 수 있다. 　　O　X

03 법원은 지구별수협이 그 채무를 다 갚을 수 없게 되었을 때 조합장의 청구가 없어도 직권으로 파산을 선고할 수 있다. 　　O　X

04 지구별수협이 해산한 경우 총회에서 청산인을 별도로 선임하지 않는다면 지구별수협의 청산인은 중앙회의 회장이 된다. 　　O　X

05 설립인가의 취소로 인해 지구별수협이 해산한 경우에는 해양수산부장관이 청산인을 임명한다. 　　O　X

06 해양수산부장관은 지구별수협의 청산 사무를 감독한다. 　　O　X

07 지구별수협의 청산인은 취임 후 재산목록 및 재무상태표를 작성하여 총회에 제출하면 총회가 이를 기준으로 재산 처분 방법을 정한다. 　　O　X

08 해산한 지구별수협의 청산 후 남은 재산은 정관에 따라 처분한다. 　　O　X

09 지구별수협의 청산인은 재산을 분배하기 전 채무를 변제하거나 변제에 필요한 금액을 공탁하여야 한다. 　　O　X

10 청산 사무가 끝난 청산인은 결산보고서를 작성하고 이를 총회에 제출하여 승인을 받아야 한다. 　　O　X

[정답] 01 O　02 O　03 O　04 X　05 O　06 O　07 X　08 O　09 O　10 O

**법조문 익히기** 제92조(설립등기), 제93조(지사무소의 설치등기), 제94조(사무소의 이전등기), 제95조(변경등기), 제96조(행정구역의 지면 변경과 등기)

### 제92조(설립등기)

① 지구별수협은 출자금의 납입이 완료된 날부터 2주 이내에 주된 사무소의 소재지에서 설립등기를 하여야 한다.
② 설립등기신청서에는 다음 각 호의 사항을 적어야 한다.
1. 제17조 제1호부터 제4호까지 및 제16호부터 제18호까지에 규정된 사항
2. 총 출자계좌 수와 납입출자금의 총액, 출자 1계좌의 금액과 그 납입 방법
3. 설립인가 연월일
4. 임원의 성명·주민등록번호 및 주소
③ 조합장이 설립등기의 신청인이 된다.
④ 제2항의 설립등기신청서에는 설립인가서, 창립총회의사록 및 정관의 사본을 첨부하여야 한다.
⑤ 합병 또는 분할로 인한 지구별수협의 설립등기신청서에는 다음 각 호의 서류를 첨부하여야 한다.
1. 제4항에 따른 서류
2. 제82조에 따라 공고하거나 독촉한 사실을 증명하는 서류
3. 이의를 제기한 채권자에게 변제나 담보를 제공한 사실을 증명하는 서류

### 제93조(지사무소의 설치등기)

① 지구별수협의 지사무소를 설치한 경우 주된 사무소의 소재지에서 3주일 이내에 그 지사무소의 소재지와 설치 연월일을 등기하여야 한다.
② 제1항에 따른 설치등기를 할 때에는 조합장이 신청인이 된다.

### 제94조(사무소의 이전등기)

① 지구별수협이 주된 사무소를 이전한 경우에는 종전 소재지 또는 새 소재지에서 3주일 이내에 새 소재지와 이전 연월일을 등기하여야 한다.
② 지구별수협이 지사무소를 이전한 경우에는 주된 사무소의 소재지에서 3주일 이내에 새 소재지와 이전 연월일을 등기하여야 한다.
③ 조합장이 제1항과 제2항에 따른 이전등기의 신청인이 된다.

### 제95조(변경등기)

① 제92조 제2항 각 호의 어느 하나에 해당하는 사항이 변경된 경우에는 주된 사무소의 소재지에서 3주일 이내에 변경등기를 하여야 한다.
② 제92조 제2항 제2호의 사항 중 총 출자계좌 수와 납입출자금의 총액에 관한 변경등기는 제1항에도 불구하고 회계연도 말을 기준으로 그 회계연도가 끝난 후 3개월 이내에 하여야 한다.
③ 조합장은 제1항과 제2항에 따른 변경등기의 신청인이 된다.
④ 조합장이 제3항에 따라 변경등기를 신청할 때에는 등기사항의 변경을 증명하는 서류를 첨부하여야 한다.
⑤ 출자감소·합병 또는 분할로 인한 변경등기신청서에는 다음 각 호의 서류를 첨부하여야 한다.
1. 제4항에 따른 서류

2. 제74조 제2항 및 제75조(제82조에 따라 준용되는 경우를 포함한다)에 따라 공고하거나 독촉한 사실을 증명하는 서류
3. 이의를 제기한 채권자에게 변제나 담보를 제공한 사실을 증명하는 서류

### 제96조(행정구역의 지명 변경과 등기)

① 행정구역의 지명이 변경된 경우에는 등기부 및 정관에 기재된 해당 지구별수협의 사무소의 소재지와 구역에 관한 지명도 변경된 것으로 본다.
② 제1항에 따른 변경이 있으면 지구별수협은 지체 없이 이를 등기소에 통지하여야 한다.
③ 등기소는 제2항에 따른 통지를 받으면 등기부의 기재 내용을 변경하여야 한다.

---

**조문확인 OX 문제**

제92조(설립등기), 제93조(지사무소의 설치등기), 제94조(사무소의 이전등기), 제95조(변경등기), 제96조(행정구역의 지면 변경과 등기)

■ 다음 조문을 읽고 맞는 것은 O, 틀린 것은 X에 V 표시하시오.

01. 지구별수협의 설립등기는 출자금의 납입이 완료된 날로부터 2주 이내에 하여야 한다. [O X]

02. 최초로 설립되는 지구별수협의 설립등기는 발기인이 신청한다. [O X]

03. 합병으로 설립된 지구별수협의 설립등기신청서에는 합병으로 설립될 지구별수협의 정관 사본을 첨부하여야 한다. [O X]

04. 지구별수협이 지사무소를 설치할 경우 해당 지사무소의 소재지에서는 별도의 설치등기를 요구하지 않는다. [O X]

05. 지구별수협이 사무소를 이전할 경우 이전 소재지와 현 소재지에서 모두 3주 이내에 이전등기를 하여야 한다. [O X]

06. 지구별수협의 출자 1계좌당 금액을 변경할 경우 주된 사무소의 소재지에 3주 이내에 변경등기를 하여야 한다. [O X]

07. 지구별수협의 총 출자계좌 수를 변경하는 것을 내용으로 하는 변경등기는 회계연도 말을 기준으로 그 회계연도가 끝난 후 1개월 이내에 하여야 한다. [O X]

08. 지구별수협의 변경등기는 조합장이 신청한다. [O X]

09. 지구별수협의 출자감소를 내용으로 하는 변경등기신청서에는 이에 대해 채권자가 이의를 제기할 수 있도록 공고하거나 채권자에게 독촉한 사실을 증명하는 서류를 첨부하여야 한다. [O X]

10. 행정구역의 지명이 변경된 경우 등기부에 기재된 해당 지구별수협의 사무소의 소재지와 구역에 대한 지명도 변경된 것으로 본다. [O X]

[정답] 01 O  02 X  03 O  04 O  05 X
06 O  07 X  08 O  09 O  10 O

### 법조문 익히기

제97조(합병등기), 제98조(해산등기), 제99조(청산인등기), 제100조(청산종결등기), 제101조(등기일의 기산일), 제102조(등기부), 제103조(「비송사건절차법」 등의 준용)

#### 제97조(합병등기)
① 지구별수협이 합병하였을 때에는 해양수산부장관이 합병인가를 한 날부터 2주 이내에 합병 후 존속하는 지구별수협은 제95조에 따른 변경등기를, 합병으로 소멸되는 지구별수협은 제98조에 따른 해산등기를, 합병으로 설립되는 지구별수협은 제92조에 따른 설립등기를 주된 소재지에서 하여야 한다.
② 합병으로 소멸되는 지구별수협의 조합장이 제1항에 따른 해산등기의 신청인이 된다.
③ 조합장이 제2항에 따라 해산등기를 신청할 때에는 해산 사유를 증명하는 서류를 첨부하여야 한다.

#### 제98조(해산등기)
① 지구별수협이 해산(합병과 파산으로 인한 경우는 제외한다)하였을 때에는 주된 사무소의 소재지에서 2주일 이내에 해산등기를 하여야 한다.
② 제4항의 경우를 제외하고는 청산인이 제1항에 따른 해산등기의 신청인이 된다.
③ 청산인이 제2항에 따라 해산등기를 신청할 때에는 해산등기신청서에 해산 사유를 증명하는 서류를 첨부하여야 한다.
④ 해양수산부장관은 설립인가를 취소하였을 때에는 지체 없이 해산등기를 촉탁(囑託)하여야 한다.

#### 제99조(청산인등기)
① 청산인은 취임한 날부터 2주 이내에 주된 사무소의 소재지에서 그 성명·주민등록번호 및 주소를 등기하여야 한다.
② 제1항에 따른 등기를 할 때 조합장이 청산인이 아닌 경우에는 신청인의 자격을 증명하는 서류를 첨부하여야 한다.

#### 제100조(청산종결등기)
① 청산이 끝나면 청산인은 주된 사무소의 소재지에서 2주일 이내에 청산종결의 등기를 하여야 한다.
② 청산인이 제1항에 따라 청산종결의 등기를 신청할 때에는 등기신청서에 제90조에 따른 결산보고서의 승인을 증명하는 서류를 첨부하여야 한다.

#### 제101조(등기일의 기산일)
등기사항으로서 해양수산부장관의 인가·승인 등을 받아야 하는 것은 그 인가·승인 등의 문서가 도달한 날부터 등기기간을 계산한다.

#### 제102조(등기부)
등기소는 지구별 수산업협동조합등기부를 갖추어 두어야 한다.

#### 제103조(「비송사건절차법」 등의 준용)
지구별수협의 등기에 관하여 이 법에서 정한 사항을 제외하고는 「비송사건절차법」 및 「상업등기법」 중 등기에 관한 규정을 준용한다.

**조문확인 OX 문제** 제97조(합병등기), 제98조(해산등기), 제99조(청산인등기), 제100조(청산종결등기), 제101조(등기일의 기산일), 제102조(등기부), 제103조(「비송사건절차법」 등의 준용)

■ 다음 조문을 읽고 맞는 것은 O, 틀린 것은 X에 V 표시하시오.

01 지구별수협의 합병 후 존속하는 지구별수협은 합병인가를 한 날부터 2주 이내에 주된 소재지에서 설립등기를 하여야 한다. [O | X]

02 합병으로 소멸되는 지구별수협의 해산등기는 소멸되는 지구별수협의 조합장이 신청한다. [O | X]

03 지구별수협이 파산하였을 때에는 주된 사무소의 소재지에서 2주 이내에 해산등기를 하여야 한다. [O | X]

04 설립인가의 취소로 인해 해산하는 경우 이외에는 지구별수협의 해산등기는 청산인이 신청한다. [O | X]

05 설립인가를 취소한 지구별수협에 대하여 해양수산부장관은 지체 없이 해산등기를 촉탁하여야 한다. [O | X]

06 지구별수협의 청산인은 취임한 날부터 2주 이내에 청산인등기를 하여야 한다. [O | X]

07 조합장이 아닌 청산인은 청산인등기에 신청인의 자격을 증명하는 서류를 첨부하여야 한다. [O | X]

08 청산이 끝난 지구별수협의 청산인은 주된 사무소의 소재지에서 2주일 이내에 청산종결의 등기를 하여야 한다. [O | X]

09 청산종결등기의 신청서에는 결산보고서의 승인을 증명하는 서류를 첨부하여야 한다. [O | X]

10 해양수산부장관의 인가·승인을 받아야 하는 등기사항에 대해서는 인가·승인 등의 문서를 발송한 날부터를 기준으로 등기기간을 계산한다. [O | X]

[정답] 01 X 02 O 03 X 04 O 05 O 06 O 07 O 08 O 09 O 10 X

# 제 3 장 업종별 수산업협동조합

**법조문 익히기** 제104조(목적), 제105조(구역 및 지사무소), 제106조(조합원의 자격), 제107조(사업)

### 제104조(목적)
업종별 수산업협동조합(이하 이 장에서 "업종별수협"이라 한다)은 어업을 경영하는 조합원의 생산성을 높이고 조합원이 생산한 수산물의 판로 확대 및 유통 원활화를 도모하며, 조합원에게 필요한 자금·자재·기술 및 정보 등을 제공함으로써 조합원의 경제적·사회적·문화적 지위 향상을 증대함을 목적으로 한다.

### 제105조(구역 및 지사무소)
① 업종별수협의 구역은 정관으로 정한다.
② 업종별수협은 정관으로 정하는 바에 따라 지사무소를 둘 수 있다.

### 제106조(조합원의 자격)
① 업종별수협의 조합원은 그 구역에 주소·거소 또는 사업장이 있는 자로서 대통령령으로 정하는 종류의 어업을 경영하는 어업인이어야 한다.
② 업종별수협의 조합원 자격을 가진 자 중 단일 어업을 경영하는 자는 해당 업종별수협에만 가입할 수 있다.

### 제107조(사업)
① 업종별수협은 그 목적을 달성하기 위하여 다음 각 호의 사업의 전부 또는 일부를 수행한다.
1. 교육·지원 사업
   가. 수산종자의 생산 및 보급
   나. 어장 개발 및 어장환경의 보전·개선
   다. 어업질서 유지
   라. 어업권·양식업권과 어업피해 대책 및 보상 업무 추진
   마. 어촌지도자 및 후계어업경영인 발굴·육성과 수산기술자 양성
   바. 어업 생산의 증진과 경영 능력의 향상을 위한 상담 및 교육훈련
   사. 생활환경 개선과 문화 향상을 위한 교육 및 지원과 시설의 설치·운영
   아. 어업 및 어촌생활 관련 정보의 수집 및 제공
   자. 조합원의 노동력 또는 어촌의 부존자원을 활용한 관광사업 등 어가 소득증대사업
   차. 외국의 협동조합 및 도시와의 교류 촉진을 위한 사업
   카. 어업에 관한 조사·연구
   타. 각종 사업과 관련한 교육 및 홍보
   파. 그 밖에 정관으로 정하는 사업
2. 경제사업
   가. 구매사업

나. 보관·판매 및 검사 사업
다. 이용·제조 및 가공(수산물의 처리를 포함한다) 사업
라. 수산물 유통 조절 및 비축사업
마. 조합원의 사업 또는 생활에 필요한 공동시설의 운영 및 기자재의 임대사업
3. 공제사업
4. 후생복지사업
  가. 사회·문화 복지시설의 설치·운영 및 관리
  나. 의료지원사업
5. 운송사업
6. 국가, 공공단체, 중앙회, 수협은행 또는 다른 조합이 위탁하거나 보조하는 사업
7. 다른 경제단체·사회단체 및 문화단체와의 교류·협력
8. 다른 조합·중앙회 또는 다른 법률에 따른 협동조합과의 공동사업 및 업무의 대리
9. 다른 법령에서 업종별수협의 사업으로 정하는 사업
10. 제1호부터 제9호까지의 사업에 관련된 대외무역
11. 차관사업
12. 제1호부터 제11호까지의 사업에 부대하는 사업
13. 그 밖에 업종별수협의 목적 달성에 필요한 사업으로서 중앙회의 회장의 승인을 받은 사업
② 업종별수협은 조합원의 이용에 지장이 없는 범위에서 조합원이 아닌 자에게 그 사업을 이용하게 할 수 있다. 다만, 제1항 제1호·제4호 나목, 같은 항 제7호부터 제9호까지 및 제12호의 사업에 대하여는 대통령령으로 정하는 바에 따라 조합원이 아닌 자의 이용을 제한할 수 있다.

## 조문확인 OX 문제
제104조(목적), 제105조(구역 및 지사무소), 제106조(조합원의 자격), 제107조(사업)

■ 다음 조문을 읽고 맞는 것은 O, 틀린 것은 X에 V 표시하시오.

01 업종별수협은 어업을 경영하는 조합원의 생산성을 높이는 것을 목적으로 한다. [O X]

02 업종별수협은 지사무소를 둘 수 없다. [O X]

03 어업인이 아닌 자도 업종별수협의 조합원이 될 수 있다. [O X]

04 단일 어업을 경영하는 자는 업종별수협의 조합원 자격과 무관하게 해당 업종별수협에 가입할 수 있다. [O X]

05 업종별수협은 조합원의 이용에 지장이 없는 범위에서 조합원이 아닌 자에게 그 사업을 이용하게 할 수 있다. [O X]

[정답] 01 O  02 X  03 X  04 X  05 O

### 법조문 익히기 — 제108조(준용규정)

**제108조(준용규정)**

업종별수협에 관하여는 제16조부터 제19조까지, 제21조, 제22조, 제22조의2, 제22조의3, 제23조부터 제51조까지, 제51조의2, 제52조, 제53조, 제53조의2, 제53조의3, 제54조부터 제59조까지, 제60조 제2항부터 제6항까지, 같은 조 제8항부터 제10항까지, 제60조의2, 제60조의3, 제60조의4, 제61조 제2항 및 제62조부터 제103조까지의 규정을 준용한다. 이 경우 제16조 제1항 중 "조합원 자격을 가진 자 20인 이상"은 "어업을 경영하는 어업인 20인 이상"으로, 제47조 제3항 제1호 중 "제60조 제1항 제3호 및 제4호"는 "제107조 제1항 제3호 및 법률 제4820호 수산업협동조합법중개정법률 부칙 제5조"로, 제47조 제3항 제2호 중 "제60조 제1항 제8호부터 제13호까지 및 제15호의 사업 중 같은 항 제3호·제4호"는 "제107조 제1항 제6호부터 제11호까지 및 제13호의 사업 중 같은 항 제3호 및 법률 제4820호 수산업협동조합법중개정법률 부칙 제5조"로, 제47조 제4항 제1호 중 "제60조 제1항 제2호"는 "제107조 제1항 제2호"로, 제47조 제4항 제2호 중 "제60조 제1항 제8호부터 제13호까지 및 제15호의 사업 중 같은 항 제2호"는 "제107조 제1항 제6호부터 제11호까지 및 제13호의 사업 중 같은 항 제2호"로, 제60조 제3항 중 "제1항 제3호"는 "법률 제4820호 수산업협동조합법중개정법률 부칙 제5조"로, 제60조 제4항 중 "제1항 제8호"는 "제107조 제1항 제6호"로, 제60조 제5항 중 "제1항 제7호 및 제8호"는 "제107조 제1항 제6호"로, 제60조 제8항 제2호 중 "제1항 제2호"는 "제107조 제1항 제2호"로, 제60조의2 제1항 중 "제60조 제1항 제4호"는 "제107조 제1항 제3호"로, 제63조 제1항 중 "제60조 제1항 제2호 나목"은 "제107조 제1항 제2호 나목"으로, 제84조 제4호 중 "200인 미만"은 "15인 미만"으로, 제102조 중 "지구별 수산업협동조합등기부"는 "업종별 수산업협동조합등기부"로 본다.

> **제108조에 의해 내용이 변경된 준용규정**
> - 제16조 제1항 준용 : 업종별수협을 설립하려면 해당 구역의 어업을 경영하는 어업인 20인 이상이 발기인이 되어 정관을 작성하고 창립총회의 의결을 거친 후 해양수산부장관의 인가를 받아야 한다.
> - 제84조 제4호 준용 : 업종별수협은 조합원 수가 15인 미만인 경우 해산한다.
> - 제102조 준용 : 등기소는 업종별 수산업협동조합등기부를 갖추어 두어야 한다.

## 조문확인 OX 문제

제108조(준용규정)

■ 다음 조문을 읽고 맞는 것은 O, 틀린 것은 X에 V 표시하시오.

01 업종별수협을 설립하려면 해당 구역의 어업을 경영하는 어업인 100인 이상이 발기인이 되어야 한다. O X

02 조합원의 수가 15인 미만인 업종별수협은 해산한다. O X

03 업종별수협의 신용사업과 공제사업은 상임이사가 아닌 조합장이 전담하여 처리하고 그에 관하여 경영책임을 진다. O X

04 해양수산부장관으로부터 적기시정조치를 받은 업종별수협은 그 이행을 마칠 때까지 상임이사가 업종별수협의 경제사업을 전담하여 처리한다. O X

05 업종별수협이 공제사업을 하려면 공제규정을 정하여 해양수산부장관의 인가를 받아야 한다. O X

06 공공단체는 업종별수협에 사업을 위탁하는 경우에는 대통령령에 따라 업종별수협과 위탁 계약을 체결하여야 한다. O X

07 국가는 업종별수협에 위탁한 사업을 하는 과정에서 발생하는 비용을 지원할 수 있다. O X

08 등기소는 업종별 수산업협동조합등기부를 갖추어 두어야 한다. O X

[정답] 01 X 02 O 03 X 04 O 05 O
06 O 07 O 08 O

제3장 업종별 수산업협동조합 **79**

# 제 4 장 [1] 수산물가공 수산업협동조합

**법조문 익히기** 제109조(목적), 제110조(구역 및 지사무소), 제111조(조합원의 자격), 제112조(사업)

### 제109조(목적)
수산물가공 수산업협동조합(이하 이 장에서 "수산물가공수협"이라 한다)은 수산물가공업을 경영하는 조합원의 생산성을 높이고 조합원이 생산한 가공품의 판로 확대 및 유통 원활화를 도모하며, 조합원에게 필요한 기술·자금 및 정보 등을 제공함으로써 조합원의 경제적·사회적·문화적 지위 향상을 증대함을 목적으로 한다.

### 제110조(구역 및 지사무소)
① 수산물가공수협의 구역은 정관으로 정한다.
② 수산물가공수협은 정관으로 정하는 바에 따라 지사무소를 둘 수 있다.

### 제111조(조합원의 자격)
수산물가공수협의 조합원은 그 구역에 주소·거소 또는 사업장이 있는 자로서 대통령령으로 정하는 종류의 수산물가공업을 경영하는 자여야 한다.

### 제112조(사업)
① 수산물가공수협은 그 목적을 달성하기 위하여 다음 각 호의 사업의 전부 또는 일부를 수행한다.
1. 교육·지원 사업
   가. 생산력 증진과 경영 능력의 향상을 위한 교육훈련
   나. 조합원에게 필요한 정보의 수집 및 제공
   다. 신제품의 개발·보급 및 기술 확산
   라. 각종 사업과 관련한 교육 및 홍보
   마. 그 밖에 정관으로 정하는 사업
2. 경제사업
   가. 구매사업
   나. 보관·판매 및 검사 사업
   다. 이용·제조 및 가공 사업
   라. 유통 조절 및 비축사업
3. 공제사업
4. 후생복지사업
   가. 사회·문화 복지시설의 설치·운영 및 관리
   나. 의료지원사업
5. 운송사업

6. 국가, 공공단체, 중앙회, 수협은행 또는 다른 조합이 위탁하거나 보조하는 사업
7. 다른 경제단체·사회단체 및 문화단체와의 교류·협력
8. 다른 조합·중앙회 또는 다른 법률에 따른 협동조합과의 공동사업 및 업무의 대리
9. 다른 법령에서 수산물가공수협의 사업으로 정하는 사업
10. 제1호부터 제9호까지의 사업에 관련된 대외무역
11. 차관사업
12. 제1호부터 제11호까지의 사업에 부대하는 사업
13. 그 밖에 수산물가공수협의 목적 달성에 필요한 사업으로서 중앙회의 회장의 승인을 받은 사업

② 수산물가공수협은 조합원의 이용에 지장이 없는 범위에서 조합원이 아닌 자에게 그 사업을 이용하게 할 수 있다. 다만, 제1항 제1호·제4호 나목, 같은 항 제7호부터 제9호까지 및 제12호의 사업에 대하여는 대통령령으로 정하는 바에 따라 조합원이 아닌 자의 이용을 제한할 수 있다.

### 조문확인 OX 문제

제109조(목적), 제110조(구역 및 지사무소), 제111조(조합원의 자격), 제112조(사업)

■ 다음 조문을 읽고 맞는 것은 O, 틀린 것은 X에 V 표시하시오.

01 수산물가공수협은 수산물가공업을 경영하는 조합원에게 필요한 기술·자금 및 정보 등을 제공한다. [O | X]

02 수산물가공수협은 지사무소를 둘 수 있다. [O | X]

03 수산물가공수협의 구역 내에 사업장을 두고 있다면 수산물가공업을 경영하지 않는 자도 해당 수산물가공수협에 가입할 수 있다. [O | X]

04 수산물가공수협은 구매사업 이외에도 보관·판매 및 검사 사업도 수행할 수 있다. [O | X]

05 수산물가공수협은 경제사업이 아닌 운송사업을 수행할 수는 없다. [O | X]

06 중앙회는 수산물가공수협에 사업의 일부를 위탁할 수 있다. [O | X]

07 수산물가공수협이 수행하는 의료지원사업에 대하여 조합원이 아닌 자의 이용을 제한할 수 있다. [O | X]

[정답] 01 O  02 O  03 X  04 O  05 X  06 O  07 O

### 법조문 익히기 — 제113조(준용규정)

**제113조(준용규정)**

수산물가공수협에 관하여는 제16조부터 제19조까지, 제21조, 제22조, 제22조의2, 제22조의3, 제23조부터 제51조까지, 제51조의2, 제52조, 제53조, 제53조의2, 제53조의3, 제54조부터 제59조까지, 제60조 제2항부터 제6항까지, 같은 조 제8항부터 제10항까지, 제60조의2, 제60조의3, 제60조의4, 제61조 제2항, 제62조, 제63조 및 제65조부터 제103조(제71조 제3항 제1호는 제외한다)까지의 규정을 준용한다. 이 경우 제16조 제1항 중 "조합원 자격을 가진 자 20인 이상"은 "수산물가공업을 경영하는 사람 7인 이상"으로, 제47조 제3항 제1호 중 "제60조 제1항 제3호 및 제4호"는 "제112조 제1항 제3호 및 법률 제4820호 수산업협동조합법중개정법률 부칙 제5조"로, 제47조 제3항 제2호 중 "제60조 제1항 제8호부터 제13호까지 및 제15호의 사업 중 같은 항 제3호·제4호"는 "제112조 제1항 제6호부터 제11호까지 및 제13호의 사업 중 같은 항 제3호 및 법률 제4820호 수산업협동조합법중개정법률 부칙 제5조"로, 제47조 제4항 제1호 중 "제60조 제1항 제2호"는 "제112조 제1항 제2호"로, 제47조 제4항 제2호 중 "제60조 제1항 제8호부터 제13호까지 및 제15호의 사업 중 같은 항 제2호"는 "제112조 제1항 제6호부터 제11호까지 및 제13호의 사업 중 같은 항 제2호"로, 제60조 제3항 중 "제1항 제3호"는 "법률 제4820호 수산업협동조합법중개정법률 부칙 제5조"로, 제60조 제4항 중 "제1항 제8호"는 "제112조 제1항 제6호"로, 제60조 제5항 중 "제1항 제7호 및 제8호"는 "제112조 제1항 제6호"로, 제60조 제8항 제2호 중 "제1항 제2호"는 "제112조 제1항 제2호"로, 제60조의2 제1항 중 "제60조 제1항 제4호"는 "제112조 제1항 제3호"로, 제63조 제1항 중 "제60조 제1항 제2호 나목"은 "제112조 제1항 제2호 나목"으로, 제84조 제4호 중 "200인 미만"은 "7인 미만"으로, 제102조 중 "지구별 수산업협동조합등기부"는 "수산물가공 수산업협동조합등기부"로 본다.

> **제113조에 의해 내용이 변경된 준용규정**
> - 제16조 제1항 준용 : 수산물가공수협을 설립하려면 해당 구역의 수산물가공업을 경영하는 사람 7인 이상이 발기인이 되어 정관을 작성하고 창립총회의 의결을 거친 후 해양수산부장관의 인가를 받아야 한다.
> - 제84조 제4호 준용 : 수산물가공수협은 조합원 수가 7인 미만인 경우 해산한다.
> - 제102조 준용 : 등기소는 수산물가공 수산업협동조합등기부를 갖추어 두어야 한다.

## 조문확인 OX 문제
제113조(준용규정)

■ 다음 조문을 읽고 맞는 것은 O, 틀린 것은 X에 V 표시하시오.

01 수산물가공수협을 설립하기 위해서는 수산물가공업을 경영하는 사람 7인 이상이 발기인이 되어 창립총회의 의결을 거쳐야 한다. [O / X]

02 수산물가공수협의 공제사업은 상임이사가 전담하여 처리하고 그에 대하여 경영책임을 진다. [O / X]

03 국가는 수산물가공수협에 사업을 위탁하는 경우 대통령령에 따라 수산물가공수협과 위탁 계약을 체결하여야 한다. [O / X]

04 조합원 수가 200명 미만인 수산물가공수협은 해산한다. [O / X]

05 해양수산부장관의 적기시정조치를 이행하는 중인 수산물가공수협의 경제사업은 조합장이 전담하여 처리한다. [O / X]

06 등기소는 수산물가공 수산업협동조합등기부를 갖추어 두어야 한다. [O / X]

[정답] 01 O  02 O  03 O  04 X  05 X  06 O

# 제 4 장 [2]조합공동사업법인

**법조문 익히기**: 제113조의2(목적), 제113조의3(법인격 및 명칭), 제113조의4(회원의 자격 등), 제113조의5(설립인가 등)

### 제113조의2(목적)
조합공동사업법인은 사업의 공동수행을 통하여 수산물의 판매·유통·가공 등과 관련된 사업을 활성화함으로써 수산업의 경쟁력 강화와 어업인의 이익 증진에 기여하는 것을 목적으로 한다.

### 제113조의3(법인격 및 명칭)
① 이 법에 따라 설립되는 조합공동사업법인은 법인으로 한다.
② 조합공동사업법인은 그 명칭 중에 시억명이나 사업명을 붙인 조합공동사업법인의 명칭을 사용하여야 한다.
③ 이 법에 따라 설립된 조합공동사업법인이 아니면 제2항에 따른 명칭 또는 이와 유사한 명칭을 사용하지 못한다.

### 제113조의4(회원의 자격 등)
① 조합공동사업법인의 회원은 조합, 중앙회, 「농어업경영체 육성 및 지원에 관한 법률」 제16조에 따른 영어조합법인, 같은 법 제19조에 따른 어업회사법인으로 하며, 다른 조합공동사업법인을 준회원으로 한다.
② 조합공동사업법인의 회원이 되려는 자는 정관으로 정하는 바에 따라 출자하여야 하며, 조합공동사업법인은 준회원에 대하여 정관으로 정하는 바에 따라 가입금 및 경비를 부담하게 할 수 있다. 다만, 조합이 아닌 회원이 출자한 총액은 조합공동사업법인 출자 총액의 100분의 50(중앙회는 100분의 30) 미만으로 한다.
③ 회원은 출자액에 비례하여 의결권을 가진다.

### 제113조의5(설립인가 등)
① 조합공동사업법인을 설립하려면 회원의 자격을 가진 둘 이상의 조합이나 조합과 중앙회가 발기인이 되어 정관을 작성하고 창립총회의 의결을 거친 후 해양수산부장관의 인가를 받아야 한다.
② 출자금 등 제1항에 따른 인가에 필요한 기준과 절차는 대통령령으로 정한다.
③ 조합공동사업법인의 설립인가에 관하여는 제16조 제2항부터 제5항까지를 준용한다.

## 조문확인 OX 문제

제113조의2(목적), 제113조의3(법인격 및 명칭), 제113조의4(회원의 자격 등), 제113조의5(설립인가 등)

■ 다음 조문을 읽고 맞는 것은 O, 틀린 것은 X에 V 표시하시오.

01 조합공동사업법인은 수산물의 판매·유통·가공 등과 관련된 사업의 공동수행을 통해 어업인의 이익을 증진하는 것을 목적으로 한다. [O X]

02 조합공동사업법인은 지역명이나 사업명을 붙인 조합공동사업명칭을 사용하여야 한다. [O X]

03 중앙회는 조합공동사업법인의 회원이 될 수 없다. [O X]

04 영어조합법인이나 어업회사법인은 조합공동사업법인의 회원이 될 수 있다. [O X]

05 조합공동사업법인은 다른 조합공동사업법인을 준회원으로 할 수 있다. [O X]

06 조합공동사업법인은 준회원을 대상으로 가입금 및 경비를 부담하게 할 수 있다. [O X]

07 조합이 아닌 회원이 조합공동사업법인에 출자하는 금액은 조합공동사업법인 출자 총액의 100분의 50 미만으로 한다. [O X]

08 조합공동사업법인의 회원은 출자액에 비례하여 의결권을 가진다. [O X]

09 중앙회는 조합공동사업법인의 회원이 될 수 있는 조합과 함께 발기인이 되어 조합공동사업법인을 설립할 수 있다. [O X]

10 조합공동사업법인의 설립을 위해서는 창립총회의 의결을 거쳐 중앙회의 인가를 받아야 한다. [O X]

[정답] 01 O  02 O  03 X  04 O  05 O
       06 O  07 O  08 O  09 O  10 X

**법조문 익히기** — 제113조의6(정관기재사항), 제113조의7(임원), 제113조의8(사업), 제113조의9(회계처리기준), 제113조의10(준용규정)

제113조의6(정관기재사항)
　① 조합공동사업법인의 정관에는 다음 각 호의 사항이 포함되어야 한다.
　1. 목적
　2. 명칭
　3. 주된 사무소의 소재지
　4. 회원의 자격과 가입·탈퇴 및 제명에 관한 사항
　5. 출자 및 가입금과 경비에 관한 사항
　6. 회원의 권리와 의무
　7. 임원의 선임 및 해임에 관한 사항
　8. 사업의 종류와 집행에 관한 사항
　9. 적립금의 종류와 적립방법에 관한 사항
　10. 잉여금의 처분과 손실금의 처리 방법에 관한 사항
　11. 그 밖에 이 법에서 정관으로 정하도록 규정한 사항
　② 조합공동사업법인이 정관을 변경하려면 해양수산부장관의 인가를 받아야 한다. 다만, 해양수산부장관이 정하여 고시한 정관례에 따라 정관을 변경하는 경우에는 해양수산부장관의 인가를 받지 아니하여도 된다.

제113조의7(임원)
　조합공동사업법인에는 임원으로 대표이사 1명을 포함한 2명 이상의 이사와 1명 이상의 감사를 두되, 그 정수와 임기는 정관으로 정한다.

제113조의8(사업)
　조합공동사업법인은 그 목적을 달성하기 위하여 다음 각 호의 사업의 전부 또는 일부를 수행한다.
　1. 회원을 위한 물자의 공동구매 및 상품의 공동판매와 이에 수반되는 운반·보관 및 가공 사업
　2. 회원을 위한 상품의 생산·유통 조절 및 기술의 개발·보급
　3. 회원을 위한 자금 대출의 알선과 공동사업을 위한 국가·공공단체, 중앙회 및 수협은행으로부터의 자금 차입
　4. 국가·공공단체·조합·중앙회 또는 다른 조합공동사업법인이 위탁하는 사업
　5. 그 밖에 회원의 공동이익 증진을 위하여 정관으로 정하는 사업

제113조의9(회계처리기준)
　조합공동사업법인의 회계처리기준은 해양수산부장관이 정하여 고시한다.

제113조의10(준용규정)
　① 조합공동사업법인에 관하여는 제14조 제2항, 제18조, 제19조, 제22조, 제22조의3, 제24조부터 제26조까지, 제28조, 제31조부터 제42조까지, 제45조, 제49조, 제55조, 제56조, 제58조, 제65조, 제68조, 제70조 제1항·제3항·제4항, 제71조 제1항·제2항, 제72조 제1호, 제73조부터 제76조까지, 제84조 제1호·제2

호·제3호·제5호, 제85조부터 제96조까지 및 제98조부터 제103조까지의 규정을 준용한다. 이 경우 "지구별수협"은 "조합공동사업법인"으로, "조합장"은 "대표이사"로, "조합원"은 "회원"으로 보고, 제18조 제1항 중 "제16조 제1항"은 "제113조의5 제1항"으로, 제28조 제2항 각 호 외의 부분 중 "다음 각 호의 어느 하나에 해당하는 자이어야 하고, 대리인은 조합원 1인만을 대리할 수 있다"는 "회원이어야 하며, 대리인은 회원의 의결권 수에 따라 대리할 수 있다"로, 제37조 제1항 제2호 중 "해산·합병 또는 분할"은 "해산 또는 합병"으로, 제40조 본문 중 "구성원 과반수의 출석으로 개의하고 출석구성원 과반수의 찬성"은 "의결권 총수의 과반수에 해당하는 회원의 출석으로 개의하고 출석한 회원의 의결권 과반수의 찬성"으로, 같은 조 단서 중 "구성원 과반수의 출석과 출석구성원 3분의 2 이상의 찬성"은 "의결권 총수의 과반수에 해당하는 회원의 출석과 출석한 회원의 의결권 3분의 2 이상의 찬성"으로, 제41조 제1항 단서 중 "구성원 과반수의 출석과 출석구성원 3분의 2 이상의 찬성"은 "의결권 총수의 과반수에 해당하는 회원의 출석과 출석한 회원의 의결권 3분의 2 이상의 찬성"으로, 제42조 제2항 중 "3인"은 "2인"으로, 제55조 제3항 중 "다른 조합"은 "다른 조합공동사업법인"으로, 제71조 제2항 중 "법정적립금, 지도사업이월금"은 "법정적립금"으로 본다.

② 조합공동사업법인의 우선출자에 관하여는 제147조 제1항부터 제5항까지 및 제148조부터 제152조까지의 규정을 준용한다. 이 경우 "중앙회"는 "조합공동사업법인"으로 보고, 제147조 제3항 본문 중 "제120조 제2항"은 "제113조의10 제1항에 따라 준용되는 제22조"로, "자기자본"은 "제113조의10 제1항에 따라 준용되는 제68조에 따른 자기자본"으로 본다.

### 조문확인 OX 문제
제113조의6(정관기재사항), 제113조의7(임원), 제113조의8(사업), 제113조의9(회계처리기준), 제113조의10(준용규정)

■ 다음 조문을 읽고 맞는 것은 O, 틀린 것은 X에 V 표시하시오.

01 조합공동사업법인의 정관에는 조합공동사업법인의 회원이 되기 위한 자격요건을 포함한다. | O | X |

02 정관례에 따르지 않는 조합공동사업법인의 정관을 변경하기 위해서는 해양수산부장관의 인가를 받아야 한다. | O | X |

03 조합공동사업법인에는 2명 이상의 감사를 두어야 한다. | O | X |

04 조합공동사업법인은 회원을 위한 상품의 공동판매사업을 추진할 수 있다. | O | X |

05 지구별수협은 조합공동사업법인에 사업을 위탁할 수 없다. | O | X |

06 조합공동사업법인 회원의 의결권을 행사하는 대리인은 회원의 의결권 수에 따라 대리할 수 있다. | O | X |

07 조합공동사업법인에 대한 우선출자는 금지되어 있다. | O | X |

[정답] 01 O  02 O  03 X  04 O  05 X  06 O  07 X

# 제 5 장 수산업협동조합협의회

**법조문 익히기** 제114조(수산업협동조합협의회), 제115조(조합협의회에 대한 지원 등)

### 제114조(수산업협동조합협의회)

① 조합은 같은 종류의 조합 간의 공동사업 개발과 그 권익 증진을 도모하기 위하여 각 조합을 회원으로 하는 수산업협동조합협의회(이하 "조합협의회"라 한다)를 각각 구성할 수 있다.
② 조합협의회는 다음 각 호의 사업을 수행한다.
1. 회원을 위한 사업의 개발 및 정책 건의
2. 회원을 위한 생산·유통 조절 및 시장개척
3. 제품 홍보, 기술 보급 및 회원 간의 정보교환
4. 그 밖에 회원의 공동이익을 증진하기 위하여 필요한 사업
③ 조합협의회는 그 명칭 중에 지역명·업종명 또는 수산물가공업명을 붙인 수산업협동조합협의회라는 명칭을 사용하여야 하며, 이 법에 따라 구성된 조합협의회가 아니면 수산업협동조합협의회라는 명칭을 사용할 수 없다.
④ 조합협의회의 구성 및 운영 등에 필요한 사항은 해양수산부령으로 정한다.

### 제115조(조합협의회에 대한 지원 등)

① 조합협의회는 제114조 제2항 각 호의 사업과 회원의 발전에 필요한 사항을 국가, 공공단체 또는 중앙회에 건의할 수 있다.
② 국가, 공공단체 또는 중앙회는 제1항에 따른 건의 사항이 최대한 반영되도록 노력하여야 하며, 조합협의회의 사업에 필요한 자금을 보조하거나 융자할 수 있다.

## 조문확인 OX 문제

제114조(수산업협동조합협의회), 제115조(조합협의회에 대한 지원 등)

■ 다음 조문을 읽고 맞는 것은 O, 틀린 것은 X에 V 표시하시오.

01 수산업협동조합협의회는 서로 다른 종류의 조합 간의 공동사업 개발과 그 권익 증진을 도모하기 위한 목적으로 구성한다. [O] [X]

02 수산업협동조합협의회는 조합과 중앙회를 회원으로 한다. [O] [X]

03 수산업협동조합협의회는 회원을 위한 제품 홍보, 기술 보급 및 정보교환에 관한 사업을 수행한다. [O] [X]

04 수산업협동조합협의회는 회원을 위한 생산·유통 조절에 관한 사업을 수행한다. [O] [X]

05 수산업협동조합협의회는 지역명을 붙인 수산업협동조합협의회의 명칭을 사용할 수 없다. [O] [X]

06 수산업협동조합협의회는 업종명 또는 수산물가공업명을 붙인 수산업협동조합협의회라는 명칭을 사용할 수 있다. [O] [X]

07 「수산업협동조합법」에 따라 구성된 수산업협동조합협의회가 아니면 '수산업협동조합협의회'라는 명칭을 사용할 수 없다. [O] [X]

08 수산업협동조합협의회는 소속 회원을 위한 사업의 개발을 위해 그에 필요한 사항을 중앙회에 건의할 수 있다. [O] [X]

09 수산업협동조합협의회는 협의회의 사업 이외에 소속 회원의 발전에 필요한 사항에 대해 국가에 건의할 수 있다. [O] [X]

10 중앙회는 수산업협동조합협의회가 소속 회원을 위한 시장개척사업을 추진함에 있어서 필요한 자금을 지원할 수 없다. [O] [X]

[정답] 01 X  02 X  03 O  04 O  05 X
       06 O  07 O  08 O  09 O  10 X

제5장 수산업협동조합협의회

수산업협동조합법

# 제 6 장 수산업협동조합중앙회

**법조문 익히기** — 제116조(목적), 제117조(사무소 및 구역), 제118조(회원), 제119조(준회원), 제120조(출자), 제121조(당연 탈퇴), 제122조(회원의 책임), 제123조(정관 기재사항), 제124조(해산)

### 제116조(목적)
중앙회는 회원의 공동이익의 증진과 건전한 발전을 도모함을 목적으로 한다.

### 제117조(사무소 및 구역)
① 중앙회는 서울특별시에 주된 사무소를 두고, 정관으로 정하는 바에 따라 지사무소를 둘 수 있다.
② 중앙회는 전국을 구역으로 한다.

### 제118조(회원)
중앙회는 조합을 회원으로 한다.

### 제119조(준회원)
중앙회는 정관으로 정하는 바에 따라 다음 각 호에 해당하는 자를 준회원으로 할 수 있다.
1. 해양수산 관련 법인 또는 단체
2. 중앙회의 사업을 이용하는 것이 적당하다고 인정되는 자
3. 제113조의3에 따른 조합공동사업법인

### 제120조(출자)
① 회원은 정관으로 정하는 계좌 수 이상의 출자를 하여야 한다.
② 출자 1계좌의 금액은 정관으로 정한다.

### 제121조(당연 탈퇴)
회원이 해산하거나 파산한 경우에는 당연히 탈퇴한다.

### 제122조(회원의 책임)
회원의 책임은 그 출자액을 한도로 한다.

### 제123조(정관 기재사항)
중앙회의 정관에는 다음 각 호의 사항이 포함되어야 한다.
1. 목적·조직·명칭 및 구역
2. 주된 사무소의 소재지
3. 출자에 관한 사항
4. 우선출자에 관한 사항
5. 회원의 가입 및 탈퇴에 관한 사항
6. 회원의 권리의무에 관한 사항

7. 총회 및 이사회에 관한 사항
8. 임원, 제136조 제1항에 따른 집행간부(이하 "집행간부"라 한다) 및 집행간부 외의 간부직원(이하 "일반간부직원"이라 한다)에 관한 사항
9. 사업의 종류, 업무 집행에 관한 사항
10. 경비 및 과태금의 부과 · 징수에 관한 사항
11. 제156조에 따른 수산금융채권의 발행에 관한 사항
12. 회계에 관한 사항
13. 공고의 방법에 관한 사항

### 제124조(해산)

중앙회의 해산에 관하여는 따로 법률로 정한다.

---

**조문확인 OX 문제** — 제116조(목적), 제117조(사무소 및 구역), 제118조(회원), 제119조(준회원), 제120조(출자), 제121조(당연 탈퇴), 제122조(회원의 책임), 제123조(정관 기재사항), 제124조(해산)

■ 다음 조문을 읽고 맞는 것은 O, 틀린 것은 X에 ∨ 표시하시오.

01 중앙회는 회원의 공동이익의 증진을 목적으로 한다. [O / X]

02 중앙회는 세종특별자치시에 주된 사무소를 둔다. [O / X]

03 중앙회는 전국을 구역으로 한다. [O / X]

04 조합공동사업법인은 중앙회의 준회원이 될 수 있다. [O / X]

05 중앙회의 회원은 정관으로 정하는 계좌 수 이상의 출자를 하여야 한다. [O / X]

06 중앙회의 회원인 조합은 해산으로 당연히 탈퇴한다. [O / X]

07 중앙회의 회원은 중앙회의 채무에 대해 무한한 책임을 진다. [O / X]

08 중앙회의 정관에는 중앙회에 대한 우선출자에 관한 사항을 포함한다. [O / X]

09 중앙회의 정관에는 중앙회 소속 회원인 지구별수협의 소재지에 관한 사항을 포함한다. [O / X]

10 중앙회의 정관에는 중앙회가 발행하는 수산금융채권의 발행에 관한 사항을 포함한다. [O / X]

[정답] 01 O  02 X  03 O  04 O  05 O
       06 O  07 X  08 O  09 X  10 O

## 법조문 익히기 — 제125조(총회), 제126조(총회의 의결 사항), 제127조(이사회)

### 제125조(총회)
① 중앙회에 총회를 둔다.
② 총회는 회장과 회원으로 구성하고, 회장이 소집한다.
③ 회장은 총회의 의장이 된다.
④ 정기총회는 회계연도 경과 후 3개월 이내에 회장이 매년 1회 소집하고, 임시총회는 회장이 필요하다고 인정할 때 수시로 소집한다.

### 제126조(총회의 의결 사항)
① 다음 각 호의 사항은 총회의 의결을 거쳐야 한다.
1. 정관의 변경
2. 회원의 제명
3. 회장, 사업전담대표이사(중앙회의 사업을 각 사업 부문별로 전담하는 대표이사를 말한다. 이하 같다), 감사위원, 이사의 선출·해임
4. 사업계획·수지예산 및 결산의 승인
5. 그 밖에 회장이나 이사회가 필요하다고 인정하는 사항

② 제1항 제1호의 정관의 변경은 총회의 의결을 거쳐 해양수산부장관의 인가를 받아야 한다.

### 제127조(이사회)
① 중앙회에 이사회를 두되, 회장이 그 의장이 된다.
② 이사회는 회장·사업전담대표이사를 포함한 이사로 구성하되, 이사회 구성원의 2분의 1 이상은 회원인 조합의 조합장(이하 이 장에서 "회원조합장"이라 한다)이어야 한다.
③ 이사회는 다음 각 호의 사항을 의결한다.
1. 중앙회의 경영목표 설정
2. 중앙회의 사업계획 및 자금계획의 종합 조정
3. 조직·경영 및 임원에 관한 규약의 제정·개정 및 폐지
4. 사업전담대표이사의 직무와 관련한 업무의 종합 조정 및 소관 업무의 경영평가
5. 사업전담대표이사의 해임요구에 관한 사항
6. 제127조의2에 따른 인사추천위원회(이하 "인사추천위원회"라 한다) 구성에 관한 사항
7. 제127조의3에 따른 교육위원회 구성에 관한 사항
8. 제144조 제1항 제1호에 따른 조합감사위원회 위원 선출
9. 삭제 〈2016. 5. 29.〉
10. 업무용 부동산의 취득 및 처분
11. 총회로부터 위임된 사항
12. 그 밖에 회장 또는 이사 5분의 1 이상이 필요하다고 인정하는 사항

④ 회장은 이사 3명 이상 또는 제133조에 따른 감사위원회(이하 "감사위원회"라 한다)의 요구가 있을 때에는

지체 없이 이사회를 소집하여야 하고, 회장이 필요하다고 인정할 때에는 직접 이사회를 소집할 수 있다.
⑤ 이사회는 구성원 과반수의 출석으로 개의하고 출석구성원 과반수의 찬성으로 의결한다.
⑥ 집행간부는 정관으로 정하는 바에 따라 이사회에 출석하여 의견을 진술할 수 있다.
⑦ 이사회의 의사에 특별한 이해관계가 있는 이사회의 구성원은 그 이사회의 회의에 참여할 수 없다.
⑧ 이사회의 운영에 필요한 사항은 정관으로 정한다.

## 조문확인 OX 문제

제125조(총회), 제126조(총회의 의결 사항), 제127조(이사회)

■ 다음 조문을 읽고 맞는 것은 O, 틀린 것은 X에 V 표시하시오.

01 중앙회의 총회는 회장이 소집하고, 회장이 총회의 의장이 된다. [O | X]

02 중앙회의 정기총회는 회계연도 경과 후 3개월부터 매년 2회 소집한다. [O | X]

03 중앙회의 회장은 필요하다고 인정할 때 임시총회를 소집할 수 있다. [O | X]

04 중앙회의 정관을 변경하기 위해서는 총회의 의결을 요구한다. [O | X]

05 중앙회의 총회에서는 중앙회의 사업계획 조정에 관한 사항을 의결한다. [O | X]

06 중앙회의 정관을 변경하기 위해서는 총회의 의결과 이사회의 인가를 요구한다. [O | X]

07 중앙회의 이사회 구성원의 2분의 1 이상은 회원조합장이어야 한다. [O | X]

08 중앙회의 이사회에서는 중앙회가 보유한 업무용 부동산을 처분하는 것에 관한 사항을 의결한다. [O | X]

09 중앙회의 이사 3명 이상이 이사회의 소집을 요구할 경우 회장은 지체 없이 이사회를 소집하여야 한다. [O | X]

10 이사회의 의사에 특별한 이해관계가 있는 이사회의 구성원은 그 이사회의 회의에 참여하여 의견을 진술할 수 있다. [O | X]

[정답] 01 O  02 X  03 O  04 O  05 X
       06 X  07 O  08 O  09 O  10 X

**법조문 익히기** 제127조의2(인사추천위원회), 제127조의3(교육위원회) 제127조의4(내부통제기준 등)

제127조의2(인사추천위원회)
① 중앙회에 다음 각 호의 사람을 추천하기 위하여 인사추천위원회를 둔다.
1. 제133조 제3항에 따라 선출되는 감사위원
2. 제134조 제2항에 따라 선출되는 지도경제사업대표이사
2의2. 삭제 〈2025. 4. 22.〉
3. 제134조 제4항에 따라 선출되는 비상임이사
4. 제144조 제1항 제1호에 따라 선출되는 조합감사위원회 위원 2명
② 인사추천위원회는 다음 각 호의 위원으로 구성하고, 위원장은 위원 중에서 호선한다.
1. 이사회가 위촉하는 회원조합장 3명
2. 수산 관련 단체 및 학계 등이 추천하는 학식과 경험이 풍부한 외부전문가(공무원은 제외한다) 중에서 이사회가 위촉하는 2명
③ 수산 관련 단체 또는 법인은 학식과 경험이 풍부한 외부전문가 중에서 제1항 제2호에 따른 이사 후보자를 인사추천위원회에 추천할 수 있다.
④ 그 밖에 인사추천위원회 구성과 운영에 필요한 사항은 정관으로 정한다.

제127조의3(교육위원회)
① 제138조 제1항 제1호 나목의 교육업무를 지원하기 위하여 이사회 소속으로 교육위원회를 둔다.
② 교육위원회는 위원장을 포함한 5명 이내의 위원으로 구성하되, 수산 관련 단체·학계의 대표를 포함하여야 한다.
③ 교육위원회는 교육지원업무를 처리하기 위하여 정관으로 정하는 바에 따라 교육위원회에 필요한 기구를 둘 수 있다.
④ 그 밖에 교육위원회의 구성·운영 등에 필요한 사항은 정관으로 정한다.

제127조의4(내부통제기준 등)
① 중앙회는 법령과 정관을 준수하고 중앙회의 이용자를 보호하기 위하여 중앙회의 임직원이 그 직무를 수행할 때 따라야 할 기본적인 절차와 기준(이하 "내부통제기준"이라 한다)을 정하여야 한다.
② 중앙회는 내부통제기준의 준수 여부를 점검하고 위반 여부를 조사하여 감사위원회에 보고하는 사람(이하 "준법감시인"이라 한다)을 1명 이상 두어야 한다.
③ 준법감시인은 이사회의 의결을 거쳐 중앙회장이 임면한다.
④ 내부통제기준과 준법감시인의 자격요건 등에 필요한 사항은 대통령령으로 정한다.

제128조 삭제 〈2016. 5. 29.〉

## 조문확인 OX 문제
제127조의2(인사추천위원회), 제127조의3(교육위원회) 제127조의4(내부통제기준 등)

■ 다음 조문을 읽고 맞는 것은 O, 틀린 것은 X에 V 표시하시오.

01 중앙회의 인사추천위원회는 중앙회의 비상임이사로 선출될 사람을 추천한다. | O | X

02 중앙회의 인사추천위원회는 이사회가 위촉하는 회원조합장 3명을 포함하여 구성한다. | O | X

03 중앙회의 회장은 중앙회의 인사추천위원회의 위원장이 된다. | O | X

04 중앙회의 이사회는 수산 관련 단체 및 학계의 추천을 받은 공무원을 인사추천위원회로 위촉할 수 있다. | O | X

05 수산 관련 단체 또는 법인은 외부전문가 중에서 이사 후보자를 인사추천위원회에 추천할 수 있다. | O | X

06 중앙회의 교육업무를 지원하기 위한 교육위원회는 이사회의 소속으로 한다. | O | X

07 중앙회의 교육위원회는 수산 관련 단체·학계의 대표를 포함하여 5명 이내의 위원으로 구성한다. | O | X

08 중앙회의 내부통제기준은 중앙회의 임직원이 그 직무를 수행할 때 따라야 할 기본적인 절차와 기준을 내용으로 한다. | O | X

09 중앙회의 준법감시인은 중앙회의 내부통제기준 위반 여부를 조사하여 총회에 보고한다. | O | X

10 중앙회의 준법감시인은 총회의 의결을 거쳐 중앙회의 회장이 임면한다. | O | X

[정답] 01 O 02 O 03 X 04 X 05 O
06 O 07 O 08 O 09 X 10 X

## 법조문 익히기 — 제129조(임원), 제130조(회장의 직무)

**제129조(임원)**

① 중앙회에 임원으로 회장 1명 및 사업전담대표이사 1명(지도경제사업대표이사)을 포함하여 22명 이내의 이사와 감사위원 3명을 둔다.
② 제1항의 임원 중 다음 각 호의 자는 상임으로 한다.
1. 사업전담대표이사
2. 삭제 〈2025. 4. 22.〉
3. 감사위원장

**제130조(회장의 직무)**

① 회장은 중앙회를 대표한다. 다만, 제131조 제2항에 따라 사업전담대표이사가 대표하는 업무에서는 그러하지 아니하다.
② 회장은 다음 각 호의 업무를 전담하여 처리하되, 정관으로 정하는 바에 따라 제1호의 업무는 제143조에 따른 조합감사위원회의 위원장에게, 제2호 및 제3호의 업무는 제129조에 따른 사업전담대표이사에게 위임하여 전결처리하게 하여야 한다.
1. 제138조 제1항 제1호 사목에 따른 회원에 대한 감사
2. 제138조 제1항 제1호 다목에 따른 사업과 그 부대사업
3. 제142조에 따른 중앙회의 지도
4. 제138조 제1항 제1호 자목에 따른 사업과 대외활동
5. 제138조 제1항 제6호·제10호 및 제12호의 사업과 그 부대사업
6. 제4호 및 제5호의 업무에 관한 사업계획 및 자금계획의 수립
7. 그 밖에 사업전담대표이사의 업무에 속하지 아니하는 업무와 총회 및 이사회에서 위임한 사항
③ 회장이 궐위·구금되거나 「의료법」에 따른 의료기관에서 30일 이상 계속하여 입원한 경우 등 부득이한 사유로 그 직무를 수행할 수 없을 때에는 이사회가 정하는 순서에 따라 사업전담대표이사 및 이사가 그 직무를 대행한다.

## 조문확인 OX 문제

제129조(임원), 제130조(회장의 직무)

■ 다음 조문을 읽고 맞는 것은 O, 틀린 것은 X에 V 표시하시오.

01 중앙회에는 22명 이상의 이사와 감사위원 3명을 둔다.    O | X

02 중앙회의 사업전담대표이사는 상임으로 한다.    O | X

03 중앙회의 감사위원장은 상임으로 한다.    O | X

04 중앙회의 회장은 사업전담대표이사가 대표하는 업무에서도 중앙회를 대표한다.    O | X

05 중앙회 회원에 대한 감사는 중앙회의 회장이 조합감사위원회의 위원장에게 위임하여 전결처리하게 하여야 한다.    O | X

06 중앙회의 회장은 중앙회의 지도 업무를 사업전담대표이사에게 위임하여 전결처리하게 하여야 한다.    O | X

07 중앙회의 회장은 중앙회의 의료지원사업과 그 부대사업을 전담하여 처리한다.    O | X

08 중앙회의 회장이 부득이한 사유로 직무를 수행할 수 없다면 이사회가 정하는 순서에 따라 사업전담대표이사 및 이사가 직무를 대행한다.    O | X

[정답] 01 X   02 O   03 O   04 X   05 O   06 O   07 O   08 O

제6장 수산업협동조합중앙회

## 법조문 익히기 — 제131조(사업전담대표이사의 직무), 제133조(감사위원회)

제131조(사업전담대표이사의 직무)

① 사업전담대표이사는 지도경제사업대표이사로 한다.

② 지도경제사업대표이사는 다음 각 호의 업무를 전담하여 처리하며, 그 업무에 관하여 중앙회를 대표한다.

1. 제138조 제1항 제1호 가목 및 나목, 라목부터 바목까지, 아목, 차목 및 같은 항 제2호 · 제4호 · 제5호 및 제11호의 사업
2. 제138조 제1항 제15호의 사업 중 「신용협동조합법」 제95조 제2항에 따른 사업과 부대사업
3. 제138조 제1항 제7호부터 제9호까지, 제13호 · 제15호 및 제17호의 사업 중 같은 항 제1호 및 제2호에 관한 사업과 그 부대사업
4. 제1호부터 제3호까지의 업무에 관한 경영목표의 설정, 조직 및 인사에 관한 사항
5. 제1호부터 제3호까지의 업무에 관한 사업계획 및 예산 · 결산, 자금 조달 · 운용계획의 수립
6. 제1호부터 제3호까지의 업무의 경영공시 및 부동산등기에 관한 사항

6의2. 삭제 〈2022. 12. 27.〉

7. 총회 · 이사회 및 회장이 위임한 사항

③ 삭제 〈2016. 5. 29.〉

④ 사업전담대표이사는 정관으로 정하는 바에 따라 실시한 경영 상태의 평가 결과를 이사회와 총회에 보고하여야 한다.

⑤ 사업전담대표이사가 궐위 · 구금되거나 「의료법」에 따른 의료기관에서 30일 이상 계속하여 입원한 경우 등 부득이한 사유로 그 직무를 수행할 수 없을 때에는 정관으로 정하는 순서에 따라 이사가 그 직무를 대행한다.

제132조 삭제 〈2016. 5. 29.〉

제133조(감사위원회)

① 중앙회는 재산과 업무집행상황을 감사하기 위하여 감사위원회를 둔다.

② 감사위원회는 감사위원장을 포함한 3명의 감사위원으로 구성하되, 그 임기는 3년으로 하며 감사위원 중 2명은 대통령령으로 정하는 요건에 적합한 외부전문가 중에서 선출하여야 한다.

③ 감사위원은 인사추천위원회가 추천한 자를 대상으로 총회에서 선출한다.

④ 감사위원장은 감사위원 중에서 호선한다.

⑤ 감사위원회에 관하여는 제48조 제2항부터 제5항까지 및 제49조를 준용한다. 이 경우 제48조 제2항 중 "감사"는 "감사위원회"로, "총회 및 중앙회 회장"은 "총회"로, 같은 조 제3항 중 "감사"는 "감사위원회"로, "자체감사 또는 중앙회 등"은 "자체감사 또는"으로, 같은 조 제4항 중 "감사"는 "감사위원"으로, 같은 조 제5항 중 "감사"는 "감사위원회"로, 제49조 제1항 중 "조합장을 포함한 이사"는 "회장을 포함한 이사"로, "감사"는 "감사위원회"로, 같은 조 제2항 중 "조합장을 포함한 이사"는 "회장을 포함한 이사"로 본다.

⑥ 감사위원회의 운영 등에 필요한 사항은 정관으로 정한다.

### 조문확인 OX 문제
제131조(사업전담대표이사의 직무), 제133조(감사위원회)

■ 다음 조문을 읽고 맞는 것은 O, 틀린 것은 X에 V 표시하시오.

| 01 | 중앙회의 회장은 지도경제사업대표이사로 한다. | O | X |
| 02 | 지도경제사업대표이사는 중앙회의 경제사업에 관하여 중앙회를 대표한다. | O | X |
| 03 | 사업전담대표이사는 경영 상태의 평가 결과를 이사회와 총회에 보고하여야 한다. | O | X |
| 04 | 사업전담대표이사가 궐위·구금되어 직무를 수행할 수 없을 때에는 중앙회의 회장이 그 직무를 대행한다. | O | X |
| 05 | 중앙회의 감사위원회는 중앙회의 재산과 업무집행상황을 감사한다. | O | X |
| 06 | 중앙회의 감사위원의 임기는 3년으로 한다. | O | X |
| 07 | 중앙회의 감사위원회는 감사위원장을 포함하여 3명의 감사위원으로 구성한다. | O | X |
| 08 | 중앙회의 감사위원 중 2명은 외부전문가 중에서 선출하여야 한다. | O | X |
| 09 | 중앙회의 감사위원장은 감사위원 중에서 호선한다. | O | X |
| 10 | 중앙회 감사위원회는 업무 집행에 관하여 부정한 사실이 발견하면 이를 총회와 중앙회 회장에게 보고하여야 한다. | O | X |

[정답] 01 X  02 O  03 O  04 X  05 O
06 O  07 O  08 O  09 O  10 O

**법조문 익히기** — 제134조(임원의 선출 및 임기), 제135조(임원의 해임), 제136조(집행간부 및 직원의 임면 등), 제137조(다른 직업 종사의 제한)

### 제134조(임원의 선출 및 임기)

① 회장은 총회에서 선출하되, 회원인 조합의 조합원이어야 한다.

② 사업전담대표이사는 총회에서 선출하되, 제131조 제2항에 따른 전담사업에 관한 전문지식과 경험이 풍부한 사람으로서 경력 등 대통령령으로 정하는 요건을 충족하는 사람 중 인사추천위원회에서 추천한 사람으로 한다.

③ 삭제 〈2025. 4. 22.〉

④ 비상임이사는 총회에서 선출하되, 5명은 회원조합장이 아닌 사람 중에서 인사추천위원회에서 추천한 사람을 선출하고, 나머지 인원은 회원조합장 중에서 선출한다.

1. ~ 2. 삭제 〈2016. 5. 29.〉

⑤ 회장의 임기는 4년으로 하되, 회장은 연임할 수 없으며, 사업전담대표이사 및 이사의 임기는 2년으로 한다.

⑥ 회원조합장이 제129조 제2항에 따른 상임인 임원으로 선출된 경우에는 취임 전에 회원조합장의 직을 사임하여야 한다.

⑦ 중앙회는 제1항에 따른 회장 선출에 대한 선거관리를 정관으로 정하는 바에 따라 「선거관리위원회법」에 따른 중앙선거관리위원회에 위탁하여야 한다.

⑧ ~ ⑨ 삭제 〈2014. 6. 11.〉

### 제135조(임원의 해임)

① 회원은 회원 3분의 1 이상의 동의를 받아 총회에 임원의 해임을 요구할 수 있다. 이 경우 총회는 구성원 과반수의 출석과 출석구성원 3분의 2 이상의 찬성으로 해임을 의결한다.

② 삭제 〈2016. 5. 29.〉

③ 이사회는 사업전담대표이사의 경영 상태를 평가한 결과 경영 실적이 부실하여 그 직무를 담당하기 곤란하다고 인정되거나, 이 법이나 이 법에 따른 명령 또는 정관을 위반하는 행위를 한 경우에는 총회에 사업전담대표이사의 해임을 요구할 수 있다. 이 경우 총회의 해임 의결에 관하여는 제1항 후단에 따른 의결정족수를 준용한다.

④ 제1항 및 제3항에 따라 해임 의결을 할 때에는 해당 임원에게 해임 이유를 통지하여 총회에서 의견을 진술할 기회를 주어야 한다.

### 제136조(집행간부 및 직원의 임면 등)

① 중앙회에 사업전담대표이사의 업무를 보좌하기 위하여 집행간부를 두되, 그 명칭, 임기 및 직무 등에 관한 사항은 정관으로 정한다.

② 제1항에 따른 집행간부는 사업전담대표이사가 임면한다.

③ 직원(집행간부는 제외한다)은 회장이 임면하되, 사업전담대표이사 소속 직원의 승진, 전보 등은 정관으로 정하는 바에 따라 사업전담대표이사가 수행한다.

④ 회장과 사업전담대표이사는 집행간부 또는 직원 중에서 중앙회의 업무에 관한 재판상 또는 재판 외의 모든 행위를 할 권한을 가지는 대리인을 선임할 수 있다.

⑤ 집행간부 및 일반간부직원에 대해서는 「상법」 제10조, 제11조 제1항·제3항, 제12조, 제13조 및 제17조와 「상업등기법」 제23조 제1항, 제50조 및 제51조를 준용한다.

**제137조(다른 직업 종사의 제한)**
상임인 임원, 집행간부 및 일반간부직원은 직무와 관련되는 영리를 목적으로 하는 사업에 종사할 수 없으며, 이사회가 승인하는 경우를 제외하고는 다른 직업에 종사할 수 없다.

---

**조문확인 OX 문제**

제134조(임원의 선출 및 임기), 제135조(임원의 해임), 제136조(집행간부 및 직원의 임면 등), 제137조(다른 직업 종사의 제한)

■ 다음 조문을 읽고 맞는 것은 O, 틀린 것은 X에 V 표시하시오.

01 중앙회의 회장은 회원인 조합의 조합원이어야 한다. [O / X]

02 중앙회의 비상임이사 중 10명은 회원조합장이 아닌 사람 중에서 선출하고, 나머지는 회원조합장에서 선출한다. [O / X]

03 중앙회의 회장의 임기는 4년으로 하며, 연임할 수 있다. [O / X]

04 회원조합장이 중앙회의 사업전담대표이사로 선출된 경우에는 취임 전에 회원조합장의 직을 사임하여야 한다. [O / X]

05 중앙회의 회장 선출에 대한 선거관리는 서울특별시선거관리위원회에 위탁하여야 한다. [O / X]

06 중앙회 회원은 회원 3분의 1 이상의 동의를 받아 총회에 임원의 해임을 요구할 수 있다. [O / X]

07 이사회는 사업전담대표이사의 경영 상태 평가 결과 경영 실적이 부실하여 그 직무를 담당하기 곤란하다고 인정될 경우 총회에 사업전담대표이사의 해임을 요구할 수 있다. [O / X]

08 경영 실적을 이유로 하는 이사회의 사업전담대표이사 해임 요구에 대해 총회는 구성원 과반수의 출석과 출석구성원 3분의 2 이상의 찬성으로 해임을 의결한다. [O / X]

09 집행간부를 포함한 중앙회의 직원은 회장이 임면한다. [O / X]

10 상임이사는 이사회가 승인하는 경우를 제외하고는 다른 직업에 종사할 수 없다. [O / X]

[정답] 01 O  02 X  03 X  04 O  05 X
       06 O  07 O  08 O  09 X  10 O

**법조문 익히기** 제138조(사업), 제139조(비회원의 사업 이용), 제139조의2(수산물등 판매활성화), 제139조의3(수산물등 판매활성화 사업 평가), 제139조의4(유통지원자금의 조성·운용)

제138조(사업)

① 중앙회는 그 목적을 달성하기 위하여 다음 각 호의 사업의 전부 또는 일부를 수행한다.

1. 교육·지원 사업
   가. 회원의 조직·경영 및 사업에 관한 지도·조정
   나. 회원의 조합원과 직원에 대한 교육·훈련 및 정보의 제공
   다. 회원과 그 조합원의 사업에 관한 조사·연구 및 홍보
   라. 회원과 그 조합원의 사업 및 생활 개선을 위한 정보망의 구축, 정보화 교육 및 보급 등을 위한 사업
   마. 회원과 그 조합원에 대한 보조금의 지급
   바. 수산업 관련 신기술의 개발 등을 위한 사업 및 시설의 운영
   사. 회원에 대한 감사
   아. 각종 사업을 위한 교육·훈련
   자. 회원과 그 조합원의 권익 증진을 위한 사업
   차. 제162조의2에 따른 명칭사용료의 관리 및 운영

2. 경제사업
   가. 회원과 그 조합원을 위한 구매·보관·판매·제조 사업 및 그 공동사업과 업무 대행
   나. 회원과 그 조합원을 위한 수산물의 처리·가공 및 제조 사업
   다. 회원 및 출자회사(중앙회가 출자한 회사만을 말한다)의 경제사업의 조성·지도 및 조정

3. 삭제 〈2016. 5. 29.〉

4. 상호금융사업
   가. 대통령령으로 정하는 바에 따라 회원으로부터 예치된 여유자금 및 상환준비금의 운용·관리
   나. 회원의 신용사업 지도
   다. 회원의 예금·적금의 수납·운용
   라. 회원에 대한 자금 대출
   마. 국가·공공단체 또는 금융기관(「은행법」에 따른 은행과 그 외에 금융업무를 취급하는 금융기관을 포함한다. 이하 같다)의 업무의 대리
   바. 회원 및 조합원을 위한 내국환 및 외국환 업무
   사. 회원에 대한 지급보증 및 회원에 대한 어음할인
   아. 「자본시장과 금융투자업에 관한 법률」 제4조 제3항에 따른 국채증권 및 지방채증권의 인수·매출
   자. 「전자금융거래법」에서 정하는 직불전자지급수단의 발행·관리 및 대금의 결제
   차. 「전자금융거래법」에서 정하는 선불전자지급수단의 발행·관리 및 대금의 결제

5. 공제사업

6. 의료지원사업

7. 「자본시장과 금융투자업에 관한 법률」에 따른 파생상품시장에서의 거래

8. 국가와 공공단체가 위탁하거나 보조하는 사업
9. 제1호, 제2호, 제4호부터 제8호까지의 사업에 관련된 대외무역
10. 다른 경제단체·사회단체 및 문화단체와의 교류·협력
11. 어업통신사업
12. 어업협정 등과 관련된 국제 민간어업협력사업
13. 회원과 그 조합원을 위한 공동이용사업 및 운송사업
14. 「어선원 및 어선 재해보상보험법」 제2조 제1항 제2호에 따른 어선원 고용 및 복지와 관련된 사업
15. 다른 법령에서 중앙회의 사업으로 정하는 사업
16. 제1호, 제2호, 제4호부터 제15호까지의 사업에 부대하는 사업
17. 그 밖에 중앙회의 목적 달성에 필요한 사업으로서 해양수산부장관의 승인을 받은 사업
② 중앙회는 제1항의 사업을 하기 위하여 국가, 공공단체 또는 금융기관으로부터 자금을 차입하거나 금융기관에 예치하는 방법 등으로 자금을 운용할 수 있다.
③ 중앙회는 제1항의 사업을 하기 위하여 국제기구·외국 또는 외국인으로부터 자금을 차입하거나 물자와 기술을 도입할 수 있다.
④ ~ ⑤ 삭제 〈2016. 5. 29.〉
⑥ 제1항 제2호·제4호 및 제5호의 사업에 대하여는 제131조 제2항에 따른 지도경제사업대표이사 소관 업무의 회계 안에서 회계와 손익을 각각 구분하여 관리하여야 한다.
⑦ ~ ⑨ 삭제 〈2016. 5. 29.〉

### 제139조(비회원의 사업 이용)

① 중앙회는 회원의 이용에 지장이 없는 범위에서 회원이 아닌 자에게 제138조 제1항에 따른 사업을 이용하게 할 수 있다. 다만, 제138조 제1항 제1호, 제10호부터 제12호까지, 제15호 및 제16호의 사업에 대하여는 대통령령으로 정하는 바에 따라 회원이 아닌 자의 이용을 제한할 수 있다.
② 다음 각 호의 어느 하나에 해당하는 자 또는 단체가 중앙회의 사업을 이용하는 경우에는 회원이 이용한 것으로 본다.
1. 회원의 조합원 및 그와 동일한 세대에 속하는 사람
2. 준회원
3. 어촌계

### 제139조의2(수산물등 판매활성화)

① 중앙회는 회원 또는 회원의 조합원으로부터 수집하거나 판매위탁을 받은 수산물 및 그 가공품(이하 이 조, 제139조의3 및 제139조의4에서 "수산물등"이라 한다)을 효율적으로 판매하기 위하여 매년 다음 각 호의 사항이 포함된 실행계획을 수립하고 그에 따른 사업을 추진하여야 한다.
1. 산지 및 소비지의 시설·장비 확보에 관한 사항
2. 판매조직의 확보에 관한 사항
3. 그 밖에 수산물등의 판매활성화 사업에 필요한 사항
② 중앙회는 회원의 조합원이 생산한 수산물의 가격 안정 및 회원의 조합원의 소득 안정을 위하여 수산물등의 비축 등 수급 조절에 필요한 조치를 회원과 공동으로 추진할 수 있다.

**제139조의3(수산물등 판매활성화 사업 평가)**

① 회장은 제139조의2에 따라 중앙회가 수행하는 수산물등의 판매활성화 사업을 매년 1회 이상 평가·점검하여야 한다.

② 회장은 다음 각 호의 사항에 대한 자문을 위하여 수산업협동조합 경제사업 평가협의회(이하 이 조에서 "평가협의회"라 한다)를 둔다.

1. 중앙회가 수행하는 수산물등의 판매활성화 사업 점검 및 평가에 관한 사항
2. 그 밖에 회장이 필요하다고 인정하는 사항

③ 회장은 평가협의회의 자문 내용을 고려하여 중앙회, 회원, 중앙회 또는 회원이 출자하거나 출연한 법인 등에 자료제출 등 필요한 조치를 요청할 수 있다.

④ 평가협의회는 다음 각 호의 사람을 포함하여 9명의 위원으로 구성한다.

1. 회장이 위촉하는 수산 관련 단체 대표 1명
2. 회장이 위촉하는 수산물등 유통 및 어업 관련 전문가 2명
3. 회장이 소속 임직원 및 조합장 중에서 위촉하는 사람 3명
4. 해양수산부장관이 소속 공무원 중에서 지정하는 사람 1명
5. 수산업 관련 국가기관, 연구기관, 교육기관 또는 기업에서 종사한 경력이 있는 사람으로서 회장이 위촉하는 사람 1명
6. 그 밖에 회장이 필요하다고 인정하여 위촉하는 사람 1명

⑤ 수산물등 판매활성화 사업의 평가·점검 및 평가협의회의 구성·운영 등에 관한 세부사항은 회장이 정한다.

⑥ 이사회는 제1항에 따른 평가 및 점검 결과를 제127조 제3항 제4호에 따른 경영평가에 반영하여야 한다.

**제139조의4(유통지원자금의 조성·운용)**

① 중앙회는 회원의 조합원이 생산한 수산물등의 원활한 유통을 지원하기 위하여 유통지원자금을 조성·운용할 수 있다.

② 제1항에 따른 유통지원자금은 다음 각 호의 사업에 운용한다.

1. 수산물등의 유통·가공 사업
2. 수산물등의 출하조절사업
3. 수산물등의 공동규격 출하촉진사업
4. 매취사업
5. 그 밖에 중앙회가 필요하다고 인정하는 유통 관련 사업

③ 제1항에 따른 유통지원자금은 제162조의2에 따른 명칭사용료 및 제165조 제1항에 따른 임의적립금 등으로 조성한다.

④ 국가는 예산의 범위에서 제1항에 따른 유통지원자금의 조성을 지원할 수 있다.

⑤ 제1항에 따른 유통지원자금의 조성 및 운용에 관한 세부사항은 정관으로 정한다.

**제140조 삭제 〈2016. 5. 29.〉**

## 조문확인 OX 문제

제138조(사업), 제139조(비회원의 사업 이용), 제139조의2(수산물등 판매활성화), 제139조의3(수산물등 판매활성화 사업 평가), 제139조의4(유통지원자금의 조성·운용)

■ 다음 조문을 읽고 맞는 것은 O, 틀린 것은 X에 V 표시하시오.

01 중앙회가 수행하는 경제사업은 중앙회 소속 회원을 위한 구매·보관·판매·제조에 관하여 공동사업을 수행하는 것을 포함한다. | O | X |

02 중앙회가 수행하는 상호금융사업은 중앙회 소속 회원의 경제사업을 조성·지도 및 조정하는 사업을 포함한다. | O | X |

03 중앙회는 자산의 안정성을 고려하여 파생상품시장에서의 거래가 허용되지 않는다. | O | X |

04 중앙회의 경제사업은 지도경제사업대표이사 소관 업무의 회계 안에서 회계와 손익을 각각 구분하여 관리하여야 한다. | O | X |

05 중앙회의 회원 소속인 조합원이 중앙회의 사업을 이용하는 경우에는 중앙회의 회원이 이를 이용한 것으로 본다. | O | X |

06 중앙회는 회원으로부터 판매위탁을 받은 수산물을 효율적으로 판매하기 위한 사업을 추진하여야 한다. | O | X |

07 중앙회는 회원 조합원의 소득 안정을 위해 수산물등의 비축 등 수급 조절에 필요한 조치를 회원과 공동으로 추진할 수 있다. | O | X |

08 중앙회의 회장은 2년마다 중앙회가 수행하는 수산물등의 판매활성화 사업을 평가·점검하여야 한다. | O | X |

09 중앙회의 이사회는 수산물등의 판매활성화 사업의 평가 및 점검 결과를 경영평가에 반영하여야 한다. | O | X |

10 중앙회가 운용하는 명칭사용료는 중앙회의 유통지원자금의 조성에 이용할 수 없다. | O | X |

[정답] 01 O  02 X  03 X  04 O  05 O
      06 O  07 O  08 X  09 O  10 X

제6장 수산업협동조합중앙회  **105**

> **법조문 익히기**  제141조(여신자금의 관리 등), 제141조의2(국가 보조 및 융자 사업에 대한 공시정보대상 등), 제141조의3(다른 법인에 대한 출자의 제한 등)

제141조(여신자금의 관리 등)
① 중앙회는 공급하는 자금이 특별히 정하여진 목적과 계획에 따라 효율적으로 사용되도록 관리하기 위하여 자금을 공급받는 자 등에 대하여 필요한 감사 또는 그 밖의 조치를 할 수 있다.
② 다음 각 호의 자금은 압류의 대상이 될 수 없다.
1. 중앙회가 국가로부터 차입한 자금 중 회원 또는 어업인에 대한 여신자금
2. 조합이 중앙회로부터 차입한 자금
③ 삭제 〈2022. 12. 27.〉
④ 조합, 중앙회 또는 수협은행으로부터 자금을 차입하는 자가 담보로 제공한 20톤 미만의 어선에 대한 채권보전을 위하여 필요한 절차에 관한 사항은 대통령령으로 정한다.
⑤ 삭제 〈2016. 5. 29.〉

제141조의2(국가 보조 또는 융자 사업에 대한 공시정보대상 등)
① 중앙회는 국가로부터 자금(국가가 관리하는 자금을 포함한다)이나 사업비의 전부 또는 일부를 보조 또는 융자받아 시행한 직전 연도 사업에 관련된 자금 사용내용 등 대통령령으로 정하는 정보를 매년 4월 30일까지 공시하여야 한다.
② 중앙회는 제1항에 따른 정보를 공시하기 위하여 필요한 경우에는 정부로부터 보조 또는 융자받은 금액을 배분받거나 위탁받은 정부 사업을 수행하는 조합에 대하여 자료 제출을 요청할 수 있다. 이 경우 요청을 받은 조합은 특별한 사유가 없으면 이에 협조하여야 한다.
③ 제1항에 따른 정보 공시의 절차, 방법 및 그 밖에 필요한 사항은 해양수산부령으로 정한다.

제141조의3(다른 법인에 대한 출자의 제한 등)
① 중앙회는 제138조 제1항에 따른 사업을 하기 위하여 제164조에 따른 자기자본의 범위에서 다른 법인에 출자할 수 있다. 다만, 같은 법인에 대한 출자한도는 자기자본의 100분의 20 이내에서 정관으로 정한다.
② 중앙회는 다른 법인이 발행한 의결권 있는 주식(출자지분을 포함한다. 이하 이 조에서 같다)의 100분의 15를 초과하는 주식을 취득할 수 없다. 다만, 다음 각 호의 어느 하나에 해당하는 경우에는 그러하지 아니하다.
1. 제138조 제1항에 따른 사업 수행을 위하여 필요한 경우
2. 주식배당이나 무상증자에 따라 주식을 취득하게 되는 경우
3. 기업의 구조조정 등으로 인하여 대출금을 출자로 전환함에 따라 주식을 취득하게 되는 경우
4. 담보권의 실행으로 인하여 주식을 취득하게 되는 경우
5. 기존 소유지분의 범위에서 유상증자에 참여함에 따라 주식을 취득하게 되는 경우
6. 신주인수권부사채 등 주식 관련 채권을 주식으로 전환함에 따라 주식을 취득하게 되는 경우
7. 수협은행의 주식을 취득하는 경우
③ 중앙회가 제2항 제7호에 따라 수협은행의 주식을 취득하기 위하여 출자하는 경우 그 출자금은 제1항에 따른 다른 법인에 대한 출자에 포함되지 아니하는 것으로 본다.

④ 제1항에도 불구하고 중앙회가 제2항 제7호에 따라 수협은행의 주식을 취득하기 위하여 출자하는 경우에는 자기자본을 초과하여 출자할 수 있다. 이 경우 사업전담대표이사는 3개월 이내에 출자의 목적 및 금액 등을 총회에 보고하여야 한다.

⑤ 중앙회는 제138조 제1항 제2호에 따른 사업을 수행하기 위하여 다른 법인에 출자하는 경우 회원과 공동으로 출자하여 운영함을 원칙으로 한다.

## 조문확인 OX문제

제141조(여신자금의 관리 등), 제141조의2(국가 보조 및 융자 사업에 대한 공시정보대상 등), 제141조의3(다른 법인에 대한 출자의 제한 등)

■ 다음 조문을 읽고 맞는 것은 O, 틀린 것은 X에 V 표시하시오.

01 중앙회가 국가로부터 차입한 자금 중 어업인에 대한 여신자금은 압류의 대상이 될 수 없다.

02 조합이 중앙회로부터 차입한 자금은 압류의 대상이 될 수 있다.

03 중앙회는 국가로부터 사업비의 일부를 융자받아 시행한 직접 연도 사업에 관한 자금 사용내용을 매년 4월 30일까지 공시하여야 한다.

04 중앙회는 정부로부터 위탁받은 정부 사업을 수행하는 조합에 대해 정보 공시를 목적으로 자료의 제출을 요청할 수 있다.

05 중앙회는 사업의 수행을 위해 다른 법인에 출자할 경우, 같은 법인에 대한 출자의 한도는 자기자본의 100분의 10 이내로 한다.

06 중앙회는 사업의 수행을 위해 필요한 경우 다른 법인이 발행한 의결권 있는 주식의 100분의 15를 초과하는 주식을 취득할 수 있다.

07 중앙회가 보유한 담보권의 실행으로 인해 주식을 취득하게 된 경우 중앙회는 다른 법인이 발행한 의결권 있는 100분의 15를 초과하여 이를 취득할 수 없다.

08 중앙회가 수협은행의 주식을 취득하기 위한 출자금은 출자금의 한도에 관한 규정에서 다른 법인에 대한 출자에 포함한다.

09 중앙회가 수협은행의 주식을 취득하기 위해 자기자본을 초과하여 출자할 경우 사업전담대표이사는 3개월 이내에 그 출자의 목적과 금액을 이사회에 보고하여야 한다.

10 중앙회가 경제사업을 수행할 목적으로 다른 법인에 출자할 경우에는 중앙회의 회원과 공동으로 출자하여 운영함을 원칙으로 한다.

[정답] 01 O  02 X  03 O  04 O  05 X
06 O  07 X  08 X  09 X  10 O

## 법조문 익히기 — 제141조의4(설립), 제141조의5(정관), 제141조의6(등기)

### 제141조의4(설립)

① 중앙회는 어업인과 조합에 필요한 금융을 제공함으로써 어업인과 조합의 자율적인 경제활동을 지원하고 그 경제적 지위의 향상을 촉진하기 위하여 신용사업을 분리하여 그 사업을 하는 법인으로서 수협은행을 설립한다. 이 경우 그 사업의 분리는 「상법」 제530조의12에 따른 회사의 분할로 보며, 사업의 분리절차는 같은 법 제530조의3 제1항·제2항 및 제4항, 제530조의4부터 제530조의7까지, 제530조의9부터 제530조의11까지의 규정을 준용하되, 같은 법 제530조의3 제2항에 따라 준용되는 같은 법 제434조 중 "출석한 주주의 의결권의 3분의 2 이상의 수와 발행주식총수의 3분의 1 이상의 수로써"는 "회원 과반수의 출석과 출석한 회원 3분의 2 이상의 찬성으로써"로 본다.

② 제1항에 따라 설립되는 수협은행은 「은행법」 제2조 제1항 제2호에 따른 은행으로 본다.

③ 수협은행에 대해서는 이 법에 특별한 규정이 없으면 「상법」 중 주식회사에 관한 규정, 「은행법」 및 「금융회사의 지배구조에 관한 법률」을 적용한다. 다만, 「은행법」 제8조, 제53조 제2항 제1호·제2호, 제56조, 제66조 제2항, 「금융회사의 지배구조에 관한 법률」 제6조, 제12조, 제16조 및 제17조는 적용하지 아니하며, 금융위원회가 「은행법」 제53조 제2항 제3호부터 제6호까지의 규정에 따라 제재를 하거나 같은 법 제55조 제1항에 따라 인가를 하려는 경우에는 해양수산부장관과 미리 협의하여야 한다.

④ 중앙회가 수협은행의 주식을 보유하는 경우에는 「은행법」 제15조, 제16조, 제16조의2부터 제16조의4까지의 규정을 적용하지 아니한다.

### 제141조의5(정관)

① 수협은행의 정관에는 다음 각 호의 사항이 포함되어야 한다.
1. 목적
2. 명칭
3. 본점, 지점, 출장소와 대리점에 관한 사항
4. 자본금 및 주식에 관한 사항
5. 임원과 직원에 관한 사항
6. 주주총회에 관한 사항
7. 이사회에 관한 사항
8. 업무와 그 집행에 관한 사항
9. 제156조 제1항에 따라 발행하는 수산금융채권에 관한 사항
10. 회계에 관한 사항
11. 공고의 방법

② 수협은행의 정관을 작성하거나 변경할 때에는 해양수산부장관의 인가를 받아야 한다. 이 경우 해양수산부장관은 미리 금융위원회와 협의하여야 한다.

제141조의6(등기)
① 수협은행은 대통령령으로 정하는 바에 따라 등기하여야 한다.
② 수협은행은 본점의 소재지에서 설립등기를 함으로써 설립된다.
③ 제1항에 따라 등기하여야 할 사항은 등기한 후가 아니면 제3자에게 대항하지 못한다.

 조문확인 OX 문제

제141조의4(설립), 제141조의5(정관), 제141조의6(등기)

■ 다음 조문을 읽고 맞는 것은 O, 틀린 것은 X에 V 표시하시오.

01 수협은행은 어업인과 조합의 자율적인 경제활동을 지원하기 위해 중앙회의 경제사업을 분리하여 설립한 법인이다. | O | X |

02 수협은행을 설립하기 위한 사업의 분리는 「상법」 제530조의12에 따른 회사의 분할로 본다. | O | X |

03 수협은행은 「은행법」 제2조 제1항 제2호에 따른 은행으로 본다. | O | X |

04 수협은행은 「상법」 중 해상기업에 관한 규정의 적용 대상이 된다. | O | X |

05 수협은행의 정관에는 수협은행의 본점을 포함하여 수협은행의 지점, 출장소와 대리점에 관한 사항이 포함되어야 한다. | O | X |

06 수협은행의 정관에는 수협은행이 발행하는 수산금융채권에 관한 사항이 포함되어야 한다. | O | X |

07 수협은행의 정관을 변경하기 위해서는 해양수산부장관의 인가를 받아야 한다. | O | X |

08 해양수산부장관이 수협은행의 정관 변경을 인가하기 위해서는 미리 중앙회와 협의하여야 한다. | O | X |

09 수협은행은 본점의 소재지에서의 설립등기로 설립된다. | O | X |

10 수협은행이 등기하여야 할 사항은 등기한 후가 아니면 제3자에게 대항하지 못한다. | O | X |

[정답] 01 X  02 O  03 O  04 X  05 O
       06 O  07 O  08 X  09 O  10 O

### 법조문 익히기 — 제141조의7(임원), 제141조의8(이사회), 제141조의9(업무 등)

**제141조의7(임원)**

① 수협은행에 임원으로 은행장, 이사 및 감사를 둔다.
② 은행장은 주주총회에서 선출하되, 정관으로 정하는 추천위원회에서 추천한 사람으로 한다.
③ 이사 및 감사는 정관으로 정하는 바에 따라 주주총회에서 선출한다. 다만, 「예금자보호법」 제3조에 따라 설립된 예금보험공사(이하 "예금보험공사"라 한다)가 제167조 제1항에 따른 신용사업특별회계에 출자한 우선출자금이 있는 경우에는 우선출자금이 전액 상환될 때까지 예금보험공사가 추천하는 사람 1명 이상을 이사에 포함하여 선임하여야 한다.
④ 임원의 임기는 3년 이내의 범위에서 정관으로 정한다.

**제141조의8(이사회)**

① 이사회는 은행장과 이사로 구성하고, 수협은행의 업무에 관한 중요 사항을 의결한다.
② 은행장은 이사회를 소집하고 그 의장이 된다.
③ 이사회는 구성원 과반수의 출석으로 개의하고 출석구성원 과반수의 찬성으로 의결한다.
④ 감사는 이사회에 출석하여 의견을 진술할 수 있다.

**제141조의9(업무 등)**

① 수협은행은 제141조의4 제1항 전단에 따른 목적을 달성하기 위하여 다음 각 호의 업무를 수행한다.
1. 수산자금 등 어업인 및 조합에서 필요한 자금의 대출
2. 조합 및 중앙회의 사업자금의 대출
3. 국가나 공공단체의 업무 대리
4. 국가, 공공단체, 중앙회 및 조합이 위탁하거나 보조하는 업무
5. 「은행법」 제27조에 따른 은행업무, 같은 법 제27조의2에 따른 부수업무 및 같은 법 제28조에 따른 겸영업무
6. 중앙회가 위탁하는 제138조 제1항 제5호의 업무에 따른 공제상품의 판매 및 그 부수업무
7. 중앙회 및 조합 전산시스템의 위탁운영 및 관리
② 수협은행이 제1항 제6호에 따른 업무를 수행하는 경우에는 「보험업법」 제4장 모집에 관한 규정을 적용하지 아니한다.
③ 제1항 제4호·제6호 및 제7호에 따른 업무의 수행에 필요한 세부사항은 대통령령으로 정한다.
④ 수협은행은 조합 및 중앙회의 사업 수행에 필요한 자금이 다음 각 호의 어느 하나에 해당하는 경우에는 우선적으로 자금을 공급할 수 있다.
1. 수산물의 생산·유통·가공·판매를 위하여 어업인이 필요하다고 하는 자금
2. 조합 및 중앙회의 경제사업 활성화에 필요한 자금
⑤ 수협은행은 제4항에 따라 자금을 지원하는 경우에는 해양수산부령으로 정하는 바에 따라 우대조치를 할 수 있다.
⑥ 수협은행은 제1항 각 호의 업무를 수행하기 위하여 필요한 경우에는 국가·공공단체 또는 금융기관으로부터 자금을 차입하거나 금융기관에 예치하는 등의 방법으로 자금을 운용할 수 있다.

⑦ 수협은행이 수산업에 관한 자금을 국가로부터 차입하여 생긴 채무는 수협은행이 업무상 부담하는 다른 채무보다 변제 순위에서 후순위로 한다.
⑧ 수협은행에 대하여 금융위원회가 「은행법」 제34조 제2항에 따른 경영지도기준을 정할 때에는 국제결제은행이 권고하는 금융기관의 건전성 감독에 관한 원칙과 제1항 제1호 및 제4항의 사업수행에 따른 수협은행의 특수성을 고려하여야 한다.
[법률 제14242호(2016. 5. 29.) 제141조의9 제7항의 개정규정은 같은 법 부칙 제2조의 규정에 의하여 2021년 12월 31일까지 유효함]

### 조문확인 OX 문제

제141조의7(임원), 제141조의8(이사회), 제141조의9(업무 등)

■ 다음 조문을 읽고 맞는 것은 O, 틀린 것은 X에 V 표시하시오.

01 수협은행의 은행장은 추천위원회에서 추천한 사람으로 주주총회에서 선출한다. [O / X]

02 수협은행의 감사는 정관으로 정하는 바에 따라 이사회에서 선출한다. [O / X]

03 수협은행 이사의 임기는 3년 이내에서 정관으로 정한다. [O / X]

04 수협은행의 은행장은 수협은행 이사회를 소집하고 그 의장이 된다. [O / X]

05 수협은행의 이사회는 구성원 전원의 출석으로 개의하고 출석구성원 과반수의 찬성으로 의결한다. [O / X]

06 수협은행의 감사는 수협은행 이사회에 출석하여 의견을 진술할 수 있다. [O / X]

07 수협은행은 수산자금 등 어업인에게 필요한 자금의 대출 업무를 수행한다. [O / X]

08 수협은행은 중앙회에서 공제상품의 판매를 위탁받아 이를 수행함에 있어서 「보험업법」 제4장 모집에 관한 규정을 준용한다. [O / X]

09 수협은행은 중앙회의 경제사업 활성화에 필요한 자금에 대해 우선적으로 자금을 공급할 수 있다. [O / X]

[정답] 01 O  02 X  03 O  04 O  05 X
       06 O  07 O  08 X  09 O

**법조문 익히기** 　　제142조(중앙회의 지도), 제142조의2(중앙회의 자회사에 대한 감독), 제143조(조합감사위원회)

### 제142조(중앙회의 지도)

① 회장은 이 법에서 정하는 바에 따라 회원을 지도하며 이에 필요한 규약·규정 또는 예규 등을 정할 수 있다.
② 회장은 회원의 경영 상태를 평가하고 그 결과에 따라 회원에게 경영 개선을 요구하거나 합병을 권고하는 등 필요한 조치를 할 수 있다. 이 경우 회원조합장은 그 조치 결과를 조합의 이사회·총회 및 회장에게 보고하여야 한다.
③ 회장은 회원의 건전한 업무 운영과 회원의 조합원 또는 제3자의 보호를 위하여 필요하다고 인정할 때에는 해당 업무에 관하여 해양수산부장관에게 다음 각 호의 처분을 하여 줄 것을 요청할 수 있다.
1. 정관 또는 규약의 변경
2. 업무의 전부 또는 일부의 정지
3. 재산의 공탁·처분의 금지
4. 그 밖에 필요한 처분

### 제142조의2(중앙회의 자회사에 대한 감독)

① 중앙회는 중앙회의 자회사가 그 업무수행 시 중앙회의 회원 및 회원의 조합원의 이익에 기여할 수 있도록 정관으로 정하는 바에 따라 지도·감독하여야 한다.
② 중앙회는 제1항에 따른 지도·감독 결과에 따라 해당 자회사에 대하여 경영개선 등 필요한 조치를 요구할 수 있다.

### 제143조(조합감사위원회)

① 회원의 건전한 발전을 도모하기 위하여 회장 소속으로 회원의 업무를 지도·감사할 수 있는 조합감사위원회(이하 이 절에서 "위원회"라 한다)를 둔다.
② 위원회는 위원장을 포함하여 5명의 위원으로 구성하되, 위원장은 상임으로 한다.
③ 위원회의 감사 사무를 처리하기 위하여 정관으로 정하는 바에 따라 위원회에 필요한 기구를 둔다.

조문확인 OX 문제

제142조(중앙회의 지도), 제142조의2(중앙회의 자회사에 대한 감독), 제143조(조합감사위원회)

■ 다음 조문을 읽고 맞는 것은 O, 틀린 것은 X에 V 표시하시오.

01 중앙회의 회장은 중앙회의 회원을 지도하며 이에 필요한 예규 등을 정할 수 있다. | O | X |

02 중앙회의 회장은 경영 상태의 평가 결과를 근거로 회원에게 합병을 직접 권고할 수는 없다. | O | X |

03 중앙회의 회장으로부터 경영 개선을 요구받은 회원조합장은 그 조치 결과를 조합의 이사회·총회 및 회장에게 보고하여야 한다. | O | X |

04 중앙회의 회장은 회원의 조합원을 보호하기 위한 목적으로 해양수산부장관에게 해당 회원의 업무 전부 혹은 일부를 정지하는 처분을 요청할 수 있다. | O | X |

05 중앙회의 회장은 회원이 아닌 제3자의 보호를 목적으로 해양수산부장관에게 회원조합장, 재산의 공탁 및 처분을 금지하는 처분을 요청할 수 없다. | O | X |

06 중앙회는 중앙회의 자회사가 회원의 이익에 기여할 수 있도록 하는 지도·감독을 할 수 있다. | O | X |

07 중앙회는 중앙회의 자회사에 대해 경영지도는 할 수 있으나, 경영개선을 직접 요구할 수는 없다. | O | X |

08 중앙회 회원의 업무를 지도·감사하는 조합감사위원회는 중앙회 회장의 소속으로 한다. | O | X |

09 조합감사위원회는 위원장을 포함하여 5명의 위원으로 구성하며, 위원장은 상임으로 한다. | O | X |

10 수협중앙회 조합감사위원회의 감사 사무를 처리하기 위해 필요한 기구의 설치에 관하여는 정관으로 정한다. | O | X |

[정답] 01 O  02 X  03 O  04 O  05 X
       06 O  07 X  08 O  09 O  10 O

제6장 수산업협동조합중앙회  113

## 법조문 익히기 — 제144조(위원회의 구성), 제145조(의결 사항), 제146조(회원에 대한 감사 등)

### 제144조(위원회의 구성)

① 위원회는 다음 각 호의 위원으로 구성하며, 위원장은 위원 중에서 호선으로 선출하고 회장이 임명한다. 다만, 회원의 조합장과 조합원은 위원이 될 수 없다.
1. 제127조의2에 따른 인사추천위원회가 추천하여 이사회에서 선출하는 사람 2명
2. 기획재정부장관이 위촉하는 사람 1명
3. 해양수산부장관이 위촉하는 사람 1명
4. 금융위원회 위원장이 위촉하는 사람 1명

② 제1항에 따른 위원장과 위원은 감사 또는 회계 업무에 관한 전문지식과 경험이 풍부한 사람으로서 대통령령으로 정하는 요건을 충족하여야 한다.
③ 위원장과 위원의 임기는 3년으로 한다.

### 제145조(의결 사항)

위원회는 다음 각 호의 사항을 의결한다.
1. 회원에 대한 감사 방향 및 감사계획
2. 감사 결과에 따른 회원의 임직원에 대한 징계 및 문책의 요구 등
3. 감사 결과에 따른 회원의 임직원에 대한 변상책임의 판정
4. 회원에 대한 시정 및 개선 요구 등
5. 감사 관계 규정의 제정·개정 및 폐지
6. 회장이 요청하는 사항
7. 그 밖에 위원장이 필요하다고 인정하는 사항

### 제146조(회원에 대한 감사 등)

① 위원회는 회원의 재산 및 업무 집행 상황에 대하여 2년마다 1회 이상 회원을 감사하여야 한다.
② 위원회는 회원의 건전한 발전을 도모하기 위하여 필요하다고 인정하면 회원의 부담으로 「주식회사 등의 외부감사에 관한 법률」제2조 제7호 및 제9조에 따른 감사인에게 회계감사를 요청할 수 있다.
③ 회장은 제1항과 제2항에 따른 감사 결과를 해당 회원의 조합장과 감사에게 알려야 하며 감사 결과에 따라 해당 회원에게 시정 또는 업무의 정지, 관련 임직원에 대한 다음 각 호의 조치를 할 것을 요구할 수 있다.
1. 임원에 대하여는 개선(改選), 직무의 정지, 견책 또는 변상
2. 직원에 대하여는 징계면직, 정직, 감봉, 견책 또는 변상

④ 회원은 제3항에 따라 소속 임직원에 대한 조치 요구를 받으면 2개월 이내에 필요한 조치를 하고 그 결과를 회장에게 알려야 한다.
⑤ 회장은 회원이 제4항에 따른 기간에 필요한 조치를 하지 아니하면 1개월 이내에 제3항의 조치를 할 것을 다시 요구하고, 그 기간에도 이행하지 아니하면 필요한 조치를 하여 줄 것을 해양수산부장관에게 요청할 수 있다.

## 조문확인 OX 문제  제144조(위원회의 구성), 제145조(의결 사항), 제146조(회원에 대한 감사 등)

■ 다음 조문을 읽고 맞는 것은 O, 틀린 것은 X에 V 표시하시오.

01 조합감사위원회의 위원장은 중앙회의 회장이 된다. | O | X |

02 중앙회 회원의 조합장과 그 조합원은 조합감사위원회의 위원이 될 수 없다. | O | X |

03 중앙회 인사추천위원회는 조합감사위원회의 위원을 추천하며 이사회는 그중에서 2명을 선출한다. | O | X |

04 조합감사위원의 임기는 3년으로 한다. | O | X |

05 조합감사위원회는 중앙회 회원의 임직원에 대한 징계 및 문책의 요구에 대한 사항을 의결한다. | O | X |

06 조합감사위원회는 의결을 통해 감사 관계 규정을 제정·개정 및 폐지할 수 있다. | O | X |

07 조합감사위원회는 매년 회원의 재산 및 업무 집행 상황을 감사하여야 한다. | O | X |

08 조합감사위원회는 필요하다고 인정하면 회원의 부담으로 회계법인에 회계감사를 요청할 수 있다. | O | X |

09 중앙회의 회장은 조합감사위원회의 감사 결과를 해당 회원의 조합장과 감사에게 알려야 한다. | O | X |

10 중앙회의 회장은 조합감사위원회의 감사 결과에 따라 관련 직원에 대해 징계면직, 정직, 감봉, 견책 또는 변상의 조치를 요구할 수 있다. | O | X |

[정답]  01 X  02 O  03 O  04 O  05 O
        06 O  07 X  08 O  09 O  10 O

제6장 수산업협동조합중앙회  **115**

제147조(우선출자), 제148조(우선출자증권의 발행), 제149조(우선출자자의 책임), 제150조(우선출자의 양도), 제151조(우선출자자총회), 제152조(우선출자에 관한 그 밖의 사항)

제147조(우선출자)
① 중앙회는 자기자본의 확충을 통한 경영의 건전성을 도모하기 위하여 정관으로 정하는 바에 따라 회원 또는 임직원 등을 대상으로 잉여금 배당에 관하여 내용이 다른 종류의 우선적 지위를 가지는 우선출자를 하게 할 수 있다.
② 제1항에 따른 우선출자에 대해서는 정관으로 우선출자의 내용과 계좌 수를 정하여야 한다.
③ 제1항에 따른 우선출자 1계좌의 금액은 제120조 제2항에 따른 출자 1계좌의 금액과 같아야 하며, 우선출자의 총액은 자기자본의 2분의 1을 초과할 수 없다. 다만, 국가와 공공단체의 우선출자금에 대하여는 총 출자계좌 수의 제한을 받지 아니한다.
④ 제1항에 따라 잉여금 배당에 우선적 지위를 가지는 우선출자를 한 자(이하 "우선출자자"라 한다)는 의결권과 선거권을 가지지 아니한다.
⑤ 우선출자의 배당률은 정관으로 정하는 최저 배당률과 최고 배당률 사이에서 정기총회에서 정한다.
⑥ 삭제 〈2022. 12. 27.〉

제148조(우선출자증권의 발행)
중앙회는 우선출자의 납입기일 후 지체 없이 우선출자증권을 발행하여야 한다.

제149조(우선출자자의 책임)
우선출자자의 책임은 그가 가진 우선출자의 인수가액(引受價額)을 한도로 한다.

제150조(우선출자의 양도)
① 우선출자는 이를 양도할 수 있다. 다만, 우선출자증권 발행 전의 양도는 중앙회에 대하여 효력이 없다.
② 우선출자자는 우선출자를 양도할 때에는 우선출자증권을 내주어야 한다.
③ 우선출자증권의 점유자는 그 증권의 적법한 소지인으로 추정한다.
④ 우선출자증권의 명의변경은 그 증권 취득자의 성명과 주소를 우선출자자 명부에 등록하고 그 성명을 증권에 기재하지 아니하면 중앙회나 그 밖의 제3자에게 대항하지 못한다.
⑤ 우선출자증권을 질권의 목적으로 하는 경우에는 질권자의 성명 및 주소를 우선출자자 명부에 등록하지 아니하면 중앙회나 그 밖의 제3자에게 대항하지 못한다.

제151조(우선출자자총회)
① 중앙회에 우선출자자로 구성하는 우선출자자총회를 둔다.
② 중앙회는 정관의 변경으로 우선출자자에게 손해를 입히게 될 사항에 관하여는 제1항에 따른 우선출자자총회의 의결을 거쳐야 한다. 이 경우 우선출자자총회는 발행한 우선출자자 총 출자계좌 수의 과반수의 출석과 출석한 우선출자자 출자계좌 수의 3분의 2 이상의 찬성으로 의결한다.
③ 제1항에 따른 우선출자자총회의 운영 등에 필요한 사항은 정관으로 정한다.

제152조(우선출자에 관한 그 밖의 사항)
이 법에서 규정하는 사항 외에 우선출자의 발행·모집 등에 필요한 사항은 대통령령으로 정한다.

### 조문확인 OX 문제

제147조(우선출자), 제148조(우선출자증권의 발행), 제149조(우선출자자의 책임), 제150조(우선출자의 양도), 제151조(우선출자자총회), 제152조(우선출자에 관한 그 밖의 사항)

■ 다음 조문을 읽고 맞는 것은 O, 틀린 것은 X에 V 표시하시오.

01 중앙회의 우선출자는 회원 또는 임직원 등을 대상으로 한다. | O  X
02 중앙회의 우선출자는 그 내용과 계좌 수를 정관으로 정하여야 한다. | O  X
03 국가와 공공단체가 중앙회에 우선출자할 경우 그 우선출자금은 자기자본의 2분의 1을 초과할 수 없다. | O  X
04 중앙회에 대한 우선출자자는 총회에서의 의결권과 선거권을 가진다. | O  X
05 우선출자자의 책임은 우선출자의 인수가액을 한도로 한다. | O  X
06 우선출자자는 우선출자증권을 내주는 것으로 우선출자를 양도할 수 있다. | O  X
07 우선출자증권의 점유를 이유로 그 증권의 적법한 소지인으로 추정할 수는 없다. | O  X
08 우선출자증권의 명의변경은 취득자의 성명과 주소를 우선출자자 명부에 등록하고 그 성명을 증권에 기재하여야 중앙회에 대항할 수 있다. | O  X
09 중앙회가 우선출자자에게 손해를 입히게 되는 사항이 포함된 정관을 변경하기 위해서는 우선출자자총회의 의결을 거쳐야 한다. | O  X
10 우선출자자총회의 의결은 우선출자자총회 구성원 과반수의 출석과 출석구성원 과반수의 찬성으로 의결한다. | O  X

[정답] 01 O  02 O  03 X  04 X  05 O
06 O  07 X  08 O  09 O  10 X

### 법조문 익히기

제153조(국가 등의 출자 지원 등), 제156조(수산금융채권의 발행), 제157조(채권의 명의변경 요건), 제158조(채권의 질권설정), 제159조(상환에 대한 국가 보증), 제160조(소멸시효), 제161조(수산금융채권에 관한 그 밖의 사항)

**제153조(국가 등의 출자 지원 등)**
① 국가나 공공단체는 수협은행이 다음 각 호의 어느 하나에 해당하는 경우에는 중앙회에 대한 출연 또는 출자와 수협은행에 대한 출자 또는 대통령령으로 정하는 유가증권의 매입을 할 수 있다.
1. 수협은행이 계속된 예금 인출 등으로 인한 재무구조의 악화로 영업을 지속하기가 어렵다고 인정되는 경우
2. 예금자 보호 및 신용질서의 안정을 위하여 수협은행의 재무구조 개선이 필요하다고 인정되는 경우
② 예금보험공사가 제1항에 따라 중앙회에 출자하거나 유가증권을 매입한 경우에는 「예금자보호법」 제38조에 따라 자금 지원을 한 것으로 본다.

제154조 삭제 〈2016. 5. 29.〉

제155조 삭제 〈2016. 5. 29.〉

**제156조(수산금융채권의 발행)**
① 중앙회 또는 수협은행은 필요한 자금을 조달하기 위한 채권(이하 이 절에서 "수산금융채권"이라 한다)을 발행할 수 있다.
② 중앙회 및 수협은행은 자기자본(중앙회는 제164조에 따른 자기자본을 말하고, 수협은행은 「은행법」 제2조 제1항 제5호에 따른 자기자본을 말한다)의 5배를 초과하여 수산금융채권을 발행할 수 없다. 다만, 중앙회가 제138조 제1항 제1호 또는 제2호에 따른 사업을 수행하기 위하여 필요한 경우에는 그러하지 아니하다.
③ 제2항 본문에도 불구하고 중앙회 또는 수협은행은 수산금융채권의 차환(借換)을 위하여 그 발행 한도를 초과하여 수산금융채권을 발행할 수 있다. 이 경우 발행 후 1개월 이내에 상환 시기가 도래하거나 이에 상당하는 이유가 있는 수산금융채권에 대하여 그 발행 액면금액에 해당하는 수산금융채권을 상환하여야 한다.
④ 중앙회 또는 수협은행은 수산금융채권을 할인하는 방법으로 발행할 수 있다.
⑤ 중앙회 또는 수협은행은 수산금융채권을 발행할 때마다 그 금액, 조건, 발행 및 상환의 방법을 정하여야 한다.

**제157조(채권의 명의변경 요건)**
기명식(記名式) 수산금융채권의 명의변경은 그 채권 취득자의 성명과 주소를 그 채권 원부(原簿)에 적고 그 성명을 증권에 적지 아니하면 중앙회, 수협은행 또는 그 밖의 제3자에게 대항하지 못한다.

**제158조(채권의 질권설정)**
기명식 수산금융채권을 질권의 목적으로 할 때에는 질권자의 성명과 주소를 그 채권 원부에 등록하지 아니하면 중앙회, 수협은행 또는 그 밖의 제3자에게 대항하지 못한다.

**제159조(상환에 대한 국가 보증)**
수산금융채권은 그 원리금 상환을 국가가 전액 보증할 수 있다.

제160조(소멸시효)
　수산금융채권의 소멸시효는 원금은 5년, 이자는 2년으로 한다.

제161조(수산금융채권에 관한 그 밖의 사항)
　이 법에서 규정하는 사항 외에 수산금융채권의 발행·모집 등에 필요한 사항은 대통령령으로 정한다.

### 조문확인 OX 문제

제153조(국가 등의 출자 지원 등), 제156조(수산금융채권의 발행), 제157조(채권의 명의변경 요건), 제158조(채권의 질권설정), 제159조(상환에 대한 국가 보증), 제160조(소멸시효), 제161조(수산금융채권에 관한 그 밖의 사항)

■ 다음 조문을 읽고 맞는 것은 O, 틀린 것은 X에 V 표시하시오.

01. 국가는 신용질서의 안정을 위해 수협은행의 재무구조 개선이 필요하다고 인정될 경우 수협은행에 대한 출자를 실시할 수 있다. [O X]

02. 예금보험공사가 수협은행의 재무구조 개선을 목적으로 유가증권을 매입한 경우에는 「예금자보호법」 제38조에 따른 자금 지원으로 본다. [O X]

03. 수산금융채권은 수협은행 이외에 수협중앙회도 발행할 수 있다. [O X]

04. 수협은행이 수산금융채권을 발행할 경우 그 규모는 수협은행 자기자본의 5배를 초과할 수 없다. [O X]

05. 수산금융채권의 차환을 목적으로 발행 한도를 초과하는 수산금융채권의 발행은 금지된다. [O X]

06. 수협은행은 수산금융채권을 할인하는 방법으로 발행할 수 없다. [O X]

07. 수산금융채권은 발행할 때마다 그 금액과 조건, 발행 및 상환의 방법을 정하여야 한다. [O X]

08. 무기명식 수산금융채권은 그 채권 취득자의 성명과 주소를 채권 원부에 적고 그 성명을 증권에 적어야 제3자에 대항할 수 있다. [O X]

09. 국가는 수산금융채권의 원리금 상환을 전액 보증할 수 있다. [O X]

10. 수산금융채권의 소멸시효는 원금과 이자 모두 10년으로 한다. [O X]

[정답] 01 O  02 O  03 O  04 O  05 X
　　　 06 X  07 O  08 X  09 O  10 X

## 법조문 익히기

제162조(사업계획과 수지예산), 제162조의2(명칭사용료), 제163조(결산 등), 제164조(자기자본)

### 제162조(사업계획과 수지예산)

① 중앙회는 매 회계연도의 사업계획서와 수지예산서를 작성하여 해당 회계연도가 시작되기 1개월 전에 총회의 의결을 거쳐야 한다.

② 중앙회가 제1항에 따른 사업계획과 수지예산을 변경하려면 총회의 의결을 거쳐야 한다.

### 제162조의2(명칭사용료)

① 중앙회는 수산물 판매·유통 활성화와 회원과 조합원에 대한 교육·지원 사업 등의 수행에 필요한 재원을 안정적으로 조달하기 위하여 수산업협동조합의 명칭(영문 명칭 및 한글·영문 약칭 등 정관으로 정하는 문자 또는 표식을 포함한다)을 사용하는 법인(영리법인에 한정한다)에 대하여 영업수익 또는 매출액의 1천분의 25 범위에서 정관으로 정하는 기준에 따라 총회에서 정하는 부과율을 곱하여 산정하는 금액을 명칭사용료로 부과할 수 있다. 다만, 조합만이 출자한 법인 및 정관으로 정하는 법인에 대해서는 명칭사용료를 부과하지 아니한다.

② 제1항에 따른 명칭사용료는 다른 수입과 구분하여 관리하여야 하며, 그 수입과 지출은 총회의 승인을 받아야 한다.

### 제163조(결산 등)

① 중앙회의 결산보고서에는 「주식회사 등의 외부감사에 관한 법률」에 따른 회계법인의 회계감사를 받은 의견서를 첨부하여야 한다.

② 중앙회는 매 회계연도가 지난 후 3개월 이내에 그 결산보고서를 해양수산부장관에게 제출하여야 한다.

### 제164조(자기자본)

① 삭제 〈2022. 12. 27.〉

② 중앙회의 자기자본은 다음 각 호의 금액을 합친 금액(이월결손금이 있으면 그 금액을 공제한다)으로 한다.
1. 우선출자금(누적되지 아니하는 것만 해당한다)
2. 납입출자금
3. 회전출자금
4. 가입금
5. 각종 적립금
6. 미처분 이익잉여금
7. 자본조정
8. 기타포괄손익누계액

**조문확인 OX 문제**  제162조(사업계획과 수지예산), 제162조의2(명칭사용료), 제163조(결산 등), 제164조(자기자본)

■ 다음 조문을 읽고 맞는 것은 O, 틀린 것은 X에 V 표시하시오.

01 중앙회는 회계연도가 지난 후 1개월 이내에 사업계획서를 작성하고 총회의 의결을 거쳐야 한다. [O X]

02 중앙회가 수지예산을 변경하기 위해서는 이사회의 의결을 거쳐야 한다. [O X]

03 중앙회는 수산업협동조합의 명칭을 사용하는 법인에 대해 그 영업수익의 1천분의 25의 범위에서 총회에서 정하는 부과율을 곱한 금액을 명칭사용료를 부과할 수 있다. [O X]

04 수산업협동조합만이 출자한 법인이 해당 수산업협동조합의 명칭을 사용하기 위해서는 정관으로 정하는 기준에 따라 명칭사용료를 지불해야 한다. [O X]

05 중앙회의 명칭사용료는 다른 수입과 구분하여 관리하여야 한다. [O X]

06 수협중앙회가 명칭사용료를 지출 목적으로 사용하기 위해서는 총회의 승인을 받아야 한다. [O X]

07 중앙회의 결산보고서에는 회계법인의 회계감사를 받은 의견서를 첨부하여야 한다. [O X]

08 중앙회는 매 회계연도가 지난 후 6개월 이내에 그 결산보고서를 해양수산부장관에게 제출하여야 한다. [O X]

09 중앙회의 회원으로부터 받은 가입금은 중앙회의 자기자본에 해당한다. [O X]

10 중앙회의 미처분 이익잉여금은 중앙회의 타인자본에 해당한다. [O X]

[정답] 01 X  02 X  03 O  04 X  05 O  06 O  07 O  08 X  09 O  10 X

제6장 수산업협동조합중앙회

## 법조문 익히기

제165조(그 밖의 적립금 등), 제166조(손실의 보전과 잉여금의 배당), 제167조(신용사업특별회계), 제168조(준용규정)

### 제165조(그 밖의 적립금 등)

① 중앙회는 제168조에 따라 준용하는 제70조 제1항·제3항과 이 조 제2항에도 불구하고 법정적립금·임의적립금 및 지도사업이월금을 정관으로 정하는 바에 따라 각 사업 부문별로 적립하고 이월할 수 있다.

② 중앙회는 정관으로 정하는 바에 따라 교육·지원 사업 등 지도사업에 드는 비용에 충당하기 위하여 잉여금의 100분의 20 이상을 지도사업이월금으로 다음 회계연도로 이월하여야 한다.

③ 삭제 〈2016. 5. 29.〉

### 제166조(손실의 보전과 잉여금의 배당)

① 중앙회의 손실 보전은 정관으로 정하는 바에 따라 각 사업 부문별로 제168조에 따라 준용하는 제71조 제1항에 따라 실시한다.

② 중앙회는 제1항에 따라 손실을 보전하고 제165조 제1항에 따른 법정적립금·임의적립금 및 지도사업이월금을 적립한 후가 아니면 잉여금을 배당하지 못한다.

③ 삭제 〈2016. 5. 29.〉

### 제167조(신용사업특별회계)

① 중앙회에 제153조 제1항에 따른 국가 등의 출자금 등을 관리하기 위하여 신용사업특별회계를 설치한다.

② 예금보험공사가 제153조 제2항에 따라 중앙회에 지원한 자금은 신용사업특별회계에 지원된 것으로 본다.

③ ~ ⑧ 삭제 〈2022. 12. 27.〉

### 제168조(준용규정)

중앙회에 관하여는 제16조, 제17조 제17호·제18호, 제18조, 제19조, 제21조 제2항·제3항, 제22조 제3항부터 제5항까지, 제22조의3, 제23조, 제24조, 제25조 제2항, 제26조부터 제29조까지(제28조 중 대리인은 회원의 이사로 한정한다), 제31조 제1항, 제32조부터 제35조까지, 제38조부터 제42조까지, 제46조 제6항·제7항, 제50조 제2항, 제51조(같은 조 제1항 각 호 외의 부분 단서, 같은 항 제11호 및 제13호는 제외한다), 제53조, 제53조의2(제6항을 제외한다), 제55조, 제56조, 제58조, 제60조 제4항부터 제6항까지 및 제9항, 제60조의2, 제63조부터 제65조까지, 제66조 제1항부터 제4항까지, 제70조 제1항·제3항·제4항, 제71조부터 제76조까지(제71조 제3항 제1호는 제외한다), 제92조 제1항부터 제4항까지, 제93조부터 제96조까지 및 제101조부터 제103조까지를 준용한다. 이 경우 "지구별수협"은 "중앙회"로, "조합원"은 "회원"으로, "조합장"은 "회장"으로, 제16조 제1항 중 "조합원 자격을 가진 자 20인 이상이"는 "7개 조합 이상이"로, 제40조 단서 중 "제37조 제1항 제1호부터 제3호까지 및 제11호"는 "제126조 제1항 제1호 및 제2호"로, 제46조 제6항 중 "이사"는 "이사·사업전담대표이사"로, "감사"는 "감사위원"으로, 제53조 제1항 제1호 중 "이미 조합에 가입한 사람 또는 조합에 가입 신청을 한 사람"은 "조합장인 사람 또는 조합장의 직무를 대행하는 사람"으로, 제60조 제4항 중 "제1항 제8호"는 "제138조 제1항 제8호"로, 제60조 제5항 중 "제1항 제7호 및 제8호"는 "제138조 제1항 제8호 및 제11호"로, 제60조 제9항 중 "사업손실보전자금 및 대손보전자금"은 "사업손실보전자금·대손보전자금 및 조합합병지원자금"으로, 제60조의2 제1항 중 "제60조 제1항 제4호"는 "제138조 제1항 제5호"로, 제63조 제1항 중 "제60조 제1항 제2호 나목"은 "제138조 제1항 제2호 가목"으로, 제66조 제2항 중 "신용사업 부문 회계와 신용사업 외의 사업 부문 회계"는 "각 사업별 회계"로, 제73조 제1항 및 제3항 중 "조합장"은 "회장 및 사업전담대표이사"로, 제102조 중 "지구별 수산업협동조합등기부"는 "수산업협동조합중앙회등기부"로 본다.

### 조문확인 OX문제

제165조(그 밖의 적립금 등), 제166조(손실의 보전과 잉여금의 배당), 제167조(신용사업특별회계), 제168조(준용규정)

■ 다음 조문을 읽고 맞는 것은 O, 틀린 것은 X에 V 표시하시오.

01 중앙회는 정관으로 정하는 바에 따라 각 사업 부문별로 임의적립금을 적립하고 이월할 수 있다. [O / X]

02 중앙회는 지도사업에 드는 비용에 충당하기 위해 잉여금의 100분의 40 이상을 지도사업이월금으로 다음 회계연도로 이월하여야 한다. [O / X]

03 중앙회의 손실 보전은 각 사업 부문별로 정관으로 정하는 바에 따라 실시한다. [O / X]

04 중앙회는 손실을 보전하고 잉여금을 배당한 후가 아니면 법정적립금·임의적립금 및 지도사업이월금을 적립하지 못한다. [O / X]

05 중앙회의 신용사업특별회계는 중앙회가 수협은행으로부터 받은 출자금을 관리하기 위한 목적으로 설치한다. [O / X]

06 예금보험공사가 예금자 보호를 목적으로 중앙회에 출자를 지원한 경우 그 자금은 신용사업특별회계에 지원된 것으로 본다. [O / X]

07 수협중앙회의 회원은 출자금의 많고 적음에 관계없이 평등한 의결권 및 선거권을 가진다. [O / X]

08 중앙회의 회장에 입후보하기 위해 임기 중 그 직을 그만 둔 중앙회 이사는 그 사직으로 인하여 공석이 된 이사의 보궐선거의 후보로 출마할 수 있다. [O / X]

09 수협중앙회는 사업을 안정적으로 하기 위하여 정관으로 정하는 바에 따라 사업손실보전자금을 조성·운용할 수 있다. [O / X]

10 지구별수협과 달리 수협중앙회는 공제규정을 변경하기 위한 해양수산부장관의 인가를 요구하지 않는다. [O / X]

[정답] 01 O  02 X  03 O  04 X  05 X
       06 O  07 O  08 X  09 O  10 X

# 제 7 장 감독

> **법조문 익히기** 제169조(감독), 제170조(법령 위반에 대한 조치)

### 제169조(감독)

① 해양수산부장관은 이 법에서 정하는 바에 따라 조합등·중앙회·수협은행 및 조합협의회의 업무를 감독하며, 대통령령으로 정하는 바에 따라 감독을 위하여 필요한 명령과 조치를 할 수 있다. 이 경우 수협은행에 대하여는 금융위원회와 협의하여야 한다.

② 해양수산부장관은 제1항에 따른 직무를 수행하기 위하여 필요하다고 인정할 때에는 금융위원회에 조합, 중앙회 또는 수협은행에 대한 검사를 요청할 수 있다.

③ 해양수산부장관은 이 법에 따른 조합등에 관한 감독 업무의 일부를 대통령령으로 정하는 바에 따라 중앙회의 회장에게 위탁할 수 있다.

④ 지방자치단체의 장은 제1항에도 불구하고 대통령령으로 정하는 바에 따라 지방자치단체가 보조한 사업과 관련된 업무에 대하여 조합등을 감독하여 필요한 조치를 할 수 있다.

⑤ 금융위원회는 제1항에도 불구하고 대통령령으로 정하는 바에 따라 조합의 신용사업과 수협은행에 대하여 그 경영의 건전성 확보를 위한 감독을 하고, 그에 필요한 명령을 할 수 있다.

⑥ 해양수산부장관 또는 금융위원회는 조합, 중앙회 또는 수협은행에 대하여 필요하다고 인정할 때에는 조합, 중앙회 또는 수협은행으로부터 그 업무 또는 재산 상황에 관한 보고를 받을 수 있다.

⑦ 조합 중 직전 회계연도 말 자산총액이 대통령령으로 정하는 기준액 이상인 조합은 제146조 제1항에 따른 감사를 받지 아니한 회계연도에는 「주식회사 등의 외부감사에 관한 법률」 제2조 제7호 및 제9조에 따른 감사인의 감사를 받아야 한다. 다만, 최근 5년 이내에 회계부정, 횡령, 배임 등 해양수산부령으로 정하는 중요한 사항이 발생한 조합과 「수산업협동조합의 부실예방 및 구조개선에 관한 법률」 제2조 제3호 및 제4호에 따른 부실조합 및 부실우려조합은 「주식회사 등의 외부감사에 관한 법률」 제2조 제7호 및 제9조에 따른 감사인의 감사를 매년 받아야 한다.

⑧ 해양수산부장관은 조합과 중앙회의 공제사업의 건전한 육성과 계약자의 보호를 위하여 금융위원회 위원장과 협의하여 감독에 필요한 기준을 정하고 이를 고시하여야 한다.

### 제170조(법령 위반에 대한 조치)

① 해양수산부장관은 조합등과 중앙회의 총회·대의원회 또는 이사회의 소집 절차, 의결 방법, 의결 내용이나 선거가 법령, 법령에 따른 처분 또는 정관에 위반된다고 인정할 때에는 그 의결에 따른 집행의 정지 또는 선거에 따른 당선의 취소를 할 수 있다.

② 해양수산부장관은 조합등과 중앙회의 업무 또는 회계가 법령, 법령에 따른 처분 또는 정관에 위반된다고 인정할 때에는 그 조합등 또는 중앙회에 대하여 기간을 정하여 시정을 명하고 해당 임직원에 대하여 다음 각 호의 조치를 하게 할 수 있다.
1. 임원에 대하여는 개선(改選), 직무정지, 견책 또는 경고
2. 직원에 대하여는 징계면직, 정직, 감봉 또는 견책

③ 제2항과 제146조 제3항에 따라 조합등 또는 중앙회가 임직원의 개선, 징계면직의 조치를 요구받은 경우 해당 임직원은 그 날부터 그 조치가 확정되는 날까지 직무가 정지된다.
④ 해양수산부장관은 조합등 또는 중앙회가 제2항에 따른 시정명령 또는 임직원에 대한 조치를 이행하지 아니하면 6개월 이내의 기간을 정하여 해당 업무의 전부 또는 일부를 정지시킬 수 있다.
⑤ 제4항에 따른 업무정지의 세부기준 및 그 밖에 필요한 사항은 해양수산부령으로 정한다.

제171조 삭제 〈2016. 5. 29.〉

## 조문확인 OX 문제
제169조(감독), 제170조(법령 위반에 대한 조치)

■ 다음 조문을 읽고 맞는 것은 O, 틀린 것은 X에 V 표시하시오.

01 해양수산부장관은 수협중앙회의 업무를 감독하고 이에 필요한 명령과 조치를 할 수 있다.

02 해양수산부장관은 지구별수협의 업무에 대한 감독 업무의 일부를 중앙회의 감사위원장에게 위탁할 수 있다.

03 지방자치단체의 장은 해당 지방자치단체가 보조한 사업과 관련된 업무에 대하여 지구별수협을 직접 감독하는 권한을 가지고 있지 않다.

04 금융위원회는 수협은행의 건전성 확보를 위한 업무 감독 및 명령권을 가진다.

05 금융위원회는 중앙회로부터 재산 상황에 관한 보고를 받을 수 있다.

06 최근 5년 이내에 횡령 사건이 발생한 조합은 매년 외부감사를 받아야 한다.

07 해양수산부장관은 중앙회 총회의 의결이 정관에 위배됨을 이유로 직접 해당 의결에 대한 집행을 정지시킬 수 있다.

08 해양수산부장관은 중앙회장 선거가 법령에 위반된다고 인정할 때에는 해당 선거에 따른 당선을 취소할 수 있다.

09 해양수산부장관은 지구별수협의 회계가 법령에 위반된다고 인정할 때에는 해당 조합의 임원에 대하여 개선, 직무정지 등의 조치를 하게 할 수 있다.

10 해양수산부장관은 지구별수협이 시정명령을 이행하지 않음을 이유로 해당 지구별수협에 대해 1년 이내의 기간을 정하여 업무의 전부 또는 일부를 정지시킬 수 있다.

[정답] 01 O  02 X  03 X  04 O  05 O
06 O  07 O  08 O  09 O  10 X

## 법조문 익히기 — 제172조(경영지도)

### 제172조(경영지도)

① 해양수산부장관은 조합등이 다음 각 호의 어느 하나의 경우에 해당되어 조합원 보호에 지장을 줄 우려가 있다고 인정하면 해당 조합등에 대하여 경영지도를 한다.

1. 조합에 대한 감사 결과 조합의 부실대출을 합친 금액이 제68조에 따른 자기자본의 2배를 초과하는 경우로서 단기간 내에 일반적인 방법으로는 회수하기가 곤란하여 자기자본의 전부가 잠식될 우려가 있다고 인정되는 경우
2. 조합등의 임직원의 위법·부당한 행위로 인하여 조합등에 재산상의 손실이 발생하여 자력(自力)으로 경영정상화를 추진하는 것이 어렵다고 인정되는 경우
3. 조합의 파산 위험이 현저하거나 임직원의 위법·부당한 행위로 인하여 조합의 예금 또는 적금의 인출이 쇄도하거나 조합이 예금 또는 적금을 지급할 수 없는 상태에 이른 경우
4. 제142조 제2항 또는 제146조에 따른 경영 상태의 평가 또는 감사의 결과 경영지도가 필요하다고 인정하여 중앙회의 회장이 건의하는 경우
5. 「신용협동조합법」 제95조 제4항에 따라 조합에 적용되는 같은 법 제83조 제1항·제2항에 따른 감독 및 검사의 결과 경영지도가 필요하다고 인정하여 금융위원회 또는 금융감독원장이 건의하는 경우

② 제1항에서 "경영지도"란 다음 각 호의 사항에 대하여 지도하는 것을 말한다.
1. 불법·부실 대출의 회수 및 채권의 확보
2. 자금의 수급(需給) 및 여신·수신에 관한 업무
3. 그 밖에 조합등의 경영에 관하여 대통령령으로 정하는 사항

③ 해양수산부장관은 제1항에 따른 경영지도가 시작된 경우에는 6개월 이내의 범위에서 채무의 지급을 정지하거나 임원의 직무를 정지할 수 있다. 이 경우 중앙회의 회장에게 지체 없이 조합등의 재산상황을 조사(이하 이 조에서 "재산실사"라 한다)하게 하거나 금융감독원장에게 재산실사를 요청할 수 있다.

④ 중앙회의 회장 또는 금융감독원장은 제3항 후단에 따른 재산실사 결과 위법·부당한 행위로 인하여 조합등에 손실을 끼친 임직원에 대하여는 재산 조회 및 가압류 신청 등 손실금 보전을 위하여 필요한 조치를 하여야 한다.

⑤ 해양수산부장관은 제4항에 따른 조치에 필요한 자료를 중앙행정기관의 장에게 요청할 수 있다. 이 경우 요청을 받은 중앙행정기관의 장은 특별한 사유가 없으면 요청에 따라야 한다.

⑥ 해양수산부장관은 재산실사 결과 해당 조합등의 경영정상화가 가능한 경우 등 특별한 사유가 있다고 인정되면 제3항 전단에 따른 채무 지급정지 또는 직무정지의 전부 또는 일부를 철회하여야 한다.

⑦ 제1항부터 제3항까지의 규정에 따른 경영지도, 채무의 지급정지 또는 임원의 직무정지의 방법·기간 및 절차 등에 필요한 사항은 대통령령으로 정한다.

⑧ 중앙회의 회장 또는 사업전담대표이사는 정관으로 정하는 바에 따라 경영적자·자본잠식 등으로 인하여 경영 상태가 부실한 조합에 대한 자금 결제 및 지급 보증의 제한이나 중지, 수표 발행 한도의 설정 또는 신규 수표의 발행 중지, 2년 이상 연속 적자조합에 대한 정책자금의 취급 제한 또는 중지, 금융사고가 발생한 조합에 대한 예금 대지급(代支給) 중단 등 자산 건전성 제고를 위하여 필요한 조치를 할 수 있다.

## 조문확인 OX 문제

제172조(경영지도)

■ 다음 조문을 읽고 맞는 것은 O, 틀린 것은 X에 V 표시하시오.

01 조합에 대한 감사 결과 부실대출로 인해 자기자본의 전부가 잠식될 우려가 있다면 해양수산부장관은 해당 조합에 대한 경영지도를 실시한다. | O | X |

02 조합 임직원의 위법행위로 인해 조합의 예금 인출이 쇄도하는 상황이 발생할 경우 해양수산부장관은 해당 조합에 대해 경영지도를 실시한다. | O | X |

03 해양수산부장관은 지구별수협에 대한 감사 결과를 근거로 금융감독원장에게 해당 조합에 대한 경영지도의 실시를 건의할 수 있다. | O | X |

04 해양수산부장관은 경영지도가 실시된 조합의 임원에 대해 1년 이내의 기간을 정하여 직무를 정지할 수 있다. | O | X |

05 해양수산부장관은 경영지도의 대상이 된 조합에 대해 금융감독원장에게 재산실사를 요청할 수 있다. | O | X |

06 해양수산부장관은 재산실사 결과 해당 조합의 경영정상화가 가능하다면 해당 조합에 대한 채무 지급정지를 철회하여야 한다. | O | X |

07 금융감독원장은 재산실사 결과 위법한 행위로 인해 지구별수협에 손실을 끼친 임원에 대한 가압류 신청 등의 손실금 보전을 위한 조치를 할 수 있다. | O | X |

08 수협중앙회 회장은 자본잠식 상태의 지구별수협에 대해 자산 건전성 제고를 위한 신규 수표의 발행 중지 처분을 내릴 수 있다. | O | X |

09 수협중앙회 사업전담대표이사는 2년 이상 연속으로 적자를 기록하고 있는 지구별수협에 대해 정책자금의 취급 제한 또는 중지 조치를 할 수 있다. | O | X |

[정답] 01 O 02 O 03 X 04 X 05 O
06 O 07 O 08 O 09 O

> **법조문 익히기** — 제173조(설립인가의 취소 등), 제174조(조합원 또는 회원의 검사 청구), 제175조(청문)

### 제173조(설립인가의 취소 등)

① 해양수산부장관은 조합등이 다음 각 호의 어느 하나에 해당하게 된 경우에는 중앙회 회장의 의견을 들어 설립인가를 취소하거나 합병을 명할 수 있다.

1. 설립인가일부터 90일이 지나도 설립등기를 하지 아니한 경우
2. 정당한 사유 없이 1년 이상 사업을 하지 아니한 경우
3. 2회 이상 제170조에 따른 처분을 받고도 시정하지 아니한 경우
4. 제16조(제108조 또는 제113조에 따라 준용되는 경우를 포함한다) 또는 제113조의5에 따른 조합등의 설립 인가기준에 미달하게 된 경우
5. 조합등에 대한 감사 또는 경영평가의 결과 경영이 부실하여 자본을 잠식한 조합등으로서 제142조 제2항, 제146조 제3항 각 호 또는 제172조에 따른 조치에 따르지 아니하여 조합원 또는 제3자에게 중대한 손실을 끼칠 우려가 있는 경우

② 해양수산부장관은 제1항에 따라 조합등의 설립인가를 취소하였을 때에는 즉시 그 사실을 공고하여야 한다.

### 제174조(조합원 또는 회원의 검사 청구)

① 해양수산부장관은 조합원이 조합원 10분의 1 이상의 동의를 받아 소속 조합의 업무 집행 상황이 법령 또는 조합의 정관에 위반된다는 사유로 검사를 청구하면 중앙회의 회장에게 그 조합의 업무 상황을 검사하게 할 수 있다.

② 해양수산부장관은 중앙회의 회원이 회원 10분의 1 이상의 동의를 받아 중앙회의 업무 집행 상황이 법령 또는 중앙회의 정관에 위반된다는 사유로 검사를 청구하면 금융감독원장에게 중앙회에 대한 검사를 요청할 수 있다.

### 제175조(청문)

해양수산부장관은 다음 각 호의 어느 하나에 해당하는 처분을 하려면 청문을 하여야 한다.

1. 제170조 제1항에 따른 선거 당선 취소
2. 제173조에 따른 설립인가의 취소

## 조문확인 OX 문제
제173조(설립인가의 취소 등), 제174조(조합원 또는 회원의 검사 청구), 제175조(청문)

■ 다음 조문을 읽고 맞는 것은 O, 틀린 것은 X에 V 표시하시오.

**01** 해양수산부장관은 설립인가일로부터 60일이 지나도 설립등기를 하지 않은 지구별수협 의 설립인가를 취소할 수 있다. | O X

**02** 정당한 사유 없이 1년 이상 사업을 하지 않는 지구별수협에 대해서는 해양수산부장관 이 설립인가를 취소할 수 있다. | O X

**03** 해양수산부장관은 지구별수협이 설립인가기준에 미달하게 된 경우 중앙회 회장의 의견을 들어 다른 조합과의 합병을 명할 수 있다. | O X

**04** 해양수산부장관은 지구별수협의 조합원이 조합원 10분의 1 이상의 동의를 받아 소속 조합의 업무 집행 상황이 법령에 위반된다는 사유로 검사를 청구하면 수협중앙회의 회장에게 해당 조합의 업무 상황을 검사하게 할 수 있다. | O X

**05** 해양수산부장관은 지구별수협이 설립인가기준에 미달하여 설립인가를 취소할 경우 즉시 그 사실을 공고하여야 한다. | O X

**06** 수협중앙회 회원은 회원 10분의 1 이상의 동의로 중앙회의 업무 집행이 정관에 위반함을 이유로 해양수산부장관에게 이에 대한 검사를 요청할 수 있다. | O X

**07** 해양수산부장관은 지구별수협의 임원 선거가 법령에 위반된다고 인정하여 당선을 취소할 경우, 그에 대한 청문을 실시하여야 한다. | O X

**08** 해양수산부장관은 설립인가기준 미달을 이유로 하는 지구별수협 설립인가의 취소에 대해서는 청문을 하지 않는다. | O X

[정답] 01 X  02 O  03 O  04 O  05 O  06 O  07 O  08 X

# 제 8 장 벌칙

**법조문 익히기** — 제176조(벌칙), 제177조(벌칙), 제178조(벌칙), 제179조(선거범죄로 인한 당선무효 등)

제176조(벌칙)

① 조합등 또는 중앙회의 임직원이 다음 각 호의 어느 하나에 해당하는 행위로 조합등 또는 중앙회에 손실을 끼쳤을 때에는 10년 이하의 징역 또는 1억 원 이하의 벌금에 처한다.
1. 조합등 또는 중앙회의 사업 목적 외의 용도로 자금을 사용하거나 대출하는 행위
2. 투기의 목적으로 조합등 또는 중앙회의 재산을 처분하거나 이용하는 행위

② 제1항의 징역형과 벌금형은 병과할 수 있다.

제177조(벌칙)

조합등 또는 중앙회의 임원·집행간부·일반간부직원·파산관재인 또는 청산인이 다음 각 호의 어느 하나에 해당하면 3년 이하의 징역 또는 3,000만 원 이하의 벌금에 처한다.

1. 제14조 제1항 단서, 제16조 제1항(제80조 제2항, 제108조, 제113조 또는 제168조에 따라 준용되는 경우를 포함한다), 제37조 제2항(제108조 또는 제113조에 따라 준용되는 경우를 포함한다), 제77조 제2항(제108조 또는 제113조에 따라 준용되는 경우를 포함한다), 제78조 제3항(제108조 또는 제113조에 따라 준용되는 경우를 포함한다), 제113조의5 제1항, 제113조의6 제2항, 제126조 제2항에 따른 감독기관의 인가를 받지 아니한 경우
2. 제16조 제1항(제80조 제2항, 제108조, 제113조 또는 제168조에 따라 준용되는 경우를 포함한다), 제32조 제1항(제108조, 제113조, 제113조의10 또는 제168조에 따라 준용되는 경우를 포함한다), 제37조 제1항(제108조, 제113조 또는 제113조의10에 따라 준용되는 경우를 포함한다), 제57조 제1항부터 제3항까지(제108조 또는 제113조에 따라 준용되는 경우를 포함한다), 제67조(제108조 또는 제113조에 따라 준용되는 경우를 포함한다), 제77조 제1항(제108조 또는 제113조에 따라 준용되는 경우를 포함한다), 제80조 제1항(제108조 또는 제113조에 따라 준용되는 경우를 포함한다), 제84조 제2호(제108조, 제113조 또는 제113조의10에 따라 준용되는 경우를 포함한다), 제126조 제1항, 제127조 제3항, 제135조 제1항 및 제3항 또는 제162조에 따라 총회·대의원회 또는 이사회의 의결을 거쳐야 하는 사항에 대하여 의결을 거치지 아니하고 집행한 경우
3. 제48조 제1항(제108조 또는 제113조에 따라 준용되는 경우를 포함한다), 제48조 제2항(제108조, 제113조 또는 제133조 제5항에 따라 준용되는 경우를 포함한다), 제131조 제4항, 제142조 제2항 또는 제169조 제6항에 따른 감독기관·총회·대의원회 또는 이사회에 대한 보고를 부실하게 하거나 사실을 은폐한 경우
4. 제60조 제1항 제15호, 제107조 제1항 제13호, 제112조 제1항 제13호 또는 제138조 제1항 제17호에 따른 감독기관의 승인을 받지 아니한 경우
5. 제64조 제2항(제108조 또는 제168조에 따라 준용되는 경우를 포함한다)에 따른 의결을 거치지 아니한 경우

6. 제69조(제108조 또는 제113조에 따라 준용되는 경우를 포함한다)를 위반하여 조합이 여유자금을 사용한 경우
7. 제70조 제1항·제3항·제4항(제108조, 제113조, 제113조의10 또는 제168조에 따라 준용되는 경우를 포함한다), 제70조 제2항(제108조 또는 제113조에 따라 준용되는 경우를 포함한다) 또는 제165조를 위반하여 법정적립금 등을 적립하거나 잉여금을 이월한 경우
8. 제71조(제108조, 제113조, 제113조의10 또는 제168조에 따라 준용되는 경우를 포함한다) 또는 제166조 제1항·제2항을 위반하여 손실 보전을 하거나 잉여금을 배당한 경우
9. 제72조(제108조, 제113조, 제113조의10 또는 제168조에 따라 준용되는 경우를 포함한다)를 위반하여 법정적립금 및 자본적립금을 사용한 경우
10. 제73조 제1항부터 제3항까지(제108조, 제113조, 제113조의10 또는 제168조에 따라 준용되는 경우를 포함한다) 또는 제163조를 위반한 경우
11. 제74조 제1항(제108조, 제113조, 제113조의10 또는 제168조에 따라 준용되는 경우를 포함한다)을 위반하여 조합 및 중앙회가 재무상태표를 작성하지 아니한 경우
12. 제87조(제108조, 제113조 또는 제113조의10에 따라 준용되는 경우를 포함한다)를 위반하여 총회 또는 해양수산부장관의 승인을 받지 아니한 경우
13. 제89조(제108조, 제113조 또는 제113조의10에 따라 준용되는 경우를 포함한다)를 위반하여 청산인이 재산을 분배한 경우
14. 제90조(제108조, 제113조 또는 제113조의10에 따라 준용되는 경우를 포함한다)를 위반하여 총회의 승인을 받지 아니한 경우
15. 제92조(제78조 제5항, 제80조 제2항, 제108조, 제113조, 제113조의10 또는 제168조에 따라 준용되는 경우를 포함한다), 제93조부터 제95조까지(제108조, 제113조, 제113조의10 또는 제168조에 따라 준용되는 경우를 포함한다), 제97조부터 제100조까지(제108조, 제113조 또는 제113조의10에 따라 준용되는 경우를 포함한다) 또는 제103조(제108조, 제113조, 제113조의10 또는 제168조에 따라 준용되는 경우를 포함한다)에 따른 등기를 부정하게 한 경우
16. 감독기관의 검사 또는 중앙회의 감사를 거부·방해 또는 기피한 경우

### 제178조(벌칙)

① 다음 각 호의 어느 하나에 해당하는 자는 2년 이하의 징역 또는 2천만 원 이하의 벌금에 처한다.
1. 제7조 제2항을 위반하여 공직선거에 관여한 자
2. 제53조 제1항(제108조, 제113조 또는 제168조에 따라 준용되는 경우를 포함한다)을 위반하여 선거운동을 한 자
3. 제53조 제10항(제108조, 제113조 또는 제168조에 따라 준용하는 경우를 포함한다)을 위반하여 선거운동을 한 자
4. 제53조의3(제108조 또는 제113조에 따라 준용하는 경우를 포함한다)을 위반하여 축의·부의금품을 제공한 자

② 다음 각 호의 어느 하나에 해당하는 자(제108조, 제113조 또는 제168조에 따라 준용되는 자를 포함한다)는 1년 이하의 징역 또는 1천만 원 이하의 벌금에 처한다.
1. 제53조 제2항을 위반하여 호별 방문을 하거나 특정 장소에 모이게 한 자

2. 제53조 제8항을 위반하여 선전벽보 부착 등의 금지된 행위를 한 자
3. 제53조 제4항부터 제7항까지의 규정을 위반한 자
4. 제53조의2를 위반한 자

③ 삭제 〈2014. 6. 11.〉

④ 제53조 제3항(제108조, 제113조 또는 제168조에 따라 준용되는 자를 포함한다)을 위반하여 거짓 사실을 공표하는 등 후보자를 비방한 자는 500만 원 이상 3천만 원 이하의 벌금에 처한다.

⑤ 제1항부터 제4항까지에 규정된 죄의 공소시효는 해당 선거일 후 6개월(선거일 후에 지은 죄는 그 행위가 있었던 날부터 6개월)이 지남으로써 완성된다. 다만, 범인이 도피하였거나 범인이 공범 또는 범인의 증명에 필요한 참고인을 도피시킨 경우에는 그 기간을 3년으로 한다.

### 제179조(선거범죄로 인한 당선무효 등)

① 조합이나 중앙회의 임원 선거와 관련하여 다음 각 호의 어느 하나에 해당하는 경우에는 해당 선거의 당선을 무효로 한다.

1. 당선인이 그 선거에서 제178조에 따라 징역형 또는 100만 원 이상의 벌금형을 선고받은 경우
2. 당선인의 직계 존속·비속이나 배우자가 해당 선거에서 제53조 제1항이나 제53조의2를 위반하여 징역형 또는 300만 원 이상의 벌금형을 선고받은 경우. 다만, 다른 사람의 유도 또는 도발에 의하여 해당 당선인의 당선을 무효로 되게 하기 위하여 죄를 저지른 때에는 그러하지 아니하다.

② 다음 각 호의 어느 하나에 해당하는 사람은 당선인의 당선무효로 실시사유가 확정된 재선거(당선인이 그 기소 후 확정판결 전에 사직함으로 인하여 실시사유가 확정된 보궐선거를 포함한다)의 후보자가 될 수 없다.

1. 제1항 제2호 또는 「공공단체등 위탁선거에 관한 법률」 제70조(위탁선거범죄로 인한 당선무효) 제2호에 따라 당선이 무효로 된 사람(그 기소 후 확정판결 전에 사직한 사람을 포함한다)
2. 당선되지 아니한 사람(후보자가 되려던 사람을 포함한다)으로서 제1항 제2호 또는 「공공단체등 위탁선거에 관한 법률」 제70조(위탁선거범죄로 인한 당선무효) 제2호에 따른 직계 존속·비속이나 배우자의 죄로 당선무효에 해당하는 형이 확정된 사람

## 조문확인 OX 문제 — 제176조(벌칙), 제177조(벌칙), 제178조(벌칙), 제179조(선거범죄로 인한 당선무효 등)

■ 다음 조문을 읽고 맞는 것은 O, 틀린 것은 X에 V 표시하시오.

01 수협중앙회 임원이 수협중앙회의 사업 이외의 용도로 자금을 사용하여 수협중앙회에 손실을 끼친 경우 10억 원 이하의 벌금에 처한다. [O / X]

02 수협중앙회 직원이 투기를 목적으로 수협중앙회의 재산을 처분하여 수협중앙회에 손실을 끼친 경우 징역 5년과 벌금 5,000만 원을 병과할 수 있다. [O / X]

03 지구별수협의 임원이 총회의 의결을 거쳐야 하는 사항에 대해 이를 거치지 않고 집행한 경우 3년 이하의 징역 또는 3천만 원 이하의 벌금에 처한다. [O / X]

04 지구별수협이 지정된 방법 이외로 여유자금을 사용한 경우 이에 관여한 지구별수협 임원에 대해 3년 이하의 징역 또는 3천만 원 이하의 벌금에 처한다. [O / X]

05 청산인이 지구별수협의 채무를 변제하기 전에 해당 지구별수협의 재산을 분배한 경우 2년 이하의 징역 또는 2천만 원 이하의 벌금에 처한다. [O / X]

06 지구별수협의 장이 지구별수협의 이름으로 공직선거에서 특정 정당에 대한 지지를 표시할 경우 2년 이하의 징역 또는 2천만 원 이하의 벌금에 처한다. [O / X]

07 지구별수협의 임원선거에서 상대 후보에 대한 거짓 사실을 공표한 후보자에 대해서는 500만 원 이상 3천만 원 이하의 벌금에 처한다. [O / X]

08 특정인을 지구별수협의 임원으로 당선시키지 못하게 할 목적으로 특정인의 이름으로 향응을 제공한 자가 그 사실의 증명에 필요한 참고인을 도피시킨 경우 그 공소시효는 10년으로 한다. [O / X]

09 지구별수협 임원 선거 당선인의 배우자가 기부행위로 인해 벌금 200만 원을 선고받은 경우에는 해당 선거의 당선을 무효로 한다. [O / X]

10 당선인의 직계 비속의 죄로 인해 당선무효가 확정된 경우에는 이를 이유로 실시하는 재선거의 후보자로 등록할 수 있다. [O / X]

[정답] 01 X  02 O  03 O  04 O  05 X  06 O  07 O  08 X  09 X  10 X

## 법조문 익히기

제180조(과태료), 제181조(선거범죄 신고자 등의 보호), 제182조(선거범죄 신고자에 대한 포상금 지급), 제183조(자수자에 대한 특례)

### 제180조(과태료)

① 제3조 제2항, 제113조의3 제3항 또는 제114조 제3항을 위반하여 명칭을 사용한 자에게는 200만 원 이하의 과태료를 부과한다.

② 조합등 또는 중앙회의 임원·집행간부·일반간부직원·파산관재인 또는 청산인이 공고하거나 독촉하여야 할 사항에 대하여 공고 또는 독촉을 게을리하거나 부정한 공고 또는 독촉을 한 경우에는 200만 원 이하의 과태료를 부과한다.

③ 제53조의2(제108조, 제113조 또는 제168조에 따라 준용하는 경우를 포함한다)를 위반하여 금전·물품이나 그 밖의 재산상의 이익을 제공받은 사람에게는 그 제공받은 금액 또는 가액의 10배 이상 50배 이하에 상당하는 금액의 과태료를 부과하되, 그 상한액은 3천만 원으로 한다.

④ 삭제 〈2014. 6. 11.〉

⑤ 제1항부터 제3항까지의 규정에 따른 과태료는 대통령령으로 정하는 바에 따라 해양수산부장관 또는 중앙선거관리위원회가 부과·징수한다.

### 제181조(선거범죄 신고자 등의 보호)

제178조에 규정된 죄(제180조 제3항의 과태료에 해당하는 죄를 포함한다)의 신고자 등의 보호에 관하여는 「공직선거법」 제262조의2를 준용한다.

### 제182조(선거범죄 신고자에 대한 포상금 지급)

조합은 제178조에 규정된 죄(제180조 제3항의 과태료에 해당하는 죄를 포함한다)에 대하여 해당 조합 또는 조합선거관리위원회가 인지하기 전에 그 범죄행위를 신고한 사람에게 정관으로 정하는 바에 따라 포상금을 지급할 수 있다.

### 제183조(자수자에 대한 특례)

① 제53조(제108조, 제113조 또는 제168조에 따라 준용하는 경우를 포함한다) 및 제53조의2(제108조, 제113조 또는 제168조에 따라 준용하는 경우를 포함한다)를 위반한 자 중 금전·물품·향응, 그 밖의 재산상의 이익 또는 공사의 직을 제공받거나 받기로 승낙한 자가 자수한 때에는 그 형 또는 과태료를 감경 또는 면제한다.

② 제1항에 규정된 자가 이 법에 따른 선거관리위원회에 자신의 선거범죄 사실을 신고하여 선거관리위원회가 관계 수사기관에 이를 통보한 때에는 선거관리위원회에 신고한 때를 자수한 때로 본다.

**조문확인 OX 문제**     제180조(과태료), 제181조(선거범죄 신고자 등의 보호), 제182조(선거범죄 신고자에 대한 포상금 지급), 제183조(자수자에 대한 특례)

■ 다음 조문을 읽고 맞는 것은 O, 틀린 것은 X에 V 표시하시오.

01 수협중앙회가 아닌 자가 수협중앙회의 명칭을 사용할 경우 200만 원 이하의 과태료를 부과한다.    O / X

02 지구별수협의 청산인이 공고하거나 독촉할 사항에 대해 이를 게을리한 경우에는 200만 원 이하의 과태료를 부과한다.    O / X

03 지구별수협 임원 선거의 후보자로부터 선거기간 내에 기부행위에 해당하는 금전을 제공받은 자는 200만 원 이하의 과태료를 부과한다.    O / X

04 지구별수협 임원 선거의 후보자로부터 기부행위에 해당하는 금전을 제공받음을 이유로 하는 과태료는 중앙선거관리위원회가 부과하고 징수한다.    O / X

05 지구별수협 임원 선거에 있어서 선거운동 제한 사항 위반을 신고한 자는 「공직선거법」 제262조의2에 따라 보호된다.    O / X

06 지구별수협 임원 선거의 후보자가 선거기간 내에 투표권자에게 기부행위에 해당하는 금전을 지급한 사실을 해당 조합선거관리위원회가 이를 인지하기 전에 신고한 자에 대해서는 포상금을 지급할 수 있다.    O / X

07 지구별수협 임원 선거의 후보자로부터 선거기간 내에 향응을 제공받은 투표권자가 해당 사실을 조합선거관리위원회에 자수하였음을 이유로 과태료를 면제할 수는 없다.    O / X

08 선거범죄 사실을 자수받은 조합선거관리위원회가 관계 수사기관에 이를 통보한 경우, 그 자수 시기는 관계 수사기관에 통보한 때로 본다.    O / X

[정답] 01 O   02 O   03 X   04 O   05 O   06 O   07 X   08 X

제8장 벌칙 **135**

# 시행령 수산업협동조합법 시행령

**법조문 익히기**

제1조(목적), 제2조(어촌계의 목적), 제3조(어촌계의 명칭), 제4조(어촌계의 설립), 제5조(어촌계 정관), 제6조(어촌계원 및 준어촌계원), 제7조(어촌계의 사업), 제8조(해산 사유), 제9조(설립인가의 취소), 제10조(지도·감독)

### 제1조(목적)
이 영은 「수산업협동조합법」에서 위임된 사항과 그 시행에 필요한 사항을 규정함을 목적으로 한다.

### 제2조(어촌계의 목적)
「수산업협동조합법」(이하 "법"이라 한다) 제15조에 따라 설립되는 어촌계(이하 "어촌계"라 한다)는 어촌계원의 어업 생산성을 높이고 생활 향상을 위한 공동사업의 수행과 경제적·사회적 및 문화적 지위의 향상을 도모함을 목적으로 한다.

### 제3조(어촌계의 명칭)
어촌계는 "어촌계"의 명칭을 사용하여야 한다.

### 제4조(어촌계의 설립)
① 어촌계는 구역에 거주하는 지구별 수산업협동조합(이하 "지구별수협"이라 한다)의 조합원 10명 이상이 발기인이 되어 설립준비위원회를 구성하고, 어촌계 정관을 작성하여 창립총회의 의결을 거쳐 특별자치도지사·시장·군수·구청장(구청장은 자치구의 구청장을 말하며, 이하 "시장·군수·구청장"이라 한다)의 인가를 받아야 한다. 다만, 「섬 발전 촉진법」 제2조에 따른 섬의 경우에는 조합원 5명 이상이 발기인이 되어 설립준비위원회를 구성한다.
② 설립준비위원회의 의사(議事)는 재적 발기인 과반수의 찬성으로 의결하고, 창립총회의 의사는 어촌계원의 자격이 있는 사람 중 개의(開議) 전까지 설립준비위원회에 설립동의서를 제출한 사람 과반수의 찬성으로 의결한다.
③ 제1항 및 제2항에 따른 설립절차 및 인가신청에 관하여 필요한 사항은 해양수산부령으로 정한다.

### 제5조(어촌계 정관)
① 어촌계 정관에는 다음 각 호의 사항이 포함되어야 한다.
1. 목적
2. 명칭
3. 구역
4. 주된 사무소의 소재지
5. 어촌계원의 자격 및 권리·의무에 관한 사항
6. 어촌계원의 가입·탈퇴 및 제명(除名)에 관한 사항
7. 총회 및 그 밖의 의결기관과 임원의 정수(定數)·선출 및 해임에 관한 사항
8. 사업의 종류와 그 집행에 관한 사항

9. 경비 부과, 수수료 및 사용료에 관한 사항
10. 적립금의 금액 및 적립방법에 관한 사항
11. 잉여금의 처분 및 결손금의 처리방법에 관한 사항
12. 회계연도 및 회계에 관한 사항
13. 해산에 관한 사항

② 어촌계 정관의 변경에 관한 사항은 시장·군수·구청장의 인가를 받아야 한다. 다만, 해양수산부장관이 정하는 정관 예에 따라 변경하는 경우에는 그러하지 아니하다.

### 제6조(어촌계원 및 준어촌계원)

① 지구별수협의 조합원으로서 어촌계의 구역에 거주하는 사람은 어촌계에 가입할 수 있다.

② 「수산업·어촌 공익기능 증진을 위한 직접지불제도 운영에 관한 법률」 제14조 제3호 및 같은 법 시행령 제5조 제1항에 따라 어촌계의 계원 자격을 이양받는 사람으로서 해당 어촌계의 구역에 거주하는 사람은 제1항에도 불구하고 어촌계에 가입한 날부터 1년 이내에 해당 구역의 지구별수협의 조합원으로 가입할 것을 조건으로 어촌계에 가입할 수 있다.

③ 다음 각 호의 어느 하나에 해당하는 사람은 총회의 의결을 받아 준어촌계원이 될 수 있다.

1. 제1항에 따른 어촌계원의 자격이 없는 어업인 중 어촌계가 취득한 마을어업권 또는 어촌계의 구역에 있는 지구별수협이 취득한 마을어업권의 어장(漁場)에서 「수산업법」 제2조 제8호에 따른 입어(入漁)를 하는 사람
2. 어촌계의 구역에 거주하는 사람으로서 어촌계의 사업을 이용하는 것이 적당하다고 인정되는 사람

### 제7조(어촌계의 사업)

① 어촌계는 그 목적을 달성하기 위하여 어촌계 정관으로 정하는 바에 따라 다음 각 호의 사업을 수행할 수 있다.

1. 교육·지원사업
2. 어업권·양식업권의 취득 및 어업의 경영
3. 소속 지구별수협이 취득한 어업권·양식업권의 행사
4. 어업인의 생활필수품과 어선 및 어구의 공동구매
5. 어촌 공동시설의 설치 및 운영
6. 수산물의 간이공동 제조 및 가공
7. 어업자금의 알선 및 배정
8. 어업인의 후생복지사업
9. 구매·보관 및 판매사업
10. 다른 경제단체·사회단체 및 문화단체와의 교류·협력
11. 국가, 지방자치단체 또는 지구별수협의 위탁사업 및 보조에 따른 사업
12. 다른 법령에서 어촌계의 사업으로 정하는 사업
13. 제1호부터 제12호까지의 사업에 부대하는 사업
14. 그 밖에 어촌계의 목적 달성에 필요한 사업

② 어촌계는 제1항의 사업 목적을 달성하기 위하여 기금을 조성·운용하거나 중앙회, 법 제141조의4에 따른 수협은행(이하 "수협은행"이라 한다) 또는 지구별수협으로부터 자금을 차입(借入)할 수 있다.

제8조(해산 사유)

① 어촌계는 다음 각 호의 어느 하나에 해당하는 경우에 해산한다.
1. 어촌계 정관으로 정한 해산 사유의 발생
2. 총회의 해산의결
3. 어촌계원의 수가 10명 미만이 되는 경우. 다만, 「섬 발전 촉진법」 제2조에 따른 섬의 경우는 어촌계원의 수가 5명 미만이 되는 경우로 한다.
4. 제9조에 따른 설립인가의 취소

② 삭제 〈2024. 12. 23.〉

③ 어촌계가 해산하였을 때에는 그 해산 사유가 발생한 날부터 2주일 이내에 소속 지구별수협의 조합장을 거쳐 시장·군수·구청장에게 보고하여야 한다.

제9조(설립인가의 취소)

시장·군수·구청장은 어촌계가 다음 각 호의 어느 하나에 해당하는 경우에는 설립인가를 취소할 수 있다.
1. 어촌계의 부채가 그 자산을 초과한 경우
2. 어촌계의 사업량으로 보아 어촌계의 운영이 매우 곤란하다고 인정되는 경우
3. 「수산업법」 제7조 제1항 제2호에 따른 마을어업권을 행사할 때 분쟁의 조정상 필요하다고 인정되는 경우

제10조(지도·감독)

① 지구별수협의 조합장은 조합구역의 어촌계의 업무를 지도·감독한다. 다만, 지방자치단체가 보조한 사업 및 그 관련 업무에 대해서는 해당 지방자치단체의 장이 지도·감독할 수 있다.

② 지구별수협의 조합장과 지방자치단체의 장은 제1항의 직무를 수행하기 위하여 필요하다고 인정하면 그 소속 직원 또는 소속 공무원으로 하여금 어촌계를 감사하게 할 수 있다.

제11조 삭제 〈2014. 12. 23.〉

제1조(목적), 제2조(어촌계의 목적), 제3조(어촌계의 명칭), 제4조(어촌계의 설립), 제5조(어촌계 정관), 제6조(어촌계원 및 준어촌계원), 제7조(어촌계의 사업), 제8조(해산 사유), 제9조(설립인가의 취소), 제10조(지도·감독)

### 조문확인 OX 문제

■ 다음 조문을 읽고 맞는 것은 O, 틀린 것은 X에 V 표시하시오.

01 어촌계는 어촌계원의 생활 향상을 위한 공동사업을 수행한다. | O | X |

02 섬이 아닌 지역을 구역으로 하는 어촌계의 설립준비위원회는 구역에 거주하는 지구별수협의 조합원 5명 이상이 발기인이 되어 구성할 수 있다. | O | X |

03 어촌계 설립준비위원회는 어촌계원의 자격이 있는 사람 중 설립동의서를 제출한 사람 과반수의 찬성으로 의결한다. | O | X |

04 어촌계의 정관에는 어촌계원의 자격과 권리, 의무에 관한 사항을 포함한다. | O | X |

05 어촌계의 정관을 변경하기 위해서는 해당 구역 내 지구별수협의 인가를 받아야 한다. | O | X |

06 지구별수협의 조합원은 아니나 어촌계가 취득한 마을어업권에서 입어(入漁)를 하는 사람은 총회의 의결을 거쳐 준어촌계원이 될 수 있다. | O | X |

07 어촌계는 어업인의 생활필수품과 어선 및 어구를 공동구매하기 위한 목적으로 기금을 조성할 수 있다. | O | X |

08 어촌계는 어촌 내 공동시설을 설치하고 이를 운영하기 위한 목적으로 수협은행으로부터 자금을 차입할 수 있다. | O | X |

09 어촌계의 부채가 자산을 초과함을 이유로 설립인가가 취소되어 해산할 경우에는 그 사실을 시장·군수·구청장에게 보고할 필요는 없다. | O | X |

10 지구별수협의 조합장은 소속 직원으로 하여금 어촌계를 감사하게 할 수 있다. | O | X |

[정답] 01 O  02 X  03 X  04 O  05 X  06 O  07 O  08 O  09 X  10 O

**법조문 익히기**     제12조(조합의 설립인가 기준), 제13조(조합의 설립인가 절차), 제14조(지구별수협의 조합원 자격)

### 제12조(조합의 설립인가 기준)

법 제16조 제1항·제77조·제78조 및 제80조(법 제108조 및 제113조에서 준용하는 경우를 포함한다)에 따른 조합의 설립인가 기준은 다음 각 호와 같다. 다만, 분할에 따라 설립하는 경우 분할 대상 조합이 분할로 인하여 조합운영이 매우 곤란하다고 인정될 때에는 설립인가를 하지 아니할 수 있다.

1. 지구별수협
   가. 조합원 자격이 있는 설립동의자(합병 또는 분할에 따른 설립의 경우에는 "조합원"을 말한다. 이하 이 조에서 같다)의 수가 구역에 거주하는 조합원 자격자의 과반수로서 최소한 200명 이상일 것
   나. 삭제 〈2014. 12. 23.〉
   다. 조합원 자격이 있는 설립동의자의 출자금납입확약총액(합병 또는 분할에 따른 설립의 경우에는 출자금총액을 말한다. 이하 같다)이 3억 원 이상일 것
2. 업종별 수산업협동조합(이하 "업종별수협"이라 한다) 및 수산물가공 수산업협동조합(이하 "수산물가공수협"이라 한다)
   가. 조합원 자격이 있는 설립동의자의 수가 구역에 거주하는 조합원 자격자의 과반수일 것
   나. 삭제 〈2014. 12. 23.〉
   다. 조합원 자격이 있는 설립동의자의 출자금납입확약총액이 2억 원 이상일 것

### 제13조(조합의 설립인가 절차)

법 제16조 제1항(법 제108조 및 제113조에서 준용하는 경우를 포함한다)에 따라 발기인이 조합의 설립인가를 받으려고 할 때에는 설립인가신청서에 다음 각 호의 서류를 첨부하여 해양수산부장관에게 제출해야 한다.

1. 정관
2. 처음 연도 및 다음 연도의 사업계획서와 수지예산서
3. 창립총회의 의사록
4. 임원 명부
5. 해당 조합이 설립인가 기준에 적합함을 증명하는 서류
6. 합병 또는 분할을 의결한 총회 의사록 또는 조합원 투표록(수산물가공수협의 경우는 제외하며, 의사록 및 투표록에는 신설되는 조합이 승계하여야 할 권리·의무의 범위가 적혀 있어야 한다)
7. 조합구역의 어업자 또는 수산물가공업자의 명단과 조합 가입에 동의한 사람의 동의서 및 그 실태조서(성명, 주소·거소 또는 사업장 소재지, 어업 또는 수산물가공업의 종류, 어업의 기간 또는 가공 기간, 어획량 또는 제품 생산량, 보유 선박 수·톤수 또는 시설 규모 및 종사자 수를 적어야 한다)

### 제14조(지구별수협의 조합원 자격)

법 제20조 제3항에 따른 지구별수협의 조합원의 자격요건인 어업인의 범위는 1년 중 60일 이상 조합의 정관에서 정하는 어업을 경영하거나 이에 종사하는 사람을 말한다.

### 조문확인 OX 문제

제12조(조합의 설립인가 기준), 제13조(조합의 설립인가 절차), 제14조(지구별수협의 조합원 자격)

■ 다음 조문을 읽고 맞는 것은 O, 틀린 것은 X에 V 표시하시오.

01  지구별수협을 분할설립하는 경우 분할 대상 조합이 분할로 인해 조합운영이 매우 곤란하다고 인정될 때에는 해양수산부장관은 설립인가를 하지 아니할 수 있다. | O | X |

02  지구별수협의 설립인가를 받기 위해서는 조합원 자격이 있는 설립동의자가 구역에 거주하는 조합원 자격자의 과반수이면서 동시에 50명 이상이어야 한다. | O | X |

03  수산물가공수협의 설립인가를 받기 위해서는 조합원 자격이 있는 설립동의자가 구역에 거주하는 조합원 자격자의 과반수일 것을 요구한다. | O | X |

04  업종별수협의 설립인가를 받기 위해서는 조합원 자격이 있는 설립동의자의 출자금납입확약총액이 2억 원 이상일 것을 요구한다. | O | X |

05  지구별수협의 설립인가를 위해 작성하는 설립인가신청서에는 설립할 지구별수협의 정관과 창립총회의 의사록을 첨부하여야 한다. | O | X |

06  지구별수협을 합병으로 설립하는 경우 설립인가신청서에는 해당 합병을 의결한 총회 의사록 또는 조합원 투표록을 첨부해야 한다. | O | X |

07  지구별수협의 설립인가신청서에는 조합 가입에 동의한 사람이 운영하는 어업과 그 어획량, 보유 선박 수 등이 기록된 실태조서를 첨부하여야 한다. | O | X |

08  지구별수협의 조합원이 되기 위한 자격요건인 '어업인'이란 1년 중 180일 이상 어업을 경영하거나 이에 종사하는 사람을 의미한다. | O | X |

[정답]  01 O  02 X  03 O  04 O  05 O  06 O  07 O  08 X

## 법조문 익히기 — 제14조의2(감사의 자격요건), 제15조(상임이사와 조합원이 아닌 이사의 자격요건), 제15조의2(중앙회의 조합 감사선출 지원)

### 제14조의2(감사의 자격요건)

법 제46조 제1항 본문(법 제108조 및 제113조에서 준용하는 경우를 포함한다)에서 "대통령령으로 정하는 요건에 적합한 외부전문가"란 다음 각 호의 어느 하나에 해당하는 사람을 말한다.

1. 중앙회, 조합 또는 「금융위원회의 설치 등에 관한 법률」 제38조에 따른 검사 대상 기관(이에 상당하는 외국금융기관을 포함한다)에서 5년 이상 종사한 경력이 있는 사람. 다만, 해당 조합에서 최근 2년 이내에 임직원으로 근무한 사람(감사로 근무 중이거나 근무한 사람은 제외한다)은 제외한다.
2. 수산업 또는 금융 관계 분야의 석사 이상의 학위를 소지한 사람으로서 연구기관 또는 대학에서 연구원 또는 조교수 이상의 직에 5년 이상 종사한 경력(학위 취득 전의 경력을 포함한다)이 있는 사람
3. 판사·검사·군법무관의 직에 5년 이상 종사하거나 변호사 또는 공인회계사로서 5년 이상 종사한 경력이 있는 사람
4. 「자본시장과 금융투자업에 관한 법률」 제9조 제15항 제3호에 따른 주권상장법인에서 법률·재무·감사 또는 회계 관련 업무에 임직원으로 5년 이상 종사한 경력이 있는 사람
5. 국가, 지방자치단체, 「공공기관의 운영에 관한 법률」에 따른 공공기관(이하 "공공기관"이라 한다) 및 「금융위원회의 설치 등에 관한 법률」 제24조에 따른 금융감독원(이하 "금융감독원"이라 한다)에서 재무 또는 회계 관련 업무 및 이에 대한 감독업무에 5년 이상 종사한 경력이 있는 사람

### 제15조(상임이사와 조합원이 아닌 이사의 자격요건)

법 제46조 제4항 단서(법 제108조 및 제113조에서 준용하는 경우를 포함한다)에서 "대통령령으로 정하는 요건을 충족하는 사람"이란 다음 각 호의 어느 하나에 해당하는 사람을 말한다.

1. 조합, 중앙회 또는 수협은행에서 상근직으로 5년 이상 종사한 경력이 있는 사람
2. 수산업과 관련된 국가기관, 지방자치단체, 공공기관에서 상근직으로 5년 이상 종사한 경력이 있는 사람
3. 「은행법」에 따른 은행에서 상근직으로 5년 이상 종사한 경력이 있는 사람
4. 수산업과 관련된 연구기관·교육기관 또는 상사회사에서 상근직으로 5년 이상 종사한 경력이 있는 사람

### 제15조의2(중앙회의 조합 감사선출 지원)

법 제46조 제9항에서 "조합이 도서지역에 있거나 영세하여 부득이하게 외부전문가 감사를 선출할 수 없는 경우 등 대통령령으로 정하는 경우"란 조합이 다음 각 호의 어느 하나에 해당하는 경우를 말한다.

1. 조합의 주된 사무소가 도서지역에 있는 경우
2. 조합의 직전 회계연도 말 자산 규모가 500억 원 미만인 경우

### 조문확인 OX 문제

제14조의2(감사의 자격요건), 제15조(상임이사와 조합원이 아닌 이사의 자격요건), 제15조의2(중앙회의 조합 감사선출 지원)

■ 다음 조문을 읽고 맞는 것은 O, 틀린 것은 X에 V 표시하시오.

01 해당 지구별수협의 감사로 선출하는 외부전문가로는 최근 2년 내에 지구별수협의 임직원으로 근무한 사람 중에서 우선적으로 선출해야 한다. | O | X |

02 금융 관계 분야의 석사 이상의 학위를 소지하여 대학에서 연구원 직에 5년 이상 종사한 경력은 지구별수협의 감사로 선출되는 외부전문가의 요건에 해당한다. | O | X |

03 수산업과 직접 관련이 없는 주권상장법인에서 감사 업무에 임직원으로 5년 이상 종사한 사람은 외부전문가의 자격으로 지구별수협의 감사로 선출될 수 없다. | O | X |

04 금융감독원에서 5년 이상 재무 또는 회계 관련 업무에 종사한 경력이 있는 사람은 외부전문가의 자격으로 지구별수협의 감사로 선출될 수 있다. | O | X |

05 지구별수협 인사추천위원회는 해당 지구별수협에서 상근직으로 5년 이상 종사한 경력이 있는 사람을 조합원 이외의 임원으로 추천할 수 있다. | O | X |

06 지구별수협 인사추천위원회는 수산업과 관련된 연구기관에서 상근직으로 5년 이상 종사한 경력이 있는 사람을 조합원이 아닌 이사로 추천할 수 있다. | O | X |

07 조합이 영세함을 이유로 수협중앙회로부터 조합의 감사 선출에 관한 재정적 지원을 받기 위해서는 해당 조합의 자산규모가 직전 회계연도 말 기준 1,000억 원 미만임을 요구한다. | O | X |

08 조합이 도서지역에 위치하고 있음을 이유로 수협중앙회로부터 외부전문가인 감사를 파견받기 위해서는 해당 조합의 주된 사무소가 도서지역에 있음을 요구한다. | O | X |

[정답] 01 X  02 O  03 X  04 O  05 O  06 O  07 X  08 O

**법조문 익히기** — 제15조의3(연체 대상 금융기관의 범위), 제16조(선거관리위원회의 구성·운영 등), 제16조의2(실질적인 경쟁관계에 있는 사업의 범위), 제17조(간부직원의 자격)

### 제15조의3(연체 대상 금융기관의 범위)

법 제51조 제1항 제12호 라목(법 제108조, 제113조 및 제168조에서 준용하는 경우를 포함한다)에서 "대통령령으로 정하는 금융기관"이란 다음 각 호의 어느 하나에 해당하는 금융기관을 말한다.
1. 「한국수출입은행법」에 따른 한국수출입은행
2. 「한국주택금융공사법」에 따른 한국주택금융공사
3. 「상호저축은행법」에 따른 상호저축은행과 그 중앙회
4. 「농업협동조합법」에 따른 조합과 그 중앙회 및 농협은행
5. 조합
6. 「산림조합법」에 따른 조합과 그 중앙회
7. 「신용협동조합법」에 따른 신용협동조합과 그 중앙회
8. 「새마을금고법」에 따른 새마을금고와 그 중앙회
9. 「보험업법」에 따른 보험회사
10. 「여신전문금융업법」에 따른 여신전문금융회사
11. 「기술보증기금법」에 따른 기술보증기금
12. 「신용보증기금법」에 따른 신용보증기금
13. 「벤처투자 촉진에 관한 법률」 제2조 제10호 및 제11호에 따른 벤처투자회사 및 벤처투자조합
14. 「중소기업협동조합법」에 따른 중소기업협동조합
15. 「지역신용보증재단법」에 따른 신용보증재단과 그 중앙회

### 제16조(선거관리위원회의 구성·운영 등)

법 제54조 제1항(법 제108조 및 제113조에서 준용하는 경우를 포함한다)에 따른 선거관리위원회의 위원은 조합의 이사회가 위촉하며, 그 밖에 선거관리위원회의 구성 및 운영에 필요한 사항은 조합의 정관으로 정한다.

### 제16조의2(실질적인 경쟁관계에 있는 사업의 범위)

① 법 제55조 제5항(법 제108조, 제113조, 제113조의10 및 제168조에서 준용하는 경우를 포함한다)에 따른 실질적인 경쟁관계에 있는 사업의 범위는 별표의 사업으로 하되, 해당 조합, 법 제113조의3에 따른 조합공동사업법인(이하 "조합공동사업법인"이라 한다) 및 중앙회가 수행하고 있는 사업에 해당하는 경우로 한정한다.
② 제1항에도 불구하고 조합·조합공동사업법인(이하 "조합등"이라 한다) 및 중앙회가 사업을 위하여 출자한 법인이 수행하고 있는 사업은 실질적인 경쟁관계에 있는 사업으로 보지 아니한다.

### 제17조(간부직원의 자격)

법 제59조 제2항 본문(법 제108조 및 제113조에서 준용하는 경우를 포함한다)에서 "대통령령으로 정하는 자격을 가진 사람"이란 다음 각 호의 어느 하나에 해당하는 사람을 말한다.

1. 조합의 직원으로서 시험성적, 교육이수 또는 근무성적 평가 결과 등이 중앙회의 회장(이하 "회장"이라 한다)이 정하는 요건에 해당하는 사람
2. 중앙회 또는 수협은행의 직원으로 5년 이상 재직한 사람으로서 조합의 정관에서 제1호의 사람과 같은 수준 이상의 자격이 있다고 정하는 사람
3. 수산 관계 행정기관에서 7급 이상 공무원으로 5년 이상 재직한 사람
4. 수산업 또는 금융업 관련 국가기관·연구기관·교육기관 또는 상사회사에서 5년 이상 종사한 경력이 있는 사람

제15조의3(연체 대상 금융기관의 범위), 제16조(선거관리위원회의 구성·운영 등), 제16조의2(실질적인 경쟁관계에 있는 사업의 범위), 제17조(간부직원의 자격)

■ 다음 조문을 읽고 맞는 것은 O, 틀린 것은 X에 V 표시하시오.

01 「보험업법」에 따른 보험회사는 지구별수협 임원의 결격사유 중 금융기관에 채무상환을 연체하고 있는 경우에서의 '금융기관'에 해당하지 않는다. | O | X |

02 「벤처투자 촉진에 관한 법률」에 따른 벤처투자조합은 지구별수협 임원의 결격사유 중 금융기관에 채무상환을 연체하고 있는 경우에서의 '금융기관'에 해당한다. | O | X |

03 지구별수협의 임원 선거를 관리하는 선거관리위원회의 위원은 수협중앙회의 장이 위촉한다. | O | X |

04 지구별수협의 임직원에 대해 실질적인 경쟁관계에 있는 사업을 금지하는 경우는 해당 조합이 수행하고 있는 사업에 해당하는 경우로 한정한다. | O | X |

05 지구별수협의 임직원에 대해 실질적인 경쟁관계에 있는 사업의 겸직을 금지함에 있어서의 사업에는 해당 조합이 출자한 법인이 수행하는 사업을 포함하지 아니한다. | O | X |

06 지구별수협의 직원 중에서 간부직원을 임명할 경우 수협중앙회의 회장은 이를 위한 시험성적과 교육이수, 근무성적 평가 결과 등의 요건을 설정할 수 있다. | O | X |

07 수협중앙회 소속 직원을 지구별수협의 간부직원으로 임명하기 위해서는 수협중앙회의 직원으로 5년 이상 재직할 것을 요구한다. | O | X |

08 지구별수협 소속 직원 이외에 수산 관계 행정기관에서 5급 이상 공무원으로 5년 이상의 재직경력이 있다면 해당 지구별수협의 간부직원으로 임명할 수 있다. | O | X |

[정답] 01 X  02 O  03 X  04 O  05 O
06 O  07 O  08 X

**법조문 익히기** — 제18조(조합의 자금차입 한도 및 신용사업의 한도와 방법), 제19조(위탁 계약), 제20조(수산물 위탁판매사업 등)

### 제18조(조합의 자금차입 한도 및 신용사업의 한도와 방법)

① 신용사업을 수행하는 조합이 법 제60조 제2항 및 제3항(법 제108조 및 제113조에서 준용하는 경우를 포함한다)에 따라 신용사업을 위하여 중앙회 또는 수협은행으로부터 차입할 수 있는 자금합계액의 한도(조합이 중앙회 또는 수협은행에 예치한 예탁금의 범위에서 실행되는 중앙회 또는 수협은행의 대출은 제외한다)는 법 제68조(법 제108조 및 제113조에서 준용하는 경우를 포함한다)에 따른 자기자본(이하 "자기자본"이라 한다)의 범위로 한다. 다만, 신용사업을 수행하는 조합이 법 제129조 제1항에 따른 지도경제사업대표이사(이하 "지도경제사업대표이사"라 한다)의 승인을 받아 차입하는 경우에는 자기자본의 5배 이내로 한다.

② 조합이 법 제60조 제2항 및 제3항(법 제108조 및 제113조에서 준용하는 경우를 포함한다)에 따라 신용사업 외의 사업을 위하여 중앙회 또는 수협은행으로부터 차입할 수 있는 자금합계액의 한도는 자기자본의 7배 이내로 한다.

③ 조합은 수산정책의 수행이나 예금인출 등 불가피한 사유로 자금이 필요한 경우에는 해양수산부령으로 정하는 바에 따라 제1항 및 제2항에 따른 한도를 초과하여 자금을 차입할 수 있다.

④ 법 제60조 제3항(법 제108조 및 제113조에서 준용하는 경우를 포함한다)에 따라 조합이 신용사업을 수행할 때에는 다음 각 호의 기준에서 정하는 한도와 방법에 따라야 한다.

1. 「신용협동조합법」 제83조의3에 따른 경영건전성기준
2. 「수산업협동조합의 부실예방 및 구조개선에 관한 법률」 제4조의2 제2항 후단에 따른 적기시정조치기준

### 제19조(위탁 계약)

국가나 공공단체가 법 제60조 제4항(법 제108조, 제113조 및 제168조에서 준용하는 경우를 포함한다)에 따라 조합 또는 중앙회와 위탁 계약을 체결할 때에는 다음 각 호의 사항을 구체적으로 밝힌 서면으로 하여야 한다.

1. 위탁사업의 대상과 범위
2. 위탁기간
3. 그 밖에 위탁사업의 수행에 필요한 사항

### 제20조(수산물 위탁판매사업 등)

① 조합등 및 중앙회는 수산물 위탁판매사업을 할 수 있다.

② 제1항에 따라 위탁판매사업을 하는 조합등 및 중앙회는 정관에서 정하는 바에 따라 위탁자가 소속한 조합에 위탁판매수수료 중 일부를 위탁판매조성금으로 지급하여야 한다.

조문확인 **OX** 문제   제18조(조합의 자금차입 한도 및 신용사업의 한도와 방법), 제19조(위탁 계약), 제20조(수산물 위탁판매사업 등)

■ 다음 조문을 읽고 맞는 것은 O, 틀린 것은 X에 V 표시하시오.

01 지구별수협이 신용사업을 위해 중앙회 또는 수협은행으로부터 차입할 수 있는 자금합계액의 한도는 자기자본의 범위로 한다. | O | X |

02 신용사업을 수행하는 조합은 지도경제사업대표이사의 승인을 받아 수협은행으로부터 자기자본의 5배 이내로 자금을 차입할 수 있다. | O | X |

03 지구별수협이 신용사업 이외의 목적으로 수협중앙회 또는 수협은행으로부터 자금을 차입할 경우 그 자금합계액의 한도는 자기자본의 5배로 한다. | O | X |

04 예금인출을 이유로 지구별수협이 한도를 초과하여 자금을 차입하는 것은 허용되지 않는다. | O | X |

05 지구별수협이 신용사업을 수행할 때에는 「신용협동조합법」 제83조의3에 따른 경영건전성기준을 준수해야 한다. | O | X |

06 국가가 수협중앙회에 사업을 위탁하기 위한 계약은 해당 위탁사업의 대상과 범위를 명시하는 서면계약의 형태이어야 한다. | O | X |

07 수협중앙회는 수산물 위탁판매사업을 할 수 있다. | O | X |

08 수산물 위탁판매사업을 하는 위탁자가 속한 조합은 수협중앙회에 위탁판매수수료 중 일부를 위탁판매조성금으로 지급하여야 한다. | O | X |

[정답] 01 O 02 O 03 X 04 X 05 O 06 O 07 O 08 X

> **법조문 익히기**
> 제20조의2(비조합원 등의 사업이용 제한), 제21조(조합의 여유금 등의 운용), 제22조(업종별수협의 조합원 자격), 제23조(수산물가공수협의 조합원 자격)

## 제20조의2(비조합원 등의 사업이용 제한)

① 지구별수협은 법 제61조 제1항 단서에 따라 조합원이 아닌 자가 법 제60조 제1항 제3호 나목, 같은 항 제9호부터 제11호까지 및 제14호의 사업을 이용하는 경우 각 사업별로 그 회계연도 사업량(해당 사업이 대출인 경우에는 그 사업연도에 새로 취급하는 대출취급액, 그 밖의 사업의 경우에는 각 사업별 회계연도의 취급량 또는 취급액을 말한다. 이하 이 조에서 같다)의 3분의 1의 범위에서 그 이용을 제한할 수 있다.

② 업종별수협은 법 제107조 제2항 단서 또는 법률 제14242호 수산업협동조합법 일부개정법률 부칙 제7조에 따라 조합원이 아닌 자가 다음 각 호의 어느 하나에 해당하는 사업을 이용하는 경우 각 사업별로 그 회계연도 사업량의 3분의 1의 범위에서 그 이용을 제한할 수 있다.

1. 법 제107조 제1항 제1호, 같은 항 제4호 나목, 같은 항 제7호부터 제9호까지, 제12호의 사업
2. 법률 제4820호 수산업협동조합법중개정법률 부칙 제5조에 따른 신용사업(대출만 해당한다)

③ 수산물가공수협은 법 제112조 제2항 단서 또는 법률 제14242호 수산업협동조합법 일부개정법률 부칙 제7조에 따라 조합원이 아닌 자가 다음 각 호의 어느 하나에 해당하는 사업을 이용하는 경우 각 사업별로 그 회계연도 사업량의 3분의 1의 범위에서 그 이용을 제한할 수 있다.

1. 법 제112조 제1항 제1호, 같은 항 제4호 나목, 같은 항 제7호부터 제9호까지, 제12호의 사업
2. 법률 제4820호 수산업협동조합법중개정법률 부칙 제5조에 따른 신용사업(대출만 해당한다)

④ 중앙회는 법 제139조 제1항 단서에 따라 회원이 아닌 자가 법 제138조 제1항 제1호, 제10호부터 제12호까지, 제15호 및 제16호의 사업을 이용하는 경우 각 사업별로 그 회계연도 사업량의 3분의 1의 범위에서 그 이용을 제한할 수 있다.

## 제21조(조합의 여유금 등의 운용)

① 법 제69조 제1항 제1호(법 제108조 및 제113조에서 준용하는 경우를 포함한다)에서 "대통령령으로 정하는 유가증권"이란 다음 각 호의 유가증권을 말한다.

1. 「자본시장과 금융투자업에 관한 법률」 제4조 제3항에 따른 채무증권 중 국채증권·지방채증권·특수채증권 및 사채권
2. 삭제 〈2014. 12. 23.〉
3. 「자본시장과 금융투자업에 관한 법률」에 따른 신탁업자가 발행하는 수익증권
4. 「자본시장과 금융투자업에 관한 법률」에 따른 집합투자업자가 발행하는 수익증권
5. 「자본시장과 금융투자업에 관한 법률」에 따른 종합금융회사가 발행하는 수익증권

② 제1항 제1호 및 제3호부터 제5호까지의 규정에 따른 유가증권은 조합의 여유금 운용의 안정성을 해칠 우려가 없는 범위에서 해양수산부장관이 금융위원회와 협의하여 정하여 고시한 것으로 한정한다.

③ 법 제69조 제1항 제2호(법 제108조 및 제113조에서 준용하는 경우를 포함한다)에서 "대통령령으로 정하는 금융기관"이란 다음 각 호의 금융기관을 말한다.

1. 「은행법」에 따른 은행

2. 「자본시장과 금융투자업에 관한 법률」에 따른 투자매매업자, 투자중개업자, 집합투자업자, 신탁업자 및 종합금융회사
3. 「한국산업은행법」에 따른 한국산업은행
4. 「중소기업은행법」에 따른 중소기업은행
5. 「한국수출입은행법」에 따른 한국수출입은행
6. 지구별수협
7. 신용사업을 하는 업종별수협 및 수산물가공수협
8. 「우체국예금·보험에 관한 법률」에 따른 체신관서

### 제22조(업종별수협의 조합원 자격)

법 제106조 제1항에서 "대통령령으로 정하는 종류의 어업"이란 다음 각 호의 어업을 말한다.
1. 정치망어업
2. 외끌이대형저인망어업
3. 쌍끌이대형저인망어업
4. 동해구외끌이중형저인망어업
5. 서남해구외끌이중형저인망어업
6. 서남해구쌍끌이중형저인망어업
7. 대형트롤어업
8. 동해구중형트롤어업
9. 대형선망어업
10. 근해자망어업
11. 근해안강망어업(어선의 규모가 30톤 이상인 어업으로 한정한다)
12. 근해장어통발어업
13. 근해통발어업
14. 기선권현망어업
15. 잠수기어업
16. 다음 각 목의 어느 하나에 해당하는 양식방법으로 어류 등(패류 외의 수산동물을 말하며, 이하 이 호에서 "어류등"이라 한다)을 양식하거나 어류등의 종자를 생산하는 어업
    가. 가두리식
    나. 축제식(築堤式)
    다. 수조식(水槽式)
    라. 연승식(延繩式)·뗏목식
    마. 살포식(撒布式)·투석식(投石式)·침하식(沈下式)
17. 다음 각 목의 어느 하나에 해당하는 양식방법으로 패류를 양식하거나 패류의 종자를 생산하는 어업
    가. 간이식·연승식·뗏목식
    나. 살포식·투석식·침하식
    다. 가두리식

18. 다음 각 목의 어느 하나에 해당하는 양식방법으로 해조류를 양식하거나 해조류의 종자를 생산하는 어업
    가. 건홍식(건建式)·연승식
    나. 투석식
19. 내수면에서 뱀장어 등 수산동식물을 포획·채취하거나 양식·종자생산하는 어업
20. 염전에서 바닷물을 자연 증발시켜 소금을 생산하는 사업

**제23조(수산물가공수협의 조합원 자격)**

법 제111조에서 "대통령령으로 정하는 종류의 수산물가공업을 경영하는 자"란 다음 각 호의 어느 하나에 해당하는 자를 말한다.

1. 수산물냉동·냉장업을 경영하는 자(해당 사업장에서 수산물과 농산물·축산물 또는 임산물을 함께 냉동·냉장하는 경우를 포함한다)
2. 수산물통조림가공업을 경영하는 자(해당 사업장에서 수산물과 농산물·축산물 또는 임산물을 원료로 하거나 함께 혼합하여 통조림 가공을 하는 경우를 포함한다)
3. 수산물건제품가공업을 경영하는 자(해당 사업장의 공장 면적이 330제곱미터 이상으로 등록되어 있는 경우만 해당한다)
4. 해조류가공업을 경영하는 자(해당 사업장의 공장 면적이 200제곱미터 이상으로 등록되어 있는 경우만 해당한다)

## 조문확인 OX 문제

제20조의2(비조합원 등의 사업이용 제한), 제21조(조합의 여유금 등의 운용), 제22조(업종별수협의 조합원 자격), 제23조(수산물가공수협의 조합원 자격)

■ 다음 조문을 읽고 맞는 것은 O, 틀린 것은 X에 V 표시하시오.

01 지구별수협은 조합원이 아닌 자가 지구별수협의 부대사업을 이용하는 경우 해당 사업의 회계연도 사업량의 3분의 1의 범위에서 이용을 제한할 수 있다. [O | X]

02 업종별수협은 조합원이 아닌 자가 업종별수협의 교육·지원사업을 이용하는 경우 해당 사업의 회계연도 사업량의 2분의 1의 범위에서 그 이용을 제한할 수 있다. [O | X]

03 수협중앙회는 회원이 아님을 이유로 수협중앙회의 교육·지원사업의 이용을 제한할 수 없다. [O | X]

04 국채증권과 지방채증권, 특수채증권과 사채권은 지구별수협이 업무상의 여유자금을 운용하기 위해 매입할 수 있는 유가증권에 해당한다. [O | X]

05 해양수산부장관은 지구별수협이 업무상의 여유자금을 운용하기 위해 매입할 수 있는 유가증권의 범위를 금융위원회와 협의하여 정하고 이를 고시한다. [O | X]

06 지구별수협은 업무상의 여유자금을 「은행법」에 따른 은행 이외의 금융기관에 예치할 수 없다. [O | X]

07 가두리식 양식으로 어류를 양식하는 어업을 경영하는 자는 업종별수협 조합원의 요건에서 어업인에 해당한다. [O | X]

08 간이식 양식으로 패류를 양식하는 어업을 경영하는 자는 업종별수협 조합원의 요건에서 어업인에 해당하지 않는다. [O | X]

09 내수면에서 뱀장어를 포획하는 어업을 경영하는 자는 업종별수협 조합원의 요건에서 어업인에 해당한다. [O | X]

10 수산물과 함께 축산물을 냉동하는 냉동업을 경영하는 자는 수산물가공수협 조합원의 요건에서 수산물가공업을 경영하는 자에 해당하지 않는다. [O | X]

[정답] 01 O  02 X  03 X  04 O  05 O
       06 X  07 O  08 X  09 O  10 X

**법조문 익히기** — 제23조의2(조합공동사업법인의 설립인가 기준 및 절차), 제23조의3(내부통제기준), 제23조의4(준법감시인의 자격요건 등)

### 제23조의2(조합공동사업법인의 설립인가 기준 및 절차)
① 법 제113조의5 제2항에 따른 조합공동사업법인의 설립인가에 필요한 기준은 다음 각 호와 같다.
1. 회원의 자격이 있는 설립동의자(조합 또는 중앙회에 한정한다)가 둘 이상일 것
2. 회원의 자격이 있는 설립동의자(조합 또는 중앙회에 한정한다)의 출자금납입확약총액이 3억 원 이상일 것

② 조합공동사업법인의 설립인가 절차에 관하여는 제13조(제7호는 제외한다)를 준용한다. 이 경우 "법 제16조 제1항(법 제108조 및 제113조에서 준용하는 경우를 포함한다)"은 "법 제113조의5 제1항"으로, "조합"은 "조합공동사업법인"으로, "조합원"은 "회원"으로 본다.

### 제23조의3(내부통제기준)
① 법 제127조의4 제1항에 따른 내부통제기준(이하 "내부통제기준"이라 한다)에는 다음 각 호의 사항이 포함되어야 한다.
1. 업무의 분장 및 조직구조에 관한 사항
2. 자산의 운용 또는 업무의 수행 과정에서 발생하는 위험의 관리에 관한 사항
3. 임직원이 업무를 수행할 때 준수하여야 하는 절차에 관한 사항
4. 경영의사의 결정에 필요한 정보가 효율적으로 전달될 수 있는 체제의 구축에 관한 사항
5. 임직원의 내부통제기준 준수 여부를 확인하는 절차·방법 및 내부통제기준을 위반한 임직원에 대한 조치에 관한 사항
6. 임직원의 유가증권 거래명세의 보고 등 불공정 거래행위를 방지하기 위한 절차나 기준에 관한 사항
7. 내부통제기준의 제정 또는 변경 절차에 관한 사항
8. 제1호부터 제7호까지의 사항에 관한 구체적인 기준으로서 해양수산부장관이 정하는 사항

② 중앙회는 내부통제기준을 제정하거나 개정하려면 이사회의 의결을 거쳐야 한다.

### 제23조의4(준법감시인의 자격요건 등)
① 법 제127조의4 제2항에 따른 준법감시인은 다음 각 호의 요건을 모두 갖춘 사람으로 한다.
1. 다음 각 목의 어느 하나에 해당하는 사람일 것
   가. 중앙회 또는 「금융위원회의 설치 등에 관한 법률」 제38조에 따른 검사 대상 기관(이에 상당하는 외국 금융기관을 포함한다)에서 10년 이상 종사한 경력이 있는 사람
   나. 수산업 또는 금융 관계 분야의 석사 이상의 학위를 소지한 사람으로서 연구기관 또는 대학에서 연구원 또는 조교수 이상의 직에 5년 이상 종사한 경력(학위 취득 전의 경력을 포함한다)이 있는 사람
   다. 변호사 또는 공인회계사 자격을 가지고 해당 자격과 관련된 업무에 5년 이상 종사한 경력이 있는 사람
   라. 국가·지방자치단체에서 수산업 또는 금융업과 관련된 업무에 5년 이상 종사한 경력이 있는 사람으로서 해당 기관에서 퇴임 또는 퇴직한 후 5년이 지난 사람
2. 법 제51조 제1항 제1호부터 제10호까지의 어느 하나에 해당하지 아니할 것
3. 최근 5년간 금융 관련 법령 또는 수산업협동조합 관련 법령을 위반하여 금융위원회, 금융감독원의 원장 또는 해양수산부장관으로부터 감봉 요구 이상에 해당하는 조치를 받은 사실이 없을 것

② 준법감시인은 선량한 관리자의 주의로 그 직무를 수행하여야 하며, 다음 각 호의 직무를 담당해서는 아니 된다.
1. 자산운용에 관한 업무
2. 중앙회가 수행하는 상호금융사업, 공제사업과 경제사업 및 그와 관련되는 부대업무
③ 중앙회는 준법감시인이 그 직무를 독립적으로 수행할 수 있도록 하여야 하며, 준법감시인이 그 직무를 수행할 때 자료나 정보의 제출을 임직원에게 요구하는 경우 이에 성실히 응하도록 하여야 한다.

제24조 삭제 〈2016. 10. 25.〉

## 조문확인 OX 문제

제23조의2(조합공동사업법인의 설립인가 기준 및 절차), 제23조의3(내부통제기준), 제23조의4(준법감시인의 자격요건 등)

■ 다음 조문을 읽고 맞는 것은 O, 틀린 것은 X에 V 표시하시오.

01 조합공동사업법인을 설립하기 위해서는 회원의 자격이 있는 설립동의자가 10인 이상이어야 한다. [ O  X ]

02 수협중앙회의 임직원이 직무를 수행할 때 따라야 하는 내부통제기준에는 업무의 분장 및 조직구조에 관한 사항이 포함되어야 한다. [ O  X ]

03 수협중앙회가 내부통제기준을 개정하기 위해서는 이사회의 의결을 거쳐야 한다. [ O  X ]

04 최근 5년간 수산업협동조합 관련 법령을 위반하여 해양수산부장관으로부터 감봉 요구 이상의 조치를 받은 자는 수협중앙회의 준법감시인이 될 수 없다. [ O  X ]

05 수협중앙회의 준법감시인은 선량한 관리자의 주의로 자산운용에 관한 업무를 수행한다. [ O  X ]

06 수협중앙회는 준법감시인이 그 직무를 독립적으로 수행할 수 있도록 하여야 한다. [ O  X ]

[정답] 01 X  02 O  03 O  04 O  05 X  06 O

## 법조문 익히기

제24조의2(중앙회 감사위원의 자격요건), 제25조(사업전담대표이사의 자격요건), 제27조(대리인의 선임등기)

### 제24조의2(중앙회 감사위원의 자격요건)

법 제133조 제2항에서 "대통령령으로 정하는 요건에 적합한 외부전문가"란 다음 각 호의 어느 하나에 해당하는 사람을 말한다.

1. 중앙회, 조합 또는 「금융위원회의 설치 등에 관한 법률」제38조에 따른 검사대상기관(이에 상응하는 외국 금융기관을 포함한다)에서 10년 이상 종사한 경력이 있는 사람. 다만, 중앙회 또는 조합에서 최근 2년 이내에 임직원으로 근무한 사람(중앙회 감사위원으로 근무 중이거나 근무한 사람은 제외한다)은 제외한다.
2. 수산업 또는 금융 관계 분야의 석사 이상의 학위를 소지한 사람으로서 연구기관 또는 대학에서 연구원 또는 조교수 이상의 직에 5년 이상 종사한 경력(학위 취득 전의 경력을 포함한다)이 있는 사람
3. 판사·검사·군법무관의 직에 5년 이상 종사하거나 변호사 또는 공인회계사로서 5년 이상 종사한 경력이 있는 사람
4. 「자본시장과 금융투자업에 관한 법률」제9조 제15항 제3호에 따른 주권상장법인에서 법률·재무·감사 또는 회계 관련 업무에 임원으로 5년 이상 또는 임직원으로 10년 이상 종사한 경력이 있는 사람
5. 국가, 지방자치단체, 공공기관 및 금융감독원에서 재무 또는 회계 관련 업무 및 이에 대한 감독업무에 5년 이상 종사한 경력이 있는 사람

### 제25조(사업전담대표이사의 자격요건)

법 제134조 제2항에서 "경력 등 대통령령으로 정하는 요건을 충족하는 사람"이란 다음 각 호의 어느 하나에 해당하는 사람을 말한다.

1. 중앙회에서 10년 이상 종사한 경력이 있는 사람
2. 수산업 관련 국가기관·연구기관·교육기관 또는 상사회사에서 종사한 경력이 있는 사람으로서 중앙회 정관에서 제1호의 사람과 같은 수준 이상의 자격이 있다고 인정하는 사람

### 제26조 삭제 〈2016. 10. 25.〉

### 제27조(대리인의 선임등기)

① 수협은행은 회장 또는 사업전담대표이사가 법 제136조 제4항에 따라 대리인을 선임하였을 때에는 2주일 이내에 주된 사무소의 소재지에서 다음 각 호의 사항을 등기하여야 한다. 등기한 사항이 변경된 경우에도 또한 같다.
1. 대리인의 성명과 주소
2. 대리인을 둔 중앙회 또는 지사무소의 명칭과 주소
3. 대리인의 권한을 제한한 경우에는 그 제한 내용

② 제1항에 따른 대리인의 선임에 관한 등기를 신청할 때에는 대리인의 선임을 증명하는 서면과 그 대리인의 권한을 제한한 경우에는 그 사실을 증명하는 서면을 첨부하여야 한다.

**조문확인 OX 문제**  제24조의2(중앙회 감사위원의 자격요건), 제25조(사업전담대표이사의 자격요건), 제27조(대리인의 선임등기)

■ 다음 조문을 읽고 맞는 것은 O, 틀린 것은 X에 V 표시하시오.

01 최근 2년 내에 수협중앙회에서 임직원으로 근무한 사람은 수협중앙회의 감사위원이 될 수 없다. | O | X |

02 수산업 분야에서 석사 이상의 학위를 소지하고 연구기관에서 연구원직에 5년 이상 종사한 경력이 있는 사람은 수협중앙회의 감사위원이 될 수 있다. | O | X |

03 군법무관의 직에 5년 이상 종사한 경력이 있는 사람은 수협중앙회 감사위원으로 선출될 수 있다. | O | X |

04 주권상장법인에서 회계 관련 업무에 임원으로 5년 이상 종사한 경력이 있는 사람은 수협중앙회 감사위원회의 외부전문가로 선출하여서는 아니 된다. | O | X |

05 지방자치단체에서 회계 관련 감독 업무에 5년 이상 종사한 경력이 있는 사람은 수협중앙회 감사위원회의 감사위원으로 선출하여서는 아니 된다. | O | X |

06 수협중앙회에서 10년 이상 종사한 경력이 있는 사람은 수협중앙회의 사업전담대표이사로 선출될 수 있다. | O | X |

07 수협중앙회 종사 경력은 없으나 수산업 관련 국가기관에서의 경력으로 수협중앙회에서 10년 이상 경력한 것과 같은 수준 이상의 자격이 있다고 인정되는 사람은 수협중앙회의 사업전담대표이사로 선출될 수 있다. | O | X |

08 수협중앙회 사업전담대표이사가 재판상 행위를 할 권한을 가지는 대리인을 선임한 경우 선임 후 2주일 이내에 주된 사무소의 소재지에서 선임등기를 하여야 한다. | O | X |

09 수협중앙회 회장이 재판상 행위를 할 권한을 가지는 대리인을 선임하는 등기를 신청할 때에는 해당 대리인의 선임을 증명하는 서면을 첨부하여야 한다. | O | X |

[정답] 01 O  02 O  03 O  04 X  05 X
      06 O  07 O  08 O  09 O

## 법조문 익히기
### 제27조의2(회원의 상환준비금의 운용·관리), 제27조의3(회원의 여유자금의 운용·관리)

### 제27조의2(회원의 상환준비금의 운용·관리)
중앙회가 법 제138조 제1항 제4호 가목에 따른 회원의 상환준비금을 운용·관리할 때에는 다음 각 호의 방법으로 하여야 한다.
1. 회원에 대한 대출
2. 「한국은행법」에 따른 한국은행(이하 "한국은행"이라 한다) 또는 제21조 제3항 각 호에 따른 금융기관에의 예치
3. 제21조 제3항 각 호에 따른 금융기관에 대한 단기대출
4. 공공기관에 대한 단기대출
5. 「자본시장과 금융투자업에 관한 법률」 제3조에 따른 금융투자상품의 매입(파생상품의 경우 위험회피를 위한 거래로 한정한다)
6. 「수산업협동조합의 부실예방 및 구조개선에 관한 법률」 제20조에 따른 상호금융예금자보호기금에 대한 자금 지원

### 제27조의3(회원의 여유자금의 운용·관리)
① 중앙회가 법 제138조 제1항 제4호 가목에 따른 회원의 여유자금을 운용·관리할 때에는 다음 각 호의 방법으로 하여야 한다.
1. 회원에 대한 대출
2. 한국은행 또는 제21조 제3항 각 호에 따른 금융기관에의 예치
3. 제21조 제3항 각 호에 따른 금융기관에 대한 대출
4. 공공기관에 대한 대출
5. 「자본시장과 금융투자업에 관한 법률」 제3조에 따른 금융투자상품의 매입
6. 「수산업협동조합의 부실예방 및 구조개선에 관한 법률」 제20조에 따른 상호금융예금자보호기금에 대한 자금 지원
7. 법인에 대한 대출
8. 중앙회 내에서 다른 사업 부문으로의 운용
9. 그 밖에 해양수산부장관이 금융위원회와 협의하여 정하는 방법에 따른 운용

② 제1항 제7호에 따른 법인에 대한 대출은 직전 회계연도 말 여유자금 예치금 잔액의 3분의 1을 초과할 수 없으며, 같은 법인에 대한 대출은 대출 당시 여유자금 예치금 잔액의 100분의 5를 초과할 수 없다. 다만, 제21조 제3항 제1호에 따른 금융기관, 「신용보증기금법」에 따른 신용보증기금, 「기술보증기금법」에 따른 기술보증기금, 「한국주택금융공사법」에 따른 주택금융신용보증기금 또는 「농림수산업자 신용보증법」에 따른 농림수산업자신용보증기금이 지급보증하는 경우에는 그러하지 아니하다.

## 조문확인 OX 문제

제27조의2(회원의 상환준비금의 운용·관리), 제27조의3(회원의 여유자금의 운용·관리)

■ 다음 조문을 읽고 맞는 것은 O, 틀린 것은 X에 V 표시하시오.

01 수협중앙회는 회원의 상환준비금을 회원에 대한 대출로 운용하여서는 아니 된다. [O] [X]

02 수협중앙회는 회원의 상환준비금을 한국은행에 예치하는 방법으로 이를 운용·관리할 수 있다. [O] [X]

03 수협중앙회는 회원의 상환준비금을 운용하기 위한 목적으로 금융투자상품을 매입하여서는 안 된다. [O] [X]

04 수협중앙회는 회원의 여유자금을 운용하기 위한 목적으로 이를 공공기관에 대한 대출에 이용할 수 있다. [O] [X]

05 수협중앙회는 회원의 여유자금을 중앙회 내 다른 사업 부문으로 운용할 수 있다. [O] [X]

06 수협중앙회가 회원의 여유자금을 이용하여 법인에 대한 대출을 할 경우 직전 회계연도 말 여유자금 예치금 잔액의 100분의 100을 초과할 수는 없다. [O] [X]

07 수협중앙회가 회원의 여유자금을 이용하여 같은 법인에 대한 대출을 할 경우 당시 여유자금 예치금 잔액의 100분의 5를 초과할 수 없다. [O] [X]

08 수협중앙회의 법인에 대한 대출에서 만일 금융기관의 지급보증이 있다면 예치금 잔액의 상한을 초과하여 대출할 수 있다. [O] [X]

[정답] 01 X  02 O  03 X  04 O  05 O  06 X  07 O  08 O

## 법조문 익히기

**제27조의4(부대사업의 범위), 제29조(소형어선 담보에 대한 조치), 제29조의2(국가 보조 또는 융자 사업에 대한 공시정보대상)**

**제27조의4(부대사업의 범위)**
중앙회는 법 제138조 제1항 제16호에 따라 같은 항 제4호의 부대사업으로 다음 각 호의 사업을 할 수 있다. 이 경우 그 사업이 다른 법령에 따라 인가, 허가 등을 받아야 하는 것일 때에는 해당 인가, 허가 등을 받은 범위에서 그 사업을 할 수 있다.
1. 유가증권의 대차 거래
2. 환매조건부 채권의 매매. 다만, 매도 거래는 국가, 지방자치단체, 공공기관, 한국은행 또는 제21조 제3항 각 호에 따른 금융기관으로 한정한다.

**제28조 삭제 〈2016. 10. 25.〉**

**제29조(소형어선 담보에 대한 조치)**
① 조합, 중앙회 또는 수협은행으로부터 자금을 차입하는 자가 「어선법」 제13조에 따라 등록된 총톤수 20톤 미만의 어선(총톤수 5톤 미만의 무동력어선은 제외한다)을 담보로 제공하는 경우에는 조합장, 지도경제사업대표이사 또는 수협은행의 은행장(이하 "수협은행장"이라 한다)은 법 제141조 제4항에 따라 다음 각 호의 사항을 적은 서면을 시장·군수·구청장에게 제출하여야 한다.
1. 자금차입자의 주소 및 성명
2. 자금의 대출기관명
3. 자금의 대출액
4. 상환기간, 이율 및 그 밖의 대출조건
② 시장·군수·구청장은 제1항의 서면을 받았을 때에는 지체 없이 어선원부에 기입하여야 한다.
③ 시장·군수·구청장은 제1항의 담보로 제공된 어선에 대하여 소유자 명의변경 신청이 있을 때에는 자금을 대출한 조합장, 지도경제사업대표이사 또는 수협은행장의 동의를 받거나 상환완료증명서를 받은 후 그 명의를 변경하여야 한다.
④ 시장·군수·구청장은 제1항의 담보로 제공된 어선에 대하여 다음 각 호의 사실이 있음을 알게 되었을 때에는 자금을 대출한 조합, 중앙회 또는 수협은행에 그 사실을 알려야 한다.
1. 조합, 중앙회 또는 수협은행 외의 자에 의한 강제집행의 신청
2. 「수산업·어촌 발전 기본법」에 따른 어선의 폐기·감축 지원 대상으로의 지정

**제29조의2(국가 보조 또는 융자 사업에 대한 공시정보대상)**
법 제141조의2 제1항에서 "자금 사용내용 등 대통령령으로 정하는 정보"란 다음 각 호의 정보를 말한다.
1. 사업명
2. 보조 또는 융자받은 금액
3. 사업수행주체
4. 사업기간
5. 자금 사용내용
6. 그 밖에 중앙회가 국가 보조 또는 융자 사업에 대하여 공시할 필요가 있다고 판단한 정보

### 조문확인 OX 문제

제27조의4(부대사업의 범위), 제29조(소형어선 담보에 대한 조치), 제29조의2(국가 보조 또는 융자 사업에 대한 공시정보대상)

■ 다음 조문을 읽고 맞는 것은 O, 틀린 것은 X에 V 표시하시오.

01 수협중앙회는 상호금융사업의 부대사업으로 유가증권의 대차 거래사업을 할 수 있다. [O] [X]

02 수협중앙회는 상호금융사업의 부대사업으로 국가나 지방자치단체에 환매조건부 채권을 매매할 수 있다. [O] [X]

03 수협은행장은 총톤수 5톤 미만의 무동력어선을 담보로 수협은행으로부터 자금을 차입하는 자의 상환기간과 대출조건을 포함한 서면을 시장·군수·구청장에게 제출하여야 한다. [O] [X]

04 시장·군수·구청장은 지도경제사업대표이사로부터 총톤수 20톤 미만의 동력어선을 담보로 자금을 차입하였다는 사실의 서면을 받은 경우 그 사실을 지체 없이 어선원부에 기입하여야 한다. [O] [X]

05 수협중앙회로부터의 자금대출 담보로 제공된 20톤 미만의 어선에 대한 소유자 명의 변경에는 자금을 대출한 지도경제사업대표이사의 동의를 요구하지 않는다. [O] [X]

06 지구별수협으로부터의 자금대출 담보로 제공된 20톤 미만의 어선에 대해 자금을 대출한 지구별수협 이외의 자에 의한 강제집행의 신청이 있는 경우 시장·군수·구청장은 그 사실을 지구별수협에 알려야 한다. [O] [X]

07 수협중앙회로부터의 자금대출 담보로 제공된 20톤 미만의 어선이 폐기·감축 지원 대상으로 지정된 경우 시장·군수·구청장은 그 사실을 수협중앙회에 알려야 한다. [O] [X]

08 수협중앙회가 국가로부터 사업비를 보조받아 시행하고 있는 사업에 대한 공시에는 보조받은 금액과 그 사업기간이 포함되어야 한다. [O] [X]

[정답] 01 O 02 O 03 X 04 O 05 X 06 O 07 O 08 O

**법조문 익히기**  제29조의3(수협은행의 등기사항)

제29조의3(수협은행의 등기사항)
① 수협은행은 법 제141조의6 제2항에 따라 설립등기를 할 때에는 다음 각 호의 사항을 등기하여야 한다.
1. 목적
2. 명칭
3. 본점의 소재지
4. 지점의 소재지
5. 자본금, 발행할 주식의 총수 및 1주의 금액
6. 발행한 주식의 총수 및 종류와 종류별 내용 및 수
7. 수협은행장의 성명·주민등록번호 및 주소
8. 이사 및 감사의 성명 및 주민등록번호
9. 공고의 방법
② 삭제 〈2025. 1. 21.〉
③ 수협은행은 지점을 설치한 경우에는 설치 후 2주일 이내에 본점의 소재지에서 지점의 명칭, 소재지 및 설치 연월일을 등기해야 한다.
④ 수협은행은 본점을 이전한 경우에는 2주일 이내에 종전 소재지 또는 새 소재지에서 새 소재지와 이전 연월일을 등기해야 한다.
⑤ 수협은행은 지점을 이전한 경우에는 이전 후 2주일 이내에 본점의 소재지에서 새 소재지와 이전 연월일을 등기해야 한다.
⑥ 수협은행은 제1항 각 호 또는 제3항의 등기사항이 변경된 경우(제4항 또는 제5항의 이전등기에 해당하는 경우는 제외한다)에는 변경 후 2주일 이내에 본점의 소재지에서 변경사항을 등기해야 한다.
⑦ 수협은행장은 정관이 정하는 바에 따라 이사 또는 직원 중에서 수협은행의 업무에 관한 재판상 또는 재판 외의 모든 행위를 할 권한을 가진 대리인을 선임한 경우 해당 대리인의 선임등기에 관하여는 제27조를 준용한다. 이 경우 "회장 또는 사업전담대표이사"는 "수협은행장"으로, "주된 사무소" 및 "중앙회"는 "본점"으로, "지사무소"는 "지점"으로 본다.

## 조문확인 OX 문제

제29조의3(수협은행의 등기사항)

■ 다음 조문을 읽고 맞는 것은 O, 틀린 것은 X에 V 표시하시오.

01 수협은행의 설립등기에는 수협은행 본점 이외의 지점의 소재지에 대한 내용이 포함되지 않는다. O X

02 수협은행의 설립등기에는 수협은행이 발행할 주식의 총수와 1주당 가격을 기재한다. O X

03 수협은행의 설립등기에는 수협은행이 발행한 주식의 총수와 종류는 기재하지 않는다. O X

04 수협은행의 설립등기에는 수협은행의 이사 및 감사의 성명 외에 주민등록번호도 함께 기재한다. O X

05 수협은행이 지점을 설치하였을 경우, 지점을 설치한 날부터 3주일 이내에 해당 지점의 소재지에 그 사실을 등기하여야 한다. O X

06 수협은행이 본점을 이전한 경우에는 이전 후 2주일 이내에 새 소재지와 이전 연월일을 등기하여야 한다. O X

07 수협은행이 지점을 이전한 경우 2주일 이내에 본점의 소재지에서 이전 연월일을 등기하여야 한다. O X

08 수협은행의 설립등기에 관한 사항이 변경된 경우 2주일 이내에 본점의 소재지에서 변경사항을 등기하여야 한다. O X

09 수협은행장은 수협은행의 업무에 관한 재판상 행위를 할 권한을 가진 대리인을 선임 후 3주일 이내에 선임등기를 하여야 한다. O X

[정답] 01 X  02 O  03 X  04 O  05 X  06 O  07 O  08 O  09 X

## 법조문 익히기 — 제29조의4(수협은행의 업무), 제30조(조합감사위원회 위원의 자격요건)

제29조의4(수협은행의 업무)

① 수협은행은 법 제141조의9 제1항 제4호·제6호 및 제7호에 따른 업무를 수행하는 경우에는 국가, 공공단체, 중앙회 또는 조합과 위탁받은 해당 업무에 관한 위탁계약을 서면으로 체결하여야 한다.

② 수협은행은 법 제141조의9 제1항 제4호에 따라 중앙회가 위탁하거나 보조하는 업무를 수행하는 경우 금융 관계 법령과의 상충 여부를 판단하기 위하여 필요한 경우에는 해양수산부장관 및 금융위원회위원장과 협의하여야 한다.

③ 수협은행은 법 제141조의9 제1항 제6호에 따라 중앙회로부터 다음 각 호의 업무를 위탁받아 수행할 수 있다.

1. 공제모집, 공제계약의 유지 및 관리 업무
    가. 공제계약의 체결을 중개하거나 대리하는 업무
    나. 공제증권, 공제료 납입증명서 등 각종 증명서의 발행 업무
    다. 공제료 수납 업무
    라. 사고공제금 청구 접수 업무
    마. 공제계약 관계자의 정보 등록, 변경 등 관리 업무
2. 각종 지급금 및 사고공제금 지급 업무
    가. 만기공제금, 해지환급금 등 각종 지급금 지급 업무
    나. 사고공제금 지급 업무
3. 공제계약의 해지, 청약철회 및 부활 관련 업무
    가. 공제계약의 해지 및 청약철회 업무
    나. 공제계약 부활 청약서 접수 업무
4. 공제계약 대출 관련 업무
    가. 공제계약 대출 신청 접수 업무
    나. 대출실행 및 상환 업무
5. 그 밖에 해양수산부장관이 정하여 고시하는 업무

④ 수협은행은 법 제141조의9 제1항 제7호에 따라 중앙회 또는 조합으로부터 다음 각 호와 관련한 전산시스템의 개발, 운영 및 정보처리 업무를 위탁받아 수행할 수 있다.

1. 법 제60조 제1항 제3호에 따른 신용사업
2. 법 제138조 제1항 제4호에 따른 상호금융사업
3. 그 밖에 중앙회 및 조합이 위탁하거나 보조하는 업무

제30조(조합감사위원회 위원의 자격요건)

법 제144조 제2항에서 "대통령령으로 정하는 요건"이란 다음 각 호와 같다.

1. 조합 또는 중앙회의 감사·회계 또는 수산 관련 부문에서 상근직으로 10년 이상 종사한 경력이 있는 사람. 다만, 조합에서 최근 2년 이내에 임직원으로 근무한 사람은 제외한다.
2. 「은행법」에 따른 은행의 감사 또는 회계 부문에서 상근직으로 10년 이상 종사한 경력이 있는 사람

3. 수산업 또는 금융업 관련 국가기관·연구기관·교육기관 또는 상사회사에서 상근직으로 10년 이상 종사한 경력이 있는 사람
4. 판사·검사·군법무관의 직에 5년 이상 종사하거나 변호사 또는 공인회계사로서 5년 이상 종사한 경력이 있는 사람

## 조문확인 OX 문제

제29조의4(수협은행의 업무), 제30조(조합감사위원회 위원의 자격요건)

■ 다음 조문을 읽고 맞는 것은 O, 틀린 것은 X에 V 표시하시오.

01 수협은행이 국가로부터 업무를 위탁받은 경우 해당 업무에 관한 위탁계약은 서면으로 체결되어야 한다. [O | X]

02 수협은행은 수협중앙회가 위탁하는 업무에 대해 금융 관계 법령과의 상충 여부를 판단하기 위해 해양수산부장관 및 금융위원회위원장과 협의하여야 한다. [O | X]

03 수협은행은 수협중앙회로부터 공제계약의 체결을 중개하는 업무를 위탁받아 수행할 수는 있으나, 공제계약을 대리하는 업무를 위탁받을 수는 없다. [O | X]

04 수협은행은 수협중앙회로부터 공제료 수납 업무를 위탁받아 수행할 수 있다. [O | X]

05 수협은행은 수협중앙회로부터 만기공제금, 해지환급금 등 각종 지급금의 지급 업무를 위탁받아 수행할 수 있다. [O | X]

06 수협은행은 수협중앙회로부터 공제계약 대출실행 및 상환업무를 위탁받아 수행할 수 있다. [O | X]

07 수협중앙회는 수협은행으로부터 신용사업과 관련된 전산시스템의 개발, 운영 및 정보처리 업무를 위탁받아 이를 수행할 수 있다. [O | X]

08 수협중앙회의 감사 부문에서 상근직으로 10년 이상 종사한 경력이 있는 자 중 최근 2년 이내에 조합에서 임직원으로 근무하지 않은 자는 수협중앙회 조합감사위원회의 위원이 될 수 있다. [O | X]

[정답] 01 O   02 O   03 X   04 O   05 O
       06 O   07 X   08 O

**법조문 익히기** — 제31조(우선출자증권 발행사항의 공고), 제32조(우선출자의 청약), 제33조(우선출자 금액의 납입 등), 제37조(우선출자의 매입소각), 제38조의2(조합등의 우선출자), 제40조(국가 등의 출자지원)

### 제31조(우선출자증권 발행사항의 공고)

지도경제사업대표이사는 법 제147조에 따라 우선출자를 하게 할 때에는 우선출자의 납입일 2주 전까지 발행하려는 우선출자증권의 내용, 좌수(座數), 발행가액, 납입일 및 모집방법을 공고하고 출자자와 우선출자자에게 알려야 한다. 이 경우 국가가 우선출자자일 때에는 해양수산부장관에게 알려야 한다.

### 제32조(우선출자의 청약)

① 우선출자의 청약을 하려는 자는 우선출자청약서에 인수하려는 우선출자의 좌수 및 인수가액과 주소를 적고 기명날인하여야 한다.

② 우선출자청약서의 서식은 지도경제사업대표이사가 정하되, 다음 각 호의 사항이 포함되어야 한다.
1. 중앙회의 명칭
2. 출자 1좌의 금액 및 총좌수
3. 우선출자 총좌수의 최고한도
4. 이미 발행한 우선출자의 종류 및 종류별 좌수
5. 우선출자를 발행하는 날이 속하는 연도의 전년도 말 현재의 자기자본
6. 발행하려는 우선출자의 액면금액·내용 및 좌수
7. 발행하려는 우선출자의 발행가액 및 납입일
8. 제37조에 따라 우선출자의 매입소각을 하는 경우에는 그에 관한 사항
9. 우선출자 인수금액의 납입을 취급하는 금융기관

### 제33조(우선출자 금액의 납입 등)

① 우선출자의 청약을 한 자는 지도경제사업대표이사가 배정한 우선출자의 좌수에 대하여 우선출자를 인수할 수 있다.

② 제1항에 따라 우선출자를 인수하려는 자는 납입일까지 우선출자 발행가액 전액을 납입하여야 한다.

③ 우선출자를 인수한 자는 우선출자 발행가액의 납입일의 다음 날부터 우선출자자가 된다.

제34조 삭제 〈2014. 12. 23.〉

제35조 삭제 〈2014. 12. 23.〉

제36조 삭제 〈2014. 12. 23.〉

### 제37조(우선출자의 매입소각)

중앙회는 이사회의 의결을 거쳐 우선출자를 매입하여 소각할 수 있다.

제38조 삭제 〈2014. 12. 23.〉

제38조의2(조합등의 우선출자)

① 조합의 우선출자에 관하여는 제31조부터 제33조까지 및 제37조를 준용한다. 이 경우 "중앙회"는 "조합"으로, "지도경제사업대표이사"는 "조합장"으로 보고, 제31조 중 "법 제147조"는 "법 제22조의2, 제108조 및 제113조"로 본다.

② 조합공동사업법인의 우선출자에 관하여는 제31조부터 제33조까지 및 제37조를 준용한다. 이 경우 "중앙회"는 "조합공동사업법인"으로, "지도경제사업대표이사"는 "대표이사"로 보고, 제31조 중 "법 제147조"는 "법 제113조의10 제2항"으로 본다.

제39조 삭제 〈2014. 12. 23.〉

제40조(국가 등의 출자지원)

법 제153조 제1항에서 "대통령령으로 정하는 유가증권"이란 다음 각 호의 유가증권을 말한다.
1. 수협은행이 보유하고 있는 채권 중 국채·지방채와 국가가 원리금의 지급을 보증한 채권
2. 수협은행이 발행한 「은행법」 제33조 제1항 제2호부터 제4호까지의 채권
3. 제1호 또는 제2호의 유가증권에 준하는 것으로서 금융위원회가 인정하는 유가증권

제41조 삭제 〈2016. 10. 25.〉

제31조(우선출자증권 발행사항의 공고), 제32조(우선출자의 청약), 제33조(우선출자 금액의 납입 등), 제37조(우선출자의 매입소각), 제38조의2(조합등의 우선출자), 제40조(국가 등의 출자지원)

■ 다음 조문을 읽고 맞는 것은 O, 틀린 것은 X에 V 표시하시오.

01 수협중앙회가 우선출자를 하게 될 때에는 우선출자의 납입일 2주 전까지 그 내용을 공고하고 출자자와 우선출자자에게 알려야 한다. O X

02 수협중앙회 우선출자를 인수하려는 자는 납입일까지 우선출자 발행가액 전액을 납입하여야 한다. O X

03 수협중앙회 우선출자를 인수한 자는 우선출자 발행가액의 납일일로부터 우선출자자가 된다. O X

04 수협중앙회가 우선출자를 매입하여 소각하기 위해서는 총회의 의결을 거쳐야 한다. O X

05 조합이 우선출자를 할 경우 해당 우선출자의 공고는 조합장이 한다. O X

06 조합은 조합이 발행한 우선출자를 매입하여 소각할 수 없다. O X

07 국가는 수협은행의 재무구조 개선을 위해 수협은행이 발행한 채권을 직접 매입할 수 있다. O X

[정답] 01 O  02 O  03 X  04 X  05 O  06 X  07 O

### 법조문 익히기

제42조(채권의 발행방법), 제43조(채권의 형식), 제44조(채권의 모집), 제45조(계약에 따른 채권인수), 제46조(채권발행의 총액), 제47조(모집발행 채권의 기재사항), 제48조(채권의 납입), 제49조(채권모집의 위탁)

#### 제42조(채권의 발행방법)

법 제156조 제1항에 따라 회장, 사업전담대표이사 또는 수협은행장이 수산금융채권(이하 "채권"이라 한다)을 발행할 때에는 모집, 매출 또는 사모(私募)의 방법에 따른다.

#### 제43조(채권의 형식)

법 제156조 제1항에 따라 중앙회 또는 수협은행이 발행하는 채권은 무기명식으로 한다. 다만, 청약인 또는 소유자의 요구에 따라 무기명식을 기명식으로, 기명식을 무기명식으로 할 수 있다.

#### 제44조(채권의 모집)

① 채권모집에 응하려는 자는 채권청약서 2부에 청약하려는 채권의 매수(枚數)·금액과 주소를 적고 기명날인하여야 한다.
② 채권청약서는 회장, 사업전담대표이사 또는 수협은행장이 작성하되, 다음 각 호의 사항이 포함되어야 한다.
1. 중앙회 또는 수협은행의 명칭
2. 채권의 발행총액
3. 채권의 권종(券種)별 액면금액
4. 채권의 이율
5. 원금상환의 방법과 시기
6. 채권의 발행가액 또는 그 최저가액
7. 법 제156조 제3항에 따라 채권의 차환(借換)을 위하여 발행하는 경우 이에 관한 사항
8. 이미 발행한 채권의 미상환분이 있는 경우 그 총액
9. 이자 지급 시기와 방법
10. 법 제167조에 따른 신용사업특별회계(이하 "신용사업특별회계"라 한다)를 제외한 중앙회 또는 수협은행의 자기자본
③ 채권발행의 최저가액을 정한 경우에는 청약인은 채권청약서에 청약가액을 적어야 한다.

#### 제45조(계약에 따른 채권인수)

계약에 따라 채권의 총액을 인수하는 경우에는 제44조를 적용하지 아니한다. 채권모집을 위탁받은 자가 스스로 채권의 일부를 인수할 때에도 또한 같다.

#### 제46조(채권발행의 총액)

회장, 사업전담대표이사 또는 수협은행장은 채권을 발행하는 경우로서 실제로 청약된 총액이 채권청약서에 적힌 채권발행총액에 미치지 못한 경우에도 채권을 발행한다는 표시를 할 수 있다. 이 경우 채권발행총액은 청약총액으로 한다.

#### 제47조(모집발행채권의 기재사항)

채권을 모집의 방법으로 발행할 때에는 제44조 제2항 제1호부터 제5호까지 및 제9호의 사항과 채권번호를 적어야 한다.

### 제48조(채권의 납입)

① 채권의 모집을 마쳤을 때에는 회장, 사업전담대표이사 또는 수협은행장은 지체 없이 각 채권 발행가액 전액을 납입시켜야 한다.

② 채권은 제50조에 따라 발행하는 경우를 제외하고는 전액을 납입한 후가 아니면 그 증권을 발행할 수 없다.

### 제49조(채권모집의 위탁)

채권모집을 위탁받은 자는 자기명의로 제48조에 따른 행위를 할 수 있다.

---

**조문확인 OX 문제**

제42조(채권의 발행방법), 제43조(채권의 형식), 제44조(채권의 모집), 제45조(계약에 따른 채권인수), 제46조(채권발행의 총액), 제47조(모집발행채권의 기재사항), 제48조(채권의 납입), 제49조(채권모집의 위탁)

■ 다음 조문을 읽고 맞는 것은 O, 틀린 것은 X에 V 표시하시오.

01 수협중앙회가 수산금융채권을 발행할 때에는 모집, 매출, 사모의 방법에 따른다.　O　X

02 수협은행이 발행하는 수산금융채권은 기명식을 원칙으로 한다. 　O　X

03 수협중앙회는 청약인의 요구에 따라 수산금융채권의 발행을 무기명식으로 할 수 있다. 　O　X

04 수협중앙회가 발행하는 수산금융채권의 모집에 응하려는 자는 채권청약서 2부를 작성하여 기명날인하여야 한다. 　O　X

05 수협은행이 발행하는 수산금융채권의 채권청약서에는 채권의 액면금액과 이율이 포함되어야 한다. 　O　X

06 최저가액이 정해져 있는 수산금융채권의 채권청약서에는 청약가액을 기재하지 않는다. 　O　X

07 계약에 따라 수산금융채권의 총액을 인수하기 위해서는 채권청약서를 작성하여야 한다. 　O　X

08 수협은행장이 발행한 수산금융채권의 실제로 청약된 총액이 채권청약서에 적힌 채권발행총액에 미치지 못할 경우에는 채권발행을 취소해야만 한다. 　O　X

09 모집의 방법으로 발행한 수산금융채권에는 채권의 발행총액과 해당 채권의 액면금액을 적어야 한다. 　O　X

10 수협은행이 모집의 방법으로 발행한 수산금융채권의 모집을 마친 후 수협은행장은 지체 없이 각 채권 발행가액의 전액을 납입시켜야 한다. 　O　X

[정답]　01 O　02 X　03 O　04 O　05 O
　　　 06 X　07 X　08 X　09 O　10 O

**법조문 익히기** — 제50조(채권의 매출발행), 제51조(매출채권의 총액), 제54조(채권원부), 제55조(채권의 매입소각), 제56조(통지와 독촉)

### 제50조(채권의 매출발행)

① 채권을 매출의 방법으로 발행할 때에는 회장, 사업전담대표이사 또는 수협은행장은 다음 각 호의 사항을 공고하여야 한다.
1. 매출기간
2. 제44조 제2항 제1호부터 제6호까지 및 제9호의 사항

② 제1항의 경우에는 채권청약서가 필요하지 아니하다.

③ 제1항에 따라 발행하는 채권에는 제44조 제2항 제1호·제3호부터 제5호까지 및 제9호의 사항과 채권번호를 적어야 한다.

### 제51조(매출채권의 총액)

채권의 매출기간 중에 매출한 채권총액이 제50조 제1항에 따라 공고한 채권의 총액에 달하지 아니할 때에는 그 매출총액을 채권의 총액으로 한다.

### 제52조 삭제 〈2010. 10. 13.〉

### 제53조 삭제 〈2010. 10. 13.〉

### 제54조(채권원부)

① 회장, 사업전담대표이사 또는 수협은행장은 주된 사무소에 채권원부를 갖춰 두고 다음 각 호의 사항을 적어야 한다.
1. 채권의 권종별 수와 번호
2. 채권의 발행일
3. 제44조 제2항 제2호부터 제5호까지 및 제9호의 사항
4. 각 채권에 대한 납입금액 및 납입 연월일
5. 채권이 기명식인 경우에는 채권소유자의 주소·성명 및 취득 연월일

② 회장, 사업전담대표이사 또는 수협은행장은 회원과 채권자가 요구하면 업무시간에는 언제든지 채권원부를 열람시켜야 한다.

### 제55조(채권의 매입소각)

회장, 사업전담대표이사 또는 수협은행장은 이사회의 의결을 거쳐 채권을 매입하여 소각할 수 있다.

### 제56조(통지와 독촉)

① 채권청약인에 대한 통지와 독촉은 채권청약서에 적힌 청약인의 주소로 하며, 그 청약인이 따로 주소를 회장, 사업전담대표이사 또는 수협은행장에게 통지한 경우에는 그 주소로 통지와 독촉을 해야 한다.

② 기명식 채권의 채권자에 대한 통지와 독촉은 소유자가 따로 그 주소를 회장, 사업전담대표이사 또는 수협은행장에게 통지한 경우를 제외하고는 채권원부에 적힌 주소로 한다.

③ 무기명식 채권의 소지자에 대한 통지와 독촉은 공고의 방법으로 한다.

제57조 삭제 〈2010. 10. 13.〉

## 조문확인 OX 문제

제50조(채권의 매출발행), 제51조(매출채권의 총액), 제54조(채권원부), 제55조(채권의 매입소각), 제56조(통지와 독촉)

■ 다음 조문을 읽고 맞는 것은 O, 틀린 것은 X에 V 표시하시오.

01 수산금융채권을 매출의 방법으로 발행할 경우 이를 발행한 수협중앙회의 회장은 해당 채권의 매출기간과 발행총액을 공고하여야 한다. | O | X |

02 매출의 방법으로 발행한 수산금융채권에는 채권의 액면금액과 이율, 이자 지급의 시기와 방법을 적어야 한다. | O | X |

03 수산금융채권을 매출의 방법으로 발행할 경우에도 채권청약서를 작성해야 한다. | O | X |

04 매출기간 중에 매출한 수산금융채권의 총액이 공고한 채권총액에 달하지 아니할 때에도 공고한 금액을 채권의 총액으로 한다. | O | X |

05 수협중앙회의 채권원부에는 수협중앙회가 발행한 수산금융채권의 발행일과 각 채권에 대한 납입금액 및 납입 연월일을 기재하여야 한다. | O | X |

06 수협은행장은 수산금융채권의 채권자가 요구하면 업무시간에는 언제든지 채권원부를 열람시켜야 한다. | O | X |

07 수협중앙회는 이사회의 의결을 거쳐 수산금융채권을 매입하고 이를 소각할 수 있다. | O | X |

08 수산금융채권의 채권청약인에 대한 통지는 해당 채권청약서에 기재된 주소를 기준으로 하는 것이 기본이다. | O | X |

09 기명식으로 발행된 수산금융채권의 소지자에 대한 독촉은 공고의 방법으로 한다. | O | X |

[정답] 01 O  02 O  03 X  04 X  05 O
       06 O  07 O  08 O  09 X

## 법조문 익히기

제58조(질권 설정), 제59조(이권의 흠결), 제61조(해양수산부장관 등의 감독 등), 제62조(감독권의 위임·위탁)

### 제58조(질권 설정)
기명식 채권에 질권을 설정한 경우에는 「상법」 제338조 및 제340조를 준용한다.

### 제59조(이권의 흠결)
① 이권(利權) 있는 무기명식 채권을 상환하는 경우에 이권이 흠결된 것에 대해서는 그 이권에 상당하는 금액을 상환액에서 공제한다.
② 제1항에 따라 그 이권에 상당하는 금액이 상환액에서 공제된 이권의 소지인은 언제든지 그 이권과의 상환으로 공제된 금액의 지급을 청구할 수 있다.

### 제60조 삭제 〈2025. 5. 7.〉

### 제61조(해양수산부장관 등의 감독 등)
① 해양수산부장관은 감독을 위하여 필요할 때에는 법 제169조 제1항에 따라 조합등, 중앙회, 수협은행 및 법 제114조에 따른 수산업협동조합협의회(이하 "조합협의회"라 한다)에 대하여 소속 공무원으로 하여금 업무 및 재산 상황을 감사하게 할 수 있으며, 그 결과에 따라 필요한 조치를 할 수 있다.
② 해양수산부장관은 법 제169조 제1항에 따른 감독을 효과적으로 수행하기 위하여 필요한 절차 및 방법 등 세부사항을 정하여 고시하여야 한다.
③ 지방자치단체의 장은 법 제169조 제4항에 따른 감독에 필요하다고 인정할 때에는 조합등에 대하여 지방자치단체가 보조한 사업과 관련된 업무에 관한 자료의 제출을 요구할 수 있다. 이 경우 해당 조합등은 정당한 사유가 없으면 그 요구에 따라야 한다.
④ 금융위원회는 법 제169조 제5항에 따른 감독에 필요하다고 인정할 때에는 조합(신용사업에 한정한다) 및 수협은행에 대하여 그 업무 또는 재산에 관한 자료의 제출을 요구할 수 있다. 이 경우 해당 조합 및 수협은행은 정당한 사유가 없으면 그 요구에 따라야 한다.
⑤ 법 제169조 제7항 본문에서 "대통령령으로 정하는 기준액"이란 직전 회계연도 말의 자산총액 300억 원(2015회계연도까지는 3천억 원)을 말한다.

### 제62조(감독권의 위임·위탁)
해양수산부장관은 법 제169조 제3항에 따라 다음 각 호의 권한을 회장에게 위탁한다.
1. 법 제86조 제4항(법 제108조 및 제113조에서 준용하는 경우를 포함한다)에 따른 청산 사무의 감독
2. 법 제172조 제1항에 따른 경영지도 업무(이 영 제65조 제3항에 따른 경영지도에 필요한 세부사항의 제정·고시에 관한 업무를 포함한다)
3. 제61조에 따른 조합에 대한 감사 중 일상적인 업무에 대한 감사와 그 결과에 따른 필요한 조치

**조문확인 OX 문제**  제58조(질권 설정), 제59조(이권의 흠결), 제61조(해양수산부장관 등의 감독 등), 제62조(감독권의 위임·위탁)

■ 다음 조문을 읽고 맞는 것은 O, 틀린 것은 X에 V 표시하시오.

01 이권 있는 무기명식 수산금융채권을 상환할 경우, 만일 이권이 흠결되었다면 그 이권에 상당하는 금액을 상환액에서 공제한다. O X

02 이권에 상당하는 금액이 상환액에서 공제된 무기명식 수산금융채권의 소지인은 언제든지 공제된 금액의 지급을 청구할 수 있다. O X

03 해양수산부장관은 소속 공무원으로 하여금 수협중앙회의 업무 및 재산 상황을 감사하게 할 수 있다. O X

04 지방자치단체의 장은 지구별수협에 지방자치단체가 보조한 사업과 관련된 업무에 관한 자료의 제출을 요구할 수 있다. O X

05 금융위원회는 조합의 신용사업에 한하여 그 업무 또는 재산에 관한 자료의 제출을 요구할 수 있다. O X

06 2024회계연도 기준 직전 회계연도 말의 자산총액이 300억 원 이상인 조합은 조합감사위원회로부터 감사를 받지 않은 회계연도에 외부감사를 받아야 한다. O X

07 해양수산부장관은 지구별수협의 해산에 따른 청산 사무의 감독의 권한을 수협은행장에게 위탁한다. O X

08 해양수산부장관은 지구별수협의 경영지도 업무를 수협중앙회장에게 위탁한다. O X

09 해양수산부장관은 조합에 대한 감사 중 일상적인 업무에 대한 감사의 권한을 수협중앙회장에게 위탁할 수 없다. O X

[정답] 01 O  02 O  03 O  04 O  05 O  06 O  07 X  08 O  09 X

제63조(경영지도의 통지), 제64조(경영지도의 방법 등), 제65조(경영지도의 기간 등), 제66조(채무의 지급정지), 제67조(임원의 직무정지), 제68조(회원 간의 분쟁조정 등), 제69조(조합에 대한 지도), 제69조의2(민감정보 및 고유식별정보의 처리), 제69조의3(규제의 재검토), 제70조(과태료의 부과 및 징수절차)

### 제63조(경영지도의 통지)

해양수산부장관은 법 제172조 제1항에 따라 경영지도를 할 때에는 그 사유 및 기간 등을 해당 조합등에 서면으로 알려야 한다.

### 제64조(경영지도의 방법 등)

① 법 제172조 제1항에 따른 경영지도는 그에 필요한 자료를 제출받아 서면으로 하는 것을 원칙으로 한다. 다만, 다음 각 호의 어느 하나에 해당하는 경우에는 직원을 조합등의 사무소에 파견하여 현지지도를 할 수 있다.
1. 경영지도를 받고 있는 조합등이 불법경영의 가능성이 큰 경우
2. 불법·부실 대출의 회수 실적이 모자라고 조합등이 자체적으로 시정할 수 없다고 인정되는 경우
3. 불법·부실 대출이 추가로 이루어진 경우
4. 그 밖에 제1호 및 제2호에 준하는 경우로서 현지지도를 할 필요가 있다고 인정되는 경우

② 법 제172조 제2항 제3호에서 "대통령령으로 정하는 사항"이란 다음 각 호의 사항을 말한다.
1. 위법·부당한 행위의 시정
2. 부실한 자산의 정리
3. 인력 및 조직 운영의 개선

### 제65조(경영지도의 기간 등)

① 법 제172조 제1항에 따른 경영지도의 기간은 6개월로 한다. 다만, 해양수산부장관은 조합원을 보호하기 위하여 필요하다고 인정하면 6개월 단위로 경영지도의 기간을 연장할 수 있다.

② 해양수산부장관은 제1항에 따라 경영지도의 기간을 연장하려는 경우에는 그 이유를 구체적으로 밝혀 경영지도 기간의 만료일 15일 전까지 그 사실을 해당 조합등에 서면으로 알려야 한다.

③ 제64조 및 제1항·제2항에서 규정한 사항 외에 경영지도에 필요한 세부사항은 해양수산부장관이 정하여 고시한다.

### 제66조(채무의 지급정지)

해양수산부장관은 법 제172조 제3항에 따라 채무의 지급을 정지하는 경우에도 다음 각 호의 어느 하나에 해당하는 채무는 지급정지의 대상에서 제외한다.
1. 제세공과금 또는 임차료의 지급채무
2. 「근로기준법」 제38조 제2항에 따라 우선변제권이 인정되는 최종 3개월분의 임금 및 재해보상금에 관한 채무
3. 「근로자퇴직급여 보장법」 제12조 제2항에 따라 우선변제권이 인정되는 최종 3년간의 퇴직금에 관한 채무
4. 그 밖에 조합등의 유지·관리를 위하여 필요한 것으로서 해양수산부장관이 정하여 고시하는 채무

### 제67조(임원의 직무정지)

해양수산부장관은 법 제172조 제3항에 따라 임원의 직무를 정지하려는 때에는 당사자에게 미리 그 근거와 이유를 서면으로 알려야 한다.

### 제68조(회원 간의 분쟁조정 등)

① 회장은 회원의 건전한 발전을 도모하고 조합등, 중앙회 및 조합협의회 간의 업무구역, 사업영역 등에 관한 분쟁 등을 자율적으로 조정하기 위하여 분쟁조정위원회를 설치·운영할 수 있다.
② 제1항에 따른 분쟁조정위원회의 구성·운영 등에 필요한 사항은 중앙회의 정관으로 정한다.

### 제69조(조합에 대한 지도)

① 회장은 법 제142조 제2항에 따른 경영평가 또는 법 제146조에 따른 감사 결과 결손금 및 사고금이 너무 많이 발생하거나 그 밖에 이에 준하는 사유로 경영 상태가 극히 불량한 회원에 대하여 그 경영의 빠른 정상화와 조합원 또는 제3자 보호를 위하여 특히 필요하다고 인정할 때에는 소속 직원을 그 회원에 파견하여 업무를 지도할 수 있다.
② 중앙회는 법 제138조 제1항 각 호의 사업 수행과 법 제142조 및 제146조에 따른 회원에 대한 지도, 경영평가 및 효율적인 감사를 위하여 필요한 경우 자료의 제출, 관련자의 출석·진술을 요구할 수 있다.
③ 제2항의 요구를 받은 회원은 지체 없이 이에 따라야 한다.

### 제69조의2(민감정보 및 고유식별정보의 처리)

① 조합, 중앙회 또는 수협은행은 다음 각 호의 사무(수협은행의 경우에는 제11호에 한정한다)를 수행하기 위하여 불가피한 경우 「개인정보 보호법 시행령」 제19조에 따른 주민등록번호, 여권번호, 운전면허의 면허번호 또는 외국인등록번호(이하 "고유식별정보"라 한다)가 포함된 자료를 처리할 수 있다.
1. 법 제20조, 제22조·제25조·제33조(법 제108조, 제113조 및 제168조에서 준용하는 경우를 포함한다), 제106조 및 제111조에 따른 조합원의 자격, 출자, 사업 이용 및 지분 환급에 관한 사무
2. 법 제21조(법 제108조, 제113조 및 제168조에서 준용하는 경우를 포함한다)에 따른 준조합원의 가입, 탈퇴 및 사업 이용에 관한 사무
3. 법 제22조의2(법 제108조 및 제113조에서 준용하는 경우를 포함한다) 및 제147조에 따른 우선출자자에 관한 사무
4. 법 제31조 제3항(법 제108조 및 제113조에서 준용하는 경우를 포함한다)에 따른 조합원의 탈퇴 확인에 관한 사무
5. 법 제48조(법 제108조 및 제113조에서 준용하는 경우를 포함한다) 및 제133조에 따른 감사 및 이에 따른 조치 등에 관한 사무
6. 법 제51조(법 제108조, 제113조 및 제168조에서 준용하는 경우를 포함한다)에 따른 임원의 결격사유 확인에 관한 사무
7. 법 제61조(법 제108조 및 제113조에서 준용하는 경우를 포함한다)에 따른 비조합원의 사업 이용에 관한 사무
8. 법 제71조 제3항(법 제108조, 제113조 및 제168조에서 준용하는 경우를 포함한다)에 따른 배당에 관한 사무
9. 법 제142조의2에 따른 자회사에 대한 지도·감독에 관한 사무

10. 법 제143조 및 제146조에 따른 회원에 대한 지도·감사 및 이에 따른 조치 등에 관한 사무
11. 법 제156조에 따른 수산금융채권의 발행 및 관리에 관한 사무

② 해양수산부장관은 법 제169조 및 제170조에 따른 감독 및 법령 위반에 대한 조치와 관련된 사무를 수행하기 위하여 불가피한 경우 고유식별정보가 포함된 자료를 처리할 수 있다.

③ 지방자치단체의 장은 법 제169조 제4항에 따른 감독 및 필요한 조치와 관련된 사무를 수행하기 위하여 불가피한 경우 고유식별정보가 포함된 자료를 처리할 수 있다.

④ 조합, 중앙회 또는 수협은행은 다음 각 호의 사무를 수행하기 위하여 필요한 범위에 한정하여 다음 각 호의 구분에 따라 「개인정보 보호법」 제23조에 따른 민감정보 중 건강에 관한 정보(이하 "건강정보"라 한다) 또는 고유식별정보가 포함된 자료를 처리할 수 있다.

1. 법 제60조 제1항 제4호, 제107조 제1항 제3호, 제112조 제1항 제3호 및 제138조 제1항 제5호에 따른 공제사업 또는 이 영 제29조의4 제3항에 따른 업무를 위한 공제계약의 체결, 유지·관리 및 공제금의 지급 등에 관한 사무 : 공제계약자 또는 피공제자에 관한 건강정보 또는 고유식별정보
2. 「상법」 제639조 및 제664조에 따른 타인을 위한 공제계약의 체결, 유지·관리 및 공제금의 지급에 관한 사무 : 피공제자에 관한 건강정보 또는 고유식별정보
3. 「상법」 제664조 및 제719조(「상법」 제726조에서 준용하는 재보험계약을 포함한다)에 따라 제3자에게 배상할 책임을 이행하기 위한 사무 : 제3자에 대한 건강정보 또는 고유식별정보
4. 「상법」 제664조 및 제733조에 따른 공제수익자 지정 또는 변경에 관한 사무 : 공제수익자에 관한 고유식별정보
5. 「상법」 제664조 및 제735조의3에 따른 단체공제계약의 체결, 유지·관리 및 공제금의 지급에 관한 사무 : 피공제자에 대한 건강정보 또는 고유식별정보

## 제69조의3(규제의 재검토)

해양수산부장관은 다음 각 호의 사항에 대하여 다음 각 호의 기준일을 기준으로 3년마다(매 3년이 되는 해의 기준일과 같은 날 전까지를 말한다) 그 타당성을 검토하여 개선 등의 조치를 해야 한다.

1. 삭제 〈2022. 3. 8.〉
2. 삭제 〈2020. 3. 3.〉
3. 제17조에 따른 간부직원의 자격 : 2017년 1월 1일
4. 제18조에 따른 조합의 자금차입 한도 및 신용사업의 한도와 방법 : 2019년 1월 1일
5. 제24조의2에 따른 중앙회 감사위원의 자격요건 : 2019년 1월 1일
6. 제27조의2에 따른 회원의 상환준비금의 운용·관리 : 2019년 1월 1일
7. 제27조의4에 따른 부대사업의 범위 : 2019년 1월 1일
8. 제30조에 따른 조합감사위원회 위원의 자격요건 : 2019년 1월 1일

## 제70조(과태료의 부과 및 징수절차)

구·시·군선거관리위원회가 법 제180조 제5항에 따라 과태료를 부과·징수하는 경우 그 성질에 어긋나지 아니하는 범위에서 「공직선거관리규칙」 제143조를 준용한다.

제63조(경영지도의 통지), 제64조(경영지도의 방법 등), 제65조(경영지도의 기간 등), 제66조(채무의 지급정지), 제67조(임원의 직무정지), 제68조(회원 간의 분쟁조정 등), 제69조(조합에 대한 지도), 제69조의2(민감정보 및 고유식별정보의 처리), 제69조의3(규제의 재검토), 제70조(과태료의 부과 및 징수절차)

## 조문확인 OX 문제

■ 다음 조문을 읽고 맞는 것은 O, 틀린 것은 X에 V 표시하시오.

01 해양수산부장관은 지구별수협에 대한 경영지도를 할 때에는 그 사유 및 기간 등을 해당 지구별수협에 서면통지 없이 공고해야 한다. [O / X]

02 지구별수협에 대한 해양수산부장관의 경영지도는 소속 직원을 직접 사무소에 파견하여 현지지도를 하는 방법을 원칙으로 한다. [O / X]

03 지구별수협에 대한 해양수산부장관의 경영지도의 기간은 1년으로 한다. [O / X]

04 해양수산부장관은 지구별수협의 경영지도의 기간을 연장하려는 경우 해당 지구별수협에 구체적인 이유와 함께 그 사실을 서면으로 알려야 한다. [O / X]

05 해양수산부장관이 지구별수협에 대한 경영지도 중 채무의 지급을 정지하는 경우에도 「근로기준법」상 우선변제권이 인정되는 최종 3개월분의 임금채무는 지급되어야 한다. [O / X]

06 지구별수협 간의 사업영역에 관한 분쟁을 자율적으로 조정하기 위해 해양수산부장관을 소속으로 하여 분쟁조정위원회를 설치·운영한다. [O / X]

07 수협중앙회장은 회원에 대한 경영평가 결과 경영 상태가 극히 불량한 회원에 대해 소속 직원을 직접 파견하여 업무를 지도할 수 있다. [O / X]

08 지구별수협은 소속 임원의 결격사유 확인을 위해 불가피한 경우 임원의 고유식별정보가 포함된 자료를 처리할 수 있다. [O / X]

09 공제사업을 수행하는 수협중앙회는 책임보험에 의해 제3자에게 배상할 책임을 이행하기 위해 제3자에 대한 건강정보와 고유식별정보가 포함된 자료를 처리할 수 있다. [O / X]

10 해양수산부장관은 5년마다 수협중앙회 감사위원의 자격요건에 대한 타당성을 검토하고 개선 등의 조치를 해야 한다. [O / X]

[정답] 01 X  02 X  03 X  04 O  05 O
       06 X  07 O  08 O  09 O  10 X

# 수산업협동조합법 시행규칙

**규칙**

**법조문 익히기** — 제1조(목적), 제2조(어촌계의 설립준비위원회와 창립총회), 제3조(어촌계의 설립인가 신청 및 통보)

### 제1조(목적)

이 규칙은 「수산업협동조합법」 및 같은 법 시행령에서 위임된 사항과 그 시행에 필요한 사항을 규정함을 목적으로 한다.

### 제2조(어촌계의 설립준비위원회와 창립총회)

① 지구별 수산업협동조합(이하 "지구별수협"이라 한다)의 조합원이 어촌계를 설립하려는 경우에는 「수산업협동조합법 시행령」(이하 "영"이라 한다) 제4조 제1항에 따른 발기인이 다음 각 호의 사항을 1주일 이상 주된 사무소의 예정지에 공고한 후 설립준비위원회를 개최하여야 한다.
1. 명칭
2. 구역
3. 어촌계원의 자격
4. 어촌계원의 권리와 의무
5. 그 밖에 어촌계 설립에 필요한 사항

② 설립준비위원회는 어촌계의 정관안과 사업계획서안을 작성하고 가입 신청에 관한 사항, 창립총회의 일시 및 장소를 정하여 1주일 이상 주된 사무소의 예정지에 공고한 후 어촌계원의 자격이 있는 사람 중 어촌계의 설립에 동의하는 사람으로부터 어촌계 설립동의서를 받아야 한다.

③ 다음 각 호의 사항은 창립총회의 의결을 거쳐야 한다.
1. 정관
2. 사업계획 및 수지예산
3. 그 밖에 어촌계 설립에 필요한 사항

### 제3조(어촌계의 설립인가 신청 및 통보)

① 설립준비위원회가 영 제4조 제1항에 따라 어촌계의 설립인가를 받으려는 경우에는 별지 제1호서식의 어촌계설립인가 신청서에 다음 각 호의 서류를 첨부하여 시장(특별자치도의 경우에는 특별자치도지사를 말한다. 이하 같다)·군수·구청장(자치구의 구청장을 말한다. 이하 같다)에게 제출하여야 한다.
1. 정관
2. 창립총회 의사록
3. 사업계획서 및 수지예산서
4. 임원 및 어촌계원 명부
5. 구역 및 어장 약도
6. 삭제 〈2013. 12. 30.〉

② 시장·군수·구청장은 어촌계의 설립을 인가한 경우에는 그 사실을 관할 지구별수협의 장에게 통보하여야 한다.

## 조문확인 OX 문제

제1조(목적), 제2조(어촌계의 설립준비위원회와 창립총회), 제3조(어촌계의 설립인가 신청 및 통보)

■ 다음 조문을 읽고 맞는 것은 O, 틀린 것은 X에 ∨ 표시하시오.

01 어촌계를 설립하려는 발기인은 어촌계원의 자격과 권리, 의무 등의 사항을 1주일 이상 주된 사무소의 예정지에 공고하여야 한다. [O / X]

02 어촌계 설립준비위원회는 어촌계 설립동의서를 받은 후 어촌계의 정관안과 사업계획서만을 작성하여 이를 주된 사무소의 예정지에 공고하여야 한다. [O / X]

03 어촌계 설립준비위원회는 창립총회의 일시 및 장소를 정하여 이를 1주일 이상 주된 사무소의 예정지에 공고하여야 한다. [O / X]

04 어촌계 설립준비위원회는 어촌계원의 자격이 있는 사람 중 어촌계의 설립에 동의하는 사람으로부터 어촌계 설립동의서를 받아야 한다. [O / X]

05 어촌계 창립총회에는 어촌계의 정관과 사업계획 및 수지계산에 관한 사항을 의결한다. [O / X]

06 시장·군수·구청장에게 제출하여야 하는 어촌계설립인가 신청서에는 어촌계의 정관과 창립총회의 의사록을 첨부하여야 한다. [O / X]

07 관할 지구별수협의 장은 어촌계의 설립을 인가한 후 그 사실을 시장·군수·구청장에게 통보하여야 한다. [O / X]

[정답] 01 O  02 X  03 O  04 O  05 O  06 O  07 X

## 법조문 익히기

제4조(조합원 가입 신청), 제5조(의결 취소의 청구 등), 제6조(정관 변경 등의 인가 신청), 제7조(조합의 자금차입 한도의 예외)

### 제4조(조합원 가입 신청)

「수산업협동조합법」(이하 "법"이라 한다) 제29조(법 제108조 및 제113조에서 준용하는 경우를 포함한다)에 따라 조합원의 자격을 가진 자가 조합에 가입하려는 경우에는 가입신청서에 다음 각 호의 서류를 첨부하여 조합장에게 제출하여야 한다.

1. 법 제20조에 따른 조합원 자격을 증명하는 서류로서 국가 또는 지방자치단체에서 발급한 서류
2. 삭제〈2017. 1. 2.〉
3. 그 밖에 정관에서 정하는 조합원 자격을 증명하는 서류

### 제5조(의결 취소의 청구 등)

법 제35조 제1항(법 제108조, 제113조, 제113조의10 및 제168조에서 준용하는 경우를 포함한다)에 따라 총회(창립총회를 포함한다)의 의결이나 선거에 따른 당선의 취소 또는 무효 확인을 청구하려는 조합원 또는 회원은 청구의 취지·이유 및 위반되었다고 주장하는 규정을 분명히 밝힌 취소청구서 또는 무효확인청구서에 총회의사록 또는 선거록 사본 및 사실관계를 증명할 수 있는 서류를 첨부하여 해양수산부장관에게 제출하여야 한다.

### 제6조(정관 변경 등의 인가 신청)

① 조합 및 법 제113조의3에 따른 조합공동사업법인(이하 "조합공동사업법인"이라 한다)이 법 제37조 제2항 본문(법 제108조, 제113조 및 제113조의10에서 준용하는 경우를 포함한다)에 따라 정관의 변경 또는 조합 및 조합공동사업법인(이하 "조합등"이라 한다)의 해산·합병·분할의 인가를 받으려는 경우에는 인가신청서에 정관의 변경 또는 조합등의 해산·합병·분할을 의결한 총회의사록을 첨부하여 해양수산부장관에게 제출하여야 한다.
② 중앙회가 법 제126조 제2항 본문에 따라 정관 변경의 인가를 받으려는 경우에는 인가신청서에 정관의 변경을 의결한 총회의사록을 첨부하여 해양수산부장관에게 제출하여야 한다.
③ 법 제141조의4에 따른 수협은행(이하 "수협은행"이라 한다)이 법 제141조의5 제2항 본문에 따라 정관 변경의 인가를 받으려는 경우에는 인가신청서에 정관의 변경을 의결한 총회의사록을 첨부하여 해양수산부장관에게 제출하여야 한다.

### 제7조(조합의 자금차입 한도의 예외)

조합이 영 제18조 제3항에 따라 자금의 차입한도를 초과하여 중앙회 또는 수협은행으로부터 자금을 차입하려는 경우에는 다음 각 호의 구분에 따라 중앙회의 지도경제사업대표이사 또는 해양수산부장관의 승인을 받아야 한다.

1. 수산정책의 수행을 위하여 자금이 필요한 경우 : 중앙회의 지도경제사업대표이사
2. 예금 인출 등 불가피한 사유로 자금이 필요한 경우 : 해양수산부장관

**조문확인 OX 문제**

제4조(조합원 가입 신청), 제5조(의결 취소의 청구 등), 제6조(정관 변경 등의 인가 신청), 제7조(조합의 자금차입 한도의 예외)

■ 다음 조문을 읽고 맞는 것은 O, 틀린 것은 X에 V 표시하시오.

01 지구별수협의 조합원 자격을 가진 자가 조합에 가입하려는 경우 가입신청서에 조합원의 자격을 증명하는 서류로서 수협중앙회에서 발급한 서류를 첨부하여야 한다. | O | X |

02 지구별수협 총회 의결의 무효 확인을 청구하려는 조합원은 무효확인청구서에 총회의 사록 사본을 첨부하여 해양수산부장관에게 제출하여야 한다. | O | X |

03 조합공동사업법인이 정관을 변경하려는 경우 이를 의결한 총회의사록을 첨부한 인가신청서를 해양수산부장관에게 제출하여야 한다. | O | X |

04 지구별수협이 조합 합병의 인가를 받으려는 경우에는 인가신청서에 조합의 합병을 의결한 총회의사록을 첨부하여 수협중앙회장에게 제출하여야 한다. | O | X |

05 수협중앙회가 정관 변경의 인가를 받으려는 경우에는 인가신청서에 정관의 변경을 의결한 총회의사록을 첨부하여 해양수산부장관에게 제출하여야 한다. | O | X |

06 수협은행이 정관을 변경하려는 경우 이를 의결한 총회의사록을 첨부한 인가신청서를 수협중앙회장에게 제출하여야 한다. | O | X |

07 지구별수협이 수산정책의 수행을 위해 자금의 차입한도를 초과하여 수협은행으로부터 자금을 차입하려는 경우 수협중앙회 지도경제사업대표이사의 승인을 받아야 한다. | O | X |

08 지구별수협이 예금 인출 등 불가피한 사유로 자금의 차입한도를 초과하는 자금을 수협중앙회로부터 차입하려는 경우에는 수협중앙회의 지도경제사업대표이사의 승인을 받아야 한다. | O | X |

[정답] 01 X  02 O  03 O  04 X  05 O
      06 X  07 O  08 X

**법조문 익히기** — 제8조(상임이사를 두어야 하는 기준), 제8조의2(다수인이 왕래하거나 집합하는 공개된 장소의 범위), 제8조의3(선거운동방법), 제9조(조합원이 아닌 수산업자에 대한 대출)

### 제8조(상임이사를 두어야 하는 기준)

법 제46조 제2항 단서(법 제108조 및 제113조에서 준용하는 경우를 포함한다)에서 "해양수산부령으로 정하는 기준"이란 직전 회계연도 말 자산 규모 500억 원을 말한다.

### 제8조의2(다수인이 왕래하거나 집합하는 공개된 장소의 범위)

법 제53조 제8항 제3호(법 제108조, 제113조 및 제168조에서 준용하는 경우를 포함한다)에서 "도로·시장 등 해양수산부령으로 정하는 다수인이 왕래하거나 집합하는 공개된 장소"란 도로·도로변·광장·공터·주민회관·시장·점포·공원·운동장·주차장·위판장·선착장·방파제·대기실·경로당 등 누구나 오갈 수 있는 공개된 장소를 말한다. 다만, 다음 각 호의 어느 하나에 해당하는 장소는 제외한다.

1. 병원·종교시설·극장의 안
2. 지구별수협(법 제108조에 따라 법 제53조 제8항 제3호가 준용되는 경우에는 업종별 수산업협동조합을 말하고, 법 제113조에 따라 법 제53조 제8항 제3호가 준용되는 경우에는 수산물가공 수산업협동조합을 말하며, 법 제168조에 따라 법 제53조 제8항 제3호가 준용되는 경우에는 중앙회를 말한다)의 주된 사무소나 지(支)사무소의 건물의 안

### 제8조의3(선거운동방법)

법 제53조 제8항(법 제108조, 제113조 및 제168조에서 준용하는 경우를 포함한다)에 따른 선거운동방법에 관한 세부적인 사항은 별표 1의2와 같다.

### 제9조(조합원이 아닌 수산업자에 대한 대출)

해양수산부장관은 법 제60조 제6항(법 제108조, 제113조 및 제168조에서 준용하는 경우를 포함한다)에 따라 조합원이 아닌 수산업자에 대한 자금의 대출에 관하여 다음 각 호의 사항을 정하여 조합, 중앙회 및 수협은행 등 관련 기관에 통보하여야 한다.

1. 대출 대상자 및 지원 규모
2. 대출 한도 및 조건
3. 그 밖에 자금의 대출에 필요한 사항

## 조문확인 OX 문제

제8조(상임이사를 두어야 하는 기준), 제8조의2(다수인이 왕래하거나 집합하는 공개된 장소의 범위), 제8조의3(선거운동방법), 제9조(조합원이 아닌 수산업자에 대한 대출)

■ 다음 조문을 읽고 맞는 것은 O, 틀린 것은 X에 V 표시하시오.

01 직전 회계연도 말 자산규모 500억 원 미만의 지구별수협은 상임이사를 두지 아니할 수 있다. [O / X]

02 지구별수협 임원선거 입후보자가 지지를 호소하거나 명함을 배부하는 선거운동을 할 수 있는 '다수인이 왕래하거나 집합하는 공개된 장소'는 누구나 오갈 수 있는 공개된 장소이어야 한다. [O / X]

03 업종별수협 임원선거 입후보자는 주민회관 내에서 지지를 호소하는 선거운동을 할 수 있다. [O / X]

04 지구별수협 임원선거 입후보자는 종교시설 내에서 명함을 배부하는 선거운동을 할 수 있다. [O / X]

05 지구별수협 임원선거 입후보자는 해당 지구별수협의 지사무소의 건물 안에서 명함을 배부하는 선거운동을 할 수 없다. [O / X]

06 수협중앙회 임원선거 입후보자는 수협중앙회 사무소 건물 내에서 지지를 호소하는 선거운동을 할 수 없다. [O / X]

07 지구별수협의 조합원이 아닌 수산업자에게 국가로부터 차입한 자금을 대출할 경우 수협중앙회는 그 대출 대상자와 대출 한도 및 조건을 직접 설정할 수 있다. [O / X]

[정답] 01 O  02 O  03 O  04 X  05 O
       06 O  07 X

### 법조문 익히기 — 제9조의2(공제규정 기재사항)

**제9조의2(공제규정 기재사항)**

① 법 제60조의2 제2항(법 제108조, 제113조 및 제168조에서 준용하는 경우를 포함한다)에 따라 공제규정에 포함되어야 하는 사항은 다음 각 호와 같다.

1. 공제사업의 실시에 관한 다음 각 목의 사항
   가. 공제사업의 종목
   나. 공제를 모집할 수 있는 자
   다. 공제상품 안내 자료의 기재사항
   라. 통신수단을 이용한 모집 시 준수사항
   마. 공제 모집 시 금지행위
   바. 공제 모집 시 불법행위로 인한 공제계약자 등에 대한 손해배상에 관한 사항
2. 공제상품에 관한 다음 각 목의 사항
   가. 공제상품 개발기준
   나. 사업방법서, 약관, 공제료 및 책임준비금 산출방법에 관한 사항
3. 공제계약에 관한 다음 각 목의 사항
   가. 공제계약자 및 피공제자(被共濟者)의 범위
   나. 공제계약의 성립 및 책임 개시에 관한 사항
   다. 공제계약의 체결 절차
   라. 공제금의 지급 및 지급 사유에 관한 사항
   마. 공제계약의 무효에 관한 사항
   바. 공제계약의 변경에 관한 사항
   사. 공제료의 수납 및 환급에 관한 사항
   아. 공제계약의 해지·부활·소멸에 관한 사항
   자. 공제자의 의무 범위 및 그 의무 이행의 시기에 관한 사항
   차. 공제자의 면책사유에 관한 사항
4. 공제자산 운용의 범위 및 방법에 관한 사항
5. 공제회계에 관한 다음 각 목의 사항
   가. 결산, 재무제표 작성, 사업비 집행 등의 회계처리에 관한 사항
   나. 책임준비금 등의 적립 및 배당에 관한 사항
6. 재무건전성 및 공시에 관한 다음 각 목의 사항
   가. 지급여력(支給餘力)의 산출 기준 및 방법
   나. 자산건전성 기준 및 위험관리에 관한 사항
   다. 경영공시 및 상품공시의 방법·절차 등에 관한 사항
7. 공제 회계처리 및 손해사정(損害査定)에 관한 사항
8. 공제분쟁심의위원회의 설치 및 운영에 관한 사항

9. 조합의 재공제(再共濟) 및 중앙회의 재보험(再保險)에 관한 사항
10. 법 제169조 제8항에 따른 공제사업 감독기준에서 정한 사항과 그 밖에 공제사업을 위하여 필요한 사항
② 공제규정에는 제1항에 따라 포함되어야 하는 사항 외에 공제상품의 표준사업방법서 및 표준약관이 공제규정 부속서로 포함되어야 한다.

## 조문확인 OX 문제

제9조의2(공제규정 기재사항)

■ 다음 조문을 읽고 맞는 것은 O, 틀린 것은 X에 V 표시하시오.

01 지구별수협의 공제사업을 위한 공제규정에는 공제사업의 실시에 관한 공제사업의 종목과 해당 공제상품의 안내 자료의 기재사항이 포함되어야 한다. | O | X |

02 지구별수협의 공제규정에 공제계약자와 피공제자의 범위에 관한 사항을 포함해야 한다. | O | X |

03 수협중앙회의 공제규정에는 공제계약에 관한 공제계약의 체결 절차와 무효, 변경에 관한 사항이 포함되어야 한다. | O | X |

04 공제분쟁심의위원회의 설치 및 운영에 관하여는 해당 기관의 공제규정으로 정한다. | O | X |

05 해양수산부장관은 수협중앙회의 공제사업의 감독에 필요한 기준을 정하고, 그 실시주체인 수협중앙회는 그 기준을 공제규정에 포함하여야 한다. | O | X |

06 수협중앙회의 공제 회계처리 및 손해사정에 관한 사항은 수협중앙회 공제규정의 부속서로 포함되어야 한다. | O | X |

07 수협중앙회의 공제상품에 관한 표준사업방법서는 수협중앙회 공제규정의 부속서로 포함되어야 한다. | O | X |

[정답] 01 O  02 O  03 O  04 O  05 O
06 X  07 O

## 법조문 익히기

제9조의3(책임준비금의 적립기준), 제9조의4(조합공동사업법인 회원의 가입 신청), 제9조의5(수산업협동조합협의회의 구성 등)

### 제9조의3(책임준비금의 적립기준)

① 공제사업을 하는 조합 또는 중앙회는 법 제60조의2 제3항(법 제108조, 제113조 및 제168조에서 준용하는 경우를 포함한다)에 따라 공제사업의 종류별로 다음 각 호의 금액을 책임준비금으로 적립한다.

1. 매 회계연도 말 현재 지급 사유가 발생하지 아니하였으나 장래에 지급할 공제금 및 환급금에 충당하기 위하여 공제료 및 책임준비금 산출방법서에서 정하는 바에 따라 계산한 공제료 적립금과 미경과(未經過) 공제료
2. 매 회계연도 말 현재 지급 사유가 발생하였으나 신청 지연 또는 지급금액 미확정 등의 사유로 아직 지급하지 아니한 공제금 및 환급금에 대하여 지급하여야 할 것으로 추정되는 금액
3. 공제계약자에게 배당하기 위하여 적립한 계약자배당준비금
4. 법 제169조 제8항에 따른 공제사업 감독기준에서 정하는 바에 따른 비상위험준비금 및 공제기금

② 제1항에도 불구하고 공제사업을 중앙회에 전액 재공제하는 조합의 경우에는 책임준비금을 적립하지 아니할 수 있다.

### 제9조의4(조합공동사업법인 회원의 가입 신청)

법 제113조의4에 따라 조합공동사업법인의 회원의 자격을 가진 자가 조합공동사업법인에 가입하려는 경우에는 다음 각 호의 서류를 첨부하여 조합공동사업법인에 제출하여야 한다.

1. 법인 등기사항증명서
2. 정관
3. 인수하려는 출자계좌 수를 적은 서면
4. 조합공동사업법인에 가입을 의결한 총회의사록(이사회의 의결이 필요한 경우에는 이사회의사록을 말한다)
5. 재무상태표

### 제9조의5(수산업협동조합협의회의 구성 등)

① 법 제114조 제1항에 따른 조합협의회는 지구별수협의 경우에는 특별시·광역시·도 또는 특별자치도를 단위로 구성하고, 업종별수협 및 수산물가공수협의 경우에는 전국을 단위로 구성할 수 있다.

② 제1항에서 규정한 사항 외에 조합협의회의 구체적인 구성 및 운영 등에 필요한 사항은 해양수산부장관이 정하여 고시한다.

## 조문확인 OX 문제

제9조의3(책임준비금의 적립기준), 제9조의4(조합공동사업법인 회원의 가입 신청), 제9조의5(수산업협동조합협의회의 구성 등)

■ 다음 조문을 읽고 맞는 것은 O, 틀린 것은 X에 V 표시하시오.

01 공제사업을 하는 수협중앙회는 매 회계연도 말 기준으로 지급 사유가 발생하였으나 지급금액 미확정을 이유로 아직 지급하지 아니한 공제금에 대해 이를 각 공제사업의 책임준비금으로 적립한다. [O | X]

02 공제사업을 하는 지구별수협은 공제사업 감독기준에서 정한 비상위험준비금과 공제기금을 각 공제사업의 책임준비금으로 적립한다. [O | X]

03 공제사업을 수협중앙회에 전액 재공제하는 지구별수협의 경우에도 책임준비금을 적립하여야 한다. [O | X]

04 조합공동사업법인의 회원의 자격을 가진 법인이 조합공동사업법인에 가입하기 위해서는 법인의 등기사항증명서와 정관을 첨부하여 제출해야 한다. [O | X]

05 조합공동사업법인의 회원의 자격을 가진 법인이 조합공동사업법인에 가입하기 위해서는 해당 법인의 재무상태표를 해양수산부장관에 제출하여야 한다. [O | X]

06 수산업협동조합협의회는 지구별수협의 경우 특별시·광역시·도 또는 특별자치도를 단위로 구성한다. [O | X]

07 수산업협동조합협의회는 업종별수협의 경우 전국을 단위로 구성할 수 있다. [O | X]

08 수산업협동조합협의회는 수산물가공수협의 경우 전국을 단위로 구성할 수 있다. [O | X]

[정답] 01 O 02 O 03 X 04 O 05 X 06 O 07 O 08 O

**제10조(국가 보조 또는 융자 사업에 대한 정보의 공시), 제10조의2(수협은행의 우대조치), 제10조의3(외부회계감사), 제10조의4(업무정지의 세부기준), 제11조(조합원의 검사 청구)**

### 제10조(국가 보조 또는 융자 사업에 대한 정보의 공시)

① 중앙회의 회장 및 사업전담대표이사는 소관 업무의 범위에서 법 제141조의2 제1항에 따른 국가 보조 또는 융자 사업에 대한 자금 사용내용 등을 중앙회의 이사회에 보고하여야 한다.

② 중앙회는 제1항에 따른 국가 보조 또는 융자 사업에 대한 자금 사용내용 등에 관하여 중앙회의 인터넷 홈페이지에 공시하여야 한다.

### 제10조의2(수협은행의 우대조치)

수협은행은 법 제141조의9 제5항에 따라 조합 및 중앙회에 법 제141조의9 제4항 각 호의 어느 하나에 해당하는 자금을 지원하는 경우 이자, 수수료 및 대출기간 등 지원조건을 우대할 수 있다.

### 제10조의3(외부회계감사)

법 제169조 제7항 단서에서 "회계부정, 횡령, 배임 등 해양수산부령으로 정하는 중요한 사항이 발생한 조합"이란 임직원이 다음 각 호의 어느 하나에 해당하는 행위로 징계를 받은 조합을 말한다.

1. 「형법」제355조(횡령, 배임) 또는 제356조(업무상의 횡령과 배임)에 해당하는 행위
2. 「특정경제범죄 가중처벌 등에 관한 법률」제5조(수재 등의 죄) 또는 제7조(알선수재의 죄)에 해당하는 행위
3. 「특정경제범죄 가중처벌 등에 관한 법률」제8조(사금융 알선 등의 죄)에 해당하는 행위
4. 조합자금의 편취·유용 또는 예산의 부당전용·초과사용 등의 회계부정

### 제10조의4(업무정지의 세부기준)

법 제170조 제4항에 따른 조합등 또는 중앙회에 대한 업무정지의 세부기준은 별표 2와 같다.

### 제11조(조합원의 검사 청구)

조합원이 법 제174조 제1항에 따라 검사를 청구할 때에는 청구의 취지·이유 및 위반되었다고 주장하는 규정을 분명히 밝힌 검사청구서를 해양수산부장관에게 제출하여야 한다.

제12조 삭제 〈2023. 3. 10.〉

제10조(국가 보조 또는 융자 사업에 대한 정보의 공시), 제10조의2(수협은행의 우대조치), 제10조의3(외부회계감사), 제10조의4(업무정지의 세부기준), 제11조(조합원의 검사청구)

## 조문확인 OX 문제

■ 다음 조문을 읽고 맞는 것은 O, 틀린 것은 X에 V 표시하시오.

01 수협중앙회장과 사업전담대표이사는 수협중앙회가 국가로부터 사업비를 보조받아 시행하고 있는 사업의 자금 사용내용을 국회 소관 상임위원회에 보고하여야 한다.    O   X

02 수협중앙회는 국가로부터 사업비를 보조받아 시행한 직전 연도 사업에 대해 그 자금 사용내용을 수협중앙회의 인터넷 홈페이지에 공시하여야 한다.    O   X

03 수협은행은 지구별수협에 수산물의 유통을 위하여 어업인이 필요하다고 하는 자금을 지원하는 경우 이자, 수수료, 대출기간 등의 지원조건을 우대할 수 있다.    O   X

04 수협은행은 수협중앙회의 경제사업 활성화에 필요한 자금을 우선지원하는 경우 이자, 수수료, 대출기간 등의 지원조건을 우대하여서는 아니 된다.    O   X

05 최근 5년 이내에 「특정경제범죄 가중처벌 등에 관한 법률」 제8조(사금융 알선 등의 죄)에 해당하는 사항이 발생한 지구별수협은 감사인의 외부감사를 매년 받아야 한다.    O   X

06 최근 5년 이내에 임직원의 조합자금 편취·유용 사건이 발생한 지구별수협은 감사인의 외부감사를 매년 받아야 한다.    O   X

07 지구별수협의 조합원이 소속 조합의 업무 집행 상황이 법령에 위반됨을 이유로 업무상황의 검사를 요청하는 검사청구서에는 해당 상황이 어느 규정을 위반하였는지를 분명히 명시하여야 한다.    O   X

[정답] 01 X   02 O   03 O   04 X   05 O   06 O   07 O

# 전국 수협 수산업협동조합 필기고시

**키워드** ≫ 어촌계의 조직
지구별수협 조합원의 자격
조합공동사업법인의 사업
수협중앙회 회장의 직무
수협은행의 업무
수산금융채권의 발행

**분석** ≫ 수산업협동조합법 과목의 문제는 크게 지구별수협과 수협중앙회 두 가지를 축으로 하며, 여기에 어촌계, 업종별수협, 수산물가공수협, 조합공동사업법인, 수협은행 등에 관한 문제가 함께 출제된다. 문제들은 대체로 수산업협동조합법 및 관련 시행령과 시행규칙의 특정 조항과 관련한 정오나 빈칸 넣기 유형의 문제로 구성되나, 수산업협동조합법에 나오는 관련 용어에 대한 이해를 묻는 문제 등을 통해 수산업협동조합법 조문 암기를 넘은 이해를 측정하는 문제도 함께 출제된다.

# 수산업협동조합법

## 파트 2 기출예상모의고사

1회 기출예상문제
2회 기출예상문제
3회 기출예상문제
4회 기출예상문제

## 필기고시 1회 기출예상문제

시험시간: 50분  문항수: 50문항

▶ 정답과 해설 2쪽

**01.** 다음 중 「수산업협동조합법」에서 정의하는 '수산업'에 해당하지 않는 사업을 모두 고르면?

| ㉠ 어획물운반업 | ㉡ 수산물가공업 |
| ㉢ 내수면어업 | ㉣ 양식업 |

① ㉠
② ㉡
③ ㉠, ㉣
④ ㉠, ㉢, ㉣
⑤ ㉡, ㉢, ㉣

**02.** 수협중앙회가 준수해야 하는 원칙과 책무에 대한 설명으로 옳지 않은 것은?

① 수협중앙회는 업무 수행에 있어서 중앙회 회원을 위하여 최대한 봉사해야 한다.
② 수협중앙회는 일부 회원의 이익에 편중되는 업무를 하여서는 아니 된다.
③ 수협중앙회는 설립 취지에 반하여 투기를 목적으로 하는 업무를 하여서는 아니 된다.
④ 수협중앙회는 회원의 사업에 직접 출자하여서는 아니 된다.
⑤ 수협중앙회는 회원의 사업과 직접 경합되는 사업을 하여 회원의 사업을 위축시켜서는 아니 된다.

**03.** 다음 중 수협중앙회의 사업 수행에 있어 수협중앙회와 국가 간의 관계에 관한 설명으로 옳지 않은 것은?

① 국가는 수협중앙회의 사업에 적극 협력해야 한다.
② 국가는 수협중앙회의 자율성을 침해하여서는 아니 된다.
③ 국가는 수협중앙회의 모든 사업에 관하여 국세를 면제한다.
④ 수협중앙회장은 중앙회를 대표하여 공직선거에서 특정 정당을 지지하여서는 아니 된다.
⑤ 수협중앙회장은 중앙회의 발전에 필요한 사항에 대해 국가에 직접 의견을 제출할 수 있으며, 국가는 이를 반영하도록 노력하여야 한다.

## 04. 다음에서 설명하는 단체의 명칭은?

「수산업협동조합법」 제15조를 근거로 조직되는 이 단체는 어업의 생산성을 높이고 생활향상을 위한 공동사업의 수행과 경제적·사회적 및 문화적 지위의 향상을 도모함을 목적으로 행정구역이나 경제권을 중심으로 조직되는 어업인단체이다. 이 단체는 좁은 의미로 지구별수협원의 조합원이 조직하고 정관에 따라 운영되어 마을어장에 대한 배타적·독점적 이용권을 갖는 수산업협동조합의 기초조직을 의미하며, 넓은 의미로는 공동 어장을 중심으로 결성하여 관행에 따라 운영되는 어촌 주민들의 협동공동체를 의미한다.

① 업종별 수산업협동조합　② 지구별수협 지사무소　③ 수산업협동조합협의회
④ 수협중앙회　　　　　　⑤ 어촌계

## 05. 지구별수협의 설립을 위한 요건과 그 절차에 대한 설명으로 옳지 않은 것은?

① 지구별수협의 설립을 위한 창립총회의 의사는 총회 개의 전까지 해당 조합의 발기인에게 설립동의서를 제출한 자 전원의 찬성으로 의결한다.
② 지구별수협의 설립인가를 위해서는 조합원 자격이 있는 설립동의자의 출자금납입확약총액이 3억 원 이상일 것을 요구한다.
③ 해양수산부장관은 지구별수협의 설립인가 신청을 받은 날부터 60일 이내에 인가 여부를 신청인에게 통지하여야 한다.
④ 지구별수협의 설립인가를 받은 발기인은 지체 없이 그 사무를 조합장에게 인계해야 한다.
⑤ 지구별수협은 주된 사무소의 소재지에서 설립등기를 함으로써 성립한다.

## 06. 다음 중 지구별수협의 가입과 탈퇴에 대한 설명으로 옳지 않은 것은?

① 지구별수협의 사업을 이용하는 것이 적당하다고 인정되는 자는 해당 조합의 정관으로 정하는 바에 따라 준조합원으로 할 수 있다.
② 새로 지구별수협의 조합원이 되려는 자는 정관으로 정하는 바에 따라 출자해야 한다.
③ 지구별수협의 조합원은 해당 지구별수협에 탈퇴 의사를 구두로 통지하고 탈퇴할 수 있다.
④ 지구별수협 이사회의 의결을 통해 조합원의 자격이 없다고 인정되어 조합원에 대하여 당연탈퇴의 결정이 이루어진 경우 그 사실을 해당 조합원에게 통보하여야 한다.
⑤ 지구별수협에서 탈퇴한 조합원은 탈퇴 당시 회계연도의 다음 회계연도부터 정관으로 정하는 바에 따라 그 지분의 환급을 청구할 수 있다.

07. 지구별수협 조합원의 선거권과 의결권에 대한 설명으로 옳지 않은 것은?

① 조합원의 선거권 행사는 해당 선거의 대상이 되는 임원 또는 대의원의 임기 만료일 전 180일까지 해당 조합의 조합원으로 가입한 자에 한한다.
② 조합원은 같은 조합의 다른 조합원의 의결권을 대리할 수 없다.
③ 조합원이 대리인에게 의결권을 행사하게 할 경우 그 조합원은 해당 의결에 출석한 것으로 본다.
④ 한 명의 대리인이 다수의 조합원의 대리권을 받아 의결권을 행사하는 위임장 대결(Proxy Fight)은 허용되지 않는다.
⑤ 조합원의 의결권을 대리할 대리인은 이를 증명하는 서면을 지구별수협에 제출해야 한다.

08. 다음에서 설명하는 지구별수협 내 의결기관은?

> 지구별수협은 조합장과 해당 조합의 정관에 따라 선출된 일부 조합원으로 구성된 총회를 갈음하는 의결기관을 둘 수 있다. 해당 의결기관을 구성하는 시구별수협원은 조합장을 제외하고 같은 조합과 다른 조합의 임직원을 겸직하여서는 아니 되며, 총회의 의결과 달리 해당 의결기관의 의결권은 대리인을 통해 행사할 수 없다.

① 대의원회　　　　　② 이사회　　　　　③ 선거관리위원회
④ 수산업협동조합협의회　　⑤ 어촌계

09. 지구별수협의 이사와 감사의 구성에 대한 설명으로 옳지 않은 것은?

① 지구별수협의 감사는 2명으로 하되, 그중 1명은 대통령령으로 정하는 요건에 적합한 외부전문가로 구성해야 한다.
② 신용사업을 수행하지 않는 지구별수협은 상임이사를 두지 아니할 수 있다.
③ 지구별수협의 상임이사와 상임감사는 명예직이며, 정관으로 정하는 바에 따라 실비변상을 받을 수 있다.
④ 지구별수협원의 100분의 30 이상이 여성조합원인 경우 해당 조합은 이사 중 1명 이상을 여성조합원 중에서 선출하여야 한다.
⑤ 지구별수협이 영세하여 부득이하게 외부전문가 감사를 선출할 수 없는 경우에는 수협중앙회에서 외부전문가인 감사를 파견할 수 있다.

10. 지구별수협의 조합장이 수행하는 업무에 관한 설명으로 옳지 않은 것은?

① 소송관계에 있어서 지구별수협의 조합장은 본인과 조합 간의 소송관계가 아니라면 조합장이 지구별수협을 대표한다.
② 지구별수협의 조합장은 지구별수협의 신용사업과 이에 관한 사업계획, 예산·결산 및 자금 조달·운용계획의 수립을 전담하고 그에 대한 경영책임을 진다.
③ 지구별수협의 조합장은 이사회의 의장이 된다.
④ 조합장의 임기는 4년으로 하며, 상임조합장은 두 번까지 연임할 수 있다.
⑤ 조합장은 지구별수협의 재산 상황에 대해 부정한 사실을 발견한 감사의 총회 소집 요구에 응하여 총회를 소집할 수 있다.

11. 다음 중 지구별수협의 임원이 될 수 없는 경우를 모두 고르면?

┌─────────────────────────────────────────────────────────────┐
│ ㉠ 「성폭력범죄의 처벌 등에 관한 특례법」 제10조(업무상 위력 등에 의한 추행)에 규정된 죄를 저지르고 300만 원 이상의 벌금형이 확정된 후 2년이 지나지 아니한 사람
│ ㉡ 조합 임원 선거공고일 당시 수협은행으로부터 정관으로 정하는 금액과 기간을 초과하여 채무 상환을 연체하고 있는 사람
│ ㉢ 지구별수협을 이용하여 공직선거에서 특정 정당을 지지하는 행위를 하여 100만 원 이상의 벌금형을 선고받고 4년이 지나지 아니한 사람
│ ㉣ 파산선고를 받은 후 면책이 결정되어 복권이 된 사람
└─────────────────────────────────────────────────────────────┘

① ㉠, ㉡
② ㉡, ㉣
③ ㉢, ㉣
④ ㉠, ㉡, ㉢
⑤ ㉠, ㉡, ㉢, ㉣

12. 다음 중 지구별수협의 임원 선거에 관하여 「수산업협동조합법」상 제한하고 있는 행위가 아닌 것은?

① 선거 당일 투표장으로 가는 길에서 선거인 본인이 직접 지지를 호소하는 행위
② 특정 선거인에게 투표할 목적으로 자신의 이름을 거짓으로 선거인명부에 올리는 행위
③ 선거기간 중 선거인이 선거운동을 목적으로 조합원의 가정을 방문하는 행위
④ 문자메시지를 통해 선거인의 지지를 호소하는 행위
⑤ 선거인이 당선되지 못하게 할 목적으로 해당 선거인의 가족이 운영하고 있는 기관에 금품을 제공하는 행위

13. 지구별수협 임직원의 겸직 금지에 대한 설명으로 옳지 않은 것은?

① 지구별수협의 이사는 그 조합의 감사를 겸직할 수 없다.
② 지구별수협의 이사는 다른 조합의 감사를 겸직할 수 없다.
③ 지구별수협의 임원은 그 조합의 직원을 겸직할 수 없다.
④ 지구별수협의 임원은 다른 조합의 직원을 겸직할 수 있다.
⑤ 지구별수협의 직원은 그 조합의 사업과 실질적인 경쟁관계에 있는 사업을 경영할 수 없다.

14. 지구별수협의 조합장 해임절차를 설명하는 다음의 ㉠ ~ ㉢ 중 옳지 않은 것을 모두 고르면?

> 지구별수협의 조합장을 해임하는 절차는 해당 조합장을 선출하기 위해 사용한 표결 방법과 같은 방법으로 하여야 한다고 정하고 있다. 그 구체적인 방법은 다음과 같다.
>
> ㉠ 대의원회에서 선출된 조합장의 해임은 대의원 3분의 1 이상의 요구 및 대의원 과반수의 출석과 출석한 대의원 3분의 2 이상의 찬성으로 의결한다.
> ㉡ 이사회에서 선출한 조합장의 해임은 총회에서의 해임 요구에 따라 이사회에서 의결한다.
> ㉢ 조합원이 총회 외에서 직접 선출한 조합장의 해임은 대의원 3분의 1 이상의 요구와 대의원회의 의결을 거쳐 조합원의 투표로 결정한다.

① ㉠　　　　　　② ㉡　　　　　　③ ㉢
④ ㉠, ㉡　　　　⑤ ㉡, ㉢

15. 지구별수협의 직원에 대한 설명으로 옳지 않은 것은?

① 지구별수협의 직원은 조합장이 임면하며, 조합장이 비상임이라면 상임이사가 임면한다.
② 지구별수협의 간부직원은 조합장이 이사회의 의결을 통해 임면한다.
③ 상임이사를 두지 않는 지구별수협의 경우에는 조합장을 보좌하는 간부직원인 전무 1명을 둔다.
④ 상임이사 소관 사업 부문에 속한 직원의 승진과 전보는 상임이사가 전담한다.
⑤ 시험성적이나 교육이수, 근무성적 평가 결과가 일정 요건에 해당하는 직원은 간부직원이 될 수 있다.

16. 지구별수협의 사업을 위한 자금의 운용에 대한 설명으로 옳지 않은 것은?

① 공공단체는 지구별수협에 사업을 위탁하고 그 과정에서 발생하는 비용을 지원할 수 있다.
② 지구별수협의 경제사업을 목적으로 같은 법인에 지구별수협이 보유하고 있는 부동산을 출자하는 경우 그 범위는 자기자본의 100분의 20을 초과할 수 없다.
③ 지구별수협이 신용사업을 목적으로 수협중앙회에 출자하는 경우에는 자기자본의 범위에서 그 금액의 제한을 두지 않는다.
④ 지구별수협은 사업의 안정성을 위해 정관으로 정하는 바에 따라 사업손실보전자금을 조성할 수 있다.
⑤ 수협중앙회는 예산의 범위에서 지구별수협의 대손보전자금 조성을 지원할 수 있다.

17. 지구별수협이 추진하는 다음 사업에 대한 설명으로 옳지 않은 것은?

> 창고업자는 임치물(任置物)을 보관하고 있는 동안 창고업자에게 이를 반환할 것을 청구할 수 있는 유가증권을 발행할 수 있다. 이때 해당 유가증권을 양도할 경우 이것으로도 사실상 임치물에 대한 소유권을 이전하는 것과 같아 재화거래의 일종으로도 볼 수 있다. 임차인이 창고업자에게 임치물의 전부 혹은 일부를 인도할 것을 위탁하는 지시서인 하도지시서는 그 형태가 법정증권은 아니지만 실질적으로 유가증권의 효력을 가지는 것으로 본다.

① 해당 유가증권은 지구별수협이 정관으로 정하는 바에 따라 발행하는 창고증권이다.
② 지구별수협은 해당 유가증권을 발행함에 있어 해당 지구별수협의 명칭을 사용하여야 한다.
③ 지구별수협이 아닌 자는 해당 유가증권을 발행함에 있어서 수산업협동조합창고증권이라는 글자를 사용하여서는 아니 된다.
④ 지구별수협이 해당 유가증권을 발행하여 보관하는 임치물의 보관 기간은 임치일로부터 6개월 이내로 한다.
⑤ 만일 해당 유가증권의 소지인이 이를 발행한 지구별수협의 조합인이 아니라면 임치물의 보관 기간은 갱신할 수 없다.

18. 지구별수협의 법정적립금에 대한 설명으로 옳은 것은?

   ① 지구별수협은 매 회계연도의 손실 보전을 하고 남을 때에는 매 사업연도 잉여금의 10분의 1 이상을 자기자본의 3배가 될 때까지 법정적립금으로 적립하여야 한다.
   ② 지구별수협은 정관으로 정하는 바에 따라 지도사업 비용에 충당하기 위해 잉여금의 100분의 20 이상을 법정적립금으로 다음 회계연도로 이월하여야 한다.
   ③ 지구별수협은 감자(減資)에 따른 차익에 따라 발생한 금액을 법정적립금으로 적립해야 한다.
   ④ 지구별수협이 보유하고 있는 자산을 재평가하는 과정에서 자산의 가치가 상승하면서 발생한 자산재평가 차익은 법정적립금으로 적립해야 한다.
   ⑤ 지구별수협이 적립한 법정적립금은 지구별수협의 손실금을 보전하는 용도로 사용할 수 없다.

19. 지구별수협의 합병 절차와 이를 통해 설립되는 지구별수협 설립위원회의 구성에 대한 내용으로 옳지 않은 것은?

   ① 지구별수협이 다른 조합과 합병하기 위해서는 해양수산부장관의 인가를 받아야 한다.
   ② 합병으로 설립되는 새로운 지구별수협의 설립위원은 각 조합의 이사회에서 의결하여 선출하여야 한다.
   ③ 합병으로 설립되는 새로운 지구별수협의 설립위원은 각 조합의 조합원 중에서 조합원 수의 비율로 선출하고 총 20명 이상 30명 이하로 한다.
   ④ 합병으로 설립되는 새로운 지구별수협의 설립등기신청서에는 설립인가서와 창립총회의사록 및 정관의 사본을 첨부하여야 한다.
   ⑤ 수협중앙회는 지구별수협의 합병을 촉진하기 위해 필요하다고 인정하면 예산의 범위에서 자금을 지원할 수 있다.

20. 지구별수협의 등기 설정에 대한 설명으로 옳은 것은?

① 지구별수협의 등기에 해양수산부장관의 인가가 필요한 것은 그 인가 문서를 작성한 날로부터 등기기간을 계산한다.
② 지구별수협의 지사무소를 설치한 경우 주된 사무소의 소재지에서 2주일 이내에 설치등기를 하여야 한다.
③ 지구별수협의 지사무소를 이전한 경우 종전 소재지에서 3주일 이내에 이전등기를 하여야 한다.
④ 지구별수협의 설립등기에 포함하는 사항을 변경하여야 하는 경우에는 주된 사무소의 소재지에서 3주일 이내에 변경등기를 하여야 한다.
⑤ 지구별수협의 소재지로 하고 있는 행정구역의 지명이 변경된 경우 해당 등기부에 기재된 해당 지구별수협의 소재지와 구역에 관한 지명도 변경된 것으로 보므로 등기부의 기재 내용을 변경할 필요는 없다.

21. 다음 기사의 빈칸에 공통으로 들어갈 단체의 명칭은?

> ○○공동어시장은 지난 7일 시설현대화사업의 첫 단계로 (　　　　)(으)로의 전환을 추진하여 설립등기를 완료하였다고 밝혔다. 당초 어시장은 수협 5개 조합이 출자해 운영한 공동사업체로 「민법」상 조합에 해당하기 때문에 법인격이 없었다. 하지만 시설현대화사업 추진 과정에서 기획재정부가 운영법인 설립을 요구하면서 추진하는 것으로 정했다. 특히 이번 전환 과정은 새로운 설립으로 봤을 경우 발생하는 막대한 세금과 복잡한 과정을 거쳐야 했으나 해양수산부와 ○○시, 수협중앙회 등 관계기관의 도움으로 원활한 추진이 가능했다.
> (　　　　)은/는 「수산업협동조합법」상 조합 또는 중앙회 등을 회원으로 하여, 사업의 공동수행을 통해 수산물의 판매·유통·가공 등과 관련된 사업을 활성화함으로써 수산업의 경쟁력 강화와 어업인의 이익증진을 기여하는 것을 목적으로 하고 있다.

① 업종별 수산업협동조합  ② 수산업협동조합협의회
③ 어촌계  ④ 조합감사위원회
⑤ 조합공동사업법인

22. 수협중앙회를 구성하는 각 기관에 대한 설명으로 옳지 않은 것은?

① 수협중앙회 인사추천위원회는 수협중앙회 회원에 가입할 조합을 추천하기 위한 기관이다.
② 수협중앙회 교육위원회는 수협중앙회 회원의 조합원에 대한 교육 및 훈련을 지원하기 위한 이사회 소속 기관이다.
③ 수협중앙회 감사위원회는 수협중앙회의 재산과 업무집행상황을 감사하기 위한 기관으로 감사위원장을 포함하여 총 3명의 감사위원으로 구성한다.
④ 수협중앙회 준법감시인은 수협중앙회의 내부통제기준 준수 여부를 점검하고 위반 여부를 조사하여 이를 감사위원회에 보고하는 역할을 한다.
⑤ 수산업협동조합 경제사업 평가협의회는 수협중앙회가 수행하는 수산물등의 판매활성화 사업 점검 및 평가 사항에 대한 자문기관이다.

23. 수협중앙회 사업전담대표이사에 대한 설명으로 옳지 않은 것은?

① 수협중앙회 사업전담대표이사는 인사추천위원회의 추천을 받은 사람으로 총회에서 선출한다.
② 수협중앙회 회원조합장이 사업전담대표이사로 취임한 경우 그 취임 전 회원조합장의 직을 사임하여야 한다.
③ 수협중앙회 사업전담대표이사 선출에 대한 관리는 정관에 따라 중앙선거관리위원회에 위탁하여야 한다.
④ 수협중앙회 사업전담대표이사는 직무와 관련된 영리를 목적으로 하는 사업에 종사할 수 없다.
⑤ 수협중앙회 사업전담대표이사의 임기는 2년으로 한다.

24. 다음 중 수협중앙회의 의결권 있는 주식 취득에 관하여「수산업협동조합법」에서 정하는 상한을 초과하여 주식을 취득할 수 있는 경우의 개수는?

> ㉠ 수협중앙회가 수행하는 사업 수행을 위해 필요하다고 인정되는 경우
> ㉡ 담보권의 실행으로 주식을 취득한 경우
> ㉢ 신주인수권부사채를 주식으로 전환함에 따라 주식을 취득하게 된 경우
> ㉣ 기존에 보유한 지분의 범위 내에서 유상증자에 참여함에 따라 주식을 취득한 경우
> ㉤ 수협은행의 주식을 취득하는 경우

① 1개　　　　　② 2개　　　　　③ 3개
④ 4개　　　　　⑤ 5개

25. 다음 중 수협은행의 업무에 해당하지 않는 것은?

   ① 수산자금 등 어업인 및 조합에서 필요한 자금의 대출
   ② 조합 및 중앙회의 사업자금 대출
   ③ 「은행법」 제27조의 은행업무 및 동법 제28조의 겸영업무
   ④ 수산물 유통 조절 및 비축사업
   ⑤ 수협중앙회 및 수산업협동조합 전산시스템의 위탁운영

26. 수협중앙회 회원 및 수협중앙회 자회사에 대한 지도 및 감독에 대한 설명으로 옳지 않은 것은?

   ① 수협중앙회장은 수협중앙회 회원을 지도하고 이에 필요한 규약·규정을 정할 수 있다.
   ② 수협중앙회장으로부터 경영 개선을 요구받은 회원의 조합장은 그 조치 결과를 조합의 이사회·총회 및 회장에게 보고하여야 한다.
   ③ 수협중앙회장은 수협중앙회 회원인 조합의 건전한 업무 운영을 위해 직접 해당 조합의 업무의 전부 또는 일부를 정지하는 처분을 내릴 수 있다.
   ④ 수협중앙회의 자회사에 대한 지도·감독은 자회사가 업무수행에 있어서 중앙회의 회원 및 회원의 조합원의 이익에 기여할 수 있는 방향으로 해야 한다.
   ⑤ 수협중앙회는 자회사에 대한 지도·감독의 결과에 따라 해당 자회사에 대해 경영개선을 직접 요구할 수 있다.

27. 수협중앙회가 발행하는 우선출자증권에 대한 설명으로 옳지 않은 것은?

   ① 수협중앙회는 우선출자의 납입기일 후 지체 없이 우선출자증권을 발행해야 한다.
   ② 우선출자증권을 발행하기 전 해당 증권의 양도는 수협중앙회에 대해 효력이 없다.
   ③ 우선출자증권의 점유자는 그 증권의 적법한 소지인으로 추정한다.
   ④ 우선출자증권의 명의변경 후 수협중앙회에 권한을 행사하기 위해서는 그 증권 취득자의 성명과 주소를 우선출자자 명부에 등록하고 그 성명을 증권에 기재해야 한다.
   ⑤ 우선출자증권은 질권의 목적으로 설정할 수 없다.

28. 다음 기사의 빈칸에 공통으로 들어갈 용어는?

> 수협중앙회가 2,000억 원의 (      )을/를 발행해 수협은행 지원에 나선다. 발행 자금 전액은 수협은행의 유상증자 참여 자금으로 활용된다. 수협은행은 지난해 12월 말 이사회를 열고 2,000억 원 규모의 주주배정 유상증자를 결정했다. 신주는 수협은행의 지분을 100% 가지고 있는 수협중앙회로 전액 배정된다. 수협중앙회가 발행하는 (      )의 금리는 5~6% 수준이 될 전망이다. 수협중앙회는 3,100억 원 수준의 내부 유보금을 활용할 수 있었으나, 대신 (      )의 발행을 선택한 이유로 일각에서는 은행의 추가 지원과 ○○수산시장 개발사업을 꼽고 있다. 수협중앙회는 ○○수산시장 개발사업에 필요한 총 사업비용 5조 원 중 80% 이상을 민간사업자 공모를 통해 추진할 계획이지만 1조 원 가량은 수협중앙회가 직접 부담해야 한다.

① 지분환급청구권　　② 수산금융채권　　③ 유통지원자금
④ 신주인수권부사채　⑤ 국채증권

29. 수협중앙회의 명칭사용료에 대한 설명으로 옳지 않은 것은?

① 수협중앙회는 '수산업협동조합' 명칭을 사용하는 영리법인에 명칭사용료를 부과할 수 있다.
② 명칭사용료는 이를 지불해야 하는 법인의 영업수익 또는 매출액의 1천분의 25의 범위에서 총회에서 정하는 부과율을 곱하여 산정한다.
③ 수협중앙회는 수협만이 출자한 법인에 대해 명칭사용료를 부과한다.
④ 명칭사용료는 수협중앙회의 유통지원자금 조성에 사용된다.
⑤ 수협중앙회는 회계에서 명칭사용료를 다른 수입과 구분하여 관리하여야 하며, 명칭사용료의 지출에는 총회의 승인을 요구한다.

30. 다음 중 수협중앙회의 회계에서 자기자본에 해당하지 않는 것은?

① 납입출자금　　② 회전출자금　　③ 미처분 이익잉여금
④ 가입금　　　　⑤ 이월결손금

31. 다음의 빈칸에 공통으로 들어갈 용어는?

「수산업협동조합의 부실예방 및 구조개선에 관한 법률」에서 정의하는 (           )은 다음의 어느 하나에 해당하여 해양수산부장관으로부터 지정된 조합을 의미한다.

- 경영 상태를 평가한 결과 부채가 자산을 초과한 조합이거나 거액의 금융사고 또는 부실채권의 발생으로 정상적인 경영이 어려울 것이 명백한 조합
- 예금등채권의 지급이나 국가, 공공단체, 중앙회 및 다른 금융기관으로부터의 차입금의 상환이 정지된 조합
- 외부로부터의 자금지원 또는 차입이 없이는 예금등채권의 지급이나 차입금의 상환이 어려운 조합

위 기준에 해당하여 해양수산부장관으로부터 (           )으로 지정되고 해양수산부장관으로부터 적기시정조치를 받은 지구별수협은 해당 조합의 경제사업에 대해서는 조합장이 아닌 상임이사가 전담하여 처리하고 경영책임을 지도록 하고 있으며, 한 회계연도 내에서 조합감사위원회의 감사를 받음 여부와 관계없이 매년 외부의 감사인으로부터 감사를 받도록 규정하고 있다.

① 파산조합  ② 부실조합  ③ 수협중앙회 준회원
④ 경영지도대상조합  ⑤ 비회원조합

## 32. 수산업협동조합에 다음과 같은 사태가 발생했을 때의 조치에 대한 설명으로 옳지 않은 것은?

> 뱅크런(Bank Run)은 금융기관의 파산 위험이 감지되거나 임직원의 위법행위 등을 이유로 금융기관이 신용을 상실할 경우 해당 금융기관의 예금주들이 맡겨둔 돈을 되찾기 위해 단기간에 대량으로 예금 인출이 발생하여 금융기관의 자본잠식과 파산으로까지 이어지는 사태를 의미한다. 특히 인터넷 뱅킹, 모바일 뱅킹이 발달함에 따라 예금주들의 예금관리가 간편해지면서 그만큼 뱅크런이 발생할 때의 금융기관으로부터 예금이 더욱 많이, 더욱 빨리 빠져나가게 되는 디지털 뱅크런(Digital Bank Run)은 금융기관의 새로운 위험요소가 되었다.

① 해양수산부장관은 해당 조합에 대해 대출을 회수하고 보유하고 있는 채권을 확보할 것을 지도할 수 있다.
② 수협중앙회장과 금융감독원장은 조합 임직원의 위법행위로 인해 발생한 뱅크런에 대해 해당 임직원의 재산 조회 및 가압류 신청 등의 조치를 하여야 한다.
③ 법원은 뱅크런으로 인해 채무를 갚을 수 없게 된 조합에 대해 직권으로 파산을 선고할 수 있다.
④ 뱅크런으로 파산하게 된 수협중앙회 소속 조합은 당연히 탈퇴한다.
⑤ 뱅크런으로 파산한 지구별수협의 조합장은 주된 사무소의 소재지에서 2주일 이내에 해산등기를 하여야 한다.

## 33. 다음 중 해양수산부장관에 의해 지구별수협의 설립인가가 취소될 수 있는 경우가 아닌 것은?

① 정당한 사유 없이 1년 이상 사업을 하지 않은 경우
② 경영평가의 결과 경영이 부실하여 자본잠식이 발생한 경우
③ 설립인가를 받은 지 90일이 지나도록 설립등기를 하지 않은 경우
④ 조합장이 궐위·구금되어 직무를 수행할 수 없게 된 경우
⑤ 조합의 업무에 관한 법령 위반을 이유로 해양수산부장관으로부터 시정명령을 2회 이상 받았음에도 이를 시정하지 않은 경우

34. 다음 중 「수산업협동조합법」에 따라 수협중앙회 임원 선거에서 당선무효를 이유로 실시하게 된 재선거 혹은 보궐선거의 후보자로 등록할 수 있는 사람은?

① 당선인의 직계 존속이 법 제53조 위반으로 벌금 500만 원을 선고받기 전 자진하여 사직하였고, 이후 해당 벌금형이 확정이 된 경우에 해당하는 사람
② 이전 선거에서 당선이 되지 않았으며 직후 그 직계 존속이 당선무효에 해당하는 형이 확정된 사람
③ 이전 선거에서 후보자로 등록한 이후 선거일 전에 사퇴하였으며 직후 그 직계 비속이 당선무효에 해당하는 형이 확정된 사람
④ 당선인의 배우자가 법 제53조의2를 위반하여 징역형을 선고받아 당선이 무효가 된 사람
⑤ 이전 선거에서 당선인의 배우자가 법 제53조를 위반한 혐의로 자진하여 사직하였으나 이후 해당 사건이 제3자가 당선을 무효로 하기 위한 목적으로 유도되었다는 사실이 인정된 사람

35. 「수산업협동조합법」과 다른 법과의 관계에 대한 설명으로 옳지 않은 것은?

① 수협중앙회의 보관사업에 대해서는 창고증권에 관한 「상법」 제155조부터 제168조의 내용을 준용한다.
② 수협중앙회와 수협은행은 「근로복지기본법」의 적용에 있어 별도의 사업장으로 보고 사내근로복지기금을 구분하여 운용해야 한다.
③ 조합공동사업법인의 사업에 대해서는 「화물자동차 운수사업법」 제56조(유상운송의 금지)를 적용하지 않는다.
④ 수협은행은 「은행법」 제2조 제1항 제2호에 따른 은행으로 본다.
⑤ 지구별수협의 등기에 관하여는 「비송사건절차법」 및 「상업등기법」 중 등기에 관한 규정을 준용한다.

36. 수협중앙회의 회원과 준회원에 대한 설명으로 옳지 않은 것은?

① 수협중앙회는 조합을 회원으로 한다.
② 수협중앙회 회원은 정관으로 정하는 계좌 수 이상을 출자해야 하며, 출자 1계좌의 금액은 정관으로 정한다.
③ 수협중앙회 회원은 출자액을 한도로 하는 유한책임을 진다.
④ 조합공동사업법인은 수협중앙회의 준회원이 될 수 없다.
⑤ 수협중앙회의 준회원이 수협중앙회의 사업을 이용하는 경우 회원이 이용한 것으로 본다.

**37.** 수산업협동조합과 관련된 기관 및 단체가 사용하는 명칭의 기준에 대한 설명으로 옳지 않은 것은?

① 지구별 수산업협동조합은 해당 지구명을 붙인 수산업협동조합의 명칭을 사용해야 한다.
② 수협중앙회가 직접 출자한 법인은 정관에 따라 수산업협동조합중앙회의 명칭을 사용할 수 있다.
③ 조합공동사업법인은 해당 지역명이나 사업명을 붙인 조합공동사업법인의 명칭을 사용해야 한다.
④ 업종별 수산업협동조합은 해당 업종명 혹은 품종명을 붙인 수산업협동조합의 명칭을 사용해야 하며, 이때 주된 사무소의 소재지가 속한 지방자치단체의 명칭을 사용해서는 안 된다.
⑤ 「수산업협동조합법」 제3조 제2항 등에서 정하는 배타적 명칭사용권을 위반하여 명칭을 사용한 자는 200만 원 이하의 과태료를 부과한다.

**38.** 조합공동사업법인의 구성에 대한 설명으로 옳지 않은 것은?

① 수협중앙회는 조합공동사업법인의 발기인이 될 수 있으나 회원은 될 수 없다.
② 조합이 아닌 회원이 출자하는 금액의 합은 조합공동사업법인의 출자 총액의 100분의 50 미만, 수협중앙회는 100분의 30 미만이어야 한다.
③ 조합공동사업법인은 다른 조합공동사업법인을 준회원으로 할 수 있다.
④ 조합공동사업법인의 정관을 변경하기 위해서는 해양수산부장관의 인가를 받아야 한다.
⑤ 조합공동사업법인은 대표이사 1명을 포함한 2명 이상의 이사와 1명 이상의 감사를 임원으로 둔다.

**39.** 지구별수협 총회의 절차에 대한 설명으로 옳지 않은 것은?

① 지구별수협 총회의 의사록에는 의사의 진행 상황과 그 결과를 기록하고 의장과 총회에서 선출한 조합원 3인 이상이 기명날인하거나 서명한다.
② 지구별수협의 해산에 관해서는 조합원의 투표로 총회의 의결을 갈음할 수 있다.
③ 지구별수협의 의결 사항이 총회 구성원의 이해와 상반되는 내용인 경우 해당 구성원은 그 의결에 참여하여야 한다.
④ 지구별수협 총회를 소집하려면 총회 개최 7일 전까지 총회소집통지서를 조합원에게 발송해야 한다.
⑤ 지구별수협의 조합원은 조합원 10분의 1 이상의 동의를 받고 총회 개회 30일 전까지 일정한 사항을 총회의 목적 사항으로 할 것을 조합장에게 서면으로 제안할 수 있다.

40. 지구별수협 조합원의 권한과 책임에 대한 설명으로 옳지 않은 것은?

① 지구별수협에 대한 조합원의 책임은 조합원이 출자한 금액을 한도로 한다.
② 지구별수협의 조합원은 생산한 수산물을 지구별수협을 통해 출하하는 등 그 사업을 성실히 이용하여야 한다.
③ 지구별수협은 정관으로 정하는 바에 따라 조합원에게 경비와 과태금을 부과할 수 있고, 조합원은 이를 지구별수협에 대한 채권과 상계할 수 있다.
④ 지구별수협의 조합원은 출자금의 많음과 적음에 관계없이 평등한 의결권 및 선거권을 가진다.
⑤ 탈퇴한 조합원의 지분환급청구권은 2년간 행사하지 않으면 시효로 인하여 소멸한다.

41. 다음에서 설명하는 지구별수협의 사업에 대한 내용으로 옳지 않은 것은?

> 조합에서의 공제(共濟)사업이란 조합과 조합원이 공제계약을 체결하면 조합은 계약자인 조합원으로부터 공제료를 받고 만일 조합원에게 계약기간 내에 약정한 내용의 사고가 발생하면 이로 인해 발생한 손해를 공제금으로 지원하는, 보험업과 유사한 성격의 사업이다. 실제로 공제사업과 관련된 판례에서는 조합의 공제사업을 그 성질에 있어서 상호보험과 유사한 것으로 보고 상호보험의 규정을 일부 준용하고 있다.

① 지구별수협이 공제사업을 하려면 공제규정을 정하여 해양수산부장관의 인가를 받아야 한다.
② 해양수산부장관은 금융위원회 위원장과 협의하여 공제사업의 감독에 필요한 기준을 정하고 이를 고시해야 한다.
③ 지구별수협이 추진하는 공제사업을 위한 공제규정에는 공제사업의 실시, 공제계약 및 공제료와 공제사업의 책임준비금 등이 포함된다.
④ 지구별수협이 추진하는 공제사업의 책임준비금은 매 회계연도 말에 공제사업의 종류별로 계산하여 적립하여야 한다.
⑤ 지구별수협의 조합장은 조합의 공제사업을 전담하고 그에 대한 책임을 진다.

42. 다음 가상의 사례에 대하여 「수산업협동조합법」상의 벌칙규정의 적용으로 옳은 것은?

> 수협중앙회는 내부 검사에서 중앙회 직원 A 씨가 가상자산에 투자하기 위해 약 9,000만 원을 횡령한 사실을 적발했다. 조사 결과, 빚을 내 가상자산에 투자했다가 가격이 하락하자 입출금 명세서를 허위로 작성하여 빼돌린 자금으로 가상자산을 추가로 매입하는 일명 '물타기 투자'를 한 것으로 확인되었다.

① 10년 이하의 징역 또는 1억 원 이하의 벌금
② 3년 이하의 징역 또는 3천만 원 이하의 벌금
③ 2년 이하의 징역 또는 2천만 원 이하의 벌금
④ 1년 이하의 징역 또는 1천만 원 이하의 벌금
⑤ 500만 원 이상 3천만 원 이하의 벌금

43. 다음 중 지구별수협이 총회의 의결을 거쳐 조합원을 제명할 수 있는 사유에 해당하는 것을 모두 고르면?

> ㉠ 지구별수협 정관에서 금지하고 있는 행위를 한 경우
> ㉡ 조합원인 법인이 그 구성원에게 의결권을 대리하게 한 경우
> ㉢ 출자를 승계할 상속인 없이 사망한 경우
> ㉣ 1년 이상 지구별수협의 사용을 이용하지 않은 경우
> ㉤ 지구별수협에 대한 출자 및 경비의 납입의무를 이행하지 않은 경우

① ㉠, ㉡, ㉤
② ㉠, ㉢, ㉣
③ ㉠, ㉣, ㉤
④ ㉡, ㉢, ㉣
⑤ ㉡, ㉢, ㉤

**44.** 지구별수협 임원이 지는 손해배상의 책임에 대한 설명으로 옳지 않은 것은?

① 지구별수협의 상임임원이 직무를 수행하면서 고의로 지구별수협에 끼친 손해에 대해서는 연대하여 손해배상의 책임을 진다.
② 지구별수협의 비상임임원이 직무를 수행하면서 과실로 지구별수협에 끼친 손해에 대해서는 연대하여 손해배상의 책임을 진다.
③ 지구별수협의 상임임원이 그 직무를 수행하면서 중대한 과실로 제3자에게 끼친 손해에 대해서는 연대하여 손해배상의 책임을 진다.
④ 지구별수협의 임원이 그 직무를 수행하면서 중대한 과실로 제3자에게 손해를 끼친 행위가 의사회의 의결에 의한 것이라면, 그 의결에 찬성한 이사도 연대하여 손해배상의 책임을 진다.
⑤ 지구별수협의 임원이 그 직무를 수행하면서 고의로 지구별수협에 손해를 끼친 행위가 의사회의 의결에 의한 것이라면, 이에 이의를 제기한 사실이 의사록에 기록되지 않은 이사도 연대하여 손해배상의 책임을 진다.

**45.** 수협중앙회 이사회의 구성과 그 의결에 대한 설명으로 옳지 않은 것은?

① 수협중앙회 이사회의 2분의 1 이상은 회원인 조합의 조합장으로 구성하여야 한다.
② 이사회는 구성원 과반수의 출석으로 개의하고 출석구성원 과반수의 찬성으로 의결한다.
③ 집행간부는 정관으로 정하는 바에 따라 이사회에 출석하여 의견을 진술할 수 있다.
④ 이사회의 의사에 특별한 이해관계가 있는 이사회의 구성원은 그 이사회의 회의에 출석하여 의견을 진술할 수 있다.
⑤ 수협중앙회장이 필요하다고 인정할 때에는 이사나 감사위원회의 요구가 없어도 직접 이사회를 소집할 수 있다.

**46.** 지구별수협의 임원 선거 후보자가 선거기간 중 「수산업협동조합법」 제53조의2를 위반하여 금전을 제공받은 경우에 부과되는 과태료의 하한 및 상한액은?

① 제공받은 금액 또는 가액의 2배 이상 20배 이하, 3천만 원 이하
② 제공받은 금액 또는 가액의 2배 이상 20배 이하, 5천만 원 이하
③ 제공받은 금액 또는 가액의 10배 이상 20배 이하, 3천만 원 이하
④ 제공받은 금액 또는 가액의 10배 이상 50배 이하, 3천만 원 이하
⑤ 제공받은 금액 또는 가액의 10배 이상 50배 이하, 5천만 원 이하

47. 지구별수협이 추진하는 수산물 판매활성화 사업에 대한 설명으로 옳지 않은 것은?

① 지구별수협은 조합원이 생산한 수산물을 효율적으로 판매하기 위해 다른 조합과의 공동사업을 추진할 수 있다.
② 지구별수협은 수협은행에 조합원이 생산한 수산물의 판매위탁을 요청할 수 있다.
③ 지구별수협이 추진하는 수산물의 판매위탁사업의 조건과 절차는 수협중앙회의 사업전담대표이사 또는 중앙회가 출자한 법인의 대표이사가 정한다.
④ 수협중앙회는 지구별수협의 사업실적 등을 고려하여 지구별수협에 유통지원자금을 지원할 수 있다.
⑤ 지구별수협의 수산물 판매활성화 사업은 조합원이 생산한 수산물의 거래처를 확보하는 것을 포함한다.

48. 수협은행의 임원 구성에 대한 설명으로 옳지 않은 것은?

① 수협은행장은 추천위원회의 추천을 받아 주주총회에서 선출한다.
② 수협은행의 감사는 해양수산부장관이 임명한다.
③ 수협은행 감사의 임기는 3년 이내에서 정관으로 정한다.
④ 예금보험공사가 신용사업특별회계에 출자한 우선출자금이 있는 경우 그 우산출자금이 전액 상환될 때까지 예금보험공사가 추천하는 사람 1명 이상을 수협은행의 이사에 포함하여야 한다.
⑤ 수협은행 이사회는 구성원 과반수의 출석으로 개의하고 출석구성원 과반수의 찬성으로 의결한다.

49. 지구별수협의 조합원이 출자한 출자금에 대한 설명으로 옳지 않은 것은?

① 지구별수협의 조합원은 정관으로 정하는 계좌 수 이상을 출자하여야 한다.
② 지구별수협 조합원의 출자금은 질권의 목적이 될 수 없다.
③ 지구별수협 조합원의 출자금 납입은 지구별수협에 대한 채권과 상계할 수 있다.
④ 지구별수협의 출자 1계좌의 금액은 정관으로 정하되, 균일해야 한다.
⑤ 지구별수협 조합원의 책임은 조합원의 출자액을 한도로 한다.

50. 다음 기사에서 소개하고 있는 조합의 종류에 대한 설명으로 옳지 않은 것은?

> 대형기선저인망수협 여수대형트롤생산자협회 소속 선박 18척은 지난 14일부터 18일까지 닷새간 수협중앙회와 해양환경공단의 지원으로 제주 이어도 인근 해저를 긁어 총 50t의 해저 쓰레기를 수거한 뒤 운반선에 담아 부산공동어시장으로 들고 들어오는 수거 사업을 실시하였다. 부산공동어시장에 본소를 두고 있는 대형기선저인망수협은 1946년 인천에서 한국 제3구 북기선저인망어업 수산조합으로 설립된 외끌이, 쌍끌이, 트롤 어업 생산자들의 협동조합으로, 주로 고급 어종을 어획하는 선주들을 조합원으로 구성하고 있다. 주요 업무는 지도사업과 생산지원, 유통지원과 영어자금지원, 공제사업, 상호금융사업 등이다.

① 해당 수협의 조합원은 대통령령으로 정하는 해당 어업을 경영하는 어업인일 것을 요구한다.
② 해당 수협의 조합원 자격을 가진 자 중 단일 어업을 경영하는 자는 해당 수협에만 가입할 수 있다.
③ 해당 수협은 조합원의 이용에 지장이 없는 범위에서 조합원이 아닌 자에게 해당 수협의 사업을 이용하게 할 수 있다.
④ 해당 수협은 정관으로 정하는 바에 따라 지사무소를 둘 수 있다.
⑤ 해당 수협의 구역은 시·군의 행정구역에 따른다.

## 필기고시 2회 기출예상문제

시험시간 : 50분　문항수 : 50문항

▶ 정답과 해설 13쪽

**01.** 다음 중 수산업협동조합의 명칭기준에 따라 바르게 사용된 명칭을 모두 고르면?

> ㉠ 여수수협 (지구별수협)
> ㉡ 수협유통 (수협중앙회가 출자하여 설립한 자회사)
> ㉢ 경남정치망수협 (업종별수협)
> ㉣ 통조림가공수협 (수산물가공수협)
> ㉤ 수산업협동조합중앙회

① ㉠, ㉡, ㉤
② ㉠, ㉡, ㉣
③ ㉠, ㉢, ㉣, ㉤
④ ㉡, ㉢, ㉣, ㉤
⑤ ㉠, ㉡, ㉢, ㉣, ㉤

**02.** 다음은 수산물가공업과 수산물가공업자에 대한 정의이다. 이에 관한 「수산업협동조합법」상의 규정으로 옳지 않은 것은?

> 수산물가공업이란 수산동식물을 직접 원료 또는 재료로 하여 식료 · 사료 · 비료 · 호료(糊料)* · 유지(油脂) 또는 가죽을 제조하거나 가공하는 사업을 말하며, 수산물가공업자는 이러한 수산물가공업을 경영하는 자를 말한다.
> * 호료 : 식품에 첨가하여 식품의 점성과 안정성을 높이는 알긴산나트륨, 카제인, 카제인나트륨, 젤라틴, 천연검질 등의 물질로 증점제, 겔화제라고 한다.

① 「수산업협동조합법」은 수산업가공업의 경쟁력 강화를 도모하여 수산업가공업자의 삶의 질을 높이고 국민경제의 균형 있는 발전에 이바지함을 목적으로 한다.
② 수산물가공업은 「수산업협동조합법」에서 정의하는 '수산업'에 포함된다.
③ 수산물가공업자는 「수산업협동조합법」에서 정의하는 '어업인'에 포함된다.
④ 수산물가공 수산업협동조합은 정관으로 정하는 구역 내에서 수산물가공업을 경영하는 자를 구성원으로 하는 조합이다.
⑤ 수산물가공 수산업협동조합은 수산물가공업을 경영하는 조합원의 가공품의 판로 확대 및 유통원활화 도모를 목적으로 한다.

03. 수협과 수협중앙회가 준수하는 최대 봉사의 원칙에 대한 설명으로 옳지 않은 것은?

① 수협은 그 업무 수행에 있어서 조합원을 위하여 최대한 봉사하여야 한다.
② 수협은 특정 조합원의 이익을 위한 업무를 하여서는 아니 된다.
③ 수협중앙회는 일부 회원의 이익에 편중되는 업무를 하여서는 아니 된다.
④ 수협중앙회는 투기가 아닌 영리를 목적으로 하는 업무를 할 수 있다.
⑤ 수협은 설립 취지에 반하여 투기를 목적으로 하는 업무를 하여서는 아니 된다.

04. 다음은 지구별수협의 설립절차를 도식화한 것이다. ㉠ ~ ㉤에 들어갈 내용으로 적절한 것은?

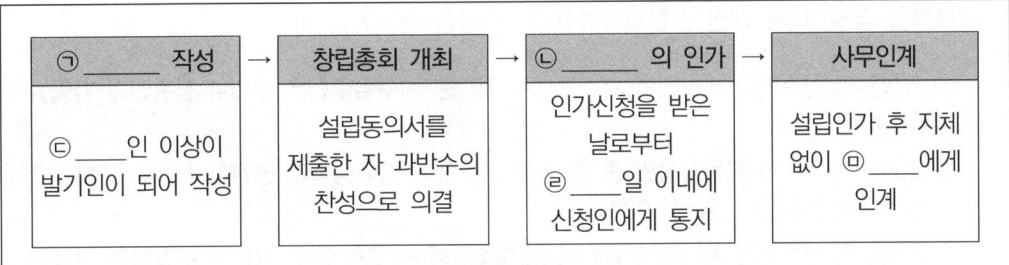

① ㉠ 설립동의서
② ㉡ 수협중앙회장
③ ㉢ 20
④ ㉣ 90
⑤ ㉤ 수협중앙회장

05. 다음 중 지구별수협의 정관에 포함되어야 하는 사항이 아닌 것은?

① 지구별수협의 주된 사무소의 소재지
② 지구별수협 임원의 성명·주민등록번호 및 주소
③ 지구별수협 조합원의 가입 자격
④ 지구별수협의 회계연도
⑤ 지구별수협이 수행하는 사업의 종류

**06.** 지구별수협의 준조합원에 대한 설명으로 옳지 않은 것은?

① 지구별수협은 지구별수협의 사업을 이용하는 것이 적당하다고 인정하는 자를 정관으로 정하는 바에 따라 준조합원으로 할 수 있다.
② 지구별수협은 준조합원으로 가입하는 자에게 경비를 부담하게 할 수 있다.
③ 지구별수협의 준조합원은 지구별수협에서 탈퇴할 때 가입금의 환급을 청구할 수 있다.
④ 지구별수협의 준조합원이 지구별수협의 사업을 이용할 때에는 지구별수협의 조합원이 이를 이용한 것으로 본다.
⑤ 지구별수협의 준조합원은 지구별수협의 잉여금 배당에 있어서 조합원과 동등한 순위를 가진다.

**07.** 지구별수협의 조합원이 사망하고 그 상속인인 조합원의 자녀가 해당 지구별수협에 대한 가입을 요청할 경우, 이에 대한 조합의 대응으로 적절한 것은?

① 조합원의 상속인이 조합원의 자격을 갖추었다면 지구별수협은 임의로 상속인의 가입을 거절할 수 없다.
② 조합원의 자녀가 공동상속인 중 한 명이라면 해당 공동상속인 전원이 사망한 조합원의 출자를 승계하여 조합원이 될 수 있다.
③ 조합원의 상속인인 자녀가 조합원의 자격을 갖추지 못한 경우 사망한 조합원은 이사회의 의결로 탈퇴한다.
④ 사망한 조합원은 지구별수협에서 탈퇴되므로 그 상속인인 조합원의 자녀가 조합원의 자격을 갖춘 경우 조합원의 출자를 승계받을 수 없다.
⑤ 조합원의 자녀가 조합원의 자격을 갖춘 경우 지구별수협은 출자금을 추가로 납입할 것을 조건으로 해당 조합에 가입하게 할 수 있다.

**08.** 다음 중 지구별수협 총회의 의결 사항에 해당하지 않는 것은?

① 정관의 변경
② 사업계획의 수립
③ 조합원의 제명 결정
④ 어업권의 취득 및 처분
⑤ 수협중앙회가 위탁한 전산시스템의 관리

09. 어느 지구별수협에서 조합원 제명을 위한 의결이 예정되어 있던 임시총회가 조합 내부의 문제로 2주 뒤로 연기되었다. 이에 관한 지구별수협 총회의 절차에 대한 설명으로 옳지 않은 것은?

① 연기된 임시총회의 소집통지 기한은 총회 개회 전날까지로 한다.
② 해당 임시총회의 의결안은 조합 구성원 과반수의 출석과 출석구성원 3분의 2 이상의 찬성으로 의결한다.
③ 해당 의결안에 관한 임시총회는 총회 개의를 연기하지 않고 정관으로 정하는 절차에 따라 조합원의 투표로 갈음할 수 있다.
④ 연기된 임시총회의 소집통지는 조합원 명부에 기재된 조합원의 주소 또는 거소나 조합원이 지구별수협에 통지한 연락처로 발송된다.
⑤ 연기되어 개최된 임시총회의 의사록은 해당 지구별수협의 주된 사무소에 갖추어 둔다.

10. 지구별수협의 등기와 각각의 기한에 대한 설명으로 옳지 않은 것은?

① 지구별수협의 총 출자계좌 수의 변경을 위한 등기는 회계연도가 끝난 후 3개월 이내에 하여야 한다.
② 지구별수협의 합병으로 새로이 설립되는 지구별수협은 합병인가를 받은 날로부터 2주 이내에 그 사무소의 소재지에서 변경등기를 하여야 한다.
③ 지구별수협을 해산할 경우 해당 지구별수협의 청산인은 2주 이내에 그 성명과 주민등록번호, 주소를 주된 사무소의 소재지에 등기하여야 한다.
④ 지구별수협이 지사무소를 추가로 설치할 경우 주된 사무소의 소재지에서 3주일 이내에 설치등기를 하여야 한다.
⑤ 지구별수협을 새로이 설립한 경우에는 출자금 납입이 완료된 날부터 2주 이내에 주된 사무소의 소재지에서 설립등기를 하여야 한다.

11. 다음 중 조합공동사업법인에 출자하는 회원이 될 수 없는 것은?

① 다른 조합공동사업법인
② 수협중앙회
③ 지구별수협
④ 영어조합법인
⑤ 어업회사법인

12. 수협중앙회와 그 회원에 대한 설명으로 옳지 않은 것은?

① 수협중앙회는 부산광역시에 주된 사무소를 두고 전국을 구역으로 한다.
② 수협중앙회는 조합을 회원으로 한다.
③ 수협중앙회는 조합공동사업법인을 준회원으로 할 수 있다.
④ 수협중앙회의 회원은 해산으로 당연히 탈퇴한다.
⑤ 수협중앙회의 회원은 출자액을 한도로 한다.

13. 다음 중 수협중앙회 이사회의 의결 사항이 아닌 것은?

① 수협중앙회의 경영목표 설정에 관한 사항
② 수협중앙회장의 선출 및 해임에 관한 사항
③ 수협중앙회 인사추천위원회 구성에 관한 사항
④ 수협중앙회 사업전담대표이사의 해임요구에 관한 사항
⑤ 수협중앙회 조합감사위원회 위원 선출에 관한 사항

14. 다음 중 수협중앙회 인사추천위원회에서 추천하는 수협중앙회의 구성원이 아닌 것은?

① 수협중앙회장
② 수협중앙회 조합감사위원회 위원
③ 수협중앙회 지도경제사업대표이사
④ 수협중앙회 감사위원
⑤ 수협중앙회 비상임이사

15. 다음 중 수협중앙회 사업전담대표이사가 전담하는 업무에 해당하지 않는 것은?

① 수협중앙회 회원의 조직·경영 및 사업에 관한 지도·조정
② 국가가 수협중앙회에 위탁한 사업 중 경제사업에 관한 경영목표의 설정
③ 수협중앙회의 상호금융사업을 위한 자금 조달·운용계획의 수립
④ 수협중앙회의 의료지원사업을 위한 조직 및 인사에 관한 사항
⑤ 수협중앙회의 공제사업을 위한 업무의 경영공시

16. 수협중앙회 감사위원회에 대한 설명으로 옳지 않은 것은?

① 감사위원회는 수협중앙회 소속 회원의 재산과 업무집행상황을 감사하는 업무를 수행한다.
② 감사위원회는 감사위원 3명으로 구성되며, 그 중 2명은 외부전문가 중에서 선출한다.
③ 감사위원의 임기는 3년으로 한다.
④ 감사위원장은 감사위원 중에서 호선한다.
⑤ 감사위원은 총회에서 인사추천위원회가 추천한 자들 중에서 선출한다.

17. 수협중앙회 임원의 임면에 대한 설명으로 옳지 않은 것은?

① 수협중앙회 인사추천위원회 중 5명은 회원조합장이 아닌 사람 중에서, 나머지 인원은 회원조합장 중에서 선출한다.
② 수협 회원은 회원 3분의 1 이상의 동의를 받아 총회에 임원의 해임을 요구할 수 있다.
③ 수협중앙회 이사회는 사업전담대표이사의 경영 실적의 부실을 이유로 총회에 상임이사의 해임을 요구할 수 있다.
④ 수협중앙회 사업전담대표이사가 다른 직업에 종사하기 위해서는 이사회의 승인을 요구한다.
⑤ 수협중앙회 총회는 이사회의 요구로 개최된 임원의 해임 의결을 할 때에는 해당 임원에게 해임 이유를 통지하고 총회에서 의견을 진술할 기회를 주어야 한다.

18. 다음에서 설명하는 수협의 사업은?

> 어선의 선주와 선장, 기관장, 통신장 및 그 직무대행자는 「어선안전조업법」에 따라 매년 4시간씩 어업인 안전조업교육을 이수해야 한다. 그동안 어업인 안전조업교육은 체험·참여형 교육을 위해 대면교육으로 진행했으나 코로나19에 따른 집합의 어려움과 감염병 발생 등 유사시 교육 공백 최소화를 위해 정부지원으로 온라인 교육 플랫폼 구축을 추진하였다. 온라인 교육을 희망하는 어업인들은 PC와 스마트폰 등 다양한 기기를 활용하여 온라인 교육 플랫폼을 통해 어업인 안전조업교육을 수강할 수 있다.
> 온라인으로 진행되는 어업인 안전조업교육은 미승선 선주를 대상으로 하고 있으나 그동안 교육의 사각지대에 있던 일반선원들을 위한 교육 콘텐츠와 외국인 선원들을 위한 4개 국어(중국어, 베트남어, 인도네시아어, 싱할라어) 영상 지원으로 안전조업교육이 가능해져 최근 증가하고 있는 어선원 인명피해 예방에도 큰 도움이 될 것으로 기대된다.

① 교육·지원 사업　　　② 경제사업
③ 상호금융사업　　　　④ 공제사업
⑤ 국제 민간어업협력사업


19. 다음 빈칸에 공통으로 들어갈 기구의 명칭은?

> 수협중앙회가 협동조합 본연의 역할을 강화하기 위해 9인의 전문가가 수협이 수행하는 수산물 등의 판매를 활성화하기 위한 사업을 점검하고 평가하는 수협중앙회 자문기구인 (　　　　　)를 개최하고 수산물 판매활성화에 사업 전반에 대한 다양한 의견을 논의했다.
> 이날 (　　　　　)에서는 수산물 판매 활성화 사업설명과 작년 사업평가결과와 올해 판매 활성화 사업 평가계획(안) 보고 후에 이에 대한 자문과 평가가 이루어졌다. 위원들은 어업인의 소득안정과 출하촉진을 위해 자금대여에 적용되는 금리를 인하할 필요가 있다고 건의하고 코로나19로 인한 비대면 소비트렌드 확대로 온라인사업 평가지표 달성률이 전반적으로 높으므로 올해 목표 수립시 상황에 맞춰 상향하고 온라인 사업의 평가 배점을 늘릴 것을 주문했다. 아울러 수협이 타 기업에 비해 품질, 위생 등 대고객 신뢰가 높다는 경쟁우위가 있기 때문에 고객 만족도 조사결과 등 주관적인 평가지표를 넣는 것이 좋겠다는 의견도 제시됐다.

① 수산업협동조합협의회　　　② 수산업협동조합 경제사업 평가협의회
③ 수협중앙회 감사위원회　　　④ 수협중앙회 조합감사위원회
⑤ 수협중앙회 공제분쟁심의위원회

20. 다음은 어선을 담보로 하는 수협은행 대출에 관한 설명이다. 빈칸에 들어갈 숫자는?

> 어선은 선박등기를 통해 공시가 되며, 어선 역시 담보의 대상이 될 수 있다. 다만 선박등기의 대상이 되어 등기에 담보설정을 표시할 수 있는 중·대형 어선과 달리 선박등기의 대상이 아닌 총톤수 (　　)톤 미만의 소형 어선은 담보등기를 설정할 수 없으므로 수협, 수협중앙회, 수협은행은 채권의 보전을 위해 「수산업협동조합법 시행령」 등으로 정하는 별도의 절차를 거칠 필요가 있다.
> 수협, 수협중앙회, 수협은행으로부터 자금을 차입하는 자가 5톤 미만의 무동력어선이 아닌 소형 어선을 담보로 제공하기 위해서는 수협은행장은 자금차입자의 주소와 성명, 대출기관명, 대출액, 상환기간, 이율 및 그 밖의 대출조건을 적은 서면을 시장·군수·구청장에게 제출하여야 하며, 이를 받은 시장·군수·구청장은 이를 어선원부에 기입한다.

① 10
② 15
③ 20
④ 25
⑤ 30

21. 수협중앙회가 운영하는 우선출자제도에 대한 설명으로 옳지 않은 것은?

① 우선출자의 대상이 되는 내용과 계좌 수는 정관으로 정하되, 국가와 공공단체의 우선출자금은 정관으로 정하는 계좌 수에 제한을 받지 않는다.
② 우선출자 1계좌의 금액은 다른 출자 1계좌의 금액과 다르게 설정한다.
③ 우선출자의 총액은 자기자본의 2분의 1을 초과할 수 없다.
④ 잉여금 배당에서 우선적 지위를 가지는 우선출자자는 수협중앙회의 의결권과 선거권을 가지지 않는다.
⑤ 수협중앙회의 우선출자자로 구성된 우선출자자총회는 수협중앙회가 발행한 우선출자자 총 출자계좌 수의 과반수 출석과 출석한 우선출자자 출자계좌 수의 3분의 2 이상의 찬성으로 의결한다.

22. 수협중앙회와 수협은행에 대한 국가의 재정적 지원에 관한 설명으로 옳지 않은 것은?

① 수협중앙회는 경제사업의 추진을 위해 국가로부터 자금을 차입할 수 있다.
② 국가는 수협중앙회가 발행하는 수산금융채권의 원리금 상환을 전액 보증할 수 있다.
③ 국가는 수협은행이 계속된 예금 인출로 인한 재무구조의 악화로 영업을 지속하기 어렵다고 인정되는 경우 수협은행이 보유한 유가증권을 직접 매입할 수 있다.
④ 국가는 예산의 범위에서 수협중앙회 유통지원자금의 조성을 지원할 수 있다.
⑤ 수협중앙회는 국가로부터 사업비를 융자받아 시행한 직전 연도 사업에 관한 자금 사용내용에 대한 공시의무에서 면제된다.

23. 다음 중 수협은행의 업무에 해당하지 않는 것은?

① 조합 및 중앙회의 사업자금 대출
② 수협중앙회 전산시스템의 위탁운영 및 관리
③ 「은행법」에 따른 은행업무, 부수업무, 겸영업무
④ 수산물 유통 조절 및 비축사업
⑤ 수협중앙회가 위탁하는 공제상품의 판매

24. 수협중앙회장이 수협중앙회 회원을 대상으로 하는 경영지도의 범위에 대한 설명으로 옳지 않은 것은?

① 수협중앙회장은 수협중앙회 회원을 지도하기 위해 필요한 규약을 정할 수 있다.
② 수협중앙회장은 수협중앙회 회원의 경영 상태를 평가하고 그 결과를 바탕으로 다른 조합과의 합병 처분을 내릴 수 있다.
③ 수협중앙회장의 경영 개선을 요구받은 회원조합장은 그 조치 결과를 조합의 이사회·총회 및 수협중앙회장에게 보고하여야 한다.
④ 수협중앙회장은 수협중앙회 회원의 정관을 변경하는 처분을 내릴 것을 해양수산부장관에게 요청할 수 있다.
⑤ 수협중앙회장은 수협중앙회 회원의 업무의 전부 혹은 일부를 정지하는 처분을 내릴 것을 해양수산부장관에게 요청할 수 있다.

25. 다음 중 「수산업협동조합」에서 정하는 수협중앙회의 회계관리에 관한 규정으로 옳지 않은 것은?

① 수협중앙회가 작성한 사업계획서와 수지예산서는 해당 회계연도 시작 1개월 전에 총회의 의결을 거쳐야 한다.
② 수협중앙회가 수입한 명칭사용료는 다른 수입과 구분하여 관리하여야 한다.
③ 수협중앙회의 결산보고서는 해당 회계연도가 지난 후 3개월 이내에 국회 소관 상임위원회에 제출하여야 한다.
④ 수협중앙회의 결산보고서에는 회계법인의 회계감사를 받은 의견서를 첨부하여야 한다.
⑤ 수협중앙회는 국가로부터 지원받은 출자금을 관리하기 위한 신용사업특별회계를 설치한다.

26. 다음에서 설명하는 기관과 관련된 「수산업협동조합법」상의 규정으로 옳지 않은 것은?

> 금융위원회는 「정부조직법」 제2조에 따라 설치된 중앙행정기관으로, 금융정책, 외국환업무 취급기관의 건전성 감독 및 금융감독에 관한 업무를 수행하는 국무총리 소속의 기관이다. 금융위원회는 국무총리의 제청으로 대통령이 임명하는 위원장과 부위원장, 기획재정부차관, 금융감독원 원장, 예금보험공사 사장, 한국은행 부총재 등을 포함한 9명의 위원으로 구성하며 금융에 관한 정책 및 제도에 관한 사항, 금융기관의 감독 및 검사·제재에 관한 사항을 소관 사무로 한다.

① 수협중앙회 조합감사위원회에는 금융위원회 위원장이 위촉하는 사람 1명을 포함하여야 한다.
② 해양수산부장관은 수협은행에 관한 업무 감독을 위해 필요한 조치를 함에 있어서 금융위원회와 협의를 거쳐야 한다.
③ 금융위원회는 그 필요가 인정되면 단독으로 수협중앙회로부터 그 업무 또는 재산 상황에 관한 보고를 받을 수 있다.
④ 금융위원회는 수협은행이 분할합병을 포함한 분할 또는 합병하려 하는 행위를 인가하는 경우 해양수산부장관과 미리 협의하여야 한다.
⑤ 금융위원회는 수협은행의 정관 변경에 대한 인가를 하기 전에 해양수산부장관과의 협의를 거쳐야 한다.

27. 수협중앙회와 그 임직원의 법령 위반에 따른 제재조치에 대한 설명으로 옳지 않은 것은?

① 해양수산부장관은 수협중앙회 총회의 의결 방법이 법령에 위반될 경우 그 의결에 따른 집행을 정지할 수 있다.
② 해양수산부장관은 수협중앙회 임원 선거의 절차가 법령에 위반될 경우 이를 이유로 해당 선거에 따른 당선을 취소할 수 있다.
③ 법령 위반을 이유로 해양수산부장관으로부터 개선(改選)의 조치를 요구받은 수협중앙회 임원은 이를 이유로 그 조치가 확정된 날까지는 직무가 정지되지 않는다.
④ 법령 위반을 이유로 해양수산부장관으로부터 징계면직의 조치를 요구받은 수협중앙회 직원은 이를 요구받은 날로부터 그 조치가 확정될 때까지 직무가 정지된다.
⑤ 해양수산부장관은 수협중앙회가 시정명령을 이행하지 아니하면 6개월 이내의 기간을 정하여 해당 업무의 전부 또는 일부를 정지시킬 수 있다.

28. 다음 중 해양수산부장관이 지구별수협에 대해 조합원의 보호를 위해 실시하는 경영지도의 내용이 아닌 것은?

① 해당 지구별수협이 보유한 불법·부실 대출의 회수
② 지구별수협의 여신·수신에 관한 업무 수행
③ 지구별수협이 보유한 부실자산의 정리
④ 지구별수협의 인력 및 조직 운영 개선
⑤ 지구별수협이 보유한 유가증권의 매입

29. 「수산업협동조합법」의 과태료 부과규정에 대한 설명으로 옳지 않은 것은?

   ① 선거기간 동안의 기부행위와 같은 선거범죄에 의해 부과되는 과태료는 중앙선거관리위원회가 부과·징수할 수 있다.
   ② 수협중앙회의 명칭을 사용할 수 없는 자가 수협중앙회의 명칭을 사용할 경우 200만 원 이하의 과태료를 부과한다.
   ③ 수협의 명칭사용의 권한을 위반하여 부과되는 과태료는 해당 명칭의 주체가 부과·징수한다.
   ④ 수협중앙회의 임원이 부정한 공고 또는 독촉을 한 경우에는 200만 원 이하의 과태료를 부과한다.
   ⑤ 지구별수협의 임원 선거의 후보자로부터 금전·물품이나 그 밖의 재산상 이익을 제공받은 사람은 그 제공받은 금액 또는 가액의 10배 이상 50배 이하 과태료를 부과하되, 그 상한액은 3천만 원으로 한다.

30. 다음 중 수협중앙회의 사업에 대해 적용되는 「수산업협동조합법」 외의 조항을 모두 고른 것은?

   ┌─────────────────────────────────────────────────────
   │ ㉠ 자가용 화물자동차의 소유자 또는 사용자는 자가용 화물자동차를 유상으로 화물운송용으로 제공하거나 임대하여서는 아니 된다(「화물자동차 운수사업법」 제56조).
   │ ㉡ 여객자동차운송사업을 경영하려는 자는 사업계획을 작성하여 국토교통부령으로 정하는 바에 따라 국토교통부장관의 면허를 받아야 한다(「여객자동차 운수사업법」 제4조 제1항).
   │ ㉢ 창고업자는 자기 또는 사용인이 임치물의 보관에 대해 주의를 해태하지 아니하였음을 증명하지 아니하면 임치물의 멸실 또는 훼손에 대해 손해를 배상할 책임을 면하지 못한다(「상법」 제160조).
   │ ㉣ 회사의 등기는 법률에 다른 규정이 없는 경우에는 그 대표자가 신청한다(「상업등기법」 제23조 제1항).
   └─────────────────────────────────────────────────────

   ① ㉠, ㉡         ② ㉠, ㉢         ③ ㉡, ㉢
   ④ ㉡, ㉣         ⑤ ㉢, ㉣

31. 지구별수협의 설립과 관련하여 다음에서 설명하는 출자방법에 대한 규정으로 옳지 않은 것은?

> 법인을 설립하기 위한 출자는 금전으로 하는 것이 원칙이나, 회사 사업에서 토지, 건물, 특허권 등 특정 자산을 필요로 한 경우에는 예외로 금전 이외의 자산을 출자할 수 있는데, 이를 현물출자(現物出資)라고 한다. 현물출자의 목적이 될 수 있는 자산은 동산, 부동산, 무체재산권을 포함하여 양도가 가능하고 금전적 가치가 있다면 모두 인정된다. 다만 이러한 출자방법은 금전출자와 달리 출자의 목적물이 되는 자산의 가치를 평가하는 과정을 거쳐야 하는데, 그 과정에서 자산이 과대평가될 경우 설립되는 법인이 부실자산을 보유하게 되는 위험을 가진다.

① 지구별수협의 설립에서 현물출자가 약정된 경우 그 출자 재산의 명칭, 수량과 가격을 정관에 기입하여야 한다.
② 지구별수협의 설립에서 현물출자가 약정된 경우 그 현금출자를 한 출자자의 성명과 주소를 정관에 기입하여야 한다.
③ 지구별수협의 설립에서 약정한 현물출자가 현금출자로 전환하는 조건이 설정되어 있다면 이를 정관에 기입하여야 한다.
④ 지구별수협의 설립에서 현물출자를 한 출자자는 발기인이 설립인가를 받기 전에 설정된 납입기일 내에 출자를 목적으로 하는 재산을 발기인에게 인도하여야 한다.
⑤ 지구별수협의 설립에서 현물출자를 한 출자자는 출자를 목적으로 하는 재산과 함께 권리 이전에 필요한 서류를 지구별수협에 제출하여야 한다.

32. 지구별수협이 출자 1계좌의 금액을 감소시키기 위한 절차에 대한 설명으로 옳지 않은 것은?

① 지구별수협은 출자 1계좌당 금액을 감소시키는 의결을 한 날부터 2주 이내에 재무상태표를 작성하여야 한다.
② 지구별수협은 출자 1계좌당 금액을 감소시키는 의결에 이의가 있는 채권자는 일정한 기일 이내에 이의를 제기하라는 취지를 1개월 이상 공고해야 한다.
③ 지구별수협은 출자 1계좌당 금액을 감소시키는 의결을 함을 이미 알고 있는 채권자에 대하여는 이의를 제기하는 공고와는 별도로 독촉하여야 한다.
④ 지구별수협의 채권자가 출자 1계좌당 금액을 감소시키는 의결에 이의를 제기한 경우 지구별수협은 이를 변제하거나 감소분에 상당한 담보를 제공하지 않으면 해당 의결은 효력을 발생하지 아니한다.
⑤ 지구별수협이 출자 1계좌당 금액을 감소시키는 의결에 대한 공고는 의결을 하기 전 2주부터 하여야 한다.

33. 설립인가의 취소를 이유로 지구별수협을 청산하기 위한 절차에 대한 설명으로 옳지 않은 것은?

① 해양수산부장관은 설립인가를 취소하기 전 이에 대한 청문을 하여야 한다.
② 설립인가의 취소를 이유로 하는 지구별수협의 해산에서 청산인은 해양수산부장관으로 한다.
③ 지구별수협의 청산인은 그 직무의 범위에서 조합장과 동일한 권리의무를 가진다.
④ 청산인은 지구별수협의 채무를 변제하거나 변제에 필요한 금액을 공탁한 후가 아니면 그 재산을 분배할 수 없다.
⑤ 청산종결의 등기에는 청산인이 등기신청서에 결산보고서의 승인을 증명하는 서류를 첨부하여야 한다.

34. 다음 사례에 관한 「수산업협동조합법」상의 내용으로 옳지 않은 것은?

> ○○수협 조합원 A 씨는 친척의 결혼식에 참석하던 중 A 씨와 다른 수협인 △△수협에서 조합장 선거의 후보로 출마하고 있는 B 씨가 결혼식에 직접 참석하고 있는 것을 목격했다. A 씨 친척의 결혼 상대인 C 씨의 아버지는 B 씨와 같은 △△수협의 조합원으로 이번 조합장 선거의 선거권을 가지고 있다.

① 조합장 후보 B 씨가 축의금 지급만이 아니라 예식장 대여비용까지를 사비로 직접 부담하고 있다면 이는 「수산업협동조합법」에서 말하는 기부행위에 해당한다고 볼 수 있다.
② 조합장 후보 B 씨가 해당 결혼식에 화환을 전달할 경우 이는 「수산업협동조합법」에서 말하는 기부행위에 해당한다고 볼 수 있다.
③ 조합장 후보 B 씨가 해당 결혼식의 주례를 설 경우 이는 「수산업협동조합법」에서 말하는 기부행위에 해당한다고 볼 수 있다.
④ 만일 A 씨가 B 씨의 결혼식 참석을 선거범죄로 의심하고 이를 신고할 경우 A 씨는 「공직선거법」 제262조의2에 의해 보호받는다.
⑤ A 씨가 B 씨의 결혼식 참석을 선거범죄로 의심하고 이를 신고하여 B 씨의 참석이 실제로 선거범죄에 해당함이 인정될 경우 △△수협은 A 씨에게 포상금을 지급할 수 있다.

**35.** 다음 중 선거관리를 구·시·군선거관리위원회에 위탁하지 않는 선거를 모두 고르면?

> ㉠ 지구별수협 조합장 선거
> ㉡ 수산물가공수협 조합장 선거
> ㉢ 수협중앙회장 선거
> ㉣ 수협은행장 선거

① ㉠, ㉡  ② ㉠, ㉢  ③ ㉡, ㉢
④ ㉡, ㉣  ⑤ ㉢, ㉣

**36.** 지구별수협의 조합장을 비상임으로 하는 경우에 대한 설명으로 옳지 않은 것은?

① 지구별수협은 정관으로 조합장의 상임이나 비상임 여부를 정한다.
② 비상임인 지구별수협의 직원은 상임이사가 임면한다.
③ 조합장이 비상임인 지구별수협의 업무는 상임이사나 간부직원인 전무가 집행한다.
④ 비상임인 지구별수협의 조합장의 임기는 4년이며, 한 번만 연임할 수 있다.
⑤ 경영정상화 이행약정을 체결한 지구별수협이 2년 연속하여 이를 이행하지 못한 경우 해당 지구별수협의 조합장은 비상임으로 한다.

**37.** 지구별수협 조합장 선거에서 거짓 사실을 공표하여 후보자를 비방한 자에 대한 「수산업협동조합법」상의 벌칙규정의 적용으로 옳은 것은?

① 2년 이하의 징역 또는 2천만 원 이하의 벌금
② 1년 이하의 징역 또는 1천만 원 이하의 벌금
③ 1년 이하의 징역 또는 200만 원 이하의 벌금
④ 500만 원 이상 3천만 원 이하의 벌금
⑤ 200만 원 이하의 과태료

**38.** 지구별수협에서 다음의 업무를 수행하는 자는?

- 외부기관의 감사 결과 주요 지적 사항이 발생한 경우 시정권고를 위해 이사회의 소집을 요구한다.
- 이사회에는 소속되지 않으나 이사회에 출석하여 의견을 진술할 수 있다.
- 지구별수협이 해당 조합장을 포함한 이사와 계약을 할 때 지구별수협을 대표하는 역할을 한다.

① 지구별수협 상임이사
② 지구별수협 전무
③ 수협중앙회장
④ 지구별수협 감사
⑤ 지구별수협 발기인

**39.** 다음 중 지구별수협이 수행할 수 없는 사업은?

① 명칭사용료의 부과와 관리 및 운영
② 해양수산부장관의 인가를 받은 공제사업
③ 지구역별수협 직원의 후생복지를 위한 사회·문화 복지시설의 설치 및 운영
④ 지구별수협이 직접 어업 및 그에 부대하는 사업을 경영
⑤ 매취사업과 이를 위한 유통지원자금의 조성

**40.** 지구별수협의 조합원이 보유한 지구별수협에 대한 지분 관리 규정으로 옳은 것은?

① 지구별수협의 조합원은 총회의 승인으로 그 지분을 양도할 수 있다.
② 지구별수협의 조합원이 아닌 자가 지구별수협의 지분을 양수하려고 할 때에는 조합원 가입에 관한 규정을 따른다.
③ 지구별수협의 조합원이 아닌 자가 지구별수협의 조합원이 보유한 지분을 양도받을 경우에는 그 지분에 관한 양도인의 권리와 의무는 승계받을 수 없다.
④ 조합원의 지분은 공유의 대상이 될 수 있다.
⑤ 지구별수협은 조합원이 보유한 지분을 취득할 수는 없으나 그에 대한 질권은 설정할 수 있다.

41. 업종별수협과 이를 구성하는 조합원에 대한 설명으로 옳지 않은 것은?

① 업종별수협은 어업을 경영하는 조합원의 생산성을 높이기 위함을 목적으로 설립한다.
② 업종별수협의 구역 내에 주소나 거소가 없어도 사업장이 있는 어업인은 해당 업종별수협에 가입할 수 있다.
③ 업종별수협은 조합원의 노동력 또는 어촌의 부존자원을 활용한 관광사업을 추진해서는 안 된다.
④ 업종별수협은 조합원의 사업 또는 생산에 필요한 공동시설을 운영하는 사업을 할 수 있다.
⑤ 업종별수협은 조합원의 이용에 지장이 없는 범위에서 조합원이 아닌 자에게 업종별수협의 사업을 이용하게 할 수 있으나, 일부 사업에 대해서는 대통령령에 따라 사용의 범위를 제한할 수 있다.

42. 수협중앙회 소속 집행간부에 대한 설명으로 옳지 않은 것은?

① 집행간부는 수협중앙회 사업전담대표이사의 업무를 보좌한다.
② 집행간부는 수협중앙회 소속 직원으로 수협중앙회장이 임면한다.
③ 사업전담대표이사는 집행간부를 중앙회의 업무에 관한 재판상 행위에 대한 대리인으로 선임할 수 있다.
④ 집행간부는 직무와 관련된 영리 목적의 사업에 종사할 수 없다.
⑤ 집행간부는 정관에 따라 이사회에 출석하여 의견을 진술할 수 있다.

43. 다음의 경우 새롭게 선출된 지구별수협 C의 조합장 최 씨의 임기는?

지구별수협 A와 B가 합병하여 새로운 지구별수협 C가 설립되면서, 합병으로 소멸한 지구별수협 B의 조합장 최 씨는 새로운 지구별수협 C의 조합장으로 선출되었다. 지구별수협 B의 조합장으로 취임한 지 막 1년이 되던 때였다.

① 5년    ② 4년    ③ 3년
④ 2년    ⑤ 1년

**44.** 수협중앙회에서 임시이사를 임명하게 되는 경우에 대한 설명으로 옳지 않은 것은?

① 수협중앙회는 지구별수협 이사의 결원이 발생해 지구별수협의 이사회를 개최할 수 없어 업무가 지연될 우려가 있을 경우 임시이사를 임명하게 된다.
② 지구별수협의 임시이사는 수협중앙회장이 직권으로 임명할 수 있다.
③ 지구별수협의 임시이사는 소속 조합원의 청구로 임명할 수 있다.
④ 지구별수협의 임시이사는 새로운 이사가 취임할 때까지 그 직무를 수행한다.
⑤ 수협중앙회장은 임시이사가 취임한 이후 1년 이내로 총회를 소집하여 이사를 선출하여야 한다.

**45.** 수협중앙회와 수협은행의 관계에 대한 설명으로 옳지 않은 것은?

① 수협중앙회는 수협은행이 발행한 의결권 있는 주식의 100분의 15를 초과하여 취득할 수 있다.
② 수협중앙회가 수협은행의 주식을 취득하기 위한 출자금은 다른 법인에 대한 출자에 포함하지 않는다.
③ 수협중앙회는 수협은행이 발행한 주식 전체에 대한 동일인의 주식보유한도를 정하는 「은행법」 제15조를 적용하지 않는다.
④ 수협중앙회가 수협은행의 주식을 취득하기 위해 출자하는 경우 총회의 보고 없이 자기자본을 초과하여 출자할 수 있다.
⑤ 수협은행은 수협중앙회의 경제사업 활성화에 필요한 자금에 우선적으로 자금을 공급할 수 있다.

**46.** 다음 중 수협중앙회 조합감사위원회의 의결 사항에 해당하는 것을 모두 고르면?

> ㉠ 수협중앙회 회원에 대한 시정 및 개선 요구
> ㉡ 수협중앙회의 감사 관계에 관한 규정의 제정·개정 및 폐지
> ㉢ 수협중앙회 회원에 대한 감사계획
> ㉣ 수협중앙회 소속 회원을 대상으로 한 감사 결과에 따른 회원의 임직원에 대한 변상책임의 판정

① ㉠, ㉡  ② ㉠, ㉢, ㉣  ③ ㉡, ㉣
④ ㉡, ㉢, ㉣  ⑤ ㉠, ㉡, ㉢, ㉣

47. 지구별수협의 회계를 일반회계와 특별회계로 구분할 때, 다음 중 일반회계를 처리함에 있어서 특히 구분하여 처리해야 하는 사업에 해당하는 것은?

① 수산물의 이용·제조 및 가공 사업
② 어장 개발 및 어장환경의 보전·개선사업
③ 공제사업
④ 조합원에게 필요한 자금의 대출사업
⑤ 차관사업

48. 다음 중 지구별수협의 해산사유에 해당하지 않는 것은?

① 지구별수협 총회에서 해산을 의결한 경우
② 지구별수협의 조합장이 궐위·구금된 경우
③ 지구별수협의 설립인가가 취소된 경우
④ 지구별수협의 조합원 수가 100명 미만인 경우
⑤ 다른 지구별수협과 합병하여 새로운 지구별수협을 창설할 경우

49. 다음 중 지구별수협의 설립등기에 기재되어야 하는 내용이 아닌 것은?

① 설립인가의 연월일
② 지구별수협의 출자 1계좌의 금액과 그 납입 방법
③ 지구별수협 임원의 성명·주민등록번호 및 주소
④ 지구별수협이 수행하는 사업의 종류
⑤ 지구별수협의 주된 사무소의 소재지

50. 수협은행이 발행하는 수산금융채권에 대한 설명으로 옳지 않은 것은?

① 기명식 수산금융채권의 소멸시효는 원금과 이자 모두 5년으로 한다.
② 수협은행은 수산금융채권을 할인하여 발행할 수 있다.
③ 수협은행은 자기자본의 5배를 초과한 금액의 수산금융채권을 발행할 수 없다.
④ 기명식 수산금융채권은 취득자의 성명과 주소를 그 채권 원부에 적고 그 성명을 증권에 적어야 수산금융채권의 명의변경에 대해 발행인에게 대항할 수 있다.
⑤ 발행하는 수산금융채권에 관한 사항은 수협은행의 정관에 포함한다.

## 3회 기출예상문제

시험시간: 50분 | 문항수: 50문항
▶ 정답과 해설 23쪽

**01.** 「수산업협동조합법」에서 규정하는 수산업의 종류 중 다음에서 설명하는 사업의 명칭은?

> 하천, 댐, 호수, 늪, 저수지와 그 밖에 인공적으로 조성된 민물이나, 바닷물과 민물이 섞인 기수에서 서식하는 미꾸라지, 메기, 붕어 등의 수산동식물을 포획·채취하는 사업으로, 일정한 수면을 구획하여 어구를 한 곳에 쳐놓고 수산동물을 포획하는 정치망어업이 대표적인 예시이다.

① 양식업
② 어획물운반업
③ 내수면어업
④ 수산물가공업
⑤ 어장정비업

**02.** 수협중앙회가 사업을 추진함에 있어서 준수해야 할 원칙으로 옳지 않은 것은?

① 수협중앙회는 회원의 공동이익을 위한 사업을 수행함을 원칙으로 한다.
② 국가는 수협중앙회의 사업에 필요한 경비를 보조하는 등 수협중앙회의 자율성을 침해하여서는 아니 된다.
③ 수협중앙회는 회원과 공동출자의 방식으로 사업을 수행할 수 있다.
④ 수협중앙회는 업무를 수행함에 있어서 회원을 위해 최대한의 봉사하여야 한다.
⑤ 수협중앙회는 다른 법률에 따른 협동조합과의 공동사업 개발 등을 위해 노력하여야 한다.

**03.** 어촌계의 조직 및 관리에 대한 설명으로 옳지 않은 것은?

① 지구별수협의 구역에 거주하는 어업인이라면 누구나 어촌계를 조직할 수 있다.
② 어촌계는 행정구역·경제권 등을 중심으로 조직되며, 그 구역은 어촌계의 정관으로 정한다.
③ 어촌계를 조직하기 위한 설립준비위원회는 해당 구역에 거주하는 지구별수협의 조합원 10명 이상이 발기인이 되어 구성한다.
④ 지구별수협의 조합원으로서 어촌계의 구역에 거주하는 사람은 어촌계의 계원으로 가입할 수 있다.
⑤ 지구별수협의 조합장은 조합구역의 어촌계의 업무를 지도·감독한다.

04. 다음 중 지구별수협의 설립인가를 받지 못하는 경우를 모두 고르면? (단, 제시된 사항 이외의 요건은 모두 충족했다고 가정한다)

> ⊙ 지구별수협의 설립을 위해 필요한 발기인 중 조합원의 자격을 가진 자가 30인 이상인 경우
> ⓒ 지구별수협의 창립총회의 의결을 거치지 않은 경우
> ⓒ 지구별수협의 정관에 조합원의 자격 표기가 누락된 경우
> ⓔ 해양수산부장관이 지구별수협의 설립인가 신청을 받은 후 60일이 초과하였음에도 인가 여부나 처리기간의 연장을 통지하지 않는 경우
> ⓜ 지구별수협의 설립등기를 하지 않은 경우

① ⊙, ⓜ
② ⊙, ⓒ
③ ⓒ, ⓒ
④ ⓒ, ⓔ
⑤ ⓔ, ⓜ

05. 지구별수협의 조합에 가입하기 위해 출자금을 납입하는 절차에 대한 설명으로 옳지 않은 것은?

① 지구별수협의 조합원으로 가입하기 위해서는 정관으로 정하는 계좌 수 이상을 출자하여야 한다.
② 조합원 1인의 출자계좌 수의 한도는 정관으로 정한다.
③ 한 지구별수협은 다른 지구별수협의 우선출자자가 될 수 있다.
④ 지구별수협에 대한 채권을 가진 조합원은 이를 출자금 납입 의무와 상계(相計)할 수 없다.
⑤ 설립인가를 받은 지구별수협은 설립등기를 하기 전 조합원 가입을 희망하는 자에게 기일을 정하여 출자금 전액을 납입하게 하여야 한다.

06. 지구별수협의 조합원이 행사하는 의결권 및 선거권에 대한 설명으로 옳지 않은 것은?

① 지구별수협의 조합원은 출자금의 많고 적음과 관계없이 평등한 의결권과 선거권을 가진다.
② 지구별수협의 조합원이 선거권을 행사하기 위해서는 해당 선거의 대상이 되는 임원 또는 대의원의 임기 만료일 전 180일까지 해당 조합의 조합원으로 가입하여야 한다.
③ 지구별수협의 조합원 본인과 동거하는 가족은 조합원의 자격이 없더라도 해당 조합원의 대리인으로 의결권을 행사할 수 있다.
④ 지구별수협의 대의원이 법인의 대표자라면 해당 법인의 사원은 해당 법인이 보유한 의결권을 대리하기 위한 서면을 지구별수협에 제출하여 의결권을 행사할 수 있다.
⑤ 지구별수협이 조합원인 총회 구성원의 이해와 상반되는 의사를 의결할 때에는 해당 구성원은 그 의결에 참여할 수 없다.

07. 다음 설명의 빈칸에 들어갈 내용은?

> 지구별수협의 조합원은 조합원 (　　　) 이상의 동의를 받아 총회 개회 30일 전까지 조합장에게 서면으로 일정한 사항을 총회의 목적 사항으로 할 것을 제안하는 조합원제안을 할 수 있다. 조합장은 조합원제안의 내용이 법령 또는 정관을 위반하지 않는다면 이를 총회의 목적 사항으로 하여야 한다. 또한 조합원제안을 한 사람이 총회에 직접 청구하면 조합원제안의 내용을 설명할 기회를 주어야 한다.

① 20인
② 50인
③ 2분의 1
④ 5분의 1
⑤ 10분의 1

08. 다음 중 지구별수협 이사회의 의결 없이 확인만으로 조합원에서 당연히 탈퇴되는 사유가 아닌 것은?

① 조합원이 파산한 경우
② 조합원이 성년후견개시의 심판을 받은 경우
③ 조합원이 사망한 경우
④ 조합원인 법인이 해산한 경우
⑤ 조합원이 1년 이상 지구별수협의 사업을 이용하지 않은 경우

## 09. 지구별수협의 조합원의 청구로 소집되는 총회의 절차규정으로 옳지 않은 것은?

① 지구별수협의 조합원이 조합원을 대표하여 조합장에게 총회의 소집을 청구하기 위해서는 조합원 5분의 1 이상의 동의를 요구한다.
② 조합원은 소집의 목적과 이유를 적은 서면을 조합장에게 제출하여 총회의 소집을 청구할 수 있다.
③ 조합원의 정당한 총회 소집 청구를 받은 조합장은 2주 이내에 총회를 소집하여야 한다.
④ 조합장이 정당한 사유 없이 조합원의 총회 소집에 불응할 경우 감사가 5일 이내에 총회를 소집하고 감사가 총회의 의장 직무를 수행한다.
⑤ 조합장과 감사 모두 조합원의 정당한 총회 소집 청구에 불응할 경우 수협중앙회장이 직접 총회를 소집하고 수협중앙회장이 의장의 직무를 수행한다.

## 10. 지구별수협 이사회에서의 의결 절차에 대한 설명으로 옳지 않은 것은?

① 지구별수협 이사회는 지구별수협에 설치되어 있어야 하는 필요적 상설기관이다.
② 지구별수협 내에 대위원회를 구성한 경우 지구별수협 이사회는 조합장을 포함한 이사와 대의원으로 구성한다.
③ 지구별수협 조합원의 가입 자격에 대한 심사를 안건으로 하는 이사회는 구성원 과반수의 출석으로 개의하고 출석구성원 과반수의 찬성으로 의결한다.
④ 간부직원은 이사회에 직접 출석하여 의결 사항에 대한 의견을 진술할 수 있다.
⑤ 지구별수협의 이사가 지구별수협 이사회의 의결 사항과 특별한 이해관계가 있는 경우 해당 이사는 그 안건의 의결에 참여할 수 없다.

## 11. 지구별수협의 임원 구성에 대한 설명으로 옳지 않은 것은?

① 지구별수협의 이사는 조합장을 포함하여 7명 이상 11명 이하로 구성한다.
② 지구별수협의 감사는 2명으로 구성하되, 그중 한 명은 외부전문가 중에서 선출한다.
③ 지구별수협은 정관으로 정하는 바에 따라 조합원이 아닌 사람 1명을 비상임이사로 둘 수 있다.
④ 지구별수협의 상임이사는 2명 이상으로 구성한다.
⑤ 지구별수협의 비상임이사는 명예직으로 하되, 정관으로 정하는 바에 따라 실비변상을 받을 수 있다.

12. 다음 중 지구별수협의 조합원 중에서 조합장을 선출하는 절차가 될 수 없는 것은?

① 해양수산부장관이 임명
② 대의원회의 선출
③ 조합원이 총회에서 투표로 선출
④ 조합원이 총회 외에서 투표로 선출
⑤ 이사회가 이사회 구성원 중에서 선출

13. 지구별수협 임원의 임기에 대한 설명으로 옳지 않은 것은?

① 지구별수협 감사의 임기는 3년으로 한다.
② 비상임인 조합장은 한 번, 상임인 조합장은 두 번만 연임할 수 있다.
③ 비상임이사는 임기 시작 후 2년이 되는 때 업무 실적 등을 고려하여 이사회의 의결로 남은 임기를 계속 채울지를 정한다.
④ 합병으로 설립되는 조합의 설립 당시 조합장의 임기는 설립등기일로부터 2년으로 한다.
⑤ 합병 후 존속하는 조합의 변경등기 당시 조합장의 남은 임기가 2년 미만이라면 그 임기를 변경등기일로부터 2년으로 한다.

14. 다음 중 지구별수협의 임원의 결격사유에 해당하지 않는 사람은? (단, 제시되지 않은 요건은 모두 충족함을 가정한다)

① 현재 만 17세인 미성년자
② 금고 이상의 형의 집행유예를 선고받고 현재 집행유예기간 중에 있는 사람
③ 「성폭력범죄의 처벌 등에 관한 특례법」 제10조(업무상 위력 등에 의한 추행)에 규정된 죄를 저지르고 1,500만 원의 벌금형이 확정된 날로부터 3년이 경과한 사람
④ 지구별수협의 임원 선거에 당선되었으나 위탁선거범죄로 인한 당선무효 사유로 당선의 무효가 확정된 날로부터 3년이 경과한 사람
⑤ 임원 선거 공고일 당시 은행에 정관으로 정하는 금액과 기간을 초과하여 채무 상환을 연체하고 있는 사람

15. 다음은 「공직선거법」에서 정하는 구호적·자선적 행위의 일부이다. 이에 대한 「수산업협동조합법」상의 규정으로 옳은 것은?

> - 법령에 의하여 설치된 사회보호시설 중 수용보호시설에 의연금품을 제공하는 행위
> - 전국재해구호협회를 포함한 구호기관 및 대한적십자사에 천재·지변으로 인한 재해의 구호를 위하여 금품을 제공하는 행위
> - 유료복지시설을 제외한 장애인복지시설에 의연금품·구호금품을 제공하는 행위
> - 자선사업을 주관·시행하는 국가·지방자치단체·언론기관·사회단체 또는 종교단체 그 밖에 국가기관이나 지방자치단체의 허가를 받아 설립된 법인 또는 단체에 의연금품·구호금품을 제공하는 행위. 다만, 광범위한 선거구민을 대상으로 하는 경우 제공하는 개별 물품 또는 포장지에 직명·성명 또는 그 소속 정당의 명칭을 표시하여 제공하는 행위는 제외한다.
> - 근로청소년을 대상으로 무료학교(야학을 포함한다)를 운영하거나 그 학교에서 학생들을 가르치는 행위

① 지구별수협의 임원 선거 후보자의 구호적·자선적 행위는 「수산업협동조합법」에서 정의하는 기부행위에 해당하지 않는다.
② 지구별수협의 임원 선거 후보자의 구호적·자선적 행위는 「수산업협동조합법」에서 정의하는 직무상의 행위에 해당하여 해당 선거일까지 제한되는 행위에 포함되지 않는다.
③ 지구별수협의 임원 선거 후보자의 구호적·자선적 행위는 「수산업협동조합법」에서 정의하는 의례적 행위에 해당하여 해당 선거일까지 제한되는 행위에 포함되지 않는다.
④ 지구별수협의 조합장 재선에 출마하는 후보자이자 현 조합장은 해당 조합장의 직명 또는 성명을 밝혀 구호적·자선적 행위를 할 수 없다.
⑤ 지구별수협의 경비로 구호적·자선적 행위를 함에 있어서 지구별수협의 조합장 재선에 출마하는 후보자이자 현 조합장의 직명을 추정할 수 있다면 이는 기부행위에 해당한다.

16. 지구별수협 소속 직원의 임면과 그 업무에 대한 설명으로 옳지 않은 것은?

① 지구별수협의 상임이사가 소관하는 사업 부문의 직원의 승진과 전보는 상임이사가 전담한다.
② 상임이사를 두지 않는 지구별수협에는 간부직원을 전무로 둔다.
③ 지구별수협의 간부직원은 해당 지구별수협의 대의원을 겸직할 수 없다.
④ 지구별수협의 간부직원은 해당 지구별수협의 비상임이사를 겸직할 수 있다.
⑤ 상임이사가 궐위·구금되어 직무를 수행할 수 없다면 간부직원이 상임이사의 직무를 대행한다.

17. 지구별수협이 수행하는 사업에 대한 설명으로 옳지 않은 것은?

① 지구별수협이 수행하는 사업의 범위는 교육·지원 사업뿐만 아니라 이에 관한 대외무역까지도 포함한다.
② 지구별수협은 다른 지구별수협으로부터 사업을 위탁받아 이를 수행할 수 있다.
③ 지구별수협이 국가로부터 사업을 위탁받아 수행할 경우에는 공공단체와 달리 위탁 계약의 체결을 요구하지 않는다.
④ 지구별수협의 사업손실보전자금과 대손보전자금은 지구별수협의 사업을 안정적으로 하기 위해 조성되며 수협중앙회는 예산의 범위에서 이를 지원할 수 있다.
⑤ 지구별수협이 공공단체로부터 사업을 위탁받아 수행할 경우 공공단체는 사업을 하는 과정에서 발생하는 비용을 지원할 수 있다.

18. 다음 빈칸에 들어갈 지구별수협의 사업은?

> 제주어류양식수협 조합원들은 유통구조 재건을 위해 '제주광어 (　　　) 100억 원 조성'을 목표를 세웠다. 조합원과 수협이 출연하여 내년 32억 원 조성을 시작으로 2029년까지 목표액을 달성하는 것을 계획하였다.
> 1920년대 말 미국 대공황으로 농산물 등의 1차 산업이 위기에 직면하자 정부의 지원 이외에도 생산자가 스스로 생산품 및 그 가공품의 유통을 지원하기 위한 자금을 조성하고 이를 운용할 수 있도록 하는 법률의 제정을 시작으로 하는 이 사업은 생산자 단체의 자율적 수급 조절 및 소비 촉진, 시장 교섭력 확대 등을 통해 산업 발전을 도모하고 어업인의 소득을 안정시킴을 목적으로 조성되는 제도적 기금사업이다. 생산자단체가 직접 조성하고 생산자단체가 이를 자율적으로 관리하며 정부가 자금 조성을 지원하는 구조로 이루어진다. 이렇게 조성된 자금은 생산품의 판로 확대, 수급 조절 및 가격 안정화 사업, 생산품의 광고 및 홍보사업 등에 사용된다.

① 유통지원자금　　　② 회전출자금　　　③ 우선출자금
④ 수산금융채권　　　⑤ 근로복지기금

19. 다음에서 설명하는 회계용어에 대한 「수산업협동조합법」상의 내용으로 옳지 않은 것은?

> 기업이 보유한 자본은 ⊙ 자기자본과 ⓒ 타인자본으로 구성된다. 타인자본은 기업이 보유한 자본 중 일정 시점에 상환을 해야 할 의무를 지는 소극적 재산, 즉 부채를 의미하며, 자기자본은 기업의 총자본에서 타인자본을 제외한 자본, 즉 기업의 부채가 아닌 기업 고유의 재산을 의미한다.

① 지구별수협이 추진하는 사업의 이용 실적에 따라 조합원에게 배당할 금액의 전부 또는 일부를 출자하게 하는 회전출자금은 ⊙에 해당한다.
② 지구별수협이 추진하는 사업의 목적을 달성하기 위해서는 국가로부터 자금을 차입할 수 있으며 이는 ⓒ에 해당한다.
③ 지구별수협이 준조합원에 대해 부담하도록 하는 가입금은 해당 준조합원이 탈퇴할 경우 가입금의 환급을 청구할 권리를 포함한다는 점에서 지구별수협의 ⓒ에 해당한다.
④ 지구별수협은 사업을 수행하기 위해 다른 법인에 출자를 할 수 있는데, 이 경우 같은 법인에 대한 출자는 ⊙의 100분의 20을 초과할 수 없음을 원칙으로 한다.
⑤ 지구별수협의 잉여금 배당에 있어 내용이 다른 종류의 우선적 지위를 가지는 우선출자는 ⊙의 확충을 통한 경영의 건전성을 도모함을 목적으로 한다.

20. 다음은 지구별사업의 회계연도 결산 결과로 발생한 잉여금 배당의 순서를 도식화한 것이다. 빈칸 ⊙ ~ ⓒ에 들어갈 내용을 바르게 나열한 것은?

( ⊙ )의 사업 이용 실적에 대한 배당
↓
정관으로 정하는 비율의 한도 이내에서 ( ⓒ )에 대한 배당
↓
( ⓒ )의 사업 이용 실적에 대한 배당

| | ⊙ | ⓒ | ⓒ | | ⊙ | ⓒ | ⓒ |
|---|---|---|---|---|---|---|---|
| ① | 우선출자자 | 납입출자액 | 조합원 | ② | 조합원 | 납입출자액 | 준조합원 |
| ③ | 조합원 | 우선출자자 | 준조합원 | ④ | 우선출자자 | 조합원 | 준조합원 |
| ⑤ | 준조합원 | 우선출자자 | 조합원 | | | | |

21. 지구별수협의 문서 작성 및 관리에 대한 설명으로 옳지 않은 것은?

① 지구별수협은 매 회계연도의 사업계획서와 수지예산서를 작성하여 회계연도가 시작되기 1개월 전에 총회의 의결을 거쳐 수협중앙회장에게 제출하여야 한다.
② 지구별수협 조합장이 감사에게 제출하는 결산보고서란 사업보고서, 재무상태표 및 손익계산서와 잉여금처분안 또는 손실금처리안 등을 의미한다.
③ 지구별수협의 조합원과 달리 채권자는 해당 지구별수협의 결산보고서를 열람할 수 없다.
④ 지구별수협의 조합원은 총회의사록 사본을 발급받기 위해 지구별수협이 정한 수수료를 지불하여야 한다.
⑤ 지구별수협 조합장은 결산보고서와 감사 의견서를 정기총회에 제출하여 승인을 받은 후 재무상태표를 지체 없이 공고하여야 한다.

22. 두 지구별수협 중 한쪽은 존속하고 다른 한쪽은 소멸되는 형태의 지구별수협 합병절차에 대한 설명으로 옳지 않은 것은?

① 수협중앙회는 지구별수협의 합병을 촉진하기 위해 예산의 범위에서 자금을 지원할 수 있다.
② 지구별수협의 합병에 의해 발생하는 합병차익은 합병 후 존속하는 지구별수협의 자본적립금으로 적립되어야 한다.
③ 등기부 및 그 밖의 공적 장부에 표시된 소멸된 지구별수협의 명의는 합병 후 존속하는 지구별수협의 명의로 본다.
④ 합병무효에 관하여는 「상법」 제529조에서 정하는 합병무효의 소를 준용한다.
⑤ 지구별수협의 합병은 합병으로 소멸된 지구별수협이 해산등기를 함으로써 그 효력을 가진다.

23. 지구별수협의 청산을 위해 임명된 청산인에 대한 설명으로 옳은 것은?

① 지구별수협이 파산한 경우 해당 지구별수협의 조합장이 청산인이 된다.
② 청산인은 취임 후 지구별수협의 재산목록을 기준으로 재산 처분 방법을 정하여 총회의 승인을 받아 재무상태표를 작성한다.
③ 청산인은 취임한 날부터 7일 이내에 주된 사무소의 소재지에서 그 성명·주민등록번호 및 주소를 등기하여야 한다.
④ 청산인은 그 직무의 범위에서 조합장과 동일한 권리와 의무를 가진다.
⑤ 청산 사무가 끝난 청산인은 지체 없이 결산보고서를 작성하여 이를 해양수산부장관에 제출하여 승인을 받아야 한다.

24. 지구별수협의 변경등기와 그 신청절차에 대한 설명으로 옳지 않은 것은?

① 지구별수협의 총 출자계좌 수와 납입출자금 총액에 관한 변경등기는 회계연도 말을 기준으로 그 회계연도가 끝난 후 3개월 이내에 하여야 한다.
② 변경등기를 신청하는 지구별수협의 조합장은 등기사항의 변경을 증명하는 서류를 첨부하여야 한다.
③ 합병으로 인하여 변경등기를 신청할 경우 만일 합병에 이의를 제기한 채권자가 있었다면 해당 채권자에게 변제나 담보를 제공한 사실을 증명하는 서류를 첨부하여야 한다.
④ 행정구역의 지명이 변경되어 등기부에 기재된 해당 지구별수협의 사무소 소재지와 구역의 지명이 변경된 경우 지체 없이 변경등기를 신청하여야 한다.
⑤ 지구별수협이 합병된 경우 합병 후 존속하는 지구별수협이 존재한다면 해당 지구별수협은 합병인가를 받은 날로부터 2주일 이내에 변경등기를 하여야 한다.

25. 수협 및 조합공동사업법인의 조합원 및 회원으로 가입할 수 있는 자격에 대한 설명으로 옳지 않은 것은?

① 수산물가공수협은 조합공동사업법인의 회원으로 가입할 수 있다.
② 영어조합법인과 어업회사법인은 조합공동사업법인의 회원으로 가입할 수 있다.
③ 업종별수협의 조합원 자격을 가진 자 중 단일 어업을 경영하는 자는 해당 업종별수협에만 가입할 수 있다.
④ 수산물가공수협의 구역 내에 사업장을 가지고 있는 수산물통조림가공업을 경영하는 자는 해당 수산물가공수협에 가입할 수 있다.
⑤ A 지역의 주소를 두고 B 지역에 사업장을 둔 어업인이 A 지역을 구역으로 하는 지구별수협의 조합원이 되는 경우 해당 어업인은 B 지역을 구역으로 하는 지구별수협의 조합원이 될 수 있다.

26. 다음 ㉠ ~ ㉤을 수협중앙회의 회원과 준회원으로 옳게 분류한 것은?

> ㉠ 부산공동어시장 조합공동사업법인
> ㉡ 제주어류양식수협
> ㉢ 동해시수협
> ㉣ 통조림가공수협
> ㉤ 어업회사법인(주)○○수산

|   | 수협중앙회 회원 | 수협중앙회 준회원 |
|---|---|---|
| ① | ㉠, ㉡, ㉢ | ㉣, ㉤ |
| ② | ㉠, ㉡, ㉢, ㉣ | ㉤ |
| ③ | ㉡, ㉢ | ㉠, ㉣, ㉤ |
| ④ | ㉡, ㉢, ㉣ | ㉠, ㉤ |
| ⑤ | ㉢ | ㉠, ㉡, ㉣, ㉤ |

27. 수협중앙회에서 개최하는 총회에 대한 설명으로 옳지 않은 것은?

① 수협중앙회 총회는 수협중앙회장과 수협중앙회의 회원으로 구성된다.
② 수협중앙회 정기총회와 임시총회는 모두 수협중앙회장을 의장으로 한다.
③ 수협중앙회 정기총회는 회계연도 경과 후 3개월 이내에 매년 1회 소집한다.
④ 수협중앙회 정기총회에서 정관의 변경을 의결할 수 있으며, 의결 후 해양수산부장관의 인가를 받아야 한다.
⑤ 수협중앙회는 정관으로 정하는 바에 따라 총회를 갈음하는 대의원회를 둘 수 있으며, 대의원회는 수협중앙회장과 대의원으로 구성한다.

28. 다음 중 수협중앙회 이사회에 대한 설명으로 옳지 않은 것은?

① 수협중앙회 이사회를 구성하는 이사회 구성원의 2분의 1 이상은 회원조합장이어야 한다.
② 수협중앙회가 보유한 업무용 부동산의 처분은 이사회의 의결 사항에 해당한다.
③ 수협중앙회 이사회는 회장 혹은 이사 3명의 요구 이외에 감사위원회의 요구가 있을 때에도 소집된다.
④ 수협중앙회 사업전담대표이사의 선출 및 해임은 이사회의 의결 사항에 해당한다.
⑤ 수협중앙회 이사회는 법령에 정하는 사항 이외에 이사 구성원의 5분의 1 이상이 필요하다고 인정하는 사항에 대해 의결할 수 있다.

29. 다음 중 수협중앙회장이 수행하는 업무의 범위에 대한 설명으로 옳은 것은?

① 수협중앙회장은 사업전담대표이사의 업무를 포함한 수협중앙회의 업무에 관하여 수협중앙회를 대표한다.
② 수협중앙회 회원에 대한 감사의 업무는 수협중앙회장이 전담하여 처리하되, 조합감사위원회의 위원장에게 이를 위임하여 전결처리하게 한다.
③ 수협중앙회 회원과 그 조합원의 권익 증진을 위한 사업에 관한 업무는 수협중앙회장이 전담하여 처리하되, 사업전담대표이사에게 위임하여 전결처리하게 한다.
④ 수협중앙회 회원의 조직·경영 및 사업에 관한 지도 및 조정에 관한 업무는 수협중앙회장이 전담하여 처리하되, 사업전담대표이사에게 위임하여 전결처리하게 한다.
⑤ 수협중앙회 회원의 조합원과 직원에 대한 교육·훈련은 수협중앙회장이 전담하여 처리하되, 교육위원회의 위원장에게 전결처리하게 한다.

30. 수협중앙회 소속 임직원의 임기에 대한 설명으로 옳지 않은 것은?

① 수협중앙회장의 임기는 4년으로 하되, 연임할 수 없다.
② 수협중앙회 사업전담대표이사의 임기는 2년으로 한다.
③ 수협중앙회 감사위원장과 감사위원 모두 임기는 3년으로 한다.
④ 수협중앙회 상임이사의 임기는 3년, 비상임이사의 임기는 2년으로 한다.
⑤ 수협중앙회 조합감사위원회의 위원장과 조합감사위원 모두 임기는 3년으로 한다.

31. 다음 중 수협중앙회 이사회의 승인을 요구하는 것은?

① 수협중앙회의 사업계획·수지예산 및 결산의 승인
② 수협중앙회가 관리하는 명칭사용료의 지출을 위한 승인
③ 수협중앙회 소속 간부직원이 다른 직업에 종사하기 위한 승인
④ 법률로 정하지 않았으나 지구별수협의 목적 달성을 위해 필요한 사업을 수행하기 위한 승인
⑤ 지구별수협 상임이사의 궐위기간이 6개월을 초과하여 수협중앙회에서 관리인을 파견하기 위한 승인

32. 수협중앙회의 회원 또는 회원의 조합원이 생산한 수산물의 판매활성화를 위한 정책의 내용으로 옳지 않은 것은?

① 수협중앙회는 회원으로부터 판매위탁을 받은 수산물의 판매를 위하여 판매조직의 확보에 관한 사항을 포함한 실행계획을 수립하고 그에 따른 사업을 추진하여야 한다.
② 수협중앙회는 회원의 조합원이 생산한 수산물의 가격 안정을 위해 수산물 수급 조절에 필요한 조치를 회원과 공동으로 추진할 수 있다.
③ 수산업협동조합 경제사업 평가협의회는 수협중앙회가 수행하는 수산물 판매활성화 사업의 점검 및 평가에 관한 사항을 결정하는 의결기관이다.
④ 수협중앙회 회원의 조합원이 생산한 수산물의 유통을 지원하기 위한 수협중앙회 유통지원자금은 수협중앙회의 명칭사용료와 임의적립금 등으로 조성한다.
⑤ 수협중앙회장은 수협중앙회가 수행하는 수산물 판매활성화 사업을 매년 1회 이상 평가·점검하고, 이사회는 그 결과를 경영평가에 반영하여야 한다.

**33.** 수협중앙회와 수협은행과의 관계에서 「수산업협동조합법」에 따라 다음 「은행법」의 일부 규정을 적용한 내용으로 옳지 않은 것은?

> **제2조(정의)** ① 이 법에서 사용하는 용어의 뜻은 다음과 같다.
> 1. "은행업"이란 예금을 받거나 유가증권 또는 그 밖의 채무증서를 발행하여 불특정 다수인으로부터 채무를 부담함으로써 조달한 자금을 대출하는 것을 업(業)으로 하는 것을 말한다.
> 2. "은행"이란 은행업을 규칙적·조직적으로 경영하는 한국은행 외의 모든 법인을 말한다.
>
> **제8조(은행업의 인가)** ① 은행업을 경영하려는 자는 금융위원회의 인가를 받아야 한다.
>
> **제15조(동일인의 주식보유한도 등)** ① 동일인은 은행의 의결권 있는 발행주식 총수의 100분의 10을 초과하여 은행의 주식을 보유할 수 없다. 다만, 다음 각 호의 어느 하나에 해당하는 경우와 제3항 및 제16조의2 제3항의 경우에는 그러하지 아니하다.
> 1. 정부 또는 「예금자보호법」에 따른 예금보험공사가 은행의 주식을 보유하는 경우
> 2. 지방은행의 의결권 있는 발행주식 총수의 100분의 15 이내에서 보유하는 경우
>
> **제16조(한도초과주식의 의결권 제한 등)** ① 동일인이 제15조 제1항·제3항 또는 제16조의2 제1항·제2항에 따른 주식의 보유한도를 초과하여 은행의 주식을 보유하는 경우 제15조 제1항·제3항 또는 제16조의2 제1항·제2항에 따른 한도를 초과하는 주식에 대하여는 그 의결권을 행사할 수 없으며, 지체 없이 그 한도에 적합하도록 하여야 한다.
>
> **제53조(은행에 대한 제재)** ② 금융위원회는 은행이 다음 각 호의 어느 하나에 해당하면 그 은행에 대하여 6개월 이내의 기간을 정하여 영업의 전부정지를 명하거나 은행업의 인가를 취소할 수 있다.
> 1. 거짓이나 그 밖의 부정한 방법으로 은행업의 인가를 받은 경우
> 2. 인가 내용 또는 인가 조건을 위반한 경우
> 3. 영업정지 기간에 그 영업을 한 경우
> 4. 제1항 제1호에 따른 시정명령을 이행하지 아니한 경우
> 5. ~ 8. (생략)

① 수협은행은 「은행법」 제2조 제1항 제2호에 따른 은행으로 본다.
② 수협중앙회는 수협은행의 의결권 있는 주식의 100분의 10을 초과한 주식을 취득할 수 있다.
③ 수협중앙회가 의결권 있는 주식의 100분의 10을 초과하여 발행할 경우 수협은행은 이를 초과하는 주식에 대한 의결권을 행사할 수 없다.
④ 수협은행의 경영에는 금융위원회의 인가를 요구하지 않으므로 금융위원회는 수협은행에 대하여 은행업의 인가 내용 또는 조건을 위반함을 이유로 은행업의 인가를 취소할 수 없다.
⑤ 금융위원회는 수협은행이 시정명령을 이행하지 않음을 이유로 영업정지를 명하기 위해서는 해양수산부장관과 미리 협의하여야 한다.

34. 다음 중 수협은행의 정관에 포함되지 않는 내용은?

① 수협은행의 명칭
② 수협은행의 자본금 및 주식에 관한 사항
③ 수협은행의 회계에 관한 사항
④ 수협은행의 출장소와 대리점에 관한 사항
⑤ 수협은행이 조성하는 유통지원자금에 관한 사항

35. 수협은행이 수행하는 업무에 관한 규정으로 옳지 않은 것은?

① 수협은행은 수협중앙회로부터 위탁받은 공제상품을 판매함에 있어서 「보험업법」 제4장 모집에 관한 규정을 적용하지 아니한다.
② 수협은행은 「은행법」 제27조에 따른 은행업무와 동법 제27조의2에 따른 부수업무를 수행한다.
③ 수협은행장과 이사로 구성된 수협은행 이사회는 수협은행의 업무에 관한 중요 사항을 의결한다.
④ 수협은행은 수협중앙회 전산시스템의 위탁운영과 관리 업무를 수행한다.
⑤ 수협은행은 국가와 공공단체 이외의 기관으로부터 자금을 차입하는 방법으로 자금을 운용하여서는 아니 된다.

36. 다음 중 수협중앙회 회원에 대한 수협중앙회의 지도에서 수협중앙회장이 수협중앙회 회원의 업무에 관하여 해양수산부장관에게 요청하는 처분사항에 해당하지 않는 것은?

① 정관의 변경
② 업무의 일부 정지
③ 업무의 전부 정지
④ 다른 수협과의 합병
⑤ 재산의 공탁 · 처분 금지

37. 다음 중 수협중앙회 조합감사위원회의 위원 구성에 해당하지 않는 것은?

① 수협중앙회 인사추천위원회가 추천하여 이사회에서 선출하는 사람 2명
② 해양수산부장관이 위촉하는 사람 1명
③ 기획재정부장관이 위촉하는 사람 1명
④ 금융위원회 위원장이 위촉하는 사람 1명
⑤ 수협중앙회장이 위촉하는 수산 관련 단체 대표 1명

38. 수산금융채권의 발행에 대한 다음 글의 빈칸에 들어갈 내용은?

> 채권을 상환하는 방법으로는 보유하고 있는 현금을 지불하는 방법 이외에도 새로이 채권을 발행하고 그 금액으로 기존 채권을 상환하는 방법을 사용할 수 있다. 이처럼 채권을 채권으로 갚는 방법을 차환(借換)이라고 한다. 수협은행이 발행한 수산금융채권 역시 수산금융채권의 차환을 목적으로 새로운 수산금융채권을 발행할 수 있다. 이 경우 수협은행은 수산금융채권의 발행한도인 (          )을/를 초과하여 발행할 수 있다.

① 자기자본의 $\frac{1}{2}$배
② 자기자본 금액
③ 자기자본의 2배
④ 자기자본의 3배
⑤ 자기자본의 5배

39. 다음은 수협중앙회의 명칭을 사용하는 법인에게 부과하는 명칭사용료의 계산식이다. 빈칸에 들어갈 숫자는?

> 법인의 영업수익 또는 매출액의 ( ) 범위에서 정관으로 정하는 기준×부과율

① $\frac{25}{100}$
② $\frac{25}{1,000}$
③ $\frac{25}{10,000}$
④ $\frac{35}{1,000}$
⑤ $\frac{35}{10,000}$

40. 다음 중 지구별수협에 대한 해양수산부장관의 처분에서 청문 절차를 거쳐야 하는 것을 모두 고르면?

> ㉠ 지구별수협의 파산선고
> ㉡ 조합원장의 선거규정 위반을 이유로 하는 선거 당선 취소
> ㉢ 지구별수협에 대한 경영지도에 따른 임원의 직무정지
> ㉣ 지구별수협의 설립인가 취소

① ㉠, ㉡
② ㉠, ㉢
③ ㉡, ㉢
④ ㉡, ㉣
⑤ ㉢, ㉣

**41.** 수협중앙회 사업전담대표이사가 수협중앙회의 경영상태에 대한 평가 결과를 보고하는 과정에서 그 사실을 은폐한 경우에 대한 「수산업협동조합법」상의 처벌 규정으로 옳은 것은?

① 3년 이하의 징역 또는 3천만 원 이하의 벌금
② 2년 이하의 징역 또는 2천만 원 이하의 벌금
③ 1년 이하의 징역 또는 1천만 원 이하의 벌금
④ 500만 원 이하의 벌금
⑤ 200만 원 이하의 과태료

**42.** 다음 사례와 관련된 「수산업협동조합법」상의 규정으로 옳은 것을 〈보기〉에서 모두 고르면?

○○수협의 임원 A 씨는 내년에 있을 국회의원 총선에서 B 정당을 공개적으로 지지하면서 소속 직원들에게 B 정당과 대립하는 C 정당에 소속된 후보자들에게 투표하여서는 안 되며, 투표 당일 이를 인증하는 사진을 찍어 보낼 것을 지시하였다.

보기

㉠ 조합을 이용하여 공직선거에 관여하는 행위를 금지하는 것에는 조합을 이용하여 공직선거에서 특정인이 당선되지 아니하도록 하는 행위를 포함한다.
㉡ A 씨는 1년 이하의 징역 또는 1천만 원 이하의 벌금에 처해진다.
㉢ 해당 사실에 대한 조사 과정에서 이 사실을 신고한 ○○수협 소속 직원 D 씨는 「공직선거법」 제262조의2에 따라 보호받는다.

① ㉠
② ㉠, ㉡
③ ㉠, ㉢
④ ㉡, ㉢
⑤ ㉠, ㉡, ㉢

**43.** 수협중앙회가 국가로부터 자금을 융자받아 시행한 사업에 관한 다음 설명의 빈칸에 들어갈 내용은?

> 수협중앙회는 국가로부터 사업비의 전부 또는 일부를 보조 또는 융자받아 시행한 직전 연도 사업에 관련된 자금 사용내용 등의 정보를 (　　　　　　) 공시하여야 하며, 이를 위해 필요한 경우 해당 사업을 수행하는 조합에 대해 자료 제출을 요청할 수 있다.

① 회계연도가 시작하기 1개월 전까지
② 회계연도 경과 후 3개월 이내에
③ 해당 사업의 종료일로부터 6개월 이내에
④ 매년 4월 30일까지
⑤ 매년 7월 31일까지

**44.** 수협중앙회의 업무 집행 상황이 법령에 위반된다는 사유로 수협중앙회 회원들이 이에 대한 검사를 청구하는 절차에 관하여 다음 ㉠ ~ ㉢에 들어갈 내용이 바르게 나열된 것은?

> 수협중앙회의 회원이 회원의 (　㉠　) 이상의 동의를 받아 수협중앙회의 업무 집행이 법령에 위반된다는 사유로 (　㉡　)에게 검사를 청구하면 (　㉡　)은 (　㉢　)에게 수협중앙회에 대한 검사를 요청할 수 있다.

|  | ㉠ | ㉡ | ㉢ |
|---|---|---|---|
| ① | 10분의 1 | 해양수산부장관 | 금융감독원장 |
| ② | 10분의 1 | 금융감독원장 | 해양수산부장관 |
| ③ | 2분의 1 | 해양수산부장관 | 금융감독원장 |
| ④ | 2분의 1 | 금융감독원장 | 해양수산부장관 |
| ⑤ | 3분의 2 | 해양수산부장관 | 금융감독원장 |

45. 다음 빈칸에 들어갈 수협중앙회 내 직위의 명칭은?

> 수협중앙회는 법령과 정관을 준수하고, 중앙회의 이용자를 보호하기 위해 중앙회의 임직원이 그 직무를 수행할 때 따라야 하는 기본적인 절차와 기준을 정한다. 이와 함께 수협중앙회가 이를 준수하고 있는지를 점검하고, 이를 위반하고 있는 사실을 조사하여 감사위원회에 보고하기 위해 1명 이상의 (　　　　)을/를 두어야 한다.

① 교육위원회원　　　　　　　② 준법감시인
③ 조합감사위원　　　　　　　④ 재정운영위원
⑤ 사업전담대표이사

46. 다음에서 설명하는 약정의 명칭은?

> 지구별수협이 「수산업협동조합의 부실예방 및 구조개선에 관한 법률」에 따라 관리기관으로부터 자금지원을 받기 위해서는 관리기관과의 약정을 체결하여야 한다.
> 해당 약정은 조합의 경영약정화를 위한 사항으로 순자본비율 등의 재무건전성 기준의 목표 수준, 자산 대비 수익률 등의 수익성 기준의 목표 수준, 지원자금의 운용 및 상환 계획 등을 포함한다. 해당 약정을 체결한 관리기관은 이를 전자매체를 통해 공개하여야 하며, 국회 소관 상임위원회의 요구가 있을 때에는 해당 약정의 이행 실적을 보고해야 한다.
> 만일 해당 약정을 체결한 지구별수협이 2년 연속으로 이를 이행하지 못할 경우, 관리기관은 해당 지구별수협의 정관에도 불구하고 이를 이유로 조합장을 비상임으로 할 수 있다.

① 현물출자약정　　　　　　　② 결제금액이월약정
③ 경영정상화 이행약정　　　　④ 적기시정약정
⑤ 지분환급청구 이행약정

**47.** 지구별수협의 회계관리에 관하여 다음에서 설명하는 개념은?

> 지구별수협의 '일반회계'와 구분되는 개념의 통칭으로, 지구별수협이 특정 사업을 운영하거나 특정 자금을 보유하여 운영할 경우, 그 밖에 일반회계와는 구분하여 관리할 필요가 있는 회계사항에 대해서는 정관에 따라 이를 설치하여 일반회계와 구분하여 회계처리한다.

① 특별회계　　　　② 법정적립금　　　　③ 공제회계
④ 신용사업회계　　⑤ 보수회계

**48.** 수협중앙회 회원 및 이사회가 수협중앙회 임원의 해임을 요구하기 위한 절차에 대한 설명으로 옳지 않은 것은?

① 수협중앙회 회원은 회원 3분의 1의 동의를 받아 총회에 임원의 해임을 요구할 수 있다.
② 수협중앙회 회원의 해임 요구에 대한 총회의 의결은 구성원 과반수의 출석과 출석구성원 3분의 2 이상의 찬성을 요구한다.
③ 수협중앙회 이사회는 사업전담대표이사의 「수산업협동조합법」 위반을 이유로 총회에 사업전담대표이사의 해임을 직접 요구할 수 있다.
④ 수협중앙회 이사회가 요청한 사업전담대표이사의 해임에 대한 총회의 의결은 구성원 과반수의 출석과 출석구성원 과반수의 찬성을 요구한다.
⑤ 수협중앙회 이사회가 요청한 사업전담대표이사의 해임을 의결할 때에는 사업전담대표이사에게 이에 관한 의견을 진술할 기회를 주어야 한다.

49. 다음 중 「수산업협동조합법」에서 규정하는 수산업협동조합협의회의 업무에 해당하는 것을 모두 고르면?

> ㉠ 회원을 위한 사업의 개발 및 정책 건의
> ㉡ 회원을 위한 생산·유통 조절 및 시장개척
> ㉢ 회원을 위한 자금의 대출
> ㉣ 제품 홍보, 기술 보급 등 회원 간의 정보교환

① ㉠, ㉡
② ㉡, ㉢
③ ㉠, ㉡, ㉣
④ ㉠, ㉢, ㉣
⑤ ㉡, ㉢, ㉣

50. 다음 중 수협중앙회 교육위원회의 구성에 대한 설명으로 옳지 않은 것은?

① 교육위원회는 수협중앙회의 교육업무를 지원하기 위한 기관이다.
② 교육위원회는 수협중앙회 이사회 소속 기관으로 그 구성에 관한 사항은 이사회에서 의결한다.
③ 교육위원회는 위원장을 포함하여 10명 이내의 위원으로 구성한다.
④ 교육위원회의 위원은 수산 관련 단체 및 학계 대표를 포함하여 구성하여야 한다.
⑤ 교육위원회는 교육지원업무를 처리하기 위하여 정관으로 정하는 바에 따라 교육위원회를 소속으로 하는 기구를 설치할 수 있다.

## 4회 기출예상문제

시험시간: 50분 | 문항수: 50문항
▶ 정답과 해설 33쪽

**01.** 다음 중 「수산업협동조합법」 제1조에서 정의하는 제정목적에 포함하지 않는 내용은?

① 어업인과 수산물가공업자의 자주적인 협동조직
② 어업 및 수산물가공업의 경쟁력 강화
③ 어업인의 자율적인 경제활동 지원
④ 국민경제의 균형 있는 발전
⑤ 어업인과 수산물가공업자의 경제적 · 사회적 · 문화적 지위의 향상

**02.** 다음은 지구별수협이 생산한 물품을 공공기관에 공급하기 위한 계약에 관한 「수산업협동조합법」 상의 규정의 설명이다. 빈칸에 공통으로 들어갈 계약의 유형으로 옳은 것은?

> 「중소기업제품 구매촉진 및 판로지원에 관한 법률」
>
> 제33조(특별법인 등의 중소기업 간주) ① 「국가를 당사자로 하는 계약에 관한 법률」 제7조 단서 또는 다른 법률에 따라 국가와 (　　　)의 방법으로 납품계약을 체결할 수 있는 자로서 다음 각 호의 법인이나 단체는 제4조부터 제12조까지, 제22조, 제23조 및 제25조를 적용하는 경우 중소기업자로 본다.
> 1. 농업협동조합 등 특별법에 따라 설립된 법인
> 2. 「국가유공자 등 단체설립에 관한 법률」에 따라 설립된 단체 중 상이(傷痍)를 입은 자들로 구성된 단체
> 3. 「고엽제후유의증 등 환자지원 및 단체설립에 관한 법률」에 따라 설립된 단체
> 4. 「민법」 제432조에 따라 설립된 사단법인 중 「장애인복지법」 제63조에 따른 장애인복지단체 및 장애인을 위한 단체
> 5. 그 밖에 대통령령으로 정하는 법인이나 단체
>
> 지구별수협이 공공기관에 직접 생산하는 물품을 공급하는 경우에는 해당 지구별수협을 「중소기업제품 구매촉진 및 판로지원에 관한 법률」 제33조 제1항 각 호 외의 부분에 따른 '국가와 (　　　)의 방법으로 납품계약을 체결할 수 있는 자'로 본다.

① 공제계약
② 위탁계약
③ 경쟁계약
④ 임대차계약
⑤ 수의계약

03. 다음은 수협중앙회의 사업을 목적으로 하는 업무 및 재산에 관한 「수산업협동조합법」 제8조의 내용이다. 빈칸에 들어갈 내용으로 적절한 것은?

> 수협중앙회의 업무 및 재산에 대하여는 국가 및 지방자치단체의 (       ) 외의 부과금을 면제한다. 다만, 그 재산이 수협중앙회의 사업 외의 목적으로 사용되는 경우에는 그러하지 아니하다.

① 경비           ② 조세           ③ 과태금
④ 출자금         ⑤ 근로복지기금

04. 다음 중 지구별수협의 조합원 및 준조합원이 될 수 있는 경우를 모두 고른 것은?

> ㉠ 주된 사무소를 지구별수협의 구역에 두고 어업을 경영하고 있는 「농어입경영체 육성 및 지원에 관한 법률」 제19조에 따른 어업회사법인
> ㉡ 주된 사무소를 지구별수협의 구역에 두고 있는 「수산업협동조합법」 제113조의3에 따른 조합공동사업법인
> ㉢ 지구별수협의 구역에 주소를 둔 어업인이 출자한 해양수산 관련 단체
> ㉣ 「중소기업제품 구매촉진 및 판로지원에 관한 법률」 제2조 제2호에 따른 공공기관

① ㉠, ㉡         ② ㉠, ㉢         ③ ㉡, ㉢
④ ㉡, ㉣         ⑤ ㉢, ㉣

05. 지구별수협과 그 조합원의 책무에 대한 설명으로 옳지 않은 것은?

① 지구별수협은 업무를 수행함에 있어서 조합원을 위해 최대한 봉사하여야 한다.
② 모든 지구별수협 조합원은 지구별수협의 사업에 대해 무한책임을 진다.
③ 지구별수협의 조합원은 지구별수협의 운영 과정에 성실히 참여하여야 한다.
④ 지구별수협의 조합원은 생산한 수산물을 지구별수협을 통하여 출하하는 등의 방법으로 그 사업을 성실히 이용하여야 한다.
⑤ 지구별수협은 일부 조합원의 이익에 편중되는 업무를 하여서는 아니 된다.

**06.** 다음 중 조합원이 보유한 지구별수협에 대한 채권 혹은 채무와 상계할 수 없는 것을 모두 고르면?

> ㉠ 출자배당금의 출자전환에서 조합원의 출자액에 대한 배당금
> ㉡ 배당금의 출자전환에서 조합원의 사업 이용 실적에 따른 배당금
> ㉢ 정관에 따라 조합원이 지구별수협에 지불해야 하는 과태금

① ㉠  ② ㉢  ③ ㉠, ㉡
④ ㉡, ㉢  ⑤ ㉠, ㉡, ㉢


**07.** 다음은 지구별수협 조합원이 해당 지구별수협의 보궐선거에서 행사하는 선거권에 관한 내용이다. 빈칸에 들어갈 내용으로 적절한 것은?

> 지구별수협의 보궐선거의 경우 해당 지구별수협의 조합원이 보유한 선거권은 그 보궐선거의 실시 사유가 확정된 날을 기준으로 ( ) 전까지 해당 조합에 가입한 조합원에 한하여 이를 행사할 수 있다.

① 15일  ② 30일  ③ 60일
④ 120일  ⑤ 180일


**08.** 지구별수협에 대한 지분환급청구권에 대한 설명으로 옳지 않은 것은?

① 지분환급청구권의 소멸시효는 2년이다.
② 지구별수협에 지분환급을 청구할 권리는 해당 조합에서 탈퇴한 조합원뿐만 아니라 총회의 의결로 제명된 조합원에게도 부여된다.
③ 지분환급청구권의 대상이 되는 지분은 탈퇴한 회계연도 말 지구별수협의 자산과 부채를 기준으로 정한다.
④ 지구별수협에서 탈퇴한 조합원은 탈퇴 당시의 회계연도부터 지분환급청구권을 행사할 수 있다.
⑤ 만일 지구별수협에서 탈퇴한 조합원이 해당 지구별수협에 대한 채무를 보유하고 있다면 그 지구별수협은 이를 다 갚을 때까지 지분의 환급을 정지할 수 있다.

09. 다음 지구별수협 총회의 의결사항 중 그 효력의 발생에 해양수산부장관의 인가를 요구하는 것은?

① 다른 지구별수협과의 합병
② 지구별수협 임원의 선출
③ 차입금의 최고 한도 설정
④ 어업권의 취득
⑤ 수지예산의 편성

10. 다음은 어느 지구별수협에서 조합원의 청구로 임시총회를 개회하기까지의 일정표이다. ㉠~㉣ 중 그 내용이 적절하지 않은 것은? (단, 조합장은 총회소집청구서를 제출 당일에 받았음을 가정한다)

- 4월 2일 : ㉠ 조합원 5분의 1의 동의를 받은 조합원의 대표가 조합장에게 총회소집청구서 제출
- 4월 4일 : 조합장이 오는 ㉡ 14일에 임시총회 개회를 결정
- ㉢ 4월 12일 : ㉣ 조합원 명부에 기재된 조합원 주소로 총회소집통지서 발송

① ㉠
② ㉢
③ ㉠, ㉣
④ ㉡, ㉢
⑤ ㉠, ㉡, ㉣

11. 지구별수협 임원의 결격사유와 그 효력에 대한 설명으로 옳지 않은 것은?

① 임원선거 공고일 기준으로 한국산업은행으로부터 정해진 금액을 초과하여 채무 상환을 연체하고 있는 조합원은 임원이 될 수 없다.
② 임원의 결격사유에 해당하여 퇴직한 임원이 퇴직 전 지구별수협의 사업에 관여한 행위는 그 효력을 상실한다.
③ 지구별수협의 조합원이 아닌 임원은 해당 지구별수협이 운영하는 사업의 이용 실적이 없음을 이유로 지구별수협의 임원 자격을 상실하지 않는다.
④ 고령으로 인해 가정법원이 한정후견개시의 심판을 하여 피한정후견인이 된 지구별수협의 임원은 당연히 퇴직한다.
⑤ 「신용협동조합법」 제84조에 의해 금융위원회로부터 개선(改選)의 처분을 받은 지구별수협의 임원은 해당 처분을 받은 날로부터 5년 동안 해당 지구별수협의 임원이 될 수 없다.

12. 다음 중 지구별수협의 임원 선거 후보자에 대해 선거기간 중 금지되는 행위에 해당하는 것은?

① 투표권자에게 직접 전화로 지지를 호소하는 행위
② 투표권자의 가정에 직접 방문하여 지지를 호소하는 행위
③ 후보자 본인의 SNS 계정을 통해 지지를 호소하는 행위
④ 다수인이 왕래하는 공개된 장소에서 본인의 명함을 배부하는 행위
⑤ 선거관리위원회에 제출한 선전벽보를 부착하는 행위

13. 지구별수협의 임원을 해임하기 위한 절차에 대한 설명으로 옳은 것은?

① 「수산업협동조합법」 외의 법률에 따라 자격이 정지된 지구별수협의 임원은 조합원 3분의 1 이상의 동의를 거쳐 지구별수협 총회에서 해임을 의결한다.
② 조합원의 요구로 지구별수협의 임원을 해임하는 총회의 의결은 구성원 과반수의 출석과 출석구성원 과반수의 찬성을 요구한다.
③ 대의원회에서 선출된 조합장의 해임은 대의원회의 의결을 거쳐 조합원의 투표로 결정한다.
④ 경영 상태의 평가 결과를 이유로 이사회에서 상임이사의 해임을 지구별수협 총회에 요구할 경우 이에 따른 의결은 구성원 과반수의 출석과 출석구성원 3분의 2 이상의 찬성을 요구한다.
⑤ 조합원의 동의로 지구별수협 총회에서 조합장의 해임을 의결할 경우에는 조합장은 해당 총회에 참여할 수 없다.

14. 지구별수협이 수행하는 사업의 종류에 대하여 다음 중 옳지 않은 것은?

① 지구별수협의 조합원의 노동력이나 어촌의 부존자원을 활용한 관광사업은 지구별수협의 교육 · 지원 사업에 해당한다.
② 지구별수협은 조합원의 예금 및 적금을 수납하고 자금을 대출하는 신용사업을 할 수 있다.
③ 지구별수협이 조합원이 생산한 수산물의 유통을 조절하고 이를 비축하는 사업은 지구별수협의 교육 · 지원사업에 해당한다.
④ 지구별수협의 공제사업을 위해 정하는 공제규정에는 공제사업의 실시, 공제예약 및 공제료 등의 내용을 포함한다.
⑤ 지구별수협은 교육 · 지원사업을 안정적으로 추진하기 위한 목적으로 사업손실보전자금을 조성하고 이를 운용할 수 있다.

15. 다음에서 설명하는 경우에 해당하는 것을 〈보기〉에서 모두 고르면?

> 지구별수협의 사업은 조합원의 이용에 지장이 없는 범위에서 조합원이 아닌 자가 이를 이용하게 할 수 있으나, 지구별수협의 신용사업이나 다른 경제단체·사회단체 및 문화단체와의 교류·협력에 관한 사업, 다른 조합·중앙회 또는 다른 법률에 따른 협동조합과의 공동사업과 그 업무의 대리, 다른 법령에서 정하는 지구별수협의 사업 및 그 부대사업에 대해서는 「수산업협동조합법 시행령」 제20조의2 제1항에 따라 비조합원의 이용을 제한할 수 있다.
> 다만 지구별수협의 조합원이 아님에도 불구하고 지구별수협의 사업을 이용함에 있어서 지구별수협의 조합원이 지구별수협의 사업을 이용한 것으로 보고 위의 제한을 받지 않는 경우가 있다.

보기

㉠ 해당 지구별수협의 조합원과 같은 세대에 속하는 사람
㉡ 해당 지구별수협의 준조합원
㉢ 해당 지구별수협이 아닌 지구별수협
㉣ 해당 지구별수협이 아닌 지구별수협의 조합원

① ㉠, ㉡  ② ㉡, ㉣  ③ ㉠, ㉢, ㉣
④ ㉡, ㉢, ㉣  ⑤ ㉠, ㉡, ㉢, ㉣

16. 다음은 지구별수협의 지도사업 비용을 위한 지도사업이월금에 대한 내용이다. 빈칸에 들어갈 내용으로 옳은 것은?

> 지구별수협은 정관으로 정하는 바에 따라 지구별수협이 추진하는 교육·지원 사업 등의 각종 지도사업 비용을 충당하기 위하여 매 사업연도 잉여금의 (        ) 이상을 지도사업이월금으로 다음 회계연도로 이월하여야 한다. 지구별수협은 이 지도사업이월금과 법정적립금 및 임의적립금을 모두 공제한 후의 잉여금을 조합원들에게 배당하여야 한다.

① 100분의 1  ② 100분의 5  ③ 100분의 10
④ 100분의 15  ⑤ 100분의 20

17. 지구별수협의 회계관리에 관하여 빈칸에서 설명하는 것은?

> 「수산업협동조합법」에서는 지구별수협이 사업이 아닌 자본거래에서 발생하는 잉여금인 자본잉여금, 감자차익, 자산재평가 차익, 합병차익 등을 (　　　)으로 적립하여야 한다고 규정하고 있다. 이렇게 적립된 금액은 지구별수협의 손실금을 보전하거나 지구별수협의 구역이 다른 조합의 구역이 된 경우에 그 재산의 일부를 다른 조합에 양여하는 경우가 아니면 사용하지 못하도록 제한하고 있으며, 이를 위반할 경우 3년 이하의 징역 또는 3천만 원 이하의 벌금에 처하도록 규정하고 있다.

① 자본적립금　　② 수지예산　　③ 임의적립금
④ 우선출자금　　⑤ 이월결손금

18. 지구별수협의 회계관리에 관한 「수산업협동조합법」상의 내용으로 옳지 않은 것은?

> 재무상태표 혹은 대차대조표(Balance Sheet, B/S)는 일정 시점 현재에 기업이 보유하고 있는 경제적 자원인 자산과 경제적 의무인 부채, 그리고 자본에 대한 정보를 제공하는 재무보고서로, 회계정보의 이용자들에게 해당 기업의 유동성, 재무적 탄력성, 수익성과 위험성 등을 평가하기 위한 정보를 제공한다. 재무상태표는 자산과 부채, 자본의 순서대로 연속으로 표시하는 보고식, 기업의 자산은 부채와 자본의 합이라는 구조를 이용하여 좌측(차변)에는 자산을, 우측(대변)에는 부채와 자본을 표시하는 계정식이 있다.

① 지구별수협의 조합장은 정기총회의 1주 전까지 재무상태표를 포함한 결산보고서를 감사에게 제출하여야 한다.
② 지구별수협의 재무상태표는 해당 지구별수협 총회의 승인을 받아 공고되어야 한다.
③ 지구별수협이 출자감소를 의결한 경우 그 의결을 한 회계연도 말까지 재무상태표를 작성하여야 한다.
④ 해산한 지구별수협의 청산인은 취임 후 재산 상황을 조사하고 재무상태표를 작성하여 그 재산 처분 방법을 정한 후 지구별수협 총회에 제출하여야 한다.
⑤ 지구별수협의 재무상태표는 지구별수협의 주된 사무소에 갖추어 두어야 한다.

19. 지구별수협의 지사무소와 그 등기 설정에 관한 설명으로 옳지 않은 것은?

① 지구별수협은 정관으로 정하는 바에 따라 지사무소를 둘 수 있다.
② 지구별수협이 지사무소를 설치한 경우 해당 지구별수협의 조합장은 3주일 이내에 주된 사무소의 소재지에서 설치등기를 하여야 한다.
③ 지구별수협의 납입출자금의 총액이 변경된 경우 해당 지구별수협의 지사무소는 3주 이내에 변경등기를 하여야 한다.
④ 지구별수협이 해산할 경우 해당 지구별수협의 주된 사무지의 소재지에서 2주일 이내에 해산등기를 하여야 한다.
⑤ 지사무소를 보유한 지구별수협의 해산으로 취임한 청산인은 청산이 끝나면 2주일 이내로 주된 사무소의 소재지에서 청산종결등기를 하여야 한다.

20. 다음은 조합공동사업법인의 회원이 되기 위한 출자의 기준에 관한 규정이다. ㉠, ㉡에 들어갈 내용을 바르게 연결한 것은?

> 조합공동사업법인의 회원이 되고자 하는 조합, 수협중앙회, 영어조합법인, 어업회사법인은 정관으로 정하는 바에 따라 해당 조합공동사업법인에 출자를 해야 하며, 의결권은 그 출자액에 비례한다. 이때 조합이 아닌 회원의 출자 총액은 조합공동사업법인의 출자 총액의 ( ㉠ ) 미만이어야 하며, 특히 수협중앙회의 경우에는 출자 총액의 ( ㉡ ) 미만으로 제한하고 있다.

|     | ㉠ | ㉡ |
| --- | --- | --- |
| ① | 100분의 50 | 100분의 30 |
| ② | 100분의 50 | 100분의 20 |
| ③ | 100분의 30 | 100분의 20 |
| ④ | 100분의 30 | 100분의 10 |
| ⑤ | 100분의 20 | 100분의 10 |

**21.** 다음 중 수협중앙회 총회의 의결을 거쳐 선출되는 사람을 모두 고르면?

> ㉠ 수협중앙회 교육위원회 위원
> ㉡ 수협중앙회 준법감시인
> ㉢ 비상임이사
> ㉣ 수협중앙회 인사추천위원회 위원

① ㉡
② ㉢
③ ㉡, ㉣
④ ㉠, ㉢, ㉣
⑤ ㉠, ㉡, ㉢, ㉣

**22.** 다음의 기능을 수행하는 수협중앙회 내 ㉠~㉢의 명칭을 각각 바르게 연결한 것은?

> ㉠ 수협중앙회의 감사위원, 상임이사, 비상임이사의 선출을 추천하기 위한 기관
> ㉡ 수협중앙회가 추진하는 수산물등의 판매활성화 사업의 점검과 평가를 위한 자문기관
> ㉢ 수협중앙회 소속 회원의 업무를 지도·감사하기 위한 기관

|   | ㉠ | ㉡ | ㉢ |
|---|---|---|---|
| ① | 인사추천위원회 | 조합감사위원회 | 수산업협동조합협의회 |
| ② | 수산업협동조합협의회 | 조합감사위원회 | 경제사업 평가협의회 |
| ③ | 인사추천위원회 | 경제사업 평가협의회 | 수산업협동조합협의회 |
| ④ | 인사추천위원회 | 경제사업 평가협의회 | 조합감사위원회 |
| ⑤ | 조합감사위원회 | 수산업협동조합협의회 | 경제사업 평가협의회 |

23. 다음은 수협은행을 제외한 다른 법인에 대한 수협중앙회의 출자 한도와 주식 취득 제한에 대한 내용이다. ㉠, ㉡에 들어갈 내용으로 바르게 연결한 것은?

> 수협중앙회는 법률로 정하는 사업을 목적으로 자기자본 내에서 다른 법인에 출자할 수 있는데, 이때 같은 법인에 대하여는 자기자본의 ( ㉠ )을 초과할 수 없도록 이를 제한하고 있다. 또한 수협중앙회는 출자지분을 포함하여 다른 법인이 발행한 의결권 있는 주식의 ( ㉡ )을/를 초과하는 주식을 취득할 수 없다. 다만 수협중앙회의 사업 수행을 위해 필요한 경우, 주식배당이나 무상증자로 주식을 취득하는 경우나 대출금의 출자 전환으로 주식을 취득하게 되는 경우, 수협은행의 주식을 취득하는 경우 등은 예외로 한다.

|   | ㉠ | ㉡ |
|---|---|---|
| ① | 100분의 20 | 100분의 10 |
| ② | 100분의 20 | 100분의 15 |
| ③ | 100분의 10 | 100분의 10 |
| ④ | 100분의 10 | 100분의 15 |
| ⑤ | 100분의 10 | 100분의 20 |

24. 다음 중 「수산업협동조합법」상 벌칙의 적용이 나머지와 다른 하나는?

① 제53조 제10항을 위반하여 지구별수협 조합장 선거의 선거운동 기획에 참여한 지구별수협의 임원
② 제71조 제3항을 위반하여 임의로 잉여금의 배당 기준을 설정하고 이를 지시한 지구별수협의 조합장
③ 제74조 제1항을 위반하여 출자감소의 의결을 하였음에도 이를 은폐하기 위해 재무상태표를 작성하지 않은 지구별수협의 조합장
④ 제89조를 위반하여 채무를 변제하지 않고 재산을 분배한 지구별수협의 청산인
⑤ 제92조를 위반하여 설립등기신청서에 첨부하는 서류를 위조한 지구별수협의 조합장

25. 다음은 「주식회사 등의 외부감사에 관한 법률」의 회계감사에 대한 설명이다. 이를 참고하여 「수산업협동조합법」상의 회계감사에 관한 설명으로 옳지 않은 것은?

> 「주식회사 등의 외부감사에 관한 법률」은 외부감사를 받는 회사의 회계처리와 외부감사인의 회계감사에 관하여 필요한 사항을 정하는 법률로, 외부감사의 대상이 되는 주식회사 및 유한회사는 회사로부터 독립된 외부의 감사인에게 회사의 재무제표를 회계감사기준에 따라 감사를 받고, 그에 따른 감사의견을 표명한 보고서를 받는다. 여기서의 외부의 감사인이란 「공인회계사법」 제23조에 따른 회계법인, 동법 제41조에 따라 설립된 한국공인회계사회에 등록된 감사반을 의미한다.

① 수협중앙회 조합감사위원회가 외부의 감사인에게 회계감사를 요청한 경우 수협중앙회장은 그 결과를 해당 회원의 조합장과 감사에게 알려야 한다.
② 수협중앙회장은 수협중앙회 회원에 대해 외부의 감사인이 진행한 회계감사의 결과를 근거로 관련 임원에 대하여 징계면직, 정직, 감봉, 견책 또는 변상의 조치를 할 것을 요구할 수 있다.
③ 최근 5년 이내에 회계부정, 횡령, 배임 등이 발생한 조합은 매년 외부의 감사인의 감사를 받아야 한다.
④ 지구별수협의 감사는 지구별수협의 재산과 업무 집행 상황에 따라 전문적인 회계감사가 필요하다고 인정될 때에는 수협중앙회에 회계감사를 의뢰할 수 있다.
⑤ 회계법인의 회계감사의 내용이 포함된 의견서가 첨부된 수협중앙회의 결산보고서는 매 회계연도가 지난 후 3개월 이내에 해양수산부장관에게 제출하여야 한다.

26. 다음 중 그 권리주체가 다른 하나는?

① 수협중앙회 총회의 의장
② 수협중앙회 이사회의 의장
③ 조합감사위원회 위원의 임명권자
④ 수협중앙회 감사위원회의 감사위원장
⑤ 집행간부가 아닌 수협중앙회 직원의 임면권자

27. 「수산업협동조합법」에서 정하는 과태료에 관한 설명으로 옳지 않은 것은?

① 「수산업협동조합법」 위반을 이유로 부과되는 과태료는 해양수산부장관 또는 중앙선거관리위원회가 징수한다.
② 제3조 제2항을 위반하여 수협중앙회의 명칭을 사용할 권한이 없는 자가 이를 사용한 경우 200만 원 이하의 과태료를 부과한다.
③ 지구별수협의 조합장이 독촉해야 할 의무를 위반한 경우 200만 원 이하의 과태료를 부과한다.
④ 과태료에 해당하는 죄에 대해 해당 조합이 인지하기 전에 이를 신고한 지구별수협의 직원에 대해서는 포상금을 지급할 수 있다.
⑤ 제53조의2를 위반하여 선거기간 중 금전·물품이나 그 밖의 재산상의 이익을 제공받기로 승낙한 자가 이를 자수한 경우는 해당 과태료를 감경할 수 있으나 면제사유가 되지는 않는다.

28. 다음 기사의 빈칸에 들어갈 제도의 명칭은?

> 대부분의 협동조합들은 만성적인 자금 부족 문제를 겪고 있다. 조합원 출자금은 「협동조합기본법」상 자본에 해당하지만, 금융권에서는 출자금을 조합원이 탈퇴하면 언제든지 빠져나갈 수 있는 돈이라고 판단하여, 주식회사의 주식과 달리 핵심 자기자본으로 인정받지 못하거나, 경우에 따라서는 부채로 취급되기도 한다. 이 때문에 협동조합들은 금융기관에서 대출 승인이 쉽지 않고, 대출 한도 역시 주식회사보다 적다.
> 이런 점에서 협동조합 업계에서는 (　　　)제도 도입을 대체로 환영하는 분위기다. 조합원이 아닌 외부 투자자를 유치하여 자금 조달의 어려움이 해소될 수 있다는 기대감 때문이다. 이익잉여금을 조합원보다 우선해서 배당받을 수 있는 권리로 주식회사의 우선주와 비슷한 개념의 이것은 배당은 받지만 조합 운영에 영향을 미치는 의결권과 선거권을 갖지 못한다.
> 다만 일부 전문가들은 이것이 1인 1표로 운영되는 협동조합의 정신에 위배한다는 비판을 피할 수 없다고 지적한다. 협동조합은 주식회사와 달리 조합원들이 공동으로 소유하고 민주적으로 운영되는데, 협동조합의 설립 취지를 이해하지 못하는 외부 투자자들이 자금 회수 등의 우회적 방법으로 협동조합의 경영에 간섭할 여지가 있다. 또한 조합원보다 우선하는 배당은 결국 조합원에 대한 편익 감소의 대가이기 때문에, 협동조합이 조합원이 아닌 자본투자자에게 봉사하는 결과를 낳을 수도 있다.

① 출자전환　　② 회전출자　　③ 우선출자
④ 자본보정　　⑤ 법정적립금

29. 다음 중 지구별수협의 임원 선거에 있어 「수산업협동조합법」에서 정하는 '의례적 행위'에 해당하는 것은?

① 선거 후보자가 소속된 기관에서 자체 사업계획과 예산으로 하는 의례적인 금전·물품의 제공행위
② 후보자 본인의 친족이 아닌 사람의 관혼상제 의식에 일반적인 범위에서 부의금품을 제공하는 행위
③ 임원 선거 후보자가 부담금의 납부 등의 채무를 이행하는 행위
④ 조합의 수지예산에 따라 집행하는 금전·물품의 제공 행위
⑤ 선거인의 가족이 운영하고 있는 시설에 재산상 이익 제공의 의사표시를 하는 행위

30. 「수산업협동조합법」에서 정하는 선거범죄의 시효에 관하여 ㉠, ㉡에 들어갈 내용이 바르게 나열된 것은?

> 수협중앙회를 이용하여 특정 정당의 지지를 표명하는 등 공직선거에 관여한 자에 대한 공소시효는 선거일로부터 ( ㉠ )이 지남으로써 완성된다. 다만 범인이 도피한 경우 그 기간은 ( ㉡ )이 된다.

|   | ㉠ | ㉡ |   | ㉠ | ㉡ |
|---|---|---|---|---|---|
| ① | 6개월 | 1년 | ② | 6개월 | 3년 |
| ③ | 1년 | 3년 | ④ | 3년 | 5년 |
| ⑤ | 3년 | 5년 | | | |

**31.** 다음과 같은 문서의 서식과 제출 절차에 관한 설명으로 옳지 않은 것은?

| 수협 설립인가 신청서 | | | 처리기간 |
|---|---|---|---|
| | | | ( ㉠ )일 |
| 신청인 | 1. 성명 | | 2. 주민등록번호 |
| | 3. 주소 | | |
| 4. 발기인 수 | | ( ㉡ )명 | |
| 5. 업무구역 내 조합설립 동의자 수 | | 1,027명 | |
| 6. ㉢사무소 소재지 | | | |

　수산업협동조합법 제16조 및 동법 시행령 제12조 규정에 의하여 ○○수산업협동조합 설립인가를 신청합니다.

20XX. 3. 30.<br>신청인 : ○○○

해양수산부장관 귀하

구비서류
 1. ㉣정관
 2. 처음 연도 및 다음 연도의 사업계획서와 수지예산서
 3. 창립총회의 의사록
 4. 임원 명부
 5. 조합구역 내의 어업자 명단과 ㉤조합 가입에 동의한 자의 동의서 및 그 실태조서

① ㉠에 들어갈 숫자는 60이다.
② 지구별수협을 설립하기 위해서는 ㉡에 들어갈 숫자가 최소 20이어야 한다.
③ 위 서식을 통해 설립되는 지구별수협의 주소는 주된 ㉢으로 한다.
④ 지구별수협의 주된 ㉢은 ㉣의 필요적 기재사항이다.
⑤ 지구별수협의 창립총회는 개의 전까지 발기인에게 ㉤을 제출한 자 전원의 찬성으로 의결한다.

## 32. 지구별수협을 분할설립하기 위한 절차에 대한 설명으로 옳지 않은 것은?

① 지구별수협의 분할설립은 해당 지구별수협 총회의 의결과 해양수산부장관의 인가를 요구한다.
② 지구별수협을 분할설립하기 위한 결정을 조합원의 투표로 할 경우 조합원 과반수의 투표와 투표한 조합원 3분의 2 이상의 찬성을 요구한다.
③ 지구별수협의 분할 후 설립되는 조합이 승계하는 권리의무의 범위는 이사회에서 의결한다.
④ 지구별수협의 분할을 의결한 후에는 채권자에게 일정한 기일 내에 이의를 제기하라는 취지를 1개월 이상 공고해야 한다.
⑤ 지구별수협의 분할 후 설립하는 조합이 제출하는 설립등기신청서에는 분할공고에 따른 채권자의 이의제기공고를 한 사실을 증명하는 서류를 포함해야 한다.

## 33. 지구별수협에 관한 각각의 등기와 그 신청인의 연결이 옳지 않은 것은?

① 지구별수협의 변경등기 – 해당 지구별수협의 조합장
② 지구별수협 사무소의 이전등기 – 해당 지구별수협의 조합장
③ 지구별수협의 청산종결등기 – 청산인
④ 지구별수협 지사무소의 설치등기 – 해당 지구별수협 지사무소의 사무소장
⑤ 지구별수협의 합병으로 인한 해산등기 – 합병으로 소멸되는 지구별수협의 조합장

## 34. 「수산업협동조합법」에서 정하는 각 법인의 가입자격에 대한 설명으로 옳지 않은 것은?

① 조합공동사업법인은 다른 조합공동사업법인에 가입비 및 경비를 부담하게 할 수 있다.
② 수산물가공수협의 조합원은 대통령령으로 정하는 종류의 수산물가공업을 경영하는 자임을 요구한다.
③ 어업회사법인은 지구별수협의 조합원이 될 수 있으나 조합공동사업법인의 회원이 될 수 없다.
④ 수협중앙회는 조합공동사업법인의 회원이 될 수 있을 뿐만 아니라 직접 조합공동사업법인을 설립하는 발기인이 될 수도 있다.
⑤ 대통령령으로 정하는 단일 어업을 경영하는 자는 해당 업종별수협에만 가입할 수 있다.

**35.** 다음 중 「수산업협동조합법」 제113조의10에서 정하는 조합공동사업법인의 준용규정에 따른 내용으로 적절하지 않은 것은?

① 조합공동사업법인은 지구별수협과 마찬가지로 잉여금을 배당하기 전 지도사업이월금을 공제한다.
② 조합공동사업법인의 총회는 의결권 총수의 과반수에 해당하는 회원의 출석으로 개의하고 출석한 회원의 의결권 과반수의 찬성으로 의결한다.
③ 조합공동사업법인의 임원은 다른 조합공동사업법인의 임원을 겸직할 수 없다.
④ 조합공동사업법인의 회원은 의결권 수에 따라 대리인을 선임할 수 있다.
⑤ 수협중앙회와 마찬가지로 조합공동사업법인 역시 우선출자증권을 발행할 수 있다.

**36.** 다음 중 수협중앙회 회원이 수협중앙회에 당연히 탈퇴하는 사유에 해당하는 것을 모두 고르면?

㉠ 수협중앙회 회원이 채무를 다 갚을 수 없게 되어 법원에 의해 파산이 선고된 경우
㉡ 수협중앙회 회원이 다른 조합과의 합병이 결정되어 소멸하게 된 경우
㉢ 수협중앙회 회원의 부실경영으로 금융위원회로부터 경영지도의 대상이 된 경우
㉣ 수협중앙회 회원의 설립인가가 취소된 경우

① ㉣
② ㉠, ㉢
③ ㉠, ㉡, ㉣
④ ㉡, ㉢, ㉣
⑤ ㉠, ㉡, ㉢, ㉣

**37.** 다음 중 수협중앙회 이사회의 의결 사항에 해당하지 않는 것은?

① 수협중앙회 경영목표의 설정
② 수협중앙회의 업무를 목적으로 하는 부동산의 취득
③ 수협중앙회 경영에 관한 규약의 제정
④ 수협중앙회 자금계획의 종합적인 조정
⑤ 수협중앙회의 연간 결산의 승인

**38.** 지구별수협의 조합장 선거의 당선 무효를 확인하기 위한 다음의 청구절차 도식도에서 빈칸 ㉠ ~ ㉢에 들어갈 내용을 바르게 나열한 것은?

| 조합원의 동의 | | 확인청구 | | 결과 통지 |
|---|---|---|---|---|
| 조합원 ( ㉠ ) 이상의 동의 | ⇨ | 선거일로부터 ( ㉡ ) 이내에 청구 | ⇨ | ( ㉢ ) 이내에 확인 결과를 통지 |

|   | ㉠ | ㉡ | ㉢ |
|---|---|---|---|
| ① | 10분의 1 | 1개월 | 3개월 |
| ② | 10분의 1 | 3개월 | 3개월 |
| ③ | 5분의 1 | 1개월 | 1개월 |
| ④ | 5분의 1 | 1개월 | 3개월 |
| ⑤ | 5분의 1 | 3개월 | 3개월 |

**39.** 다음 기사의 빈칸에 공통으로 들어갈 내용으로 적절한 것은?

수협은행이 대주주인 수협중앙회에 지급한 현금 배당과 (         )이/가 전년 대비 크게 증가하였다. 29일 금융권에 따르면 수협은행은 최근 이사회를 열고 올해 현금 배당액과 (         ) 등 대주주 지원금 규모를 1,200억 원으로 의결했다. 이는 전년 대비 24.7% 증가한 액수로, 연간 배당액 규모로는 2016년 신경분리 이후 세 번째로 큰 액수이다.

그 중에서 올해 수협은행이 중앙회에 제공하기로 한 (         )은/는 전년보다 28.2% 증가한 400억 원이다. 수산업협동조합법에 따르면 수협은행은 '수협' 명칭 사용의 명목으로 대주주인 중앙회에 영업수익의 2.5% 범위에서 지원금을 지급하도록 하고 있다. 그간 수협은행이 중앙회에 납부한 (         )은/는 200억 원 후반에서 300억 원 초반이었다.

수협 관계자는 "수협은행의 현금배당과 (         )이/가 전년 대비 크게 증가한 데에는 올해 초 중앙회가 발행한 2,000억 원 규모의 수금채 이자비용 중 일부를 수협은행이 보전해 주기로 했기 때문"이라며 "배당 증가 부분은 이미 금융감독원과도 합의가 끝난 것으로 알고 있다"라고 말했다.

① 수지예산　　② 과태금　　③ 명칭사용료
④ 포괄손익누계액　　⑤ 수산금융채권

40. 다음 사례의 빈칸에 들어갈 내용으로 적절한 것은?

> ○○수협이 주최하는 어촌홍보행사에 참여한 ○○수협 조합장은 행사를 마치고 복귀하던 중 불의의 교통사고로 3개월간 종합병원에 입원하여 치료를 받아야 한다는 진단을 받았다. 이로 인해 조합장이 입원한 기간에 (        )이/가 조합장의 직무를 대행하게 되었다.

① 수협중앙회장
② 수협중앙회가 파견한 관리인
③ ○○수협 소속 감사위원장
④ ○○수협 소속 이사
⑤ ○○수협의 사무소 인근에 사무소를 두고 있는 □□수협의 조합장

41. ○○수협 조합원의 소속 직원 A 씨의 결혼식에 ○○수협이 조합의 경비로 축의금을 전달하고자 한다. 이에 관한 「수산업협동조합법」상의 준수사항으로 옳지 않은 것을 모두 고르면?

> ㉠ A 씨의 결혼식에 전달하는 축의금에는 ○○수협의 명의임을 표시하여야 한다.
> ㉡ A 씨의 결혼식에 전달하는 축의금에는 ○○수협의 경비로 제공되었다는 사실을 명기하여야 한다.
> ㉢ A 씨의 결혼식에 전달하는 축의금에 ○○수협 조합장의 직명을 명기하는 것은 기부행위에 해당하지 않는다.

① ㉡
② ㉢
③ ㉠, ㉡
④ ㉠, ㉢
⑤ ㉡, ㉢

42. 다음은 지구별수협의 임원에 관하여 「상법」 제385조(해임)의 규정을 준용한 내용이다. ㉠, ㉡에 들어갈 내용으로 옳은 것은?

> 지구별수협의 상임이사가 그 직무에 관하여 정관에 위반한 중대한 사실이 있음에도 불구하고 지구별수협의 총회에서 그 해임을 부결한 경우, 조합원 ( ㉠ ) 이상의 동의로 총회의 결의가 있는 날부터 1월 내에 그 상임이사의 해임을 ( ㉡ )에 청구할 수 있다.

|   | ㉠ | ㉡ |
|---|---|---|
| ① | 5분의 1 | 법원 |
| ② | 5분의 1 | 수협중앙회 |
| ③ | 2분의 1 | 법원 |
| ④ | 2분의 1 | 수협중앙회 |
| ⑤ | 3분의 2 | 수협중앙회 |

43. 다음은 수협의 임시총회 개최 방법에 대한 문의와 그 답변이다. 빈칸에 들어갈 내용으로 옳은 것은?

> Q. 조합장의 연락이 두절되어 임시총회를 개최할 수 없을 때에는 어떻게 해야 하나요?
>
> A. 만일 조합장이 사고로 소집이 불가능한 경우에는 정관으로 정하는 순서에 따라 그 직무대행자가 임시총회를 소집할 수 있습니다. 그러나 조합장의 연락두절은 사고로 볼 수 없기 때문에 직무대행이 불가능합니다. 이처럼 조합장이 총회를 소집할 수 없고 직무대행도 불가능한 경우에는 「수산업협동조합법」 제38조에 따라 (      )가 5일 이내로 총회를 소집하여야 하며, 소집하지 않을 경우 총회의 소집을 청구한 조합원 대표가 할 수 있습니다. 이와 같이 총회의 소집을 청구하시고, 정해진 절차에 따라 적법하게 총회를 개최, 진행하시면 되겠습니다.

① 감사 ② 사업전담대표이사 ③ 대의원회
④ 임시이사 ⑤ 집행간부

44. 다음 중 지구별수협의 청산 사무를 담당하는 청산인등기와 청산종결등기에 대한 설명으로 옳지 않은 것은?

① 청산인등기는 청산인이 취임한 날부터 2주 이내에 하여야 한다.
② 청산인등기에는 청산인의 성명과 주소, 주민등록번호를 포함한다.
③ 해산한 지구별수협의 조합장이 청산인인 경우 청산인등기를 위해 그 신청인의 자격을 증명하는 서류를 첨부하여야 한다.
④ 청산종결등기는 청산이 끝난 날부터 2주 이내에 하여야 한다.
⑤ 청산종결등기의 신청서에는 결산보고서의 승인을 증명하는 서류를 첨부하여야 한다.

45. 지구별수협의 구역에 대한 설명으로 옳지 않은 것은?

① 지구별수협은 해양수산부장관의 인가를 받아 시·군의 행정구역 이외의 기준으로 구역을 정할 수 있다.
② 어촌계는 지구별수역의 행정구역을 기준으로 조직할 수 있다.
③ 지구별수협의 사무소가 위치한 행정구역의 지명이 변경된 경우 해당 지구별수협의 등기부에 기재된 구역에 관한 지명도 변경된 것으로 본다.
④ 지구별수협의 정관에는 각 지구별수협의 구역을 정하여 이를 공시한다.
⑤ 지구별수협의 구역에 주소가 아닌 거소를 둔 어업인은 해당 지구별수협의 조합원이 될 수 없다.

46. 다음 중 해양수산부장관이 실시하는 경영지도의 방법에 관한 설명으로 옳지 않은 것은?

① 해양수산부장관의 경영지도는 그에 필요한 자료를 제출받아 서면으로 하는 것을 원칙으로 한다.
② 해양수산부장관의 경영지도의 기간은 1년으로 하며, 필요하다고 인정하면 1년 단위로 경영지도의 기간을 연장할 수 있다.
③ 해양수산부장관은 경영지도를 할 때에는 그 사유 및 기간을 정하여 경영지도의 대상이 되는 조합에 이를 서면으로 알려야 한다.
④ 경영지도를 받고 있는 지구별수협이 불법경영의 가능성이 큰 경우 해양수산부장관은 해당 지구별수협의 사무소에 직원을 파견하여 현지지도를 할 수 있다.
⑤ 해양수산부장관은 경영지도의 대상이 된 지구별수협에 대해 부실자산 정리에 관한 사항을 지도할 수 있다.

**47.** 지구별수협의 정관을 변경하기 위한 총회의 의결 절차에 관하여 다음 중 옳지 않은 것은?

① 지구별수협의 정관을 변경하는 의결에는 반드시 해당 사항을 의결하는 총회를 개의한다는 내용의 통지가 이루어져야 한다.
② 지구별수협의 정관을 변경하는 의결은 총회 구성원 과반수의 출석과 출석구성원 3분의 2 이상의 찬성으로 의결한다.
③ 지구별수협의 정관을 변경하는 의결을 기록한 의사록에는 의장과 총회에서 선출한 조합원 3인 이상이 기명날인 혹은 서명한다.
④ 지구별수협의 조합원은 지구별수협의 정관을 변경한 의결에 관하여 법령에 위반함을 이유로 해당 의결의 무효 확인을 청구하는 소를 제기할 수 있다.
⑤ 조합장의 선출 방식을 변경하는 내용의 정관 변경에 대한 총회의 의결을 조합원의 투표로 갈음할 수 없다.

**48.** 수협에 대한 외부감독에 관하여 다음 중 옳지 않은 것은?

① 해양수산부장관은 수협중앙회와 수협은행의 업무를 직접 감독하고 그에 필요한 명령과 조치를 할 수 있다.
② 지방자치단체의 장은 지방자치단체가 보조한 수협중앙회의 사업과 관련된 업무에 대하여 직접 감독하여 필요한 조치를 할 수 있다.
③ 해양수산부장관은 업종별수협에 관한 감독 업무의 일부를 수협중앙회 회장에게 위탁할 수 있다.
④ 금융위원회는 수협중앙회의 사업 중 신용사업에 대하여 그 경영의 건전성 확보를 위한 감독을 하고 필요한 명령을 할 수 있다.
⑤ 해양수산부장관 또는 금융위원회로부터의 조합의 재산 상황 보고에 있어서 사실을 은폐한 경우 그 책임자에 대하여 3년 이하의 징역 또는 3천만 원 이하의 벌금에 처한다.

**49.** 다음에서 설명하는 법인은?

「농어촌경영체 육성 및 지원에 관한 법률」 제16조를 근거로, 주로 영세한 어민들이 협업적 수산업경영을 통해 생산성을 수산물의 출하·유통·가공·수출 및 농어촌 관광휴양사업 등을 공동으로 추진하기 위해 어업인 또는 어업 관련 생산자단체가 주로 현물을 출자하여 조합의 형태로 설립하는 법인으로, 자체적으로 어선, 어장, 부동산 등을 소유하고 조합원들이 협동하여 어업을 수행하는 영리법인이다. 이 법인은 어업인 5인 이상이 조합원으로 참여하여 주된 사무소의 소재지의 시장·군수·구청장에게 신고하여 설립하며, 비어업인은 해당 법인에 대한 의결권을 가지지 않는 준조합원의 형태로 참여할 수 있다.

① 어촌계  ② 지구별수협  ③ 영어조합법인
④ 어업회사법인  ⑤ 조합공동사업법인

**50.** 지구별수협의 대의원회의 임기에 관하여 빈칸에 공통으로 들어갈 내용으로 적절한 것은?

지구별수협의 대의원회를 구성하는 대의원의 임기는 2년으로 한다. 다만 대의원의 임기가 만료되는 연도의 결산기의 마지막 달 이후 그 결산기에 관하여 회계연도 경과 후 3개월 이내에 소집되는 (      ) 전에 임기가 만료된 경우에는 (      )가 끝날 때까지 그 임기가 연장된다.

① 정기총회  ② 청문회  ③ 이사회
④ 회계감사  ⑤ 재산실사

전국 수협
수산업 협동조합
필기고사

# 수산업협동조합법

## 파트 3 법조문 빈칸 채우기

- 제1장  총칙
- 제2장  지구별 수산업협동조합
- 제3장  업종별 수산업협동조합
- 제4장  [1]수산물가공 수산업협동조합
-        [2]조합공동사업법인
- 제5장  수산업협동조합협의회
- 제6장  수산업협동조합중앙회
- 제7장  감독
- 제8장  벌칙
- 시행령  수산업협동조합법 시행령
- 규칙    수산업협동조합법 시행규칙

# 제1장 총칙

**제1조(목적)** 이 법은 어업인과 수산물가공업자의 자주적인 ▨▨▨ 을 바탕으로 어업인과 수산물가공업자의 경제적·사회적·문화적 지위의 향상과 어업 및 수산물가공업의 경쟁력 강화를 도모함으로써 어업인과 수산물가공업자의 삶의 질을 높이고 ▨▨▨ 의 균형 있는 발전에 이바지함을 목적으로 한다.

**답**

**제2조(정의)** 이 법에서 사용하는 용어의 뜻은 다음과 같다.
1. "▨▨▨"이란 어업과 수산물가공업을 말한다.
2. "어업" 또는 "수산물가공업"이란 「수산업법」 제2조 제2호에 따른 어업, 같은 법 제2조 제5호에 따른 수산물가공업, 「내수면어업법」 제2조 제5호에 따른 ▨▨▨ 또는 「양식산업발전법」 제2조 제2호에 따른 ▨▨▨ 을 말한다.
3. "어업인" 또는 "수산물가공업자"란 「수산업법」 제2조 제10호에 따른 어업인, 같은 조 제15호에 따른 수산물가공업자, 「내수면어업법」에 따른 어업인, 내수면어업 관련 어업인 또는 「양식산업발전법」 제2조 제12호에 따른 양식업자를 말한다.
4. "조합"이란 이 법에 따라 설립된 지구별 수산업협동조합, 업종별 수산업협동조합 및 수산물가공 수산업협동조합을 말한다.
5. "중앙회"란 이 법에 따라 설립된 ▨▨▨ 를 말한다.

**답**

**제3조(명칭)** ① 조합 및 중앙회는 다음 각 호의 기준에 따라 명칭을 사용하여야 한다.
1. 지구별 수산업협동조합은 ▨▨▨ 을 붙인 수산업협동조합의 명칭을 사용할 것
2. 업종별 수산업협동조합은 업종명(양식방법을 포함한다) 또는 품종명을 붙인 수산업협동조합의 명칭을 사용할 것. 이 경우 주된 사무소의 소재지가 속한 ▨▨▨ 의 명칭을 함께 사용할 수 있다.
3. 수산물가공 수산업협동조합은 수산물가공업명을 붙인 수산업협동조합의 명칭을 사용할 것
4. 중앙회는 수산업협동조합중앙회의 명칭을 사용할 것

② 이 법에 따라 설립된 조합과 중앙회가 아니면 제1항에 따른 명칭 또는 이와 유사한 명칭을 사용하지 못한다. 다만, 다음 각 호의 어느 하나에 해당하는 법인이 조합 또는 중앙회의 정관으로 정하는 바에 따라 승인을 받은 경우에는 제1항에 따른 명칭 또는 이와 유사한 명칭을 사용할 수 있다.
1. 조합 또는 중앙회가 　　　　하거나 출연한 법인
2. 그 밖에 중앙회가 필요하다고 인정하는 법인

> 답

**제4조(법인격 등)** ① 조합과 중앙회는 　　　　으로 한다.
② 조합과 중앙회의 주소는 그 주된 　　　　의 소재지로 한다.

> 답

**제5조(최대 봉사의 원칙 등)** ① 조합과 중앙회는 그 업무 수행 시 　　　　이나 　　　　을 위하여 최대한 봉사하여야 한다.
② 조합과 중앙회는 일부 조합원이나 일부 회원의 이익에 편중되는 업무를 하여서는 아니 된다.
③ 조합과 중앙회는 설립 취지에 반하여 　　　　 또는 　　　　를 목적으로 하는 업무를 하여서는 아니 된다.

> 답

제6조(중앙회등의 책무) ① 중앙회는 회원의 건전한 발전을 도모하기 위하여 적극 노력하여야 한다.
② 중앙회는 회원의 사업이 원활히 이루어지도록 돕고, 회원의 ▨▨▨을 위한 사업을 수행함을 원칙으로 하며, 회원의 사업과 직접 경합(競合)되는 사업을 하여 회원의 사업을 위축시켜서는 아니 된다. 다만, 중앙회가 회원과 ▨▨▨ 등의 방식으로 회원 공동의 이익을 위하여 사업을 수행하는 경우에는 회원의 사업과 직접 경합하는 것으로 보지 아니한다.
③ 중앙회는 자기자본을 충실히 하고 적정한 유동성을 유지하는 등 경영의 건전성 및 효율성을 확보하여야 한다.
④ 중앙회 및 중앙회가 출자한 법인(제141조의4에 따른 ▨▨▨은 제외한다. 이하 "중앙회등"이라 한다)은 회원 또는 회원의 조합원으로부터 수집하거나 ▨▨▨을 받은 수산물 및 그 가공품의 유통, 가공, 판매 및 수출을 적극적으로 추진하고, 수산물 가격안정을 위하여 ▨▨▨에 필요한 조치를 하여야 한다.

답

제7조(공직선거 관여 금지) ① 조합, 제113조의3에 따른 조합공동사업법인(이하 "조합등"이라 한다) 및 중앙회는 공직선거에서 특정 ▨▨▨을 지지하는 행위와 특정인이 당선되게 하거나 당선되지 아니하도록 하는 행위를 하여서는 아니 된다.
② 누구든지 조합등과 중앙회를 이용하여 제1항에 따른 행위를 하여서는 아니 된다.

답

제8조(부과금의 면제) 조합등, 중앙회 및 제141조의4에 따른 수협은행(이하 "수협은행"이라 한다)의 업무 및 재산에 대하여는 국가 및 지방자치단체의 ▨▨▨ 외의 부과금을 면제한다. 다만, 그 재산이 조합등, 중앙회 및 수협은행의 사업(제60조 제1항, 제107조 제1항, 제112조 제1항, 제113조의8, 제138조 제1항 및 제141조의9 제1항에 따른 사업에 한정한다) 외의 목적으로 사용되는 경우에는 그러하지 아니하다.

답

제9조(국가·공공단체의 협력 등) ① 국가와 공공단체는 조합등과 중앙회의 사업에 적극적으로 협력하여야 한다. 이 경우 국가와 공공단체는 조합등과 중앙회의 사업에 필요한 경비를 보조하거나 ▨▨ 할 수 있다.
② 국가와 공공단체는 조합등과 중앙회의 ▨▨ 을 침해하여서는 아니 된다.
③ 중앙회의 회장은 조합등과 중앙회의 발전을 위하여 필요한 사항에 관하여 국가와 공공단체에 의견을 제출할 수 있다. 이 경우 국가와 공공단체는 그 의견이 반영되도록 노력하여야 한다.

[답]

제10조(다른 협동조합 등과의 협력) 조합등과 중앙회는 조합등 간, 조합등과 중앙회 간 또는 다른 법률에 따른 협동조합 및 ▨▨ 의 협동조합과의 상호협력·이해증진 및 ▨▨ 개발 등을 위하여 노력하여야 한다.

[답]

제12조(다른 법률의 적용 배제 및 준용) ① 조합과 중앙회의 사업에 대하여는 「보험업법」, 「해운법」 제24조, 「석유 및 석유대체연료 사업법」 제10조, 「여객자동차 운수사업법」 제4조·제8조·제81조 및 「화물자동차 운수사업법」 제56조를 적용하지 아니한다.
② 조합과 중앙회의 ▨▨ 에 대해서는 이 법에서 정한 것 외에 「상법」 제155조부터 제168조까지의 규정을 준용한다.
③ 제113조의3에 따른 ▨▨ 의 사업에 대해서는 「화물자동차 운수사업법」 제56조를 적용하지 아니한다.

[답]

**제12조의2(「근로복지기본법」과의 관계)** ① 중앙회와 ▨▨▨은 「근로복지기본법」을 적용하는 경우 동일한 사업 또는 사업장으로 보고 같은 법 제50조에 따른 사내근로복지기금을 통합하여 운용할 수 있다.

② 제1항에서 정한 것 외에 중앙회와 수협은행을 사업 또는 사업장으로 하여 설립하는 「근로복지기본법」 제50조에 따른 사내근로복지기금의 통합·운용을 위하여 필요한 사항은 해당 ▨▨▨의 정관으로 정한다.

답

**제12조의3(「중소기업제품 구매촉진 및 판로지원에 관한 법률」과의 관계)** 조합등이 공공기관(「중소기업제품 구매촉진 및 판로지원에 관한 법률」 제2조 제2호에 따른 공공기관을 말한다)에 직접 생산하는 물품을 공급하는 경우에는 조합등을 「중소기업제품 구매촉진 및 판로지원에 관한 법률」 제33조 제1항 각 호 외의 부분에 따른 국가와 ▨▨▨의 방법으로 납품계약을 체결할 수 있는 자로 본다.

답

## 제2장 지구별 수산업협동조합

[제1절 목적과 구역]

**제13조(목적)** 지구별 수산업협동조합(이하 이 장에서 "지구별수협"이라 한다)은 조합원의 어업 생산성을 높이고 조합원이 생산한 수산물의 [ ] 확대 및 유통의 원활화를 도모하며, 조합원에게 필요한 [ ] · 자재 · 기술 및 정보 등을 제공함으로써 조합원의 경제적 · 사회적 · 문화적 지위 향상을 증대시키는 것을 목적으로 한다.

> 답

**제14조(구역 및 지사무소)** ① 지구별수협의 구역은 시 · 군의 [ ]에 따른다. 다만, 해양수산부장관의 인가를 받은 경우에는 그러하지 아니하다.
② 지구별수협은 정관으로 정하는 바에 따라 [ ]를 둘 수 있다.

> 답

**제15조(어촌계)** ① 지구별수협의 [ ]은 행정구역 · 경제권 등을 중심으로 어촌계를 조직할 수 있으며, 그 구역은 어촌계의 정관으로 정한다.
② 어촌계의 관리 등에 필요한 사항은 대통령령으로 정한다.

> 답

[제2절 설립]

제16조(설립인가 등) ① 지구별수협을 설립하려면 해당 구역의 ▨▨▨ 자격을 가진 자 ▨▨▨ 이상이 발기인(發起人)이 되어 정관을 작성하고 창립총회의 의결을 거친 후 해양수산부장관의 인가를 받아야 한다. 이 경우 조합원 수, 출자금 등 인가의 기준 및 절차는 대통령령으로 정한다.
② 창립총회의 의사(議事)는 개의(開議) 전까지 발기인에게 ▨▨▨를 제출한 자 과반수의 찬성으로 의결한다.
③ 해양수산부장관은 제1항에 따라 지구별수협의 설립인가 신청을 받으면 다음 각 호의 경우를 제외하고는 인가하여야 한다.
1. 설립인가 구비서류를 갖추지 못한 경우
2. 설립의 절차, 정관 및 ▨▨▨의 내용이 법령을 위반한 경우
3. 그 밖에 제1항 후단에 따른 설립인가기준에 미달된 경우
④ 해양수산부장관은 제1항에 따른 지구별수협의 설립인가 신청을 받은 날부터 ▨▨▨ 이내에 인가 여부를 신청인에게 통지하여야 한다.
⑤ 해양수산부장관이 제4항에 따른 기간 내에 인가 여부 또는 민원 처리 관련 법령에 따른 처리기간의 연장 여부를 신청인에게 통지하지 아니하면 그 기간(민원 처리 관련 법령에 따라 처리기간이 연장 또는 재연장된 경우에는 해당 처리기간을 말한다)이 끝난 날의 다음날에 제1항에 따른 인가를 한 것으로 본다.

답

제17조(정관 기재사항) 지구별수협의 정관에는 다음 각 호의 사항이 포함되어야 한다.
1. 목적
2. 명칭
3. 구역
4. 주된 사무소의 소재지
5. ▨▨▨의 자격·가입·탈퇴 및 제명(除名)에 관한 사항
6. 출자(出資) 1계좌의 금액과 조합원의 출자계좌 수 한도 및 납입 방법과 지분 계산에 관한 사항
7. 제22조의2에 따른 우선출자에 관한 사항
8. 경비 및 ▨▨▨의 부과·징수에 관한 사항
9. 적립금의 종류와 적립 방법에 관한 사항
10. 잉여금의 처분과 손실금의 처리 방법에 관한 사항
11. 회계연도와 회계에 관한 사항

12. 사업의 종류와 그 집행에 관한 사항
13. 총회 및 그 밖의 의결기관과 임원의 정수(定數)·선출 및 해임에 관한 사항
14. 간부직원의 임면(任免)에 관한 사항
15. 공고의 방법에 관한 사항
16. 존립시기 또는 해산의 사유를 정한 경우에는 그 시기 또는 사유
17. 설립 후 ▨▨▨ 를 약정한 경우에는 그 출자 재산의 명칭·수량·가격 및 출자자의 성명·주소와 현금출자로의 전환 및 환매특약 조건
18. 설립 후 양수하기로 약정한 재산이 있는 경우에는 그 재산의 명칭·수량·가격과 양도인의 성명·주소

답

제18조(설립사무의 인계와 출자납입) ① 발기인은 제16조 제1항에 따른 ▨▨▨ 를 받으면 지체 없이 그 사무를 조합장에게 인계하여야 한다.
② 조합장은 제1항에 따라 사무를 인수하면 정관으로 정하는 기일 이내에 조합원이 되려는 자에게 ▨▨▨ 전액을 납입하게 하여야 한다.
③ 현물출자자는 제2항에 따른 납입기일 이내에 출자 목적인 재산을 인도하고 등기·등록 및 그 밖의 권리 이전에 필요한 서류를 갖추어 ▨▨▨ 에 제출하여야 한다.

답

제19조(지구별수협의 성립) ① 지구별수협은 주된 ▨▨▨ 의 소재지에서 제92조에 따른 ▨▨▨ 를 함으로써 성립한다.
② 지구별수협의 설립무효에 관하여는 「상법」 제328조를 준용한다. 이 경우 "주주"는 "조합원"으로 본다.

답

### [제3절 조합원]

**제20조(조합원의 자격)** ① 조합원은 지구별수협의 구역에 주소·거소(居所) 또는 사업장이 있는 ▨▨▨ 이어야 한다. 다만, 사업장 외의 지역에 주소 또는 거소만이 있는 어업인이 그 외의 사업장 소재지를 구역으로 하는 지구별수협의 조합원이 되는 경우에는 주소 또는 거소를 구역으로 하는 지구별수협의 조합원이 될 수 없다.
② 「농어업경영체 육성 및 지원에 관한 법률」 제16조와 제19조에 따른 ▨▨▨ 과 어업회사법인으로서 그 주된 사무소를 지구별수협의 구역에 두고 어업을 경영하는 법인은 지구별수협의 조합원이 될 수 있다.
③ 제1항에 따른 어업인의 범위는 대통령령으로 정한다.

🔲 답

**제21조(준조합원)** ① 지구별수협은 정관으로 정하는 바에 따라 다음 각 호의 어느 하나에 해당하는 자를 준조합원으로 할 수 있다.
1. 지구별수협의 구역에 주소를 둔 어업인이 구성원이 되거나 ▨▨▨ 가 된 해양수산 관련 단체
2. 지구별수협의 사업을 이용하는 것이 적당하다고 인정되는 자
② 지구별수협은 준조합원에 대하여 정관으로 정하는 바에 따라 ▨▨▨ 과 경비를 부담하게 할 수 있다.
③ 준조합원은 정관으로 정하는 바에 따라 지구별수협의 ▨▨▨ 을 이용할 권리 및 탈퇴 시 가입금의 환급을 청구할 권리를 가진다.

🔲 답

제22조(출자) ① 조합원은 정관으로 정하는 계좌 수 이상을 출자하여야 한다.
② 출자 1계좌의 금액은 균일하게 정하여야 한다.
③ 출자 1계좌의 금액 및 조합원 1인의 출자계좌 수의 한도는 정관으로 정한다.
④ 조합원의 출자금은 ▢▢▢의 목적이 될 수 없다.
⑤ 조합원은 지구별수협에 대한 채권과 출자금 납입을 ▢▢▢할 수 없다.

> 답

제22조의2(우선출자) ① 지구별수협의 우선출자에 관하여는 제147조 제1항부터 제5항까지 및 제148조부터 제152조까지의 규정을 준용한다. 이 경우 "중앙회"는 "지구별수협"으로, "회원"은 "조합원"으로 보고, 제147조 제3항 본문 중 "제120조 제2항"은 "제22조"로, "자기자본"은 "제68조에 따른 자기자본"으로 본다.
② 제1항에도 불구하고 지구별수협은 ▢▢▢ 및 다른 조합을 대상으로 우선출자를 하게 할 수 없다.

> 답

제22조의3(출자배당금의 출자전환) 지구별수협은 정관으로 정하는 바에 따라 조합원의 출자액에 대한 배당 금액의 전부 또는 일부를 그 조합원으로 하여금 ▢▢▢하게 할 수 있다. 이 경우 그 조합원은 배당받을 금액을 지구별수협에 대한 ▢▢▢와 상계할 수 없다.

> 답

제23조(회전출자) 지구별수협은 제22조에 따른 출자 외에 정관으로 정하는 바에 따라 그 ▨▨▨의 이용 실적에 따라 조합원에게 ▨▨▨할 금액의 전부 또는 일부를 그 조합원에게 출자하게 할 수 있다. 이 경우 제22조 제5항을 준용한다.

답

제24조(지분의 양도·양수와 공유 금지) ① 조합원은 ▨▨▨의 승인 없이 그 지분을 양도할 수 없다.
② 조합원이 아닌 자가 지분을 양수할 때에는 이 법 또는 정관에서 정하고 있는 가입 신청, 자격 심사 등 조합원 가입에 관한 규정에 따른다.
③ 지분의 양수인은 그 지분에 관하여 양도인의 권리·의무를 ▨▨▨한다.
④ 조합원의 지분은 공유할 수 없다.

답

제25조(조합원의 책임) ① 조합원의 책임은 그 ▨▨▨을 한도로 한다.
② 조합원은 지구별수협의 운영 과정에 성실히 참여하여야 하며, 생산한 ▨▨▨을 지구별수협을 통하여 출하하는 등 그 사업을 성실히 이용하여야 한다.

답

제26조(경비와 과태금 등의 부과) ① 지구별수협은 정관으로 정하는 바에 따라 조합원에게 경비와 과태금을 부과할 수 있다.
② 지구별수협은 정관으로 정하는 바에 따라 ▨▨▨나 수수료를 징수할 수 있다.
③ 조합원은 제1항의 경비와 과태금 및 제2항의 ▨▨▨ 또는 수수료를 납부할 때 지구별수협에 대한 ▨▨▨과 상계할 수 없다.

답

제27조(의결권 및 선거권) 조합원은 ▮▮▮의 많고 적음과 관계없이 평등한 의결권 및 선거권을 가진다. 이 경우 선거권은 임원 또는 대의원의 임기 만료일(보궐선거 등의 경우에는 그 선거 실시 사유가 확정된 날) 전 ▮▮▮까지 해당 조합의 조합원으로 가입한 자만 행사할 수 있다.

답

제28조(의결권의 대리) ① 조합원은 대리인에게 의결권을 행사하게 할 수 있다. 이 경우 그 조합원은 ▮▮▮한 것으로 본다.
② 대리인은 다음 각 호의 어느 하나에 해당하는 자이어야 하고, 대리인은 조합원 1인만을 대리할 수 있다.
1. 다른 조합원
2. 본인과 동거하는 ▮▮▮
3. 제20조 제2항에 따른 법인의 경우에는 조합원·▮▮▮ 등 그 구성원

답

제29조(가입) ① 지구별수협은 정당한 사유 없이 조합원 자격을 갖추고 있는 자의 가입을 거절하거나 다른 조합원보다 불리한 가입 ▮▮▮을 달 수 없다.
② 새로 조합원이 되려는 자는 정관으로 정하는 바에 따라 ▮▮▮하여야 한다.
③ 지구별수협은 조합원의 수를 제한할 수 없다.

답

제30조(상속에 따른 가입) ① ▨▨▨으로 인하여 탈퇴하게 된 조합원의 상속인(공동상속인 경우에는 공동상속인이 선정한 1명의 상속인을 말한다)이 ▨▨▨ 자격이 있는 경우에는 피상속인의 출자를 승계하여 조합원이 될 수 있다.
② 제1항에 따라 출자를 승계한 상속인에 관하여는 제29조 제1항을 준용한다.

▨ 답

제31조(탈퇴) ① 조합원은 지구별수협에 탈퇴 의사를 ▨▨▨으로 통지하고 지구별수협을 탈퇴할 수 있다.
② 조합원이 다음 각 호의 어느 하나에 해당하면 당연히 탈퇴한다.
1. 조합원의 자격이 없는 경우          2. 사망한 경우
3. ▨▨▨한 경우                        4. 성년후견개시의 심판을 받은 경우
5. 조합원인 법인이 ▨▨▨한 경우
③ 지구별수협은 조합원의 전부 또는 일부를 대상으로 제2항 각 호의 어느 하나에 해당하는지를 확인하여야 한다. 이 경우 제2항 제1호에 해당하는지는 ▨▨▨ 의결로 결정한다.
④ 지구별수협은 제2항 제1호에 해당하는 사유에 따라 조합원에 대하여 ▨▨▨의 결정이 이루어진 경우에는 그 사실을 지체 없이 해당 조합원에게 통보하여야 한다.

▨ 답

제32조(제명) ① 지구별수협은 조합원이 다음 각 호의 어느 하나에 해당하면 ▨▨▨의 의결을 거쳐 제명할 수 있다.
1. ▨▨▨ 이상 지구별수협의 사업을 이용하지 아니한 경우
2. ▨▨▨ 및 경비의 납입과 그 밖의 지구별수협에 대한 의무를 이행하지 아니한 경우
3. 정관에서 금지된 행위를 한 경우
② 지구별수협은 조합원이 제1항 각 호의 어느 하나에 해당하면 총회 개회 10일 전에 그 조합원에게 제명의 사유를 알리고 총회에서 의견을 진술할 기회를 주어야 한다.

▨ 답

**제33조(지분환급청구권과 환급정지)** ① 탈퇴 조합원(제명된 조합원을 포함한다. 이하 이 조와 제34조에서 같다)은 탈퇴(제명을 포함한다. 이하 이 조와 제34조에서 같다) 당시 회계연도의 다음 회계연도부터 정관으로 정하는 바에 따라 그 지분의 환급을 청구할 수 있다.
② 제1항에 따른 지분은 탈퇴한 회계연도 말의 ▨▨▨ 의 자산과 부채에 따라 정한다.
③ 제1항에 따른 청구권은 ▨▨▨ 간 행사하지 아니하면 시효로 인하여 소멸된다.
④ 지구별수협은 탈퇴 조합원이 지구별수협에 대한 ▨▨▨ 를 다 갚을 때까지는 제1항에 따른 지분의 환급을 정지할 수 있다.

답

**제34조(탈퇴 조합원의 손실액 부담)** 지구별수협은 지구별수협의 재산으로 그 ▨▨▨ 를 다 갚을 수 없는 경우에는 제33조에 따른 지분의 ▨▨▨ 을 계산할 때 정관으로 정하는 바에 따라 탈퇴 조합원이 부담하여야 할 손실액의 납입을 청구할 수 있다. 이 경우 제33조 제3항을 준용한다.

답

**제35조(의결 취소의 청구 등)** ① 조합원은 총회(창립총회를 포함한다)의 소집 절차, 의결 방법, 의결 내용 또는 임원(대의원을 포함한다)의 선거가 법령, 법령에 따른 처분 또는 ▨▨▨ 을 위반한 것을 사유로 하여 그 의결이나 선거에 따른 당선의 취소 또는 무효 확인을 해양수산부장관에게 청구하거나 이를 청구하는 소를 제기할 수 있다.
② 조합원은 제1항에 따라 해양수산부장관에게 의결이나 선거에 따른 당선의 취소 또는 무효 확인을 청구할 때에는 의결일 또는 선거일부터 1개월 이내에 조합원 ▨▨▨ 이상의 동의를 받아 청구하여야 한다. 이 경우 해양수산부장관은 그 청구서를 받은 날부터 ▨▨▨ 이내에 처리 결과를 청구인에게 알려야 한다.
③ 제1항에 따른 소에 관하여는 「상법」 제376조부터 제381조까지의 규정을 준용한다.

답

[제4절 기관]

제36조(총회) ① 지구별수협에 총회를 둔다.
  ② 총회는 ▨▨▨으로 구성한다.
  ③ 정기총회는 회계연도 경과 후 ▨▨▨ 이내에 조합장이 매년 1회 소집하고, ▨▨▨는 조합장이 필요하다고 인정할 때 소집할 수 있다.

답


제37조(총회의 의결 사항 등) ① 다음 각 호의 사항은 총회의 의결을 거쳐야 한다.
  1. ▨▨▨의 변경
  2. 해산·합병 또는 분할
  3. 조합원의 제명
  4. 임원의 선출 및 해임
  5. 법정적립금의 사용
  6. 사업계획의 수립, 수지예산(收支豫算)의 편성, 사업계획 및 수지예산 중 정관으로 정하는 중요한 사항의 변경
  7. 차입금의 최고 한도
  8. 사업보고서, 재무상태표 및 손익계산서와 잉여금처분안 또는 손실금처리안
  9. 사업계획 및 수지예산으로 정한 것 외에 새로 의무를 부담하거나 권리를 상실하는 행위. 다만, 정관으로 정하는 행위는 제외한다.
  10. ▨▨▨·양식업권의 취득·처분 또는 이에 관한 물권(物權)의 설정. 다만, 정관으로 정하는 행위는 제외한다.
  11. 중앙회의 설립 발기인이 되거나 이에 가입 또는 탈퇴하는 것
  12. 그 밖에 조합장이나 이사회가 필요하다고 인정하는 사항
② 제1항 제1호 및 제2호의 사항은 ▨▨▨의 인가를 받지 아니하면 효력이 발생하지 아니한다. 다만, 제1항 제1호의 사항을 해양수산부장관이 정하는 정관 예에 따라 변경하는 경우에는 그러하지 아니하다.

답

제38조(총회의 소집 청구) ① 조합원은 조합원 ▮▮▮▮ 이상의 동의를 받아 소집의 목적과 이유를 서면에 적어 조합장에게 제출하고 총회의 소집을 청구할 수 있다.
② 조합장은 제1항에 따른 청구를 받으면 2주 이내에 총회를 소집하여야 한다.
③ 총회를 소집할 사람이 없거나 조합장이 제2항에 따른 기간 이내에 정당한 사유 없이 총회를 소집하지 아니할 때에는 감사가 5일 이내에 총회를 소집하여야 한다. 이 경우 ▮▮▮▮ 가 의장의 직무를 수행한다.
④ 감사가 제3항에 따른 기간 이내에 총회를 소집하지 아니할 때에는 제1항에 따라 소집을 청구한 ▮▮▮▮ 가 총회를 소집한다. 이 경우 조합원의 대표가 의장의 직무를 수행한다.

답

제39조(조합원에 대한 통지와 독촉) ① 지구별수협이 조합원에게 통지 또는 독촉을 할 때에는 조합원 ▮▮▮▮ 에 기재된 조합원의 주소 또는 거소나 조합원이 지구별수협에 통지한 연락처로 하여야 한다.
② 총회를 소집하려면 총회 개회 7일 전까지 회의 목적 등을 적은 ▮▮▮▮ 를 조합원에게 발송하여야 한다. 다만, 같은 목적으로 총회를 다시 소집할 때에는 개회 ▮▮▮▮ 까지 통지한다.

답

제40조(총회의 개의와 의결) 총회는 이 법에 다른 규정이 있는 경우를 제외하고는 구성원 과반수의 출석으로 개의하고 출석구성원 ▮▮▮▮ 의 찬성으로 의결한다. 다만, 제37조 제1항 제1호부터 제3호까지 및 제11호의 사항은 구성원 과반수의 출석과 출석구성원 ▮▮▮▮ 이상의 찬성으로 의결한다.

답

**제41조(의결권의 제한 등)** ① 총회에서는 제39조 제2항에 따라 통지한 사항에 대하여만 의결할 수 있다. 다만, 제37조 제1항 제1호부터 제4호까지의 사항을 제외한 긴급한 사항으로서 구성원 과반수의 출석과 출석구성원 ▨▨▨ 이상의 찬성이 있을 때에는 그러하지 아니하다.

② 지구별수협과 총회 구성원의 이해가 상반되는 의사를 의결할 때에는 해당 구성원은 그 ▨▨▨에 참여할 수 없다.

③ 조합원은 조합원 ▨▨▨ 이상의 동의를 받아 총회 개회 ▨▨▨ 전까지 조합장에게 서면으로 일정한 사항을 총회의 목적 사항으로 할 것을 제안(이하 "조합원제안"이라 한다)할 수 있다. 이 경우 조합원제안 내용이 법령 또는 정관을 위반하는 경우를 제외하고는 이를 총회의 목적 사항으로 하여야 하고, 조합원제안을 한 사람이 청구하면 총회에서 그 제안을 설명할 기회를 주어야 한다.

답

**제42조(총회의 의사록)** ① 총회의 의사에 관하여는 의사록(議事錄)을 작성하여야 한다.

② 의사록에는 의사의 진행 상황 및 그 결과를 기록하고 ▨▨▨과 총회에서 선출한 조합원 3인 이상이 기명날인(記名捺印)하거나 서명하여야 한다.

③ 조합장은 의사록을 주된 ▨▨▨에 갖추어 두어야 한다.

답

**제43조(총회 의결의 특례)** ① 다음 각 호의 사항에 대하여는 제37조 제1항에도 불구하고 조합원의 투표로 총회의 의결을 갈음할 수 있다. 이 경우 조합원 투표의 통지·방법, 그 밖에 투표에 필요한 사항은 정관으로 정한다.

1. 해산·합병 또는 분할
2. ▨▨▨ 선출 방식에 관한 정관의 변경

② 제1항 각 호의 사항에 대한 조합원 투표는 조합원 과반수의 투표와 투표한 조합원 ▨▨▨ 이상의 찬성을 얻어야 한다.

답

**제44조(대의원회)** ① 지구별수협은 정관으로 정하는 바에 따라 제43조 제1항 각 호에 규정된 사항 외의 사항에 대한 총회의 의결에 관하여 총회를 갈음하는 대의원회를 둘 수 있으며, 대의원회는 ▮▮▮과 대의원으로 구성한다.
② 대의원은 조합원(법인인 경우에는 그 대표자를 말한다)이어야 한다.
③ 대의원의 정수 및 선출 방법은 정관으로 정하며, 그 임기는 ▮▮▮으로 한다. 다만, 임기 만료 연도 결산기의 마지막 달 이후 그 결산기에 관한 정기총회 전에 임기가 만료된 경우에는 정기총회가 끝날 때까지 그 임기가 연장된다.
④ 대의원은 해당 지구별수협의 조합장을 제외한 임직원과 다른 조합(다른 법률에 따른 협동조합을 포함한다)의 임직원을 겸직하여서는 아니 된다.
⑤ 대의원회에 대하여는 총회에 관한 규정을 준용한다. 다만, 대의원의 의결권은 ▮▮▮이 행사할 수 없다.

 답


**제45조(이사회)** ① 지구별수협에 이사회를 둔다.
② 이사회는 조합장을 포함한 이사로 구성하되, ▮▮▮이 소집한다.
③ 이사회는 다음 각 호의 사항을 의결한다.
1. 조합원의 자격 및 가입에 관한 심사
2. 규약의 제정·변경 또는 폐지
3. 업무 집행에 관한 기본방침의 결정
4. 부동산의 취득·처분 또는 이에 관한 물권의 설정. 다만, 정관으로 정하는 행위는 제외한다.
5. 경비의 부과 및 징수 방법
6. 사업계획 및 수지예산 중 제37조 제1항 제6호에서 정한 사항 외의 경미한 사항의 변경
7. 인사추천위원회 구성에 관한 사항
8. 간부직원의 임면에 관한 사항
9. 총회에서 위임한 사항
10. 법령 또는 정관에 규정된 사항
11. 그 밖에 조합장 또는 이사 ▮▮▮ 이상이 필요하다고 인정하는 사항
④ 이사회는 구성원 ▮▮▮의 출석으로 개의하고 출석구성원 과반수의 찬성으로 의결한다.
⑤ ▮▮▮은 이사회에 출석하여 의견을 진술할 수 있다.
⑥ 이사회의 운영에 필요한 사항은 정관으로 정한다.
⑦ 이사회에서 의결할 때에는 해당 안건과 특별한 ▮▮▮가 있는 이사회의 구성원은 그 안건의 의결에 참여할 수 없다. 이 경우 의결에 참여하지 못하는 이사 등은 제4항에 따른 이사회의 구성원 수에 포함되지 아니한다.

답

제46조(임원의 정수 및 선출) ① 지구별수협에 임원으로 조합장을 포함한 7명 이상 11명 이하의 이사와 ▢▢▢의 감사를 두되, 감사 중 1명은 대통령령으로 정하는 요건에 적합한 ▢▢▢ 중에서 선출하여야 하며, 이사의 정수와 조합장의 상임이나 비상임 여부는 정관으로 정한다. 다만, 「수산업협동조합의 부실예방 및 구조개선에 관한 법률」제9조에 따라 경영정상화 이행약정을 체결한 지구별수협이 2년 연속하여 그 경영정상화 이행약정을 이행하지 못한 경우에는 해당 지구별수협의 조합장은 ▢▢▢으로 한다.
② 지구별수협은 제1항에 따른 이사 중 2명 이내의 상임이사를 두어야 하고, 상임이사 외에 ▢▢▢이 아닌 1명의 이사를 정관으로 정하는 바에 따라 둘 수 있으며, 감사 중 1명을 상임으로 할 수 있다. 다만, 자산 규모가 해양수산부령으로 정하는 기준에 미달하거나 신용사업을 수행하지 아니하는 경우에는 상임이사를 두지 아니할 수 있다.
③ 조합장은 조합원(법인인 경우에는 그 대표자를 말한다) 중에서 정관으로 정하는 바에 따라 다음 각 호의 어느 하나의 방법으로 선출한다.
1. 조합원이 총회 또는 총회 외에서 투표로 직접 선출
2. 대의원회의 선출
3. 이사회가 이사회 구성원 중에서 선출
④ 조합장 외의 임원은 총회에서 선출한다. 다만, 상임이사와 상임이사 외의 조합원이 아닌 이사는 조합 업무에 관한 전문지식과 경험이 풍부한 사람으로서 대통령령으로 정하는 요건을 충족하는 사람 중에서 인사추천위원회에서 추천한 사람을 총회에서 선출한다.
⑤ 조합장(상임인 경우에만 해당한다), 상임이사 및 상임감사를 제외한 지구별수협의 임원은 명예직으로 하되, 정관으로 정하는 바에 따라 ▢▢▢을 받을 수 있다.
⑥ 지구별수협의 조합장선거에 입후보하기 위하여 임기 중 그 직을 그만둔 지구별수협의 이사 또는 감사는 그 사직으로 인하여 공석이 된 이사 또는 감사의 보궐선거의 후보자가 될 수 없다.
⑦ 임원의 선출과 추천, 제4항에 따른 인사추천위원회 구성과 운영에 관하여 이 법에서 정한 사항 외에 필요한 사항은 정관으로 정한다.
⑧ 지구별수협은 이사 정수의 5분의 1 이상을 여성조합원에게 배분되도록 노력하여야 한다. 다만, 여성조합원이 전체 조합원의 ▢▢▢ 이상인 지구별수협은 이사 중 1명 이상을 여성조합원 중에서 선출하여야 한다.
⑨ 제1항의 감사 선출에서 조합이 도서지역에 있거나 영세하여 부득이하게 외부전문가 감사를 선출할 수 없는 경우 등 대통령령으로 정하는 경우에는 ▢▢▢에서 외부전문가인 감사를 파견하거나 감사 선출과 관련한 재정적 지원을 할 수 있다.

제47조(조합장 및 상임이사의 직무) ① 조합장은 지구별수협을 대표하며 업무를 집행한다. 다만, 조합장이 ▨▨▨▨일 경우에는 상임이사나 간부직원인 전무가 그 업무를 집행한다.

② 조합장은 총회와 이사회의 의장이 된다.

③ 제1항에도 불구하고 다음 각 호의 업무는 ▨▨▨▨가 전담하여 처리하고 그에 대하여 경영책임을 진다.

1. 제60조 제1항 제3호 및 제4호의 신용사업 및 공제사업
2. 제60조 제1항 제8호부터 제13호까지 및 제15호의 사업 중 같은 항 제3호·제4호의 사업에 관한 사업과 그 부대사업
3. 제1호 및 제2호의 소관 업무에 관한 경영목표의 설정, 조직 및 인사에 관한 사항
4. 제1호 및 제2호의 소관 업무에 관한 사업계획, 예산·결산 및 자금 조달·운용계획의 수립
5. 제1호 및 제2호의 소관 업무의 부동산등기에 관한 사항
6. 그 밖에 정관으로 정하는 업무

④ 「수산업협동조합의 부실예방 및 구조개선에 관한 법률」 제2조 제3호에 따른 부실조합으로서 같은 법 제4조의2 제1항에 따라 해양수산부장관으로부터 적기시정조치(권고에 관한 사항은 제외한다)를 받은 지구별수협의 경우에는 상임이사가 대통령령으로 정하는 바에 따라 그 지구별수협이 그 적기시정조치의 이행을 마칠 때까지 제3항 각 호의 업무 외에도 다음 각 호의 업무를 전담하여 처리하고 그에 대하여 경영책임을 진다.

1. 제60조 제1항 제2호의 ▨▨▨▨
2. 제60조 제1항 제8호부터 제13호까지 및 제15호의 사업 중 같은 항 제2호의 사업에 관한 사업과 그 부대사업
3. 제1호 및 제2호의 소관 업무에 관한 경영목표의 설정, 조직 및 인사에 관한 사항
4. 제1호 및 제2호의 소관 업무에 관한 사업계획, 예산·결산 및 자금 조달·운용계획의 수립
5. 제1호 및 제2호의 소관 업무의 부동산등기에 관한 사항
6. 그 밖에 정관으로 정하는 업무

⑤ 조합장이 궐위(闕位)·▨▨▨▨되거나 「의료법」에 따른 의료기관에서 60일 이상 계속하여 입원한 경우 등 부득이한 사유로 직무를 수행할 수 없을 때에는 이사회가 정하는 순서에 따라 이사가 그 직무를 대행한다.

⑥ 상임이사가 제5항에 따른 사유로 그 직무를 수행할 수 없을 때에는 이사회가 정한 순서에 따라 제59조 제2항에 따른 ▨▨▨▨이 그 직무를 대행한다. 다만, 상임이사의 궐위기간이 ▨▨▨▨을 초과하는 경우에는 중앙회는 해양수산부장관의 승인을 받아 관리인을 파견할 수 있으며 관리인은 상임이사가 선출될 때까지 그 직무를 수행한다.

답

**제48조(감사의 직무)** ① 감사는 지구별수협의 재산과 업무 집행 상황을 감사하여 총회에 보고하여야 하며, 전문적인 회계감사가 필요하다고 인정될 때에는 ▨▨▨ 에 회계감사를 의뢰할 수 있다.
② 감사는 지구별수협의 재산 상황 또는 업무 집행에 관하여 부정한 사실을 발견하면 총회 및 중앙회 회장에게 보고하여야 하며, 그 내용을 총회에 신속히 보고하여야 할 필요가 있는 경우에는 정관으로 정하는 바에 따라 기간을 정하여 조합장에게 총회의 소집을 요구하고 조합장이 그 기간 이내에 총회를 소집하지 아니하면 직접 총회를 소집할 수 있다.
③ 감사는 자체감사 또는 중앙회 등 외부기관의 감사결과 주요 지적 사항이 발생한 경우에는 조합장에게 이사회의 소집을 요구하여 이에 대한 ▨▨▨ 를 할 수 있다.
④ 감사는 총회 또는 ▨▨▨ 에 출석하여 의견을 진술할 수 있다.
⑤ 감사의 직무에 관하여는 「상법」 제412조의4, 제413조 및 제413조의2를 준용한다.

🔲 답

**제49조(감사의 대표권)** ① 지구별수협이 조합장을 포함한 이사와 ▨▨▨ 을 할 때에는 감사가 지구별수협을 대표한다.
② 지구별수협과 조합장을 포함한 이사 간의 ▨▨▨ 에 관하여도 제1항을 준용한다.

🔲 답

**제50조(임원의 임기)** ① 조합장과 이사의 임기는 ▨▨▨ 으로 하고, 감사의 임기는 3년으로 하되, 비상임인 조합장은 한 번만 연임할 수 있고, 상임인 조합장은 두 번만 연임할 수 있다. 다만, ▨▨▨ 에 대하여는 임기가 시작된 후 2년이 되는 때에 그 업무 실적 등을 고려하여 이사회의 의결로 남은 임기를 계속 채울지를 정한다.
② 제1항의 임원의 임기가 만료되는 경우에는 제44조 제3항 단서를 준용한다.
③ ▨▨▨ 으로 설립되는 조합의 설립 당시 조합장·이사 및 감사의 임기는 제1항(제108조 및 제113조에 따라 준용되는 경우를 포함한다)에도 불구하고 설립등기일부터 2년으로 한다. 다만, 합병으로 소멸되는 조합의 조합장이 합병으로 설립되는 조합의 조합장으로 선출되는 경우 설립등기일 현재 조합장의 종전 임기의 남은 임기가 2년을 초과하는 경우에는 그 남은 임기를 그 조합장의 임기로 한다.
④ 합병 후 존속하는 조합의 변경등기 당시 재임 중인 조합장·이사 및 감사의 남은 임기가 변경등

기일 현재 ▨▨▨ 미만인 경우에는 제1항(제108조 및 제113조에 따라 준용되는 경우를 포함한다)에도 불구하고 그 임기를 변경등기일부터 2년으로 한다.

**답**

**제51조(임원의 결격사유)** ① 다음 각 호의 어느 하나에 해당하는 사람은 지구별수협의 임원이 될 수 없다. 다만, 제11호와 제13호는 조합원인 임원에게만 적용한다.
1. 대한민국 국민이 아닌 사람
2. ▨▨▨ · 피성년후견인 · 피한정후견인
3. 파산선고를 받고 복권되지 아니한 사람
4. 법원의 판결 또는 다른 법률에 따라 자격이 상실되거나 정지된 사람
5. ▨▨▨ 이상의 형을 선고받고 그 집행이 끝나거나(집행이 끝난 것으로 보는 경우를 포함한다) 집행이 면제된 날부터 3년이 지나지 아니한 사람
6. 제146조 제3항 제1호, 제170조 제2항 제1호 또는 「신용협동조합법」 제84조에 따른 개선(改選) 또는 징계면직의 처분을 받은 날부터 5년이 지나지 아니한 사람
7. 금고 이상의 형의 집행유예를 선고받고 그 유예기간 중에 있는 사람
8. 삭제 〈2020. 3. 24.〉
8의2. 「형법」 제303조 또는 「▨▨▨의 처벌 등에 관한 특례법」 제10조에 규정된 죄를 저지른 사람으로서 300만 원 이상의 벌금형을 선고받고 그 형이 확정된 후 2년이 지나지 아니한 사람
9. 제178조 제1항부터 제4항까지 또는 「공공단체등 위탁선거에 관한 법률」 제58조(매수 및 이해유도죄) · 제59조(기부행위의 금지 · 제한 등 위반죄) · 제61조(허위사실 공표죄)부터 제66조(각종 제한규정 위반죄)까지에 규정된 죄를 지어 징역 또는 100만 원 이상의 벌금형을 선고받고 4년이 지나지 아니한 사람
10. 이 법에 따른 임원 선거에서 당선되었으나 제179조 제1항 제1호 또는 「공공단체등 위탁선거에 관한 법률」 제70조(위탁선거범죄로 인한 당선무효) 제1호에 따라 당선이 무효가 된 사람으로서 그 무효가 확정된 날부터 4년이 지나지 아니한 사람
11. 이 법에 따른 선거일 공고일 현재 해당 지구별수협의 조합원 신분을 2년 이상 계속 보유하고 있지 아니하거나 ▨▨▨으로 정하는 출자계좌 수 이상의 납입출자금을 2년 이상 계속 보유하고 있지 아니한 사람. 다만, 설립 또는 합병 후 2년이 지나지 아니한 지구별수협의 경우에는 선거일 공고일 현재 조합원 신분을 보유하고 있지 아니하거나 정관으로 정하는 출자계좌 수 이상의 납입출자금을 보유하고 있지 아니한 사람을 말한다.
12. 이 법에 따른 선거일 공고일 현재 해당 지구별수협, 중앙회, ▨▨▨ 또는 다음 각 목의 어느 하나에 해당하는 금융기관에 대하여 정관으로 정하는 금액과 기간을 초과하여 채무 상환을 연

체하고 있는 사람
  가. 「은행법」에 따라 설립된 은행
  나. 「한국산업은행법」에 따른 한국산업은행
  다. 「중소기업은행법」에 따른 중소기업은행
  라. 그 밖에 대통령령으로 정하는 금융기관
13. 선거일 공고일 현재 해당 지구별수협의 정관으로 정하는 일정규모 이상의 ▨ 이용 실적이 없는 사람
② 제1항에 따라 임원이 될 수 없는 해당 임원은 당연히 퇴직한다. 다만, 제1항 제8호에 해당할 때에는 그러하지 아니하다.
③ 제2항에 따라 퇴직한 임원이 퇴직 전에 관여한 행위는 그 효력을 상실하지 아니한다.

답

제51조의2(형의 분리 선고) 「형법」 제38조에도 불구하고 다음 각 호의 어느 하나에 해당하는 경우에는 형을 분리하여 선고하여야 한다.
  1. 제51조 제1항 제8호의2 또는 제9호에 규정된 죄와 다른 죄의 ▨ 에 대하여 형을 선고하는 경우
  2. 당선인의 직계존속·비속이나 ▨ 에게 제178조 제1항 제2호 또는 같은 조 제2항 제4호에 규정된 죄와 다른 죄의 경합범으로 형을 선고하는 경우

답

제52조(임시이사 임명) ① 중앙회의 회장은 이사의 결원으로 지구별수협의 ▨ 를 개최할 수 없어 지구별수협의 업무가 지연되어 손해가 생길 우려가 있으면 조합원이나 이해관계인의 청구에 의하여 또는 직권으로 임시이사를 임명할 수 있다.
② 조합장은 임시이사가 취임한 날부터 1개월 이내에 ▨ 를 소집하여 결원된 이사를 선출하여야 한다.
③ 임시이사는 제2항의 이사가 취임할 때까지 그 직무를 수행한다.

답

**제53조(선거운동의 제한)** ① 누구든지 자기 또는 특정인을 지구별수협의 임원이나 대의원으로 당선되게 하거나 당선되지 못하게 할 목적으로 다음 각 호의 어느 하나에 해당하는 행위를 할 수 없다.
1. 선거인(선거인 명부 작성 전에는 선거인명부에 오를 자격이 있는 사람으로서 이미 조합에 가입한 사람 또는 조합에 가입 신청을 한 사람을 포함한다. 이하 이 조에서 같다)이나 그 가족(선거인의 배우자, 선거인 또는 그 배우자의 직계 존속·비속과 형제자매, 선거인의 직계 존속·비속 및 형제자매의 배우자를 말한다. 이하 같다) 또는 선거인이나 그 가족이 설립·운영하고 있는 기관·단체·시설에 대한 다음 각 목의 어느 하나에 해당하는 행위
    가. 금전·물품·향응이나 그 밖의 재산상의 이익을 제공하는 행위
    나. 공사(公私)의 직을 제공하는 행위
    다. 금전·물품·향응, 그 밖의 재산상의 이익이나 공사의 직을 제공하겠다는 의사표시 또는 그 제공을 ▢▢ 하는 행위
2. 후보자가 되지 아니하도록 하거나 후보자를 사퇴하게 할 목적으로 후보자가 되려는 사람이나 후보자에게 하는 제1호 각 목의 행위
3. 제1호 또는 제2호에 규정된 이익이나 직을 제공받거나 그 제공의 의사 표시를 승낙하는 행위 또는 그 제공을 ▢▢ 하거나 알선하는 행위

② 임원이나 대의원이 되려는 사람은 선거운동을 위하여 선거일 공고일부터 선거일까지의 기간 중에는 조합원을 호별(戶別)로 방문하거나 특정 장소에 모이게 할 수 없다.

③ 누구든지 지구별수협의 임원 또는 대의원 선거와 관련하여 연설·벽보 및 그 밖의 방법으로 거짓 사실을 공표하거나 공연히 사실을 구체적으로 제시하여 후보자(후보자가 되려는 사람을 포함한다. 이하 같다)를 비방할 수 없다.

④ 누구든지 특정 임원의 선거에 투표하거나 투표하게 할 목적으로 자신이나 타인의 이름을 거짓으로 ▢▢ 에 올려서는 아니 된다.

⑤ 누구든지 ▢▢ 의 다음 날부터 선거일 전일까지의 선거운동 기간 외에 선거운동을 할 수 없다.

⑥ 누구든지 자기 또는 특정인을 당선되게 하거나 당선되지 못하게 할 목적으로 선거기간 중 포장된 선물 또는 돈봉투 등 다수의 조합원(조합원의 가족 또는 조합원이나 그 가족이 설립·운영하고 있는 기관·단체·시설을 포함한다)에게 배부하도록 구분된 형태로 되어 있는 금품을 운반하지 못한다.

⑦ 누구든지 다음 각 호의 어느 하나에 해당하는 행위를 할 수 없다.
1. 제54조 제1항에 따른 조합선거관리위원회 또는 같은 조 제2항에 따라 선거의 관리를 위탁받은 구·시·군선거관리위원회의 위원·직원·선거부정감시단원, 그 밖에 선거사무에 종사하는 자를 폭행·협박·유인 또는 체포·감금하는 행위
2. 제54조 제1항에 따른 조합선거관리위원회 또는 같은 조 제2항에 따라 선거의 관리를 위탁받은 구·시·군선거관리위원회의 위원·직원·선거부정감시단원, 그 밖에 선거사무에 종사하는 자에게 폭행이나 협박을 가하여 투표소·개표소 또는 선거관리위원회 사무소를 소요·교란하는 행위
3. 투표용지·투표지·투표보조용구·전산조직 등 선거관리 또는 단속사무와 관련한 시설·설비·장비·서류·인장 또는 선거인명부를 은닉·파손·훼손 또는 탈취하는 행위

⑧ 누구든지 임원 또는 대의원 선거와 관련하여 다음 각 호의 방법(조합장을 대의원회에서 선출하는 경우에는 제2호와 제5호, 비상임이사 및 감사선거의 경우에는 제3호와 제5호에 한정한다) 외의 행위를 할 수 없다.
1. ▩▩ 의 부착
2. 선거공보의 배부
3. 도로·시장 등 해양수산부령으로 정하는 다수인이 왕래하거나 집합하는 공개된 장소에서의 지지 호소 및 ▩▩ 의 배부
4. 합동연설회 또는 공개토론회의 개최
5. 전화(문자메시지를 포함한다)·컴퓨터통신(전자우편을 포함한다)을 이용한 지지 호소

⑨ 제8항에 따른 선거운동방법에 관한 세부적인 사항은 해양수산부령으로 정한다.
⑩ 지구별수협의 임직원은 다음 각 호의 어느 하나에 해당하는 행위를 할 수 없다.
1. 그 지위를 이용하여 선거운동을 하는 행위
2. 선거운동의 기획에 참여하거나 그 기획의 실시에 관여하는 행위
3. 후보자(후보자가 되려는 사람을 포함한다. 이하 같다)에 대한 조합원의 ▩▩ 를 조사하거나 이를 발표하는 행위

> 답

**제53조의2(기부행위의 제한)** ① 지구별수협의 임원 선거 후보자, 그 ▩▩ 및 후보자가 속한 기관·단체·시설은 해당 임원의 임기 만료일 전 ▩▩ (보궐선거 등의 경우에는 그 선거 실시 사유가 확정된 날)부터 해당 선거일까지 선거인(선거인 명부 작성 전에는 선거인 명부에 오를 자격이 있는 사람으로서 이미 조합에 가입한 사람 또는 조합에 가입 신청을 한 사람을 포함한다. 이하 이 조에서 같다)이나, 그 가족 또는 선거인이나 그 가족이 설립·운영하고 있는 기관·단체·시설에 대하여 금전·물품이나 그 밖의 재산상 이익의 제공, 이익 제공의 의사표시 또는 그 제공을 약속하는 행위(이하 "기부행위"라 한다)를 할 수 없다.

② 제1항에도 불구하고 다음 각 호의 어느 하나에 해당하는 행위는 기부행위로 보지 아니한다.
1. 직무상의 행위
   가. 후보자가 소속된 기관·단체·시설(나목에 따른 조합은 제외한다)의 자체 사업계획과 예산으로 하는 의례적(儀禮的)인 금전·물품 제공 행위(포상을 포함하되, 화환·화분을 제공하는 행위는 제외한다)
   나. 법령과 정관에 따른 조합의 ▩▩ 및 수지예산에 따라 집행하는 금전·물품 제공 행위(포상을 포함하되, 화환·화분을 제공하는 행위는 제외한다)

다. 물품 구매, 공사, 서비스 등에 대한 대가의 제공 또는 부담금의 납부 등 ▆▆▆를 이행하는 행위

라. 가목부터 다목까지의 규정에 해당하는 행위 외에 법령의 규정에 근거하여 물품 등을 찬조·출연 또는 제공하는 행위

2. 의례적 행위

가. 「민법」 제777조에 따른 친족의 관혼상제 의식이나 그 밖의 경조사에 축의·부의금품을 제공하는 행위

나. 후보자가 「민법」 제777조에 따른 친족이 아닌 사람의 관혼상제 의식에 일반적인 범위에서 축의·부의금품(화환·화분은 제외한다)을 제공하거나 ▆▆▆를 서는 행위

다. 후보자의 관혼상제 의식이나 그 밖의 경조사에 참석한 하객이나 조객(弔客) 등에게 일반적인 범위에서 음식물이나 답례품을 제공하는 행위

라. 후보자가 그 소속 기관·단체·시설(후보자가 임원이 되려는 해당 조합은 제외한다)의 유급(有給) ▆▆▆ 또는 「민법」 제777조에 따른 친족에게 연말·설 또는 추석에 의례적인 선물을 제공하는 행위

마. 친목회·향우회·종친회·동창회 등 각종 사교·친목단체 및 사회단체의 구성원으로서 해당 단체의 정관·규약 또는 운영관례상의 의무에 기초하여 종전의 범위에서 ▆▆▆를 내는 행위

바. 후보자가 평소 자신이 다니는 교회·성당·사찰 등에 일반적으로 헌금(물품의 제공을 포함한다)하는 행위

3. 「공직선거법」 제112조 제2항 제3호에 따른 구호적(救護的)·자선적 행위에 준하는 행위

4. 제1호부터 제3호까지의 행위에 준하는 행위로서 해양수산부령으로 정하는 행위

③ 제2항에 따라 일반적인 범위에서 1명에게 제공할 수 있는 축의·부의금품, 음식물, 답례품 및 의례적인 선물의 금액 범위는 별표와 같다.

④ 누구든지 제1항의 행위를 약속·지시·권유·알선 또는 요구할 수 없다.

⑤ 누구든지 해당 선거에 관하여 후보자를 위하여 제1항의 행위를 하거나 하게 할 수 없다.

⑥ ▆▆▆은 재임 중 제1항에 따른 기부행위를 할 수 없다. 다만, 제2항에 따라 기부행위로 보지 아니하는 행위는 그러하지 아니하다.

답

제53조의3(조합장의 축의·부의금품 제공 제한) ① 조합의 경비로 관혼상제 의식이나 그 밖의 경조사에 축의·부의금품을 제공할 때에는 [    ]의 명의로 하여야 하며, 해당 조합의 경비임을 명기하여야 한다.
② 제1항에 따라 축의·부의금품을 제공할 경우 해당 조합장의 직명 또는 성명을 밝히거나 그가 하는 것으로 추정할 수 있는 방법으로 하는 행위는 [    ]로 본다.

답

제54조(선거관리위원회) ① 지구별수협은 [    ] 선거를 공정하게 관리하기 위하여 대통령령으로 정하는 바에 따라 선거관리위원회를 구성·운영한다.
② 지구별수협은 제46조 제3항 제1호 및 제2호에 따라 선출하는 [    ] 선거의 관리에 대하여는 정관으로 정하는 바에 따라 그 주된 사무소의 소재지를 관할하는 「선거관리위원회법」에 따른 구·시·군선거관리위원회에 위탁하여야 한다.

답

제55조(임직원의 겸직 금지 등) ① 조합장을 포함한 이사는 그 지구별수협의 [    ]를 겸직할 수 없다.
② 지구별수협의 임원은 그 지구별수협의 [    ]을 겸직할 수 없다.
③ 지구별수협의 임원은 다른 조합의 임원 또는 직원을 겸직할 수 없다.
④ 지구별수협의 사업과 실질적인 경쟁관계에 있는 사업을 경영하거나 이에 종사하는 사람은 지구별수협의 임직원 및 대의원이 될 수 없다.
⑤ 제4항에 따른 실질적인 경쟁관계에 있는 사업의 범위는 대통령령으로 정한다.
⑥ 조합장을 포함한 이사는 [    ]의 승인을 받지 아니하고는 자기 또는 제3자의 계산으로 해당 지구별수협과 정관으로 정하는 규모 이상의 거래를 할 수 없다.

답

제56조(임원의 의무와 책임) ① 지구별수협의 임원은 이 법과 이 법에 따른 명령·처분·정관 및 총회 또는 이사회의 의결을 준수하고 그 직무를 성실히 수행하여야 한다.
② 임원이 그 직무를 수행하면서 고의 또는 과실(비상임인 임원의 경우에는 중대한 과실)로 지구별수협에 끼친 손해에 대하여는 ▨▨▨ 하여 손해배상의 책임을 진다.
③ 임원이 그 직무를 수행하면서 고의 또는 중대한 과실로 제3자에게 끼친 손해에 대하여는 연대하여 손해배상의 책임을 진다.
④ 제2항과 제3항의 행위가 ▨▨▨ 의 의결에 따른 것이면 그 의결에 찬성한 이사도 연대하여 손해배상의 책임을 진다. 이 경우 의결에 참가한 이사 중 이의를 제기한 사실이 ▨▨▨ 에 기록되어 있지 아니한 사람은 그 의결에 찬성한 것으로 추정한다.

🗒 답


제57조(임원의 해임) ① 조합원은 조합원 ▨▨▨ 이상의 동의로 총회에 임원의 해임을 요구할 수 있다. 이 경우 총회는 구성원 과반수의 출석과 출석구성원 3분의 2 이상의 찬성으로 의결한다.
② 제1항에 따른 방법 외에 다음 각 호의 구분에 따른 방법으로 조합장을 해임할 수 있다. 이 경우 선출 시 사용한 표결 방법과 같은 방법으로 해임을 의결하여야 한다.
1. 대의원회에서 선출된 조합장 : 대의원 3분의 1 이상의 요구 및 대의원 과반수의 출석과 출석대의원 ▨▨▨ 이상의 찬성으로 대의원회에서 해임 의결
2. 이사회에서 선출된 조합장 : 이사회의 해임 요구 및 총회에서의 해임 의결. 이 경우 이사회의 해임 요구와 총회의 해임 의결에 관하여는 제1호에 따른 정족수를 준용한다.
3. 조합원이 총회 외에서 직접 선출한 조합장 : 대의원 3분의 1 이상의 요구와 대의원회의 의결을 거쳐 조합원 투표로 해임 결정. 이 경우 대의원회의 의결에 관하여는 제1호에 따른 정족수를 준용하며, 조합원 투표에 의한 해임 결정은 조합원 과반수의 투표와 투표한 조합원 ▨▨▨ 의 찬성을 얻어야 한다.
③ ▨▨▨ 는 제142조 제2항에 따른 경영 상태의 평가 결과 상임이사가 소관 업무의 경영 실적이 부실하여 그 직무를 담당하기 곤란하다고 인정되거나, 이 법이나 이 법에 따른 명령 또는 정관을 위반하는 행위를 한 경우에는 상임이사의 해임을 총회에 요구할 수 있다. 이 경우 총회의 해임 의결에 관하여는 제1항에 따른 의결정족수를 준용한다.
④ 제1항부터 제3항까지의 규정에 따라 해임 의결을 할 때에는 해당 임원에게 해임 이유를 통지하고 총회 또는 대의원회에서 의견을 진술할 기회를 주어야 한다.

🗒 답

제58조(「민법」·「상법」의 준용) 지구별수협의 임원에 관하여는 「민법」 제35조와 「상법」 제382조 제2항, 제385조 제2항·제3항, 제402조부터 제408조까지의 규정을 준용한다. 이 경우 「상법」 제385조 제2항 중 "발행주식의 총수의 100분의 3 이상에 해당하는 주식을 가진 주주" 및 같은 법 제402조 및 제403조 제1항 중 "발행주식의 총수의 100분의 1 이상에 해당하는 주식을 가진 주주"는 각각 "조합원 ▮▮▮▮ 이상의 동의를 받은 조합원"으로 본다.

답

제59조(직원의 임면) ① 지구별수협의 직원은 정관으로 정하는 바에 따라 조합장이 임면하되, 조합장이 ▮▮▮▮ 일 경우에는 상임이사의 제청에 의하여 조합장이 임면한다. 다만, 상임이사 소관 사업 부문에 속한 직원의 승진 및 전보(轉補)에 대하여는 상임이사가 전담하되, 상임이사가 전담하는 승진과 전보의 방법·절차 및 다른 사업 부문에서 상임이사 소관 사업 부문으로의 전보 등에 관한 구체적인 사항은 정관으로 정한다.
② 지구별수협에는 정관으로 정하는 바에 따라 간부직원을 두어야 하며, 간부직원은 대통령령으로 정하는 자격을 가진 사람 중 조합장이 ▮▮▮▮의 의결을 거쳐 임면한다. 다만, ▮▮▮▮를 두지 아니하는 조합의 경우에는 간부직원인 전무 1명을 둘 수 있다.
③ 제2항 단서에 따른 전무는 조합장을 보좌하고 정관으로 정하는 바에 따라 조합의 업무를 처리한다.
④ 간부직원에 대하여는 「상법」 제10조, 제11조 제1항·제3항, 제12조, 제13조 및 제17조와 「상업등기법」 제23조 제1항, 제50조 및 제51조를 준용한다.

답

## [제5절 사업]

**제60조(사업)** ① 지구별수협은 그 목적을 달성하기 위하여 다음 각 호의 사업의 전부 또는 일부를 수행한다.
　1. 교육 · 지원 사업
　　가. 수산종자의 생산 및 보급
　　나. 어장 개발 및 어장환경의 보전 · 개선
　　다. 어업질서 유지
　　라. ■■■ · 양식업권과 어업피해 대책 및 보상 업무 추진
　　마. 어촌지도자 및 후계어업경영인 발굴 · 육성과 수산기술자 양성
　　바. 어업 생산의 증진과 경영 능력의 향상을 위한 상담 및 교육훈련
　　사. 생활환경 개선과 문화 향상을 위한 교육 및 지원과 시설의 설치 · 운영
　　아. 어업 및 어촌생활 관련 정보의 수집 및 제공
　　자. 조합원의 노동력 또는 어촌의 부존자원(賦存資源)을 활용한 관광사업 등 어가(漁家) 소득증대사업
　　차. 외국의 협동조합 및 도시와의 교류 촉진을 위한 사업
　　카. 어업에 관한 조사 · 연구
　　타. 각종 사업과 관련한 교육 및 홍보
　　파. 그 밖에 정관으로 정하는 사업
　2. ■■■ 사업
　　가. 구매사업
　　나. 보관 · 판매 및 검사 사업
　　다. 이용 · 제조 및 가공(수산물의 처리를 포함한다) 사업
　　라. 수산물 유통 조절 및 비축사업
　　마. 조합원의 사업 또는 생활에 필요한 공동시설의 운영 및 기자재의 임대사업
　3. ■■■ 사업
　　가. 조합원의 예금 및 적금의 수납업무
　　나. 조합원에게 필요한 자금의 대출
　　다. 내국환
　　라. 어음 할인
　　마. 국가, 공공단체 및 금융기관 업무의 대리
　　바. 조합원의 유가증권 · 귀금속 · 중요물품의 보관 등 보호예수(保護預受) 업무
　4. 공제사업
　5. 후생복지사업
　　가. 사회 · 문화 복지시설의 설치 · 운영 및 관리
　　나. 장제사업(葬祭事業)

다. 의료지원사업
6. 운송사업
7. 어업통신사업
8. 국가, 공공단체, 중앙회, 수협은행 또는 다른 조합이 위탁하거나 보조하는 사업
9. 다른 경제단체 · 사회단체 및 문화단체와의 교류 · 협력
10. 다른 조합 · 중앙회 또는 다른 법률에 따른 협동조합과의 공동사업 및 업무의 대리
11. 다른 법령에서 지구별수협의 사업으로 정하는 사업
12. 제1호부터 제11호까지의 사업에 관련된 대외무역
13. 차관사업(借款事業)
14. 제1호부터 제13호까지의 사업에 부대하는 사업
15. 그 밖에 지구별수협의 목적 달성에 필요한 사업으로서 중앙회의 회장의 승인을 받은 사업
② 지구별수협은 제1항의 사업 목적을 달성하기 위하여 ▨▨▨, 공공단체, 중앙회, 수협은행 또는 다른 금융기관으로부터 자금을 차입할 수 있다.
③ 제1항 제3호에 따른 신용사업의 한도와 방법 및 제2항에 따라 지구별수협이 중앙회 또는 수협은행으로부터 차입할 수 있는 자금의 한도는 대통령령으로 정한다.
④ 국가나 공공단체는 제1항 제8호에 따라 사업을 위탁하는 경우에는 대통령령으로 정하는 바에 따라 지구별수협과 위탁 계약을 체결하여야 한다.
⑤ 국가나 공공단체는 제1항 제7호 및 제8호의 사업을 하는 과정에서 발생하는 비용을 지원할 수 있다.
⑥ 국가로부터 차입한 자금은 해양수산부령으로 정하는 바에 따라 조합원이 아닌 ▨▨▨에게도 대출할 수 있다.
⑦ 삭제 〈2016. 5. 29.〉
⑧ 지구별수협은 제1항의 사업을 수행하기 위하여 필요하면 제68조에 따른 자기자본의 범위에서 다른 법인에 출자할 수 있다. 이 경우 같은 법인에 대한 출자는 다음 각 호의 경우를 제외하고는 자기자본의 ▨▨▨을 초과할 수 없다.
1. ▨▨▨에 출자하는 경우
2. 제1항 제2호에 따른 경제사업을 하기 위하여 지구별수협이 보유하고 있는 부동산 및 시설물을 출자하는 경우
⑨ 지구별수협은 제1항의 사업을 안정적으로 하기 위하여 정관으로 정하는 바에 따라 사업손실보전자금 및 대손보전자금(貸損補塡資金)을 조성 · 운용할 수 있다.
⑩ 국가 · 지방자치단체 및 중앙회는 예산의 범위에서 제9항에 따른 사업손실보전자금 및 대손보전자금의 조성을 지원할 수 있다.

📋 답

제60조의2(공제규정) ① 지구별조합이 제60조 제1항 제4호에 따른 공제사업을 하려면 공제규정을 정하여 ▨▨▨의 인가를 받아야 한다. 공제규정을 변경하려는 때에도 또한 같다.
② 제1항에 따른 공제규정에는 해양수산부령으로 정하는 바에 따라 공제사업의 실시, 공제계약 및 ▨▨▨와 공제사업의 책임준비금, 그 밖에 준비금 적립에 관한 사항 등이 포함되어야 한다.
③ 제2항에 따른 책임준비금 등은 해양수산부령으로 정하는 기준에 따라 매 ▨▨▨에 공제사업의 종류별로 계산하여 적립하여야 한다.

🗒 답

제60조의3(조합원에 대한 교육) ① 지구별수협은 조합원에게 협동조합의 운영원칙과 방법에 대한 교육을 실시하여야 한다.
② 지구별수협은 조합원의 권익이 증진될 수 있도록 조합원에 대하여 적극적으로 전문기술교육과 ▨▨▨ 등을 하여야 한다.
③ 지구별수협은 제2항에 따른 교육 및 상담을 효율적으로 수행하기 위하여 ▨▨▨을 둘 수 있다.

🗒 답

제60조의4(수산물 판매활성화) ① 지구별수협은 조합원이 생산한 수산물의 효율적인 판매를 위하여 다음 각 호의 사항을 추진하여야 한다.
1. 다른 조합 및 중앙회와의 ▨▨▨
2. 수산물의 유통, 판매 및 수출 등에 관한 규정의 제정 및 개정
3. 그 밖에 ▨▨▨ 확보 등 수산물의 판매활성화 사업에 필요한 사항
② 지구별수협은 제1항에 따른 사업수행에 필요한 경우 중앙회등에 수산물의 판매위탁을 요청할 수 있다.
③ 제2항에 따른 판매위탁사업의 조건과 절차 등에 관한 세부사항은 중앙회의 사업전담대표이사 또는 중앙회가 출자한 법인의 대표이사가 각각 정한다.
④ 중앙회는 제1항 및 제2항에 따른 사업실적 등을 고려하여 정관으로 정하는 바에 따라 지구별수협에 제139조의4에 따라 조성한 ▨▨▨의 지원 등 우대조치를 할 수 있다.

🗒 답

**제61조(비조합원의 사업 이용)** ① 지구별수협은 ▨▨▨의 이용에 지장이 없는 범위에서 조합원이 아닌 자에게 그 사업을 이용하게 할 수 있다. 다만, 제60조 제1항 제3호·제9호부터 제11호까지 및 제14호의 사업에 대하여는 대통령령으로 정하는 바에 따라 비조합원의 이용을 제한할 수 있다.
② 다음 각 호의 어느 하나에 해당하는 자가 지구별수협의 사업을 이용하는 경우에는 조합원이 그 사업을 이용한 것으로 본다.
1. 조합원과 같은 세대(世帶)에 속하는 사람
2. ▨▨▨
3. 다른 조합 및 다른 조합의 조합원

**답**

**제62조(유통지원자금의 조성·운용)** ① 지구별수협은 조합원이 생산한 수산물 및 그 가공품 등의 유통을 지원하기 위하여 유통지원자금을 조성·운용할 수 있다.
② 제1항에 따른 유통지원자금은 다음 각 호의 사업에 운용한다.
1. 수산물의 생산 관련 사업
2. 수산물 및 그 가공품의 출하조절사업
3. 수산물의 공동규격 출하촉진사업
4. ▨▨▨사업
5. 그 밖에 지구별수협이 필요하다고 인정하는 유통 관련 사업
③ 국가, 공공단체 및 ▨▨▨는 예산의 범위에서 제1항에 따른 유통지원자금의 조성을 지원할 수 있다.

**답**

제63조(창고증권의 발행) ① 제60조 제1항 제2호 나목의 보관사업을 하는 지구별수협은 정관으로 정하는 바에 따라 임치물(任置物)에 관하여 창고증권을 발행할 수 있다.
② 창고증권을 발행하는 지구별수협은 그 지구별수협의 명칭으로 된 창고증권이라는 글자를 사용하여야 한다.
③ 지구별수협이 아닌 자가 발행하는 창고증권에는 ▭ 이라는 글자를 사용하여서는 아니 된다.
④ 지구별수협이 창고증권을 발행한 임치물의 보관 기간은 임치일부터 ▭ 이내로 한다.
⑤ 제4항의 임치물의 보관 기간은 갱신할 수 있다. 다만, 창고증권의 소지인이 ▭ 이 아닌 경우에는 조합원의 이용에 지장이 없는 범위에서 갱신한다.

답

제64조(어업의 경영) ① 지구별수협은 조합원의 ▭ 을 위하여 어업 및 그에 부대하는 사업을 경영할 수 있다.
② 제1항에 따라 지구별수협이 어업 및 그에 부대하는 사업을 경영하려면 ▭ 의 의결을 거쳐야 한다.

답

[제6절 회계]

제65조(회계연도) 지구별수협의 회계연도는 ▭ 으로 정한다.

답

제66조(회계의 구분 등) ① 지구별수협의 회계는 일반회계와 특별회계로 구분한다.
　② ▨▨▨는 신용사업 부문 회계와 신용사업 외의 사업 부문 회계로 구분하여 회계처리하여야 한다.
　③ ▨▨▨는 다음 각 호의 어느 하나에 해당하는 경우에 정관으로 정하는 바에 따라 설치한다.
1. 특정 사업을 운영할 경우
2. 특정 자금을 보유하여 운영할 경우
3. 그 밖에 일반회계와 구분할 필요가 있는 경우
　④ 다음 각 호의 어느 하나의 재무관계와 그에 관한 재무기준은 ▨▨▨이 정한다. 이 경우 신용사업 부문과 신용사업 외의 사업 부문 간의 재무관계에 관한 재무기준에 관하여는 ▨▨▨와 협의하여야 한다.
1. 일반회계와 특별회계 간의 재무관계와 그에 관한 재무기준
2. 신용사업 부문과 신용사업 외의 사업 부문 간의 재무관계와 그에 관한 재무기준
3. 조합과 조합원 간의 재무관계와 그에 관한 재무기준
　⑤ 조합의 회계처리기준에 필요한 사항은 중앙회의 회장이 정한다. 다만, 신용사업의 회계치리기준에 관하여 필요한 사항은 금융위원회가 따로 정할 수 있다.

답

제67조(사업계획과 수지예산) ① 지구별수협은 매 회계연도의 ▨▨▨와 ▨▨▨를 작성하여 해당 회계연도가 시작되기 1개월 전에 총회의 의결을 거쳐 중앙회의 회장에게 제출하여야 한다.
　② 지구별수협이 제1항에 따른 사업계획과 수지예산 중 정관으로 정하는 중요한 사항을 변경하려면 총회의 의결을 거쳐 중앙회의 회장에게 제출하여야 한다.

답

제68조(자기자본) 지구별수협의 자기자본은 다음 각 호의 금액을 합친 금액으로 한다. 다만, ▢▢▢ 이 있는 경우에는 그 금액을 공제한다.
1. 납입출자금
2. 회전출자금
3. 우선출자금(누적되지 아니하는 것만 해당한다)
4. ▢▢▢
5. 각종 적립금
6. 미처분 이익잉여금

🔲 답

제69조(여유자금의 운용) ① 지구별수협은 다음 각 호의 방법으로만 업무상의 여유자금을 운용할 수 있다.
1. 국채·공채 및 대통령령으로 정하는 ▢▢▢ 의 매입
2. 중앙회, 수협은행 또는 대통령령으로 정하는 ▢▢▢ 에 예치(豫置)
② 제1항 제2호에 따른 중앙회에 대한 예치 하한 비율 또는 금액은 여유자금의 건전한 운용을 해치지 아니하는 범위에서 중앙회의 회장이 정한다.

🔲 답

제70조(법정적립금 등) ① 지구별수협은 매 회계연도의 손실 보전을 하고 남을 때에는 자기자본의 3배가 될 때까지 매 사업연도 잉여금의 ▢▢▢ 이상을 법정적립금으로 적립하여야 한다.
② 지구별수협은 정관으로 정하는 바에 따라 교육·지원 사업 등의 지도사업 비용에 충당하기 위하여 잉여금의 100분의 20 이상을 ▢▢▢ 으로 다음 회계연도로 이월하여야 한다.
③ 지구별수협은 정관으로 정하는 바에 따라 사업준비금 등을 임의적립금으로 적립할 수 있다.
④ 지구별수협은 다음 각 호에 따라 발생하는 금액을 ▢▢▢ 으로 적립하여야 한다.
1. 감자(減資)에 따른 차익           2. 자산재평가 차익
3. 합병차익                         4. 그 밖의 자본잉여금

🔲 답

**제71조(손실의 보전과 잉여금의 배당)** ① 지구별수협은 매 회계연도의 결산 결과 손실금[당기손실금(當期損失金)을 말한다]이 발생하였을 때에는 다음 각 호의 순으로 보전하고, 보전한 후에도 부족할 때에는 다음 회계연도로 이월한다.
  1. ▇
  2. 임의적립금
  3. 법정적립금
  4. 자본적립금

② 지구별수협은 제1항에 따라 손실을 보전하고 제70조 제1항부터 제3항까지의 규정에 따른 법정적립금, 지도사업이월금 및 임의적립금을 공제한 후가 아니면 잉여금을 배당하지 못한다.

③ 잉여금은 정관으로 정하는 바에 따라 다음 각 호의 순서대로 배당한다.
  1. ▇ 의 사업 이용 실적에 대한 배당
  2. 정관으로 정하는 비율의 한도 이내에서 납입출자액에 대한 배당
  3. ▇ 의 사업 이용 실적에 대한 배당

**답**

**제72조(법정적립금 및 자본적립금의 사용 금지)** 법정적립금과 자본적립금은 다음 각 호의 경우 외에는 사용하지 못한다.
  1. 지구별수협의 ▇ 을 보전하는 경우
  2. 지구별수협의 구역이 다른 조합의 구역이 된 경우에 그 재산의 일부를 다른 조합에 양여하는 경우

**답**

**제73조(결산 등)** ① 조합장은 ▨▨▨ 1주 전까지 결산보고서(사업보고서, 재무상태표 및 손익계산서와 잉여금처분안 또는 손실금처리안 등을 말한다)를 ▨▨▨에게 제출하고 이를 주된 사무소에 갖추어 두어야 한다.
② 조합원과 채권자는 정관, 총회의사록, 조합원 명부 및 제1항에 따른 서류 등을 열람하거나 그 사본의 발급을 청구할 수 있다. 이 경우 지구별수협이 정한 ▨▨▨를 내야 한다.
③ 조합장은 제1항에 따른 서류와 감사 의견서를 정기총회에 제출하여 승인을 받은 후 ▨▨▨를 지체 없이 공고하여야 한다.
④ 제3항에 따른 승인을 받은 경우 임원의 책임 해제에 관하여는 「상법」 제450조를 준용한다.

답

**제74조(출자금액의 감소 의결)** ① 지구별수협은 출자 1계좌의 금액 또는 출자계좌 수의 감소(이하 "출자감소"라 한다)를 의결하였을 때에는 그 의결을 한 날부터 2주 이내에 ▨▨▨를 작성하여야 한다.
② 지구별수협은 정관으로 정하는 바에 따라 제1항에 따른 감소 의결에 대하여 이의가 있는 채권자는 일정한 기일 이내에 이의를 제기하라는 취지를 ▨▨▨ 이상 공고하고, 이미 알고 있는 채권자에 대하여는 따로 독촉하여야 한다.
③ 제2항에 따른 공고 또는 독촉은 제1항에 따른 의결을 한 날부터 ▨▨▨ 이내에 하여야 한다.

답

**제75조(출자감소 의결에 대한 채권자의 이의)** ① 채권자가 제74조 제2항에 따른 기일 이내에 출자감소 의결에 대하여 이의를 제기하지 아니하면 이를 ▨▨▨한 것으로 본다.
② 채권자가 제74조 제1항에 따른 출자감소 의결에 대하여 이의를 제기한 경우 지구별수협이 이를 변제하거나 감소분에 상당하는 ▨▨▨를 제공하지 아니하면 그 의결은 효력을 발생하지 아니한다.

답

제76조(지분 취득 등의 금지) 지구별수협은 조합원의 지분을 취득하거나 이에 대하여 〇〇〇을 설정하지 못한다.

> 답

[제7절 합병·분할·해산 및 청산]

제77조(합병) ① 지구별수협이 다른 조합과 합병할 때에는 〇〇〇를 작성하고 각 총회의 의결을 거쳐야 한다.
② 합병은 〇〇〇의 인가를 받아야 한다.
③ 합병무효에 관하여는 「상법」 제529조를 준용한다.

> 답

제78조(설립위원) ① 합병으로 지구별수협을 설립할 때에는 설립위원을 〇〇〇에서 선출하여야 한다.
② 설립위원의 정수는 20명 이상 30명 이하로 하고 합병하려는 각 조합의 조합원 중에서 〇〇〇의 비율로 선출한다.
③ 설립위원은 설립위원회를 개최하여 〇〇〇을 작성하고 임원을 선출하여 제77조 제2항에 따른 인가를 받아야 한다.
④ 설립위원회에서 임원을 선출할 때에는 설립위원이 추천한 사람 중에서 설립위원 과반수의 출석과 출석 설립위원 과반수의 찬성이 있어야 한다.
⑤ 제1항부터 제4항까지의 규정에 따른 지구별수협의 설립에 관하여는 합병설립의 성질에 반하지 아니하는 범위에서 이 장 제2절의 설립에 관한 규정을 준용한다.

> 답

제79조(합병 지원) ▩▩▩와 중앙회는 지구별수협의 합병을 촉진하기 위하여 필요하다고 인정하면 예산의 범위에서 자금을 지원할 수 있다.

답

제80조(분할) ① 지구별수협이 분할할 때에는 분할 후 설립되는 조합이 승계하여야 하는 권리의무의 범위를 ▩▩▩에서 의결하여야 한다.
② 제1항에 따른 조합의 설립에 관하여는 분할설립의 성질에 반하지 아니하는 범위에서 이 장 제2절의 설립에 관한 규정을 준용한다.

답

제81조(합병으로 인한 권리의무의 승계) ① 합병 후 존속하거나 합병으로 설립되는 지구별수협은 소멸되는 지구별수협의 권리의무를 승계한다.
② 지구별수협의 합병 후 ▩▩▩ 및 그 밖의 공적 장부에 표시된 소멸된 지구별수협의 명의는 합병 후 존속하거나 합병으로 설립된 지구별수협의 명의로 본다.

답

제82조(합병·분할의 공고 및 독촉 등) 지구별수협의 합병·분할의 공고, 독촉 및 ▩▩▩에 관하여는 제74조 제2항 및 제75조를 준용한다.

답

제83조(합병의 효력) 지구별수협의 합병은 합병 후 존속하거나 합병으로 설립되는 지구별수협이 그 주된 사무소의 소재지에서 제97조에 따른 ▨▨▨를 함으로써 그 효력을 가진다.

답

제84조(해산 사유) 지구별수협은 다음 각 호의 어느 하나의 사유로 해산한다.
1. 정관으로 정한 해산 사유의 발생
2. ▨▨▨의 의결
3. 합병 또는 분할
4. 조합원 수가 ▨▨▨ 미만인 경우
5. 설립인가의 취소

답

제85조(파산선고) 지구별수협이 그 채무를 다 갚을 수 없게 되었을 때에는 ▨▨▨은 조합장이나 ▨▨▨의 청구에 의하여 또는 직권으로 파산을 선고할 수 있다.

답

제86조(청산인) ① 지구별수협이 해산(파산으로 인한 경우는 제외한다)하였을 때에는 ▨▨▨이 청산인(淸算人)이 된다. 다만, 총회에서 다른 사람을 청산인으로 선임하였을 때에는 그러하지 아니하다.
② 청산인이 결원 상태인 경우 또는 설립인가의 취소로 인하여 지구별수협이 해산한 경우에는 ▨▨▨이 청산인을 임명한다.
③ 청산인은 그 직무의 범위에서 ▨▨▨과 동일한 권리의무를 가진다.
④ 해양수산부장관은 지구별수협의 청산 사무를 감독한다.

답

**제87조(청산인의 직무)** ① 청산인은 취임 후 지체 없이 재산 상황을 조사하고 [    ] 및 재무상태표를 작성하여 재산 처분 방법을 정한 후 이를 총회에 제출하여 승인을 받아야 한다.
② 제1항의 승인을 받기 위하여 2회 이상 총회를 소집하여도 총회가 구성되지 아니하여 총회의 승인을 받을 수 없을 때에는 [    ]의 승인으로 총회의 승인을 갈음할 수 있다.

답

**제88조(청산 잔여재산)** 해산한 지구별수협의 청산 후 남은 재산은 따로 법률로 정하는 것 외에는 [    ]으로 정하는 바에 따라 처분한다.

답

**제89조(청산인의 재산 분배 제한)** 청산인은 지구별수협의 채무를 [    ]하거나 변제에 필요한 금액을 [    ]한 후가 아니면 그 재산을 분배할 수 없다.

답

**제90조(결산보고서)** 청산 사무가 끝나면 [    ]은 지체 없이 결산보고서를 작성하고 이를 총회에 제출하여 승인을 받아야 한다. 이 경우 제87조 제2항을 준용한다.

답

제91조(「민법」 등의 준용) 지구별수협의 해산과 청산에 관하여는 「민법」 제79조, 제81조, 제87조, 제88조 제1항·제2항, 제89조부터 제92조까지 및 제93조 제1항·제2항과 「▨▨ 절차법」 제121조를 준용한다.

> 답

[제8절 등기]

제92조(설립등기) ① 지구별수협은 출자금의 납입이 완료된 날부터 ▨▨ 이내에 주된 사무소의 소재지에서 설립등기를 하여야 한다.
② 설립등기신청서에는 다음 각 호의 사항을 적어야 한다.
1. 제17조 제1호부터 제4호까지 및 제16호부터 제18호까지에 규정된 사항
2. 총 출자계좌 수와 납입출자금의 총액, 출자 1계좌의 금액과 그 납입 방법
3. 설립인가 연월일
4. 임원의 성명·주민등록번호 및 주소
③ ▨▨ 이 설립등기의 신청인이 된다.
④ 제2항의 설립등기신청서에는 설립인가서, ▨▨ 및 정관의 사본을 첨부하여야 한다.
⑤ 합병 또는 분할로 인한 지구별수협의 설립등기신청서에는 다음 각 호의 서류를 첨부하여야 한다.
1. 제4항에 따른 서류
2. 제82조에 따라 공고하거나 독촉한 사실을 증명하는 서류
3. 이의를 제기한 채권자에게 변제나 담보를 제공한 사실을 증명하는 서류

> 답

제93조(지사무소의 설치등기) ① 지구별수협의 지사무소를 설치한 경우 ▨▨ 사무소의 소재지에서 ▨▨ 이내에 그 지사무소의 소재지와 설치 연월일을 등기하여야 한다.
② 제1항에 따른 설치등기를 할 때에는 ▨▨ 이 신청인이 된다.

> 답

제94조(사무소의 이전등기) ① 지구별수협이 주된 사무소를 이전한 경우에는 종전 소재지 또는 새 소재지에서 ▒▒▒ 이내에 새 소재지와 이전 연월일을 등기하여야 한다.
② 지구별수협이 지사무소를 이전한 경우에는 주된 사무소의 소재지에서 3주일 이내에 새 소재지와 이전 연월일을 등기하여야 한다.
③ ▒▒▒ 이 제1항과 제2항에 따른 이전등기의 신청인이 된다.

🗒 답


제95조(변경등기) ① 제92조 제2항 각 호의 어느 하나에 해당하는 사항이 변경된 경우에는 주된 사무소의 소재지에서 3주일 이내에 변경등기를 하여야 한다.
② 제92조 제2항 제2호의 사항 중 총 ▒▒▒ 수와 납입출자금의 총액에 관한 변경등기는 제1항에도 불구하고 회계연도 말을 기준으로 그 회계연도가 끝난 후 ▒▒▒ 이내에 하여야 한다.
③ 조합장은 제1항과 제2항에 따른 변경등기의 신청인이 된다.
④ 조합장이 제3항에 따라 변경등기를 신청할 때에는 등기사항의 변경을 증명하는 서류를 첨부하여야 한다.
⑤ ▒▒▒ · 합병 또는 분할로 인한 변경등기신청서에는 다음 각 호의 서류를 첨부하여야 한다.
1. 제4항에 따른 서류
2. 제74조 제2항 및 제75조(제82조에 따라 준용되는 경우를 포함한다)에 따라 공고하거나 독촉한 사실을 증명하는 서류
3. 이의를 제기한 채권자에게 변제나 담보를 제공한 사실을 증명하는 서류

🗒 답


제96조(행정구역의 지명 변경과 등기) ① 행정구역의 지명이 변경된 경우에는 ▒▒▒ 및 ▒▒▒ 에 기재된 해당 지구별수협의 ▒▒▒ 의 소재지와 구역에 관한 지명도 변경된 것으로 본다.
② 제1항에 따른 변경이 있으면 지구별수협은 지체 없이 이를 등기소에 통지하여야 한다.
③ 등기소는 제2항에 따른 통지를 받으면 등기부의 기재 내용을 변경하여야 한다.

🗒 답

**제97조(합병등기)** ① 지구별수협이 합병하였을 때에는 해양수산부장관이 합병인가를 한 날부터 2주 이내에 합병 후 존속하는 지구별수협은 제95조에 따른 ▢▢▢를, 합병으로 소멸되는 지구별수협은 제98조에 따른 ▢▢▢를, 합병으로 설립되는 지구별수협은 제92조에 따른 ▢▢▢를 주된 사무소의 소재지에서 하여야 한다.
② 합병으로 소멸되는 지구별수협의 조합장이 제1항에 따른 해산등기의 신청인이 된다.
③ 조합장이 제2항에 따라 해산등기를 신청할 때에는 해산 사유를 증명하는 서류를 첨부하여야 한다.

**제98조(해산등기)** ① 지구별수협이 해산(합병과 ▢▢▢으로 인한 경우는 제외한다)하였을 때에는 주된 사무소의 소재지에서는 ▢▢▢ 이내에 해산등기를 하여야 한다.
② 제4항의 경우를 제외하고는 청산인이 제1항에 따른 해산등기의 신청인이 된다.
③ 청산인이 제2항에 따라 해산등기를 신청할 때에는 해산등기신청서에 해산 사유를 증명하는 서류를 첨부하여야 한다.
④ 해양수산부장관은 ▢▢▢를 취소하였을 때에는 지체 없이 해산등기를 촉탁(囑託)하여야 한다.

**제99조(청산인등기)** ① 청산인은 취임한 날부터 ▢▢▢ 이내에 주된 사무소의 소재지에서 그 성명·주민등록번호 및 주소를 등기하여야 한다.
② 제1항에 따른 등기를 할 때 ▢▢▢이 청산인이 아닌 경우에는 신청인의 자격을 증명하는 서류를 첨부하여야 한다.

**제100조(청산종결등기)** ① 청산이 끝나면 청산인은 주된 사무소의 소재지에서 2주일 이내에 청산종결의 등기를 하여야 한다.
② 청산인이 제1항에 따라 청산종결의 등기를 신청할 때에는 등기신청서에 제90조에 따른 ▇▇▇의 승인을 증명하는 서류를 첨부하여야 한다.

 답

**제101조(등기일의 기산일)** 등기사항으로서 ▇▇▇의 인가·승인 등을 받아야 하는 것은 그 인가·승인 등의 문서가 ▇▇▇ 날부터 등기기간을 계산한다.

 답

**제102조(등기부)** 등기소는 ▇▇▇별 수산업협동조합등기부를 갖추어 두어야 한다.

 답

**제103조(「비송사건절차법」 등의 준용)** 지구별수협의 등기에 관하여 이 법에서 정한 사항을 제외하고는 「비송사건절차법」 및 「▇▇▇법」 중 등기에 관한 규정을 준용한다.

 답

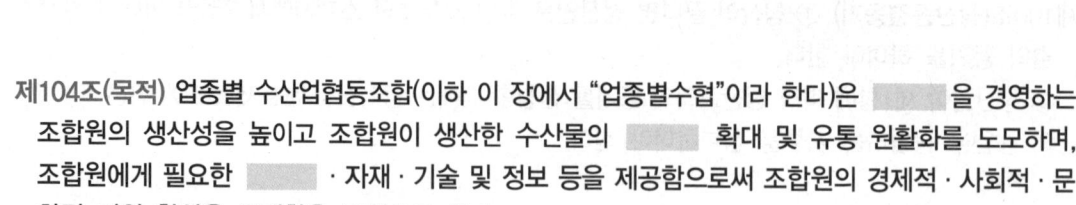

제104조(목적) 업종별 수산업협동조합(이하 이 장에서 "업종별수협"이라 한다)은 [     ]을 경영하는 조합원의 생산성을 높이고 조합원이 생산한 수산물의 [     ] 확대 및 유통 원활화를 도모하며, 조합원에게 필요한 [     ] · 자재 · 기술 및 정보 등을 제공함으로써 조합원의 경제적 · 사회적 · 문화적 지위 향상을 증대함을 목적으로 한다.

🔲 답

제105조(구역 및 지사무소) ① 업종별수협의 구역은 [     ]으로 정한다.
② 업종별수협은 정관으로 정하는 바에 따라 지사무소를 둘 수 있다.

🔲 답

제106조(조합원의 자격) ① 업종별수협의 조합원은 그 구역에 주소 · 거소 또는 [     ]이 있는 자로서 대통령령으로 정하는 종류의 어업을 경영하는 [     ]이어야 한다.
② 업종별수협의 조합원 자격을 가진 자 중 단일 어업을 경영하는 자는 해당 업종별수협에만 가입할 수 있다.

🔲 답

**제107조(사업)** ① 업종별수협은 그 목적을 달성하기 위하여 다음 각 호의 사업의 전부 또는 일부를 수행한다.
1. 교육·지원 사업
    가. 수산종자의 생산 및 보급
    나. ▨▨▨ 개발 및 어장환경의 보전·개선
    다. 어업질서 유지
    라. 어업권·양식업권과 어업피해 대책 및 보상 업무 추진
    마. 어촌지도자 및 후계어업경영인 발굴·육성과 수산기술자 양성
    바. 어업 생산의 증진과 경영 능력의 향상을 위한 상담 및 교육훈련
    사. 생활환경 개선과 문화 향상을 위한 교육 및 지원과 시설의 설치·운영
    아. 어업 및 어촌생활 관련 정보의 수집 및 제공
    자. 조합원의 노동력 또는 어촌의 부존자원을 활용한 ▨▨▨ 등 어가 소득증대사업
    차. 외국의 협동조합 및 도시와의 교류 촉진을 위한 사업
    카. 어업에 관한 조사·연구
    타. 각종 사업과 관련한 교육 및 홍보
    파. 그 밖에 정관으로 정하는 사업
2. 경제사업
    가. 구매사업
    나. 보관·판매 및 검사 사업
    다. 이용·제조 및 가공(수산물의 처리를 포함한다) 사업
    라. 수산물 유통 조절 및 비축사업
    마. 조합원의 사업 또는 생활에 필요한 공동시설의 운영 및 기자재의 ▨▨▨ 사업
3. 공제사업
4. 후생복지사업
    가. 사회·문화 복지시설의 설치·운영 및 관리
    나. 의료지원사업
5. 운송사업
6. 국가, 공공단체, 중앙회, 수협은행 또는 다른 조합이 위탁하거나 보조하는 사업
7. 다른 경제단체·사회단체 및 문화단체와의 교류·협력
8. 다른 조합·중앙회 또는 다른 법률에 따른 협동조합과의 공동사업 및 업무의 대리
9. 다른 법령에서 업종별수협의 사업으로 정하는 사업
10. 제1호부터 제9호까지의 사업에 관련된 대외무역
11. 차관사업
12. 제1호부터 제11호까지의 사업에 부대하는 사업
13. 그 밖에 업종별수협의 목적 달성에 필요한 사업으로서 ▨▨▨ 의 회장의 승인을 받은 사업

② 업종별수협은 조합원의 이용에 지장이 없는 범위에서 조합원이 아닌 자에게 그 사업을 이용하게 할 수 있다. 다만, 제1항 제1호·제4호 나목, 같은 항 제7호부터 제9호까지 및 제12호의 사업에 대하여는 대통령령으로 정하는 바에 따라 조합원이 아닌 자의 이용을 제한할 수 있다.

> 답

**제108조(준용규정)** 업종별수협에 관하여는 제16조부터 제19조까지, 제21조, 제22조, 제22조의2, 제22조의3, 제23조부터 제51조까지, 제51조의2, 제52조, 제53조, 제53조의2, 제53조의3, 제54조부터 제59조까지, 제60조 제2항부터 제6항까지, 같은 조 제8항부터 제10항까지, 제60조의2, 제60조의3, 제60조의4, 제61조 제2항 및 제62조부터 제103조까지의 규정을 준용한다. 이 경우 제16조 제1항 중 "조합원 자격을 가진 자 20인 이상"은 "어업을 경영하는 어업인 20인 이상"으로, 제47조 제3항 제1호 중 "제60조 제1항 제3호 및 제4호"는 "제107조 제1항 제3호 및 법률 제4820호 수산업협동조합법중개정법률 부칙 제5조"로, 제47조 제3항 제2호 중 "제60조 제1항 제8호부터 제13호까지 및 제15호의 사업 중 같은 항 제3호·제4호"는 "제107조 제1항 제6호부터 제11호까지 및 제13호의 사업 중 같은 항 제3호 및 법률 제4820호 수산업협동조합법중개정법률 부칙 제5조"로, 제47조 제4항 제1호 중 "제60조 제1항 제2호"는 "제107조 제1항 제2호"로, 제47조 제4항 제2호 중 "제60조 제1항 제8호부터 제13호까지 및 제15호의 사업 중 같은 항 제2호"는 "제107조 제1항 제6호부터 제11호까지 및 제13호의 사업 중 같은 항 제2호"로, 제60조 제3항 중 "제1항 제3호"는 "법률 제4820호 수산업협동조합법중개정법률 부칙 제5조"로, 제60조 제4항 중 "제1항 제8호"는 "제107조 제1항 제6호"로, 제60조 제5항 중 "제1항 제7호 및 제8호"는 "제107조 제1항 제6호"로, 제60조 제8항 제2호 중 "제1항 제2호"는 "제107조 제1항 제2호"로, 제60조의2 제1항 중 "제60조 제1항 제4호"는 "제107조 제1항 제3호"로, 제63조 제1항 중 "제60조 제1항 제2호 나목"은 "제107조 제1항 제2호 나목"으로, 제84조 제4호 중 "200인 미만"은 "         미만"으로, 제102조 중 "지구별 수산업협동조합등기부"는 "         "로 본다.

> 답

# 제4장 [1]수산물가공 수산업협동조합

▶ 정답과 해설 45쪽

**제109조(목적)** 수산물가공 수산업협동조합(이하 이 장에서 "수산물가공수협"이라 한다)은 ▭▭▭을 경영하는 조합원의 생산성을 높이고 조합원이 생산한 가공품의 판로 확대 및 유통 원활화를 도모하며, 조합원에게 필요한 기술·자금 및 정보 등을 제공함으로써 조합원의 경제적·사회적·문화적 지위 향상을 증대함을 목적으로 한다.

답

**제110조(구역 및 지사무소)** ① 수산물가공수협의 구역은 ▭▭▭으로 정한다.
② 수산물가공수협은 정관으로 정하는 바에 따라 지사무소를 둘 수 있다.

답

**제111조(조합원의 자격)** 수산물가공수협의 조합원은 그 구역에 주소·거소 또는 사업장이 있는 자로서 대통령령으로 정하는 종류의 ▭▭▭을 경영하는 자여야 한다.

답

제112조(사업) ① 수산물가공수협은 그 목적을 달성하기 위하여 다음 각 호의 사업의 전부 또는 일부를 수행한다.
1. 교육·지원 사업
   가. 생산력 증진과 경영 능력의 향상을 위한 ▨▨
   나. 조합원에게 필요한 정보의 수집 및 제공
   다. 신제품의 개발·보급 및 기술 확산
   라. 각종 사업과 관련한 교육 및 홍보
   마. 그 밖에 정관으로 정하는 사업
2. 경제사업
   가. 구매사업
   나. 보관·판매 및 검사 사업
   다. 이용·제조 및 가공 사업
   라. ▨▨ 및 비축사업
3. 공제사업
4. 후생복지사업
   가. 사회·문화 복지시설의 설치·운영 및 관리
   나. 의료지원사업
5. 운송사업
6. 국가, 공공단체, 중앙회, ▨▨ 또는 다른 조합이 위탁하거나 보조하는 사업
7. 다른 경제단체·사회단체 및 문화단체와의 교류·협력
8. 다른 조합·중앙회 또는 다른 법률에 따른 협동조합과의 공동사업 및 업무의 대리
9. 다른 법령에서 수산물가공수협의 사업으로 정하는 사업
10. 제1호부터 제9호까지의 사업에 관련된 대외무역
11. 차관사업
12. 제1호부터 제11호까지의 사업에 부대하는 사업
13. 그 밖에 수산물가공수협의 목적 달성에 필요한 사업으로서 중앙회의 회장의 승인을 받은 사업

② 수산물가공수협은 조합원의 이용에 지장이 없는 범위에서 조합원이 아닌 자에게 그 사업을 이용하게 할 수 있다. 다만, 제1항 제1호·제4호 나목, 같은 항 제7호부터 제9호까지 및 제12호의 사업에 대하여는 대통령령으로 정하는 바에 따라 조합원이 아닌 자의 이용을 제한할 수 있다.

답

제113조(준용규정) 수산물가공수협에 관하여는 제16조부터 제19조까지, 제21조, 제22조, 제22조의2, 제22조의3, 제23조부터 제51조까지, 제51조의2, 제52조, 제53조, 제53조의2, 제53조의3, 제54조부터 제59조까지, 제60조 제2항부터 제6항까지, 같은 조 제8항부터 제10항까지, 제60조의2, 제60조의3, 제60조의4, 제61조 제2항, 제62조, 제63조 및 제65조부터 제103조(제71조 제3항 제1호는 제외한다)까지의 규정을 준용한다. 이 경우 제16조 제1항 중 "조합원 자격을 가진 자 20인 이상"은 "〔　　　〕을 경영하는 사람 〔　　〕 이상"으로, 제47조 제3항 제1호 중 "제60조 제1항 제3호 및 제4호"는 "제112조 제1항 제3호 및 법률 제4820호 수산업협동조합법중개정법률 부칙 제5조"로, 제47조 제3항 제2호 중 "제60조 제1항 제8호부터 제13호까지 및 제15호의 사업 중 같은 항 제3호·제4호"는 "제112조 제1항 제6호부터 제11호까지 및 제13호의 사업 중 같은 항 제3호 및 법률 제4820호 수산업협동조합법중개정법률 부칙 제5조"로, 제47조 제4항 제1호 중 "제60조 제1항 제2호"는 "제112조 제1항 제2호"로, 제47조 제4항 제2호 중 "제60조 제1항 제8호부터 제13호까지 및 제15호의 사업 중 같은 항 제2호"는 "제112조 제1항 제6호부터 제11호까지 및 제13호의 사업 중 같은 항 제2호"로, 제60조 제3항 중 "제1항 제3호"는 "법률 제4820호 수산업협동조합법중개정법률 부칙 제5조"로, 제60조 제4항 중 "제1항 제8호"는 "제112조 제1항 제6호"로, 제60조 제5항 중 "제1항 제7호 및 제8호"는 "제112조 제1항 제6호"로, 제60조 제8항 제2호 중 "제1항 제2호"는 "제112조 제1항 제2호"로, 제60조의2 제1항 중 "제60조 제1항 제4호"는 "제112조 제1항 제3호"로, 제63조 제1항 중 "제60조 제1항 제2호 나목"은 "제112조 제1항 제2호 나목"으로, 제84조 제4호 중 "200인 미만"은 "7인 미만"으로, 제102조 중 "지구별 수산업협동조합등기부"는 "〔　　　〕"로 본다.

**답**

### 제4장 [2]조합공동사업법인

▶ 정답과 해설 45쪽

**제113조의2(목적)** 조합공동사업법인은 사업의 ▨▨▨ 을 통하여 수산물의 판매·유통· ▨▨▨ 등과 관련된 사업을 활성화함으로써 수산업의 경쟁력 강화와 어업인의 이익 증진에 기여하는 것을 목적으로 한다.

> 답

**제113조의3(법인격 및 명칭)** ① 이 법에 따라 설립되는 조합공동사업법인은 법인으로 한다.
② 조합공동사업법인은 그 명칭 중에 ▨▨▨ 이나 ▨▨▨ 을 붙인 조합공동사업법인의 명칭을 사용하여야 한다.
③ 이 법에 따라 설립된 조합공동사업법인이 아니면 제2항에 따른 명칭 또는 이와 유사한 명칭을 사용하지 못한다.

> 답

**제113조의4(회원의 자격 등)** ① 조합공동사업법인의 회원은 조합, ▨▨▨ , 「농어업경영체 육성 및 지원에 관한 법률」 제16조에 따른 영어조합법인, 같은 법 제19조에 따른 어업회사법인으로 하며, 다른 조합공동사업법인을 ▨▨▨ 으로 한다.
② 조합공동사업법인의 회원이 되려는 자는 정관으로 정하는 바에 따라 출자하여야 하며, 조합공동사업법인은 준회원에 대하여 정관으로 정하는 바에 따라 가입금 및 경비를 부담하게 할 수 있다. 다만, ▨▨▨ 이 아닌 회원이 출자한 총액은 조합공동사업법인 출자 총액의 100분의 50(중앙회는 100분의 30) 미만으로 한다.
③ 회원은 출자액에 비례하여 ▨▨▨ 을 가진다.

> 답

**제113조의5(설립인가 등)** ① 조합공동사업법인을 설립하려면 회원의 자격을 가진 둘 이상의 조합이나 조합과 ▨▨▨가 ▨▨▨이 되어 정관을 작성하고 창립총회의 의결을 거친 후 해양수산부장관의 인가를 받아야 한다.
② 출자금 등 제1항에 따른 인가에 필요한 기준과 절차는 대통령령으로 정한다.
③ 조합공동사업법인의 설립인가에 관하여는 제16조 제2항부터 제5항까지를 준용한다.

답

**제113조의6(정관기재사항)** ① 조합공동사업법인의 정관에는 다음 각 호의 사항이 포함되어야 한다.
1.
2. 명칭
3. 주된 사무소의 소재지
4. 회원의 자격과 가입·탈퇴 및 제명에 관한 사항
5. ▨▨▨ 및 가입금과 경비에 관한 사항
6. 회원의 권리와 의무
7. 임원의 선임 및 해임에 관한 사항
8. 사업의 종류와 집행에 관한 사항
9. 적립금의 종류와 적립방법에 관한 사항
10. 잉여금의 처분과 손실금의 처리 방법에 관한 사항
11. 그 밖에 이 법에서 정관으로 정하도록 규정한 사항
② 조합공동사업법인이 정관을 변경하려면 해양수산부장관의 인가를 받아야 한다. 다만, 해양수산부장관이 정하여 고시한 정관례에 따라 정관을 변경하는 경우에는 해양수산부장관의 인가를 받지 아니하여도 된다.

답

제113조의7(임원) 조합공동사업법인에는 임원으로 대표이사 1명을 포함한 [　　] 이상의 이사와 1명 이상의 [　　]를 두되, 그 정수와 임기는 정관으로 정한다.

> 답

제113조의8(사업) 조합공동사업법인은 그 목적을 달성하기 위하여 다음 각 호의 사업의 전부 또는 일부를 수행한다.
1. 회원을 위한 물자의 [　　] 및 상품의 [　　]와 이에 수반되는 운반 · 보관 및 가공 사업
2. 회원을 위한 상품의 생산 · 유통 조절 및 기술의 개발 · 보급
3. 회원을 위한 자금 대출의 알선과 공동사업을 위한 국가 · 공공단체, 중앙회 및 [　　]으로부터의 자금 차입
4. 국가 · 공공단체 · 조합 · 중앙회 또는 다른 조합공동사업법인이 위탁하는 사업
5. 그 밖에 회원의 [　　] 증진을 위하여 정관으로 정하는 사업

> 답

제113조의9(회계처리기준) 조합공동사업법인의 회계처리기준은 [　　]이 정하여 고시한다.

> 답

제113조의10(준용규정) ① 조합공동사업법인에 관하여는 제14조 제2항, 제18조, 제19조, 제22조, 제22조의3, 제24조부터 제26조까지, 제28조, 제31조부터 제42조까지, 제45조, 제49조, 제55조, 제56조, 제58조, 제65조, 제68조, 제70조 제1항·제3항·제4항, 제71조 제1항·제2항, 제72조 제1호, 제73조부터 제76조까지, 제84조 제1호·제2호·제3호·제5호, 제85조부터 제96조까지 및 제98조부터 제103조까지의 규정을 준용한다. 이 경우 "지구별수협"은 "조합공동사업법인"으로, "조합장"은 "          "로, "조합원"은 "회원"으로 보고, 제18조 제1항 중 "제16조 제1항"은 "제113조의5 제1항"으로, 제28조 제2항 각 호 외의 부분 중 "다음 각 호의 어느 하나에 해당하는 자이어야 하고, 대리인은 조합원 1인만을 대리할 수 있다"는 "회원이어야 하며, 대리인은 회원의          수에 따라 대리할 수 있다"로, 제37조 제1항 제2호 중 "해산·합병 또는 분할"은 "해산 또는 합병"으로, 제40조 본문 중 "구성원 과반수의 출석으로 개의하고 출석구성원 과반수의 찬성"은 "의결권 총수의 과반수에 해당하는 회원의 출석으로 개의하고 출석한 회원의 의결권 과반수의 찬성"으로, 같은 조 단서 중 "구성원 과반수의 출석과 출석구성원 3분의 2 이상의 찬성"은 "의결권 총수의 과반수에 해당하는 회원의 출석과 출석한 회원의 의결권 3분의 2 이상의 찬성"으로, 제41조 제1항 단서 중 "구성원 과반수의 출석과 출석구성원 3분의 2 이상의 찬성"은 "의결권 총수의 과반수에 해당하는 회원의 출석과 출석한 회원의 의결권 3분의 2 이상의 찬성"으로, 제42조 제2항 중 "3인"은 "2인"으로, 제55조 제3항 중 "다른 조합"은 "다른 조합공동사업법인"으로, 제71조 제2항 중 "법정적립금, 지도사업이월금"은 "법정적립금"으로 본다.
② 조합공동사업법인의          에 관하여는 제147조 제1항부터 제5항까지 및 제148조부터 제152조까지의 규정을 준용한다. 이 경우 "중앙회"는 "조합공동사업법인"으로 보고, 제147조 제3항 본문 중 "제120조 제2항"은 "제113조의10 제1항에 따라 준용되는 제22조"로, "자기자본"은 "제113조의10 제1항에 따라 준용되는 제68조에 따른 자기자본"으로 본다.

# 제5장 수산업협동조합협의회

**제114조(수산업협동조합협의회)** ① 조합은 같은 종류의 조합 간의 ▓▓▓ 개발과 그 권익 증진을 도모하기 위하여 각 ▓▓▓을 회원으로 하는 수산업협동조합협의회(이하 "조합협의회"라 한다)를 각각 구성할 수 있다.
② 조합협의회는 다음 각 호의 사업을 수행한다.
1. 회원을 위한 사업의 개발 및 정책 건의
2. 회원을 위한 생산·유통 조절 및 시장개척
3. 제품 홍보, 기술 보급 및 회원 간의 정보교환
4. 그 밖에 회원의 공동이익을 증진하기 위하여 필요한 사업

③ 조합협의회는 그 명칭 중에 ▓▓▓·업종명 또는 수산물가공업명을 붙인 수산업협동조합협의회라는 명칭을 사용하여야 하며, 이 법에 따라 구성된 조합협의회가 아니면 수산업협동조합협의회라는 명칭을 사용할 수 없다.
④ 조합협의회의 구성 및 운영 등에 필요한 사항은 해양수산부령으로 정한다.

 답

**제115조(조합협의회에 대한 지원 등)** ① 조합협의회는 제114조 제2항 각 호의 사업과 회원의 발전에 필요한 사항을 국가, 공공단체 또는 중앙회에 건의할 수 있다.
② 국가, 공공단체 또는 중앙회는 제1항에 따른 건의 사항이 최대한 반영되도록 노력하여야 하며, 조합협의회의 사업에 필요한 자금을 보조하거나 ▓▓▓할 수 있다.

 답

# 제6장 수산업협동조합중앙회

[제1절 통칙]

**제116조(목적)** 중앙회는 회원의 [      ]의 증진과 건전한 발전을 도모함을 목적으로 한다.

> 답

**제117조(사무소 및 구역)** ① 중앙회는 [      ]에 주된 사무소를 두고, 정관으로 정하는 바에 따라 지사무소를 둘 수 있다.
② 중앙회는 [      ]을 구역으로 한다.

> 답

**제118조(회원)** 중앙회는 [      ]을 회원으로 한다.

> 답

**제119조(준회원)** 중앙회는 정관으로 정하는 바에 따라 다음 각 호에 해당하는 자를 준회원으로 할 수 있다.
1. [      ] 관련 법인 또는 단체
2. 중앙회의 사업을 이용하는 것이 적당하다고 인정되는 자
3. 제113조의3에 따른 [      ]

> 답

제120조(출자) ① 회원은 정관으로 정하는 계좌 수 이상의 출자를 하여야 한다.
② 출자 1계좌의 금액은 _____ 으로 정한다.

> 답

제121조(당연 탈퇴) 회원이 _____ 하거나 _____ 한 경우에는 당연히 탈퇴한다.

> 답

제122조(회원의 책임) 회원의 책임은 그 _____ 을 한도로 한다.

> 답

제123조(정관 기재사항) 중앙회의 정관에는 다음 각 호의 사항이 포함되어야 한다.
1. 목적·조직·명칭 및 구역
2. 주된 사무소의 소재지
3. 출자에 관한 사항
4. _____ 에 관한 사항
5. 회원의 가입 및 탈퇴에 관한 사항
6. 회원의 권리의무에 관한 사항
7. 총회 및 이사회에 관한 사항
8. 임원, 제136조 제1항에 따른 집행간부(이하 "집행간부"라 한다) 및 집행간부 외의 간부직원(이하 "일반간부직원"이라 한다)에 관한 사항
9. 사업의 종류, 업무 집행에 관한 사항
10. 경비 및 과태금의 부과·징수에 관한 사항
11. 제156조에 따른 _____ 의 발행에 관한 사항
12. 회계에 관한 사항
13. 공고의 방법에 관한 사항

> 답

제124조(해산) 중앙회의 해산에 관하여는 따로 ▓▓▓▓ 로 정한다.

답

[제2절 기관]

제125조(총회) ① 중앙회에 총회를 둔다.
② 총회는 회장과 회원으로 구성하고, 회장이 소집한다.
③ 회장은 총회의 의장이 된다.
④ 정기총회는 회계연도 경과 후 3개월 이내에 회장이 매년 ▓▓▓▓ 소집하고, ▓▓▓▓ 는 회장이 필요하다고 인정할 때 수시로 소집한다.

답

제126조(총회의 의결 사항) ① 다음 각 호의 사항은 총회의 의결을 거쳐야 한다.
1. 정관의 변경
2. 회원의 ▓▓▓▓
3. 회장, 사업전담대표이사(중앙회의 사업을 각 사업 부문별로 전담하는 대표이사를 말한다. 이하 같다), 감사위원, 이사의 선출·해임
4. ▓▓▓▓ · 수지예산 및 결산의 승인
5. 그 밖에 회장이나 이사회가 필요하다고 인정하는 사항
② 제1항 제1호의 정관의 변경은 총회의 의결을 거쳐 ▓▓▓▓ 의 인가를 받아야 한다.

답

**제127조(이사회)** ① 중앙회에 이사회를 두되, 회장이 그 의장이 된다.
② 이사회는 회장·▓▓▓▓를 포함한 이사로 구성하되, 이사회 구성원의 2분의 1 이상은 회원인 조합의 조합장(이하 이 장에서 "회원조합장"이라 한다)이어야 한다.
③ 이사회는 다음 각 호의 사항을 의결한다.
1. 중앙회의 경영목표 설정
2. 중앙회의 사업계획 및 자금계획의 종합 조정
3. 조직·경영 및 임원에 관한 규약의 제정·개정 및 폐지
4. 사업전담대표이사의 직무와 관련한 업무의 종합 조정 및 소관 업무의 경영평가
5. 사업전담대표이사의 해임요구에 관한 사항
6. 제127조의2에 따른 인사추천위원회(이하 "인사추천위원회"라 한다) 구성에 관한 사항
7. 제127조의3에 따른 교육위원회 구성에 관한 사항
8. 제144조 제1항 제1호에 따른 조합감사위원회 위원 선출
9. 삭제 〈2016. 5. 29.〉
10. 업무용 부동산의 취득 및 처분
11. 총회로부터 위임된 사항
12. 그 밖에 회장 또는 이사 ▓▓▓▓ 이상이 필요하다고 인정하는 사항
④ 회장은 이사 ▓▓▓▓ 이상 또는 제133조에 따른 감사위원회(이하 "감사위원회"라 한다)의 요구가 있을 때에는 지체 없이 이사회를 소집하여야 하고, 회장이 필요하다고 인정할 때에는 직접 이사회를 소집할 수 있다.
⑤ 이사회는 구성원 과반수의 출석으로 개의하고 출석구성원 ▓▓▓▓의 찬성으로 의결한다.
⑥ ▓▓▓▓는 정관으로 정하는 바에 따라 이사회에 출석하여 의견을 진술할 수 있다.
⑦ 이사회의 의사에 특별한 ▓▓▓▓가 있는 이사회의 구성원은 그 이사회의 회의에 참여할 수 없다.
⑧ 이사회의 운영에 필요한 사항은 정관으로 정한다.

**답**

**제127조의2(인사추천위원회)** ① 중앙회에 다음 각 호의 사람을 추천하기 위하여 인사추천위원회를 둔다.
1. 제133조 제3항에 따라 선출되는 감사위원
2. 제134조 제2항에 따라 선출되는 ▓▓▓
2의2. 삭제 〈2025. 4. 22.〉
3. 제134조 제4항에 따라 선출되는 비상임이사
4. 제144조 제1항 제1호에 따라 선출되는 ▓▓▓ 위원 2명
② 인사추천위원회는 다음 각 호의 위원으로 구성하고, 위원장은 위원 중에서 호선한다.
1. 이사회가 위촉하는 ▓▓▓ 3명
2. 수산 관련 단체 및 학계 등이 추천하는 학식과 경험이 풍부한 외부전문가(공무원은 제외한다) 중에서 이사회가 위촉하는 2명
③ 수산 관련 단체 또는 법인은 학식과 경험이 풍부한 외부전문가 중에서 제1항 제2호에 따른 이사 후보자를 인사추천위원회에 추천할 수 있다.
④ 그 밖에 인사추천위원회 구성과 운영에 필요한 사항은 정관으로 정한다.

답

**제127조의3(교육위원회)** ① 제138조 제1항 제1호 나목의 교육업무를 지원하기 위하여 ▓▓▓ 소속으로 교육위원회를 둔다.
② 교육위원회는 위원장을 포함한 ▓▓▓ 이내의 위원으로 구성하되, 수산 관련 단체·학계의 대표를 포함하여야 한다.
③ 교육위원회는 교육지원업무를 처리하기 위하여 정관으로 정하는 바에 따라 교육위원회에 필요한 기구를 둘 수 있다.
④ 그 밖에 교육위원회의 구성·운영 등에 필요한 사항은 정관으로 정한다.

답

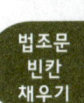

제127조의4(내부통제기준 등) ① 중앙회는 법령과 정관을 준수하고 중앙회의 이용자를 보호하기 위하여 중앙회의 임직원이 그 직무를 수행할 때 따라야 할 기본적인 절차와 기준(이하 "내부통제기준"이라 한다)을 정하여야 한다.
② 중앙회는 내부통제기준의 준수 여부를 점검하고 위반 여부를 조사하여 ▨▨▨에 보고하는 사람(이하 "준법감시인"이라 한다)을 1명 이상 두어야 한다.
③ 준법감시인은 이사회의 의결을 거쳐 ▨▨▨이 임면한다.
④ 내부통제기준과 준법감시인의 자격요건 등에 필요한 사항은 대통령령으로 정한다.

답

[제3절 임원과 직원]

제129조(임원) ① 중앙회에 임원으로 회장 1명 및 사업전담대표이사 1명(지도경제사업대표이사)을 포함하여 22명 이내의 이사와 감사위원 3명을 둔다.
② 제1항의 임원 중 다음 각 호의 자는 상임으로 한다.
1. ▨▨▨
2. 삭제 〈2025. 4. 22.〉
3. ▨▨▨

답

제130조(회장의 직무) ① 회장은 중앙회를 대표한다. 다만, 제131조 제2항에 따라 사업전담대표이사가 대표하는 업무에서는 그러하지 아니하다.
② 회장은 다음 각 호의 업무를 전담하여 처리하되, 정관으로 정하는 바에 따라 제1호의 업무는 제143조에 따른 ▨▨▨의 위원장에게, 제2호 및 제3호의 업무는 제129조에 따른 ▨▨▨에게 위임하여 전결처리하게 하여야 한다.
1. 제138조 제1항 제1호 사목에 따른 회원에 대한 감사
2. 제138조 제1항 제1호 다목에 따른 사업과 그 부대사업
3. 제142조에 따른 중앙회의 지도
4. 제138조 제1항 제1호 자목에 따른 사업과 대외활동

5. 제138조 제1항 제6호·제10호 및 제12호의 사업과 그 부대사업
6. 제4호 및 제5호의 업무에 관한 사업계획 및 자금계획의 수립
7. 그 밖에 사업전담대표이사의 업무에 속하지 아니하는 업무와 총회 및 이사회에서 위임한 사항
③ 회장이 궐위·구금되거나 「의료법」에 따른 의료기관에서 30일 이상 계속하여 입원한 경우 등 부득이한 사유로 그 직무를 수행할 수 없을 때에는 ▨▨▨ 가 정하는 순서에 따라 사업전담대표이사 및 이사가 그 직무를 대행한다.

▣ 답

**제131조(사업전담대표이사의 직무)** ① 사업전담대표이사는 지도경제사업대표이사로 한다.
② 지도경제사업대표이사는 다음 각 호의 업무를 전담하여 처리하며, 그 업무에 관하여 중앙회를 ▨▨▨ 한다.
1. 제138조 제1항 제1호 가목 및 나목, 라목부터 바목까지, 아목, 차목 및 같은 항 제2호·제4호·제5호 및 제11호의 사업
2. 제138조 제1항 제15호의 사업 중 「신용협동조합법」 제95조 제2항에 따른 사업과 부대사업
3. 제138조 제1항 제7호부터 제9호까지, 제13호·제15호 및 제17호의 사업 중 같은 항 제1호 및 제2호에 관한 사업과 그 부대사업
4. 제1호부터 제3호까지의 업무에 관한 경영목표의 설정, 조직 및 인사에 관한 사항
5. 제1호부터 제3호까지의 업무에 관한 사업계획 및 예산·결산, 자금 조달·운용계획의 수립
6. 제1호부터 제3호까지의 업무의 경영공시 및 부동산등기에 관한 사항
6의2. 삭제 〈2022. 12. 27.〉
7. 총회·이사회 및 회장이 위임한 사항
③ 삭제 〈2016. 5. 29.〉
④ 사업전담대표이사는 정관으로 정하는 바에 따라 실시한 경영 상태의 평가 결과를 ▨▨▨ 와 ▨▨▨ 에 보고하여야 한다.
⑤ 사업전담대표이사가 궐위·구금되거나 「의료법」에 따른 의료기관에서 30일 이상 계속하여 입원한 경우 등 부득이한 사유로 그 직무를 수행할 수 없을 때에는 정관으로 정하는 순서에 따라 ▨▨▨ 가 그 직무를 대행한다.

▣ 답

**제133조(감사위원회)** ① 중앙회는 [ ]과 업무집행상황을 감사하기 위하여 감사위원회를 둔다.
② 감사위원회는 감사위원장을 포함한 3명의 감사위원으로 구성하되, 그 임기는 3년으로 하며 감사위원 중 [ ]은 대통령령으로 정하는 요건에 적합한 외부전문가 중에서 선출하여야 한다.
③ 감사위원은 인사추천위원회가 추천한 자를 대상으로 [ ]에서 선출한다.
④ 감사위원장은 감사위원 중에서 호선한다.
⑤ 감사위원회에 관하여는 제48조 제2항부터 제5항까지 및 제49조를 준용한다. 이 경우 제48조 제2항 중 "감사"는 "감사위원회"로, "총회 및 중앙회 회장"은 "총회"로, 같은 조 제3항 중 "감사"는 "감사위원회"로, "자체감사 또는 중앙회 등"은 "자체감사 또는"으로, 같은 조 제4항 중 "감사"는 "감사위원"으로, 같은 조 제5항 중 "감사"는 "감사위원회"로, 제49조 제1항 중 "조합장을 포함한 이사"는 "회장을 포함한 이사"로, "감사"는 "감사위원회"로, 같은 조 제2항 중 "조합장을 포함한 이사"는 "회장을 포함한 이사"로 본다.
⑥ 감사위원회의 운영 등에 필요한 사항은 정관으로 정한다.

 답

**제134조(임원의 선출 및 임기)** ① 회장은 총회에서 선출하되, [ ]인 조합의 조합원이어야 한다.
② 사업전담대표이사는 총회에서 선출하되, 제131조 제2항에 따른 전담사업에 관한 전문지식과 경험이 풍부한 사람으로서 경력 등 대통령령으로 정하는 요건을 충족하는 사람 중 인사추천위원회에서 추천한 사람으로 한다.
③ 삭제 〈2025. 4. 22.〉
④ 비상임이사는 총회에서 선출하되, [ ]은 회원조합장이 아닌 사람 중에서 인사추천위원회에서 추천한 사람을 선출하고, 나머지 인원은 회원조합장 중에서 선출한다.
1. 삭제 〈2016. 5. 29.〉
2. 삭제 〈2016. 5. 29.〉
⑤ 회장의 임기는 4년으로 하되, 회장은 [ ]할 수 없으며, 사업전담대표이사 및 이사의 임기는 [ ]으로 한다.
⑥ 회원조합장이 제129조 제2항에 따른 상임인 임원으로 선출된 경우에는 취임 전에 회원조합장의 직을 사임하여야 한다.
⑦ 중앙회는 제1항에 따른 회장 선출에 대한 선거관리를 정관으로 정하는 바에 따라 「선거관리위원회법」에 따른 [ ]에 위탁하여야 한다.

답

**제135조(임원의 해임)** ① 회원은 회원 ▢▢▢ 이상의 동의를 받아 총회에 임원의 해임을 요구할 수 있다. 이 경우 총회는 구성원 과반수의 출석과 출석구성원 3분의 2 이상의 찬성으로 해임을 의결한다.
② 삭제 〈2016. 5. 29.〉
③ ▢▢▢는 사업전담대표이사의 경영 상태를 평가한 결과 경영 실적이 부실하여 그 직무를 담당하기 곤란하다고 인정되거나, 이 법이나 이 법에 따른 명령 또는 정관을 위반하는 행위를 한 경우에는 총회에 사업전담대표이사의 해임을 요구할 수 있다. 이 경우 총회의 해임 의결에 관하여는 제1항 후단에 따른 의결정족수를 준용한다.
④ 제1항 및 제3항에 따라 해임 의결을 할 때에는 해당 임원에게 해임 이유를 통지하여 총회에서 의견을 진술할 기회를 주어야 한다.

[답]

**제136조(집행간부 및 직원의 임면 등)** ① 중앙회에 사업전담대표이사의 업무를 보좌하기 위하여 집행간부를 두되, 그 명칭, 임기 및 직무 등에 관한 사항은 정관으로 정한다.
② 제1항에 따른 집행간부는 ▢▢▢가 임면한다.
③ 직원(집행간부는 제외한다)은 회장이 임면하되, 사업전담대표이사 소속 직원의 승진, 전보 등은 정관으로 정하는 바에 따라 사업전담대표이사가 수행한다.
④ 회장과 사업전담대표이사는 집행간부 또는 직원 중에서 중앙회의 업무에 관한 재판상 또는 재판 외의 모든 행위를 할 권한을 가지는 대리인을 선임할 수 있다.
⑤ 집행간부 및 ▢▢▢에 대해서는 「상법」 제10조, 제11조 제1항·제3항, 제12조, 제13조 및 제17조와 「상업등기법」 제23조 제1항, 제50조 및 제51조를 준용한다.

[답]

**제137조(다른 직업 종사의 제한)** ▢▢▢인 임원, 집행간부 및 일반간부직원은 직무와 관련되는 ▢▢▢를 목적으로 하는 사업에 종사할 수 없으며, 이사회가 승인하는 경우를 제외하고는 다른 직업에 종사할 수 없다.

[답]

[제4절 사업]

제138조(사업) ① 중앙회는 그 목적을 달성하기 위하여 다음 각 호의 사업의 전부 또는 일부를 수행한다.
1. 교육·지원 사업
    가. 회원의 조직·경영 및 사업에 관한 지도·조정
    나. 회원의 조합원과 직원에 대한 교육·훈련 및 정보의 제공
    다. 회원과 그 조합원의 사업에 관한 조사·연구 및 홍보
    라. 회원과 그 조합원의 사업 및 생활 개선을 위한 정보망의 구축, 정보화 교육 및 보급 등을 위한 사업
    마. 회원과 그 조합원에 대한 보조금의 지급
    바. 수산업 관련 신기술의 개발 등을 위한 사업 및 시설의 운영
    사. 회원에 대한 감사
    아. 각종 사업을 위한 교육·훈련
    자. 회원과 그 조합원의 권익 증진을 위한 사업
    차. 제162조의2에 따른 　　　의 관리 및 운영
2. 경제사업
    가. 회원과 그 조합원을 위한 구매·보관·판매·제조 사업 및 그 공동사업과 업무 대행
    나. 회원과 그 조합원을 위한 수산물의 처리·가공 및 제조 사업
    다. 회원 및 출자회사(중앙회가 출자한 회사만을 말한다)의 경제사업의 조성·지도 및 조정
3. 삭제 〈2016. 5. 29.〉
4. 　　　사업
    가. 대통령령으로 정하는 바에 따라 회원으로부터 예치된 여유자금 및 상환준비금의 운용·관리
    나. 회원의 신용사업 지도
    다. 회원의 예금·적금의 수납·운용
    라. 회원에 대한 자금 대출
    마. 국가·공공단체 또는 금융기관(「은행법」에 따른 은행과 그 외에 금융업무를 취급하는 금융기관을 포함한다. 이하 같다)의 업무의 대리
    바. 회원 및 조합원을 위한 내국환 및 외국환 업무
    사. 회원에 대한 지급보증 및 회원에 대한 어음할인
    아. 「자본시장과 금융투자업에 관한 법률」 제4조 제3항에 따른 국채증권 및 지방채증권의 인수·매출
    자. 「전자금융거래법」에서 정하는 직불전자지급수단의 발행·관리 및 대금의 결제
    차. 「전자금융거래법」에서 정하는 선불전자지급수단의 발행·관리 및 대금의 결제
5. 공제사업
6. 의료지원사업

7. 「자본시장과 금융투자업에 관한 법률」에 따른 파생상품시장에서의 거래
8. 국가와 공공단체가 위탁하거나 보조하는 사업
9. 제1호, 제2호, 제4호부터 제8호까지의 사업에 관련된 대외무역
10. 다른 경제단체 · 사회단체 및 문화단체와의 교류 · 협력
11. 어업통신사업
12. ▓▓▓ 등과 관련된 국제 민간어업협력사업
13. 회원과 그 조합원을 위한 공동이용사업 및 운송사업
14. 「어선원 및 어선 ▓▓▓법」 제2조 제1항 제2호에 따른 어선원 고용 및 복지와 관련된 사업
15. 다른 법령에서 중앙회의 사업으로 정하는 사업
16. 제1호, 제2호, 제4호부터 제15호까지의 사업에 부대하는 사업
17. 그 밖에 중앙회의 목적 달성에 필요한 사업으로서 ▓▓▓의 승인을 받은 사업

② 중앙회는 제1항의 사업을 하기 위하여 국가, 공공단체 또는 금융기관으로부터 자금을 차입하거나 금융기관에 예치하는 방법 등으로 자금을 운용할 수 있다.

③ 중앙회는 제1항의 사업을 하기 위하여 국제기구 · 외국 또는 외국인으로부터 자금을 차입하거나 물자와 기술을 도입할 수 있다.

④ 삭제 〈2016. 5. 29.〉

⑤ 삭제 〈2016. 5. 29.〉

⑥ 제1항 제2호 · 제4호 및 제5호의 사업에 대하여는 제131조 제2항에 따른 지도경제사업대표이사 소관 업무의 회계 안에서 회계와 손익을 각각 구분하여 관리하여야 한다.

답

제139조(비회원의 사업 이용) ① 중앙회는 회원의 이용에 지장이 없는 범위에서 회원이 아닌 자에게 제138조 제1항에 따른 사업을 이용하게 할 수 있다. 다만, 제138조 제1항 제1호, 제10호부터 제12호까지, 제15호 및 제16호의 사업에 대하여는 대통령령으로 정하는 바에 따라 회원이 아닌 자의 이용을 제한할 수 있다.

② 다음 각 호의 어느 하나에 해당하는 자 또는 단체가 중앙회의 사업을 이용하는 경우에는 회원이 이용한 것으로 본다.
1. 회원의 조합원 및 그와 동일한 세대에 속하는 사람
2. ▓▓▓
3. ▓▓▓

답

**제139조의2(수산물등 판매활성화)** ① 중앙회는 회원 또는 회원의 조합원으로부터 수집하거나 ▨▨▨을 받은 수산물 및 그 가공품(이하 이 조, 제139조의3 및 제139조의4에서 "수산물등"이라 한다)을 효율적으로 판매하기 위하여 매년 다음 각 호의 사항이 포함된 실행계획을 수립하고 그에 따른 사업을 추진하여야 한다.
1. 산지 및 소비지의 시설·장비 확보에 관한 사항
2. 판매조직의 확보에 관한 사항
3. 그 밖에 수산물등의 판매활성화 사업에 필요한 사항

② 중앙회는 회원의 조합원이 생산한 수산물의 ▨▨▨ 안정 및 회원의 조합원의 소득 안정을 위하여 수산물등의 ▨▨▨ 등 수급 조절에 필요한 조치를 회원과 공동으로 추진할 수 있다.

답

**제139조의3(수산물등 판매활성화 사업 평가)** ① 회장은 제139조의2에 따라 중앙회가 수행하는 수산물등의 판매활성화 사업을 매년 ▨▨▨ 이상 평가·점검하여야 한다.

② 회장은 다음 각 호의 사항에 대한 자문을 위하여 수산업협동조합 경제사업 평가협의회(이하 이 조에서 "평가협의회"라 한다)를 둔다.
1. 중앙회가 수행하는 수산물등의 판매활성화 사업 점검 및 평가에 관한 사항
2. 그 밖에 회장이 필요하다고 인정하는 사항

③ 회장은 평가협의회의 자문 내용을 고려하여 중앙회, 회원, 중앙회 또는 회원이 출자하거나 출연한 법인 등에 자료제출 등 필요한 조치를 요청할 수 있다.

④ 평가협의회는 다음 각 호의 사람을 포함하여 9명의 위원으로 구성한다.
1. 회장이 위촉하는 수산 관련 단체 대표 1명
2. 회장이 위촉하는 수산물등 유통 및 어업 관련 전문가 2명
3. 회장이 소속 임직원 및 ▨▨▨ 중에서 위촉하는 사람 3명
4. ▨▨▨이 소속 공무원 중에서 지정하는 사람 1명
5. 수산업 관련 국가기관, 연구기관, 교육기관 또는 기업에서 종사한 경력이 있는 사람으로서 회장이 위촉하는 사람 1명
6. 그 밖에 회장이 필요하다고 인정하여 위촉하는 사람 1명

⑤ 수산물등 판매활성화 사업의 평가·점검 및 평가협의회의 구성·운영 등에 관한 세부사항은 회장이 정한다.

⑥ 이사회는 제1항에 따른 평가 및 점검 결과를 제127조 제3항 제4호에 따른 ▨▨▨에 반영하여야 한다.

답

**제139조의4(유통지원자금의 조성·운용)** ① 중앙회는 회원의 조합원이 생산한 수산물등의 원활한 유통을 지원하기 위하여 유통지원자금을 조성·운용할 수 있다.
② 제1항에 따른 유통지원자금은 다음 각 호의 사업에 운용한다.
1. 수산물등의 유통·가공 사업
2. 수산물등의 〓〓〓
3. 수산물등의 공동규격 출하촉진사업
4. 매취사업
5. 그 밖에 중앙회가 필요하다고 인정하는 유통 관련 사업
③ 제1항에 따른 유통지원자금은 제162조의2에 따른 〓〓〓 및 제165조 제1항에 따른 〓〓〓 등으로 조성한다.
④ 국가는 예산의 범위에서 제1항에 따른 유통지원자금의 조성을 지원할 수 있다.
⑤ 제1항에 따른 유통지원자금의 조성 및 운용에 관한 세부사항은 정관으로 정한다.

> 답

**제141조(여신자금의 관리 등)** ① 중앙회는 공급하는 자금이 특별히 정하여진 목적과 계획에 따라 효율적으로 사용되도록 관리하기 위하여 자금을 공급받는 자 등에 대하여 필요한 감사 또는 그 밖의 조치를 할 수 있다.
② 다음 각 호의 자금은 〓〓〓의 대상이 될 수 없다.
1. 중앙회가 국가로부터 차입한 자금 중 회원 또는 어업인에 대한 여신자금
2. 조합이 중앙회로부터 차입한 자금
③ 삭제 〈2022. 12. 27.〉
④ 조합, 중앙회 또는 수협은행으로부터 자금을 차입하는 자가 담보로 제공한 20톤 미만의 〓〓〓에 대한 채권 보전을 위하여 필요한 절차에 관한 사항은 대통령령으로 정한다.

> 답

제141조의2(국가 보조 또는 융자 사업에 대한 공시정보대상 등) ① 중앙회는 국가로부터 자금(국가가 관리하는 자금을 포함한다)이나 사업비의 전부 또는 일부를 보조 또는 융자받아 시행한 직전 연도 사업에 관련된 자금 사용내용 등 대통령령으로 정하는 정보를 매년 ▒▒▒▒ 30일까지 공시하여야 한다.
② 중앙회는 제1항에 따른 정보를 공시하기 위하여 필요한 경우에는 정부로부터 보조 또는 융자받은 금액을 배분받거나 ▒▒▒▒ 받은 정부 사업을 수행하는 조합에 대하여 자료 제출을 요청할 수 있다. 이 경우 요청을 받은 조합은 특별한 사유가 없으면 이에 협조하여야 한다.
③ 제1항에 따른 정보 공시의 절차, 방법 및 그 밖에 필요한 사항은 해양수산부령으로 정한다.

**답**

제141조의3(다른 법인에 대한 출자의 제한 등) ① 중앙회는 제138조 제1항에 따른 사업을 하기 위하여 제164조에 따른 ▒▒▒▒ 의 범위에서 다른 법인에 출자할 수 있다. 다만, 같은 법인에 대한 출자 한도는 자기자본의 100분의 20 이내에서 정관으로 정한다.
② 중앙회는 다른 법인이 발행한 의결권 있는 주식(출자지분을 포함한다. 이하 이 조에서 같다)의 100분의 15를 초과하는 주식을 취득할 수 없다. 다만, 다음 각 호의 어느 하나에 해당하는 경우에는 그러하지 아니하다.
1. 제138조 제1항에 따른 사업 수행을 위하여 필요한 경우
2. ▒▒▒▒ 이나 무상증자에 따라 주식을 취득하게 되는 경우
3. 기업의 구조조정 등으로 인하여 대출금을 출자로 전환함에 따라 주식을 취득하게 되는 경우
4. ▒▒▒▒ 의 실행으로 인하여 주식을 취득하게 되는 경우
5. 기존 소유지분의 범위에서 유상증자에 참여함에 따라 주식을 취득하게 되는 경우
6. ▒▒▒▒ 등 주식 관련 채권을 주식으로 전환함에 따라 주식을 취득하게 되는 경우
7. 수협은행의 주식을 취득하는 경우
③ 중앙회가 제2항 제7호에 따라 수협은행의 주식을 취득하기 위하여 출자하는 경우 그 출자금은 제1항에 따른 다른 법인에 대한 출자에 포함되지 아니하는 것으로 본다.
④ 제1항에도 불구하고 중앙회가 제2항 제7호에 따라 수협은행의 주식을 취득하기 위하여 출자하는 경우에는 ▒▒▒▒ 을 초과하여 출자할 수 있다. 이 경우 사업전담대표이사는 3개월 이내에 출자의 목적 및 금액 등을 ▒▒▒▒ 에 보고하여야 한다.
⑤ 중앙회는 제138조 제1항 제2호에 따른 사업을 수행하기 위하여 다른 법인에 출자하는 경우 회원과 ▒▒▒▒ 으로 출자하여 운영함을 원칙으로 한다.

**답**

[제4절의2 수협은행]

제141조의4(설립) ① 중앙회는 어업인과 조합에 필요한 금융을 제공함으로써 어업인과 조합의 자율적인 경제활동을 지원하고 그 경제적 지위의 향상을 촉진하기 위하여 ▨▨▨ 을 분리하여 그 사업을 하는 법인으로서 수협은행을 설립한다. 이 경우 그 사업의 분리는 「상법」 제530조의12에 따른 회사의 분할로 보며, 사업의 분리절차는 같은 법 제530조의3 제1항·제2항 및 제4항, 제530조의4부터 제530조의7까지, 제530조의9부터 제530조의11까지의 규정을 준용하되, 같은 법 제530조의3 제2항에 따라 준용되는 같은 법 제434조 중 "출석한 주주의 의결권의 3분의 2 이상의 수와 발행주식총수의 3분의 1 이상의 수로써"는 "회원 과반수의 출석과 출석한 회원 3분의 2 이상의 찬성으로써"로 본다.
② 제1항에 따라 설립되는 수협은행은 「은행법」 제2조 제1항 제2호에 따른 은행으로 본다.
③ 수협은행에 대해서는 이 법에 특별한 규정이 없으면 「상법」 중 ▨▨▨ 에 관한 규정, 「은행법」 및 「금융회사의 지배구조에 관한 법률」을 적용한다. 다만, 「은행법」 제8조, 제53조 제2항 제1호·제2호, 제56조, 제66조 제2항, 「금융회사의 지배구조에 관한 법률」 제6조, 제12조, 제16조 및 제17조는 적용하지 아니하며, 금융위원회가 「은행법」 제53조 제2항 제3호부터 제6호까지의 규정에 따라 제재를 하거나 같은 법 제55조 제1항에 따라 인가를 하려는 경우에는 ▨▨▨ 과 미리 협의하여야 한다.
④ ▨▨▨ 가 수협은행의 주식을 보유하는 경우에는 「은행법」 제15조, 제16조, 제16조의2부터 제16조의4까지의 규정을 적용하지 아니한다.

답

제141조의5(정관) ① 수협은행의 정관에는 다음 각 호의 사항이 포함되어야 한다.
1. 목적
2. 명칭
3. 본점, 지점, 출장소와 대리점에 관한 사항
4. 자본금 및 주식에 관한 사항
5. 임원과 직원에 관한 사항
6. 주주총회에 관한 사항
7. 이사회에 관한 사항
8. 업무와 그 집행에 관한 사항
9. 제156조 제1항에 따라 발행하는 ▨▨▨ 에 관한 사항
10. 회계에 관한 사항

11. 공고의 방법
② 수협은행의 정관을 작성하거나 변경할 때에는 해양수산부장관의 인가를 받아야 한다. 이 경우 해양수산부장관은 미리 ▨▨▨와 협의하여야 한다.

> 답

**제141조의6(등기)** ① 수협은행은 대통령령으로 정하는 바에 따라 등기하여야 한다.
② 수협은행은 ▨▨▨의 소재지에서 설립등기를 함으로써 설립된다.
③ 제1항에 따라 등기하여야 할 사항은 등기한 후가 아니면 제3자에게 대항하지 못한다.

> 답

**제141조의7(임원)** ① 수협은행에 임원으로 은행장, 이사 및 감사를 둔다.
② 은행장은 ▨▨▨에서 선출하되, 정관으로 정하는 추천위원회에서 추천한 사람으로 한다.
③ 이사 및 감사는 정관으로 정하는 바에 따라 주주총회에서 선출한다. 다만, 「예금자보호법」 제3조에 따라 설립된 예금보험공사(이하 "예금보험공사"라 한다)가 제167조 제1항에 따른 신용사업특별회계에 출자한 우선출자금이 있는 경우에는 우선출자금이 전액 상환될 때까지 예금보험공사가 추천하는 사람 1명 이상을 ▨▨▨에 포함하여 선임하여야 한다.
④ 임원의 임기는 ▨▨▨ 이내의 범위에서 정관으로 정한다.

> 답

**제141조의8(이사회)** ① 이사회는 은행장과 이사로 구성하고, 수협은행의 업무에 관한 중요 사항을 의결한다.
② ▨▨▨은 이사회를 소집하고 그 의장이 된다.
③ 이사회는 구성원 과반수의 출석으로 개의하고 출석구성원 과반수의 찬성으로 의결한다.
④ ▨▨▨는 이사회에 출석하여 의견을 진술할 수 있다.

📋 답

**제141조의9(업무 등)** ① 수협은행은 제141조의4 제1항 전단에 따른 목적을 달성하기 위하여 다음 각 호의 업무를 수행한다.
1. ▨▨▨ 등 어업인 및 조합에서 필요한 자금의 대출
2. 조합 및 중앙회의 사업자금의 대출
3. 국가나 공공단체의 업무 대리
4. 국가, 공공단체, 중앙회 및 조합이 위탁하거나 보조하는 업무
5. 「은행법」 제27조에 따른 은행업무, 같은 법 제27조의2에 따른 부수업무 및 같은 법 제28조에 따른 겸영업무
6. 중앙회가 위탁하는 제138조 제1항 제5호의 업무에 따른 ▨▨▨의 판매 및 그 부수업무
7. 중앙회 및 조합 전산시스템의 위탁운영 및 관리
② 수협은행이 제1항 제6호에 따른 업무를 수행하는 경우에는 「보험업법」 제4장 모집에 관한 규정을 적용하지 아니한다.
③ 제1항 제4호·제6호 및 제7호에 따른 업무의 수행에 필요한 세부사항은 대통령령으로 정한다.
④ 수협은행은 조합 및 중앙회의 사업 수행에 필요한 자금이 다음 각 호의 어느 하나에 해당하는 경우에는 우선적으로 자금을 공급할 수 있다.
1. 수산물의 생산·유통·가공·판매를 위하여 어업인이 필요하다고 하는 자금
2. 조합 및 중앙회의 경제사업 활성화에 필요한 자금
⑤ 수협은행은 제4항에 따라 자금을 지원하는 경우에는 해양수산부령으로 정하는 바에 따라 ▨▨▨를 할 수 있다.
⑥ 수협은행은 제1항 각 호의 업무를 수행하기 위하여 필요한 경우에는 국가·공공단체 또는 금융기관으로부터 자금을 차입하거나 금융기관에 예치하는 등의 방법으로 자금을 운용할 수 있다.
⑦ 수협은행이 수산업에 관한 자금을 국가로부터 차입하여 생긴 채무는 수협은행이 업무상 부담하는 다른 채무보다 변제 순위에서 후순위로 한다.

⑧ 수협은행에 대하여 금융위원회가 「은행법」 제34조 제2항에 따른 ▓▓▓ 을 정할 때에는 국제결제은행이 권고하는 금융기관의 건전성 감독에 관한 원칙과 제1항 제1호 및 제4항의 사업수행에 따른 수협은행의 특수성을 고려하여야 한다.

답

[제5절 중앙회의 지도·감사]

제142조(중앙회의 지도) ① 회장은 이 법에서 정하는 바에 따라 회원을 지도하며 이에 필요한 규약·규정 또는 예규 등을 정할 수 있다.
② 회장은 회원의 경영 상태를 평가하고 그 결과에 따라 회원에게 경영 개선을 요구하거나 ▓▓▓ 을 권고하는 등 필요한 조치를 할 수 있다. 이 경우 회원조합장은 그 조치 결과를 조합의 이사회·총회 및 회장에게 보고하여야 한다.
③ 회장은 회원의 건전한 업무 운영과 회원의 조합원 또는 제3자의 보호를 위하여 필요하다고 인정할 때에는 해당 업무에 관하여 ▓▓▓ 에게 다음 각 호의 처분을 하여 줄 것을 요청할 수 있다.
1. ▓▓▓ 또는 규약의 변경
2. 업무의 전부 또는 일부의 정지
3. 재산의 공탁·▓▓▓ 의 금지
4. 그 밖에 필요한 처분

답

제142조의2(중앙회의 자회사에 대한 감독) ① 중앙회는 중앙회의 자회사가 그 업무수행 시 중앙회의 회원 및 회원의 조합원의 ▓▓▓ 에 기여할 수 있도록 정관으로 정하는 바에 따라 지도·감독하여야 한다.
② 중앙회는 제1항에 따른 지도·감독 결과에 따라 해당 자회사에 대하여 ▓▓▓ 등 필요한 조치를 요구할 수 있다.

답

제143조(조합감사위원회) ① 회원의 건전한 발전을 도모하기 위하여 ▨▨ 소속으로 회원의 업무를 지도·감사할 수 있는 조합감사위원회(이하 이 절에서 "위원회"라 한다)를 둔다.
② 위원회는 위원장을 포함하여 ▨▨의 위원으로 구성하되, 위원장은 상임으로 한다.
③ 위원회의 감사 사무를 처리하기 위하여 정관으로 정하는 바에 따라 위원회에 필요한 기구를 둔다.

답

제144조(위원회의 구성) ① 위원회는 다음 각 호의 위원으로 구성하며, 위원장은 위원 중에서 호선으로 선출하고 회장이 임명한다. 다만, ▨▨의 조합장과 조합원은 위원이 될 수 없다.
1. 제127조의2에 따른 인사추천위원회가 추천하여 이사회에서 선출하는 사람 2명
2. ▨▨ 장관이 위촉하는 사람 1명
3. ▨▨ 장관이 위촉하는 사람 1명
4. ▨▨ 위원장이 위촉하는 사람 1명
② 제1항에 따른 위원장과 위원은 감사 또는 회계 업무에 관한 전문지식과 경험이 풍부한 사람으로서 대통령령으로 정하는 요건을 충족하여야 한다.
③ 위원장과 위원의 임기는 3년으로 한다.

답

제145조(의결 사항) 위원회는 다음 각 호의 사항을 의결한다.
1. 회원에 대한 감사 방향 및 감사계획
2. 감사 결과에 따른 회원의 임직원에 대한 ▨▨ 및 문책의 요구 등
3. 감사 결과에 따른 회원의 임직원에 대한 ▨▨의 판정
4. 회원에 대한 시정 및 개선 요구 등
5. 감사 관계 규정의 제정·개정 및 폐지
6. 회장이 요청하는 사항
7. 그 밖에 위원장이 필요하다고 인정하는 사항

답

**제146조(회원에 대한 감사 등)** ① 위원회는 회원의 재산 및 업무 집행 상황에 대하여 ▒마다 1회 이상 회원을 감사하여야 한다.

② 위원회는 회원의 건전한 발전을 도모하기 위하여 필요하다고 인정하면 회원의 부담으로 「주식회사 등의 외부감사에 관한 법률」 제2조 제7호 및 제9조에 따른 감사인에게 ▒를 요청할 수 있다.

③ 회장은 제1항과 제2항에 따른 감사 결과를 해당 회원의 조합장과 감사에게 알려야 하며 감사 결과에 따라 해당 회원에게 시정 또는 업무의 정지, 관련 임직원에 대한 다음 각 호의 조치를 할 것을 요구할 수 있다.

1. ▒에 대하여는 개선(改選), 직무의 정지, 견책 또는 변상
2. ▒에 대하여는 징계면직, 정직, 감봉, 견책 또는 변상

④ 회원은 제3항에 따라 소속 임직원에 대한 조치 요구를 받으면 2개월 이내에 필요한 조치를 하고 그 결과를 회장에게 알려야 한다.

⑤ 회장은 회원이 제4항에 따른 기간에 필요한 조치를 하지 아니하면 1개월 이내에 제3항의 조치를 할 것을 다시 요구하고, 그 기간에도 이행하지 아니하면 필요한 조치를 하여 줄 것을 ▒에게 요청할 수 있다.

 답

## [제6절 우선출자]

**제147조(우선출자)** ① 중앙회는 자기자본의 확충을 통한 경영의 건전성을 도모하기 위하여 정관으로 정하는 바에 따라 회원 또는 임직원 등을 대상으로 ▒ 배당에 관하여 내용이 다른 종류의 우선적 지위를 가지는 우선출자를 하게 할 수 있다.

② 제1항에 따른 우선출자에 대해서는 정관으로 우선출자의 내용과 계좌 수를 정하여야 한다.

③ 제1항에 따른 우선출자 1계좌의 금액은 제120조 제2항에 따른 출자 1계좌의 금액과 같아야 하며, 우선출자의 총액은 자기자본의 ▒을 초과할 수 없다. 다만, 국가와 공공단체의 우선출자금에 대하여는 총 출자계좌 수의 제한을 받지 아니한다.

④ 제1항에 따라 잉여금 배당에 우선적 지위를 가지는 우선출자를 한 자(이하 "우선출자자"라 한다)는 ▒과 ▒을 가지지 아니한다.

⑤ 우선출자의 배당률은 정관으로 정하는 최저 배당률과 최고 배당률 사이에서 ▒에서 정한다.

 답

**제148조(우선출자증권의 발행)** 중앙회는 우선출자의 ▨▨▨ 후 지체 없이 우선출자증권을 발행하여야 한다.

> 답

**제149조(우선출자자의 책임)** 우선출자자의 책임은 그가 가진 우선출자의 ▨▨▨을 한도로 한다.

> 답

**제150조(우선출자의 양도)** ① 우선출자는 이를 양도할 수 있다. 다만, ▨▨▨ 발행 전의 양도는 중앙회에 대하여 효력이 없다.
② 우선출자자는 우선출자를 양도할 때에는 우선출자증권을 내주어야 한다.
③ 우선출자증권의 점유자는 그 증권의 적법한 소지인으로 ▨▨▨ 한다.
④ 우선출자증권의 ▨▨▨ 은 그 증권 취득자의 성명과 주소를 우선출자자 명부에 등록하고 그 성명을 증권에 기재하지 아니하면 중앙회나 그 밖의 제3자에게 대항하지 못한다.
⑤ 우선출자증권을 질권의 목적으로 하는 경우에는 질권자의 성명 및 주소를 우선출자자 명부에 등록하지 아니하면 중앙회나 그 밖의 제3자에게 대항하지 못한다.

> 답

**제151조(우선출자자총회)** ① 중앙회에 우선출자자로 구성하는 우선출자자총회를 둔다.
② 중앙회는 ▨▨▨ 의 변경으로 우선출자자에게 손해를 입히게 될 사항에 관하여는 제1항에 따른 우선출자자총회의 의결을 거쳐야 한다. 이 경우 우선출자자총회는 발행한 우선출자자 총 출자계좌 수의 과반수의 출석과 출석한 우선출자자 출자계좌 수의 ▨▨▨ 이상의 찬성으로 의결한다.
③ 제1항에 따른 우선출자자총회의 운영 등에 필요한 사항은 정관으로 정한다.

> 답

제152조(우선출자에 관한 그 밖의 사항) 이 법에서 규정하는 사항 외에 우선출자의 발행·모집 등에 필요한 사항은 ▨▨▨으로 정한다.

> 답

[제7절 국가 등의 출자]

제153조(국가 등의 출자 지원 등) ① 국가나 공공단체는 수협은행이 다음 각 호의 어느 하나에 해당하는 경우에는 중앙회에 대한 출연 또는 출자와 수협은행에 대한 출자 또는 대통령령으로 정하는 ▨▨▨의 매입을 할 수 있다.
1. 수협은행이 계속된 ▨▨▨ 등으로 인한 재무구조의 악화로 영업을 지속하기가 어렵다고 인정되는 경우
2. 예금자 보호 및 신용질서의 안정을 위하여 수협은행의 재무구조 개선이 필요하다고 인정되는 경우

② 예금보험공사가 제1항에 따라 중앙회에 출자하거나 유가증권을 매입한 경우에는 「예금자보호법」 제38조에 따라 ▨▨▨을 한 것으로 본다.

> 답

[제8절 수산금융채권]

제156조(수산금융채권의 발행) ① 중앙회 또는 수협은행은 필요한 자금을 조달하기 위한 채권(이하 이 절에서 "수산금융채권"이라 한다)을 발행할 수 있다.
② 중앙회 및 수협은행은 자기자본(중앙회는 제164조에 따른 자기자본을 말하고, 수협은행은 「은행법」 제2조 제1항 제5호에 따른 자기자본을 말한다)의 █████를 초과하여 수산금융채권을 발행할 수 없다. 다만, 중앙회가 제138조 제1항 제1호 또는 제2호에 따른 사업을 수행하기 위하여 필요한 경우에는 그러하지 아니하다.
③ 제2항 본문에도 불구하고 중앙회 또는 수협은행은 수산금융채권의 █████을 위하여 그 발행 한도를 초과하여 수산금융채권을 발행할 수 있다. 이 경우 발행 후 1개월 이내에 상환 시기가 도래하거나 이에 상당하는 이유가 있는 수산금융채권에 대하여 그 발행 액면금액에 해당하는 수산금융채권을 상환하여야 한다.
④ 중앙회 또는 수협은행은 수산금융채권을 █████ 하는 방법으로 발행할 수 있다.
⑤ 중앙회 또는 수협은행은 수산금융채권을 발행할 때마다 그 금액, 조건, 발행 및 상환의 방법을 정하여야 한다.

답

제157조(채권의 명의변경 요건) █████ 수산금융채권의 명의변경은 그 채권 취득자의 성명과 주소를 그 채권 원부(原簿)에 적고 그 성명을 █████에 적지 아니하면 중앙회, 수협은행 또는 그 밖의 제3자에게 대항하지 못한다.

답

제158조(채권의 질권설정) 기명식 수산금융채권을 질권의 목적으로 할 때에는 █████의 성명과 주소를 그 채권 원부에 등록하지 아니하면 중앙회, 수협은행 또는 그 밖의 제3자에게 대항하지 못한다.

답

제159조(상환에 대한 국가 보증) 수산금융채권은 그 ▇▇▇ 상환을 국가가 전액 보증할 수 있다.

> 답

제160조(소멸시효) 수산금융채권의 소멸시효는 원금은 ▇▇▇, 이자는 ▇▇▇으로 한다.

> 답

제161조(수산금융채권에 관한 그 밖의 사항) 이 법에서 규정하는 사항 외에 수산금융채권의 발행·모집 등에 필요한 사항은 ▇▇▇으로 정한다.

> 답

[제9절 회계]

제162조(사업계획과 수지예산) ① 중앙회는 매 회계연도의 사업계획서와 수지예산서를 작성하여 해당 회계연도가 시작되기 ▇▇▇ 전에 총회의 의결을 거쳐야 한다.
② 중앙회가 제1항에 따른 사업계획과 수지예산을 변경하려면 총회의 의결을 거쳐야 한다.

> 답

**제162조의2(명칭사용료)** ① 중앙회는 수산물 판매·유통 활성화와 회원과 조합원에 대한 교육·지원 사업 등의 수행에 필요한 재원을 안정적으로 조달하기 위하여 수산업협동조합의 명칭(영문 명칭 및 한글·영문 약칭 등 정관으로 정하는 문자 또는 표식을 포함한다)을 사용하는 법인(영리법인에 한정한다)에 대하여 영업수익 또는 ▨▨▨ 의 1천분의 25 범위에서 정관으로 정하는 기준에 따라 총회에서 정하는 ▨▨▨ 을 곱하여 산정하는 금액을 명칭사용료로 부과할 수 있다. 다만, ▨▨▨ 만이 출자한 법인 및 정관으로 정하는 법인에 대해서는 명칭사용료를 부과하지 아니한다.
② 제1항에 따른 명칭사용료는 다른 수입과 구분하여 관리하여야 하며, 그 수입과 지출은 ▨▨▨ 의 승인을 받아야 한다.

> 답

**제163조(결산 등)** ① 중앙회의 결산보고서에는 「주식회사 등의 외부감사에 관한 법률」에 따른 회계법인의 ▨▨▨ 를 받은 의견서를 첨부하여야 한다.
② 중앙회는 매 회계연도가 지난 후 3개월 이내에 그 결산보고서를 ▨▨▨ 에게 제출하여야 한다.

> 답

**제164조(자기자본)** ① 삭제 〈2022. 12. 27.〉
② 중앙회의 자기자본은 다음 각 호의 금액을 합친 금액(이월결손금이 있으면 그 금액을 공제한다)으로 한다.
1. 우선출자금(누적되지 아니하는 것만 해당한다)
2. ▨▨▨
3. 회전출자금
4. 가입금
5. 각종 적립금
6. 미처분 ▨▨▨
7. 자본조정
8. 기타포괄손익누계액

> 답

제165조(그 밖의 적립금 등) ① 중앙회는 제168조에 따라 준용하는 제70조 제1항·제3항과 이 조 제2항에도 불구하고 ▩▩▩▩ · 임의적립금 및 지도사업이월금을 정관으로 정하는 바에 따라 각 사업 부문별로 적립하고 이월할 수 있다.

② 중앙회는 정관으로 정하는 바에 따라 교육·지원 사업 등 지도사업에 드는 비용에 충당하기 위하여 잉여금의 ▩▩▩▩ 이상을 지도사업이월금으로 다음 회계연도로 이월하여야 한다.

답

제166조(손실의 보전과 잉여금의 배당) ① 중앙회의 손실 보전은 정관으로 정하는 비에 따라 각 ▩▩▩▩별로 제168조에 따라 준용하는 제71조 제1항에 따라 실시한다.

② 중앙회는 제1항에 따라 손실을 보전하고 제165조 제1항에 따른 법정적립금·임의적립금 및 ▩▩▩▩을 적립한 후가 아니면 잉여금을 배당하지 못한다.

답

제167조(신용사업특별회계) ① 중앙회에 제153조 제1항에 따른 ▩▩▩▩ 등의 출자금 등을 관리하기 위하여 신용사업특별회계를 설치한다.

② ▩▩▩▩가 제153조 제2항에 따라 중앙회에 지원한 자금은 신용사업특별회계에 지원된 것으로 본다.

답

## [제10절 준용규정]

제168조(준용규정) 중앙회에 관하여는 제16조, 제17조 제17호·제18호, 제18조, 제19조, 제21조 제2항·제3항, 제22조 제3항부터 제5항까지, 제22조의3, 제23조, 제24조, 제25조 제2항, 제26조부터 제29조까지(제28조 중 대리인은 회원의 　　　로 한정한다), 제31조 제1항, 제32조부터 제35조까지, 제38조부터 제42조까지, 제46조 제6항·제7항, 제50조 제2항, 제51조(같은 조 제1항 각 호 외의 부분 단서, 같은 항 제11호 및 제13호는 제외한다), 제53조, 제53조의2(제6항을 제외한다), 제55조, 제56조, 제58조, 제60조 제4항부터 제6항까지 및 제9항, 제60조의2, 제63조부터 제65조까지, 제66조 제1항부터 제4항까지, 제70조 제1항·제3항·제4항, 제71조부터 제76조까지(제71조 제3항 제1호는 제외한다), 제92조 제1항부터 제4항까지, 제93조부터 제96조까지 및 제101조부터 제103조까지를 준용한다. 이 경우 "지구별수협"은 "중앙회"로, "조합원"은 "회원"으로, "조합장"은 "회장"으로, 제16조 제1항 중 "조합원 자격을 가진 자 20인 이상이"는 "　　　 조합 이상이"로, 제40조 단서 중 "제37조 제1항 제1호부터 제3호까지 및 제11호"는 "제126조 제1항 제1호 및 제2호"로, 제46조 제6항 중 "이사"는 "이사·사업전담대표이사"로, "감사"는 "감사위원"으로, 제53조 제1항 제1호 중 "이미 조합에 가입한 사람 또는 조합에 가입 신청을 한 사람"은 "조합장인 사람 또는 조합장의 직무를 대행하는 사람"으로, 제60조 제4항 중 "제1항 제8호"는 "제138조 제1항 제8호"로, 제60조 제5항 중 "제1항 제7호 및 제8호"는 "제138조 제1항 제8호 및 제11호"로, 제60조 제9항 중 "사업손실보전자금 및 대손보전자금"은 "사업손실보전자금·대손보전자금 및 조합합병지원자금"으로, 제60조의2 제1항 중 "제60조 제1항 제4호"는 "제138조 제1항 제5호"로, 제63조 제1항 중 "제60조 제1항 제2호 나목"은 "제138조 제1항 제2호 가목"으로, 제66조 제2항 중 "신용사업 부문 회계와 신용사업 외의 사업 부문 회계"는 "각 사업별 회계"로, 제73조 제1항 및 제3항 중 "조합장"은 "회장 및 사업전담대표이사"로, 제102조 중 "지구별 수산업협동조합등기부"는 "　　　"로 본다.

답

# 제7장 감독

**제169조(감독)** ① 해양수산부장관은 이 법에서 정하는 바에 따라 조합등·중앙회·수협은행 및 조합협의회의 업무를 감독하며, 대통령령으로 정하는 바에 따라 감독을 위하여 필요한 명령과 조치를 할 수 있다. 이 경우         에 대하여는 금융위원회와 협의하여야 한다.
② 해양수산부장관은 제1항에 따른 직무를 수행하기 위하여 필요하다고 인정할 때에는 금융위원회에 조합, 중앙회 또는 수협은행에 대한 검사를 요청할 수 있다.
③ 해양수산부장관은 이 법에 따른 조합등에 관한 감독 업무의 일부를 대통령령으로 정하는 바에 따라         의 회장에게 위탁할 수 있다.
④ 지방자치단체의 장은 제1항에도 불구하고 대통령령으로 정하는 바에 따라 지방자치단체가 보조한 사업과 관련된 업무에 대하여 조합등을 감독하여 필요한 조치를 할 수 있다.
⑤ 금융위원회는 제1항에도 불구하고 대통령령으로 정하는 바에 따라 조합의         과 수협은행에 대하여 그 경영의 건전성 확보를 위한 감독을 하고, 그에 필요한 명령을 할 수 있다.
⑥ 해양수산부장관 또는 금융위원회는 조합, 중앙회 또는 수협은행에 대하여 필요하다고 인정할 때에는 조합, 중앙회 또는 수협은행으로부터 그 업무 또는 재산 상황에 관한 보고를 받을 수 있다.
⑦ 조합 중 직전 회계연도 말         이 대통령령으로 정하는 기준액 이상인 조합은 제146조 제1항에 따른 감사를 받지 아니한 회계연도에는 「주식회사 등의 외부감사에 관한 법률」 제2조 제7호 및 제9조에 따른 감사인의 감사를 받아야 한다. 다만, 최근 5년 이내에 회계부정, 횡령, 배임 등 해양수산부령으로 정하는 중요한 사항이 발생한 조합과 「수산업협동조합의 부실예방 및 구조개선에 관한 법률」 제2조 제3호 및 제4호에 따른 부실조합 및 부실우려조합은 「주식회사 등의 외부감사에 관한 법률」 제2조 제7호 및 제9조에 따른 감사인의 감사를         받아야 한다.
⑧ 해양수산부장관은 조합과 중앙회의 공제사업의 건전한 육성과 계약자의 보호를 위하여 금융위원회 위원장과 협의하여 감독에 필요한 기준을 정하고 이를 고시하여야 한다.

답

**제170조(법령 위반에 대한 조치)** ① 해양수산부장관은 조합등과 중앙회의 총회·대의원회 또는 이사회의 소집 절차, 의결 방법, 의결 내용이나 선거가 법령, 법령에 따른 처분 또는 정관에 위반된다고 인정할 때에는 그 의결에 따른 집행의 정지 또는 선거에 따른 당선의 취소를 할 수 있다.
② 해양수산부장관은 조합등과 중앙회의 업무 또는 회계가 법령, 법령에 따른 처분 또는 정관에 위반된다고 인정할 때에는 그 조합등 또는 중앙회에 대하여 기간을 정하여 시정을 명하고 해당 임직원에 대하여 다음 각 호의 조치를 하게 할 수 있다.
1.         에 대하여는 개선(改選), 직무정지, 견책 또는 경고
2.         에 대하여는 징계면직, 정직, 감봉 또는 견책

③ 제2항과 제146조 제3항에 따라 조합등 또는 중앙회가 임직원의 ▨▨▨, ▨▨▨의 조치를 요구받은 경우 해당 임직원은 그 날부터 그 조치가 확정되는 날까지 직무가 정지된다.
④ 해양수산부장관은 조합등 또는 중앙회가 제2항에 따른 시정명령 또는 임직원에 대한 조치를 이행하지 아니하면 ▨▨▨ 이내의 기간을 정하여 해당 업무의 전부 또는 일부를 정지시킬 수 있다.
⑤ 제4항에 따른 업무정지의 세부기준 및 그 밖에 필요한 사항은 해양수산부령으로 정한다.

답

**제172조(경영지도)** ① 해양수산부장관은 조합등이 다음 각 호의 어느 하나의 경우에 해당되어 조합원 보호에 지장을 줄 우려가 있다고 인정하면 해당 조합등에 대하여 경영지도를 한다.
1. 조합에 대한 감사 결과 조합의 ▨▨▨을 합친 금액이 제68조에 따른 자기자본의 2배를 초과하는 경우로서 단기간 내에 일반적인 방법으로는 회수하기가 곤란하여 자기자본의 전부가 잠식될 우려가 있다고 인정되는 경우
2. 조합등의 임직원의 위법·부당한 행위로 인하여 조합등에 재산상의 손실이 발생하여 자력(自力)으로 경영정상화를 추진하는 것이 어렵다고 인정되는 경우
3. 조합의 ▨▨▨ 위험이 현저하거나 임직원의 위법·부당한 행위로 인하여 조합의 예금 또는 적금의 ▨▨▨이 쇄도하거나 조합이 예금 또는 적금을 지급할 수 없는 상태에 이른 경우
4. 제142조 제2항 또는 제146조에 따른 경영 상태의 평가 또는 감사의 결과 경영지도가 필요하다고 인정하여 중앙회의 회장이 건의하는 경우
5. 「신용협동조합법」 제95조 제4항에 따라 조합에 적용되는 같은 법 제83조 제1항·제2항에 따른 감독 및 검사의 결과 경영지도가 필요하다고 인정하여 금융위원회 또는 ▨▨▨이 건의하는 경우
② 제1항에서 "경영지도"란 다음 각 호의 사항에 대하여 지도하는 것을 말한다.
1. 불법·부실 대출의 회수 및 채권의 확보
2. 자금의 수급(需給) 및 여신·수신에 관한 업무
3. 그 밖에 조합등의 경영에 관하여 대통령령으로 정하는 사항
③ 해양수산부장관은 제1항에 따른 경영지도가 시작된 경우에는 ▨▨▨ 이내의 범위에서 채무의 지급을 정지하거나 임원의 직무를 정지할 수 있다. 이 경우 중앙회의 회장에게 지체 없이 조합등의 재산상황을 조사(이하 이 조에서 "재산실사"라 한다)하게 하거나 금융감독원장에게 재산실사를 요청할 수 있다.
④ 중앙회의 회장 또는 금융감독원장은 제3항 후단에 따른 재산실사 결과 위법·부당한 행위로 인하여 조합등에 손실을 끼친 임직원에 대하여는 재산 조회 및 ▨▨▨ 신청 등 손실금 보전을 위하여 필요한 조치를 하여야 한다.

⑤ 해양수산부장관은 제4항에 따른 조치에 필요한 자료를 중앙행정기관의 장에게 요청할 수 있다. 이 경우 요청을 받은 중앙행정기관의 장은 특별한 사유가 없으면 요청에 따라야 한다.
⑥ 해양수산부장관은 재산실사 결과 해당 조합등의 경영정상화가 가능한 경우 등 특별한 사유가 있다고 인정되면 제3항 전단에 따른 채무 지급정지 또는 직무정지의 전부 또는 일부를 철회하여야 한다.
⑦ 제1항부터 제3항까지의 규정에 따른 경영지도, 채무의 지급정지 또는 임원의 직무정지의 방법·기간 및 절차 등에 필요한 사항은 대통령령으로 정한다.
⑧ 중앙회의 회장 또는 □□□는 정관으로 정하는 바에 따라 경영적자·□□□ 등으로 인하여 경영 상태가 부실한 조합에 대한 자금 결제 및 지급 보증의 제한이나 중지, 수표 발행 한도의 설정 또는 신규수표의 발행 중지, 2년 이상 연속 적자조합에 대한 정책자금의 취급 제한 또는 중지, 금융사고가 발생한 조합에 대한 예금 대지급(代支給) 중단 등 자산 건전성 제고를 위하여 필요한 조치를 할 수 있다.

**답**

제173조(설립인가의 취소 등) ① 해양수산부장관은 조합등이 다음 각 호의 어느 하나에 해당하게 된 경우에는 중앙회 회장의 의견을 들어 설립인가를 취소하거나 □□□을 명할 수 있다.
1. 설립인가일부터 90일이 지나도 □□□를 하지 아니한 경우
2. 정당한 사유 없이 1년 이상 □□□을 하지 아니한 경우
3. 2회 이상 제170조에 따른 처분을 받고도 시정하지 아니한 경우
4. 제16조(제108조 또는 제113조에 따라 준용되는 경우를 포함한다) 또는 제113조의5에 따른 조합등의 설립인가기준에 미달하게 된 경우
5. 조합등에 대한 감사 또는 □□□의 결과 경영이 부실하여 자본을 잠식한 조합등으로서 제142조 제2항, 제146조 제3항 각 호 또는 제172조에 따른 조치에 따르지 아니하여 조합원 또는 제3자에게 중대한 손실을 끼칠 우려가 있는 경우
② 해양수산부장관은 제1항에 따라 조합등의 설립인가를 취소하였을 때에는 즉시 그 사실을 공고하여야 한다.

**답**

제174조(조합원 또는 회원의 검사 청구) ① 해양수산부장관은 조합원이 조합원 10분의 1 이상의 동의를 받아 소속 조합의 업무 집행 상황이 법령 또는 조합의 정관에 위반된다는 사유로 검사를 청구하면 ▨▨▨에게 그 조합의 업무 상황을 검사하게 할 수 있다.
② 해양수산부장관은 중앙회의 회원이 회원 10분의 1 이상의 동의를 받아 중앙회의 업무 집행 상황이 법령 또는 중앙회의 정관에 위반된다는 사유로 검사를 청구하면 ▨▨▨에게 중앙회에 대한 검사를 요청할 수 있다.

> 답

제175조(청문) 해양수산부장관은 다음 각 호의 어느 하나에 해당하는 처분을 하려면 청문을 하여야 한다.
1. 제170조 제1항에 따른 ▨▨▨ 취소
2. 제173조에 따른 ▨▨▨의 취소

> 답

## 제8장 벌칙

▶ 정답과 해설 47쪽

**제176조(벌칙)** ① 조합등 또는 중앙회의 임직원이 다음 각 호의 어느 하나에 해당하는 행위로 조합등 또는 중앙회에 손실을 끼쳤을 때에는 ▨▨ 이하의 징역 또는 1억 원 이하의 벌금에 처한다.
1. 조합등 또는 중앙회의 사업 목적 외의 용도로 자금을 사용하거나 대출하는 행위
2. ▨▨ 의 목적으로 조합등 또는 중앙회의 재산을 처분하거나 이용하는 행위
② 제1항의 징역형과 벌금형은 ▨▨ 할 수 있다.

📝 답

**제177조(벌칙)** 조합등 또는 중앙회의 임원·집행간부·일반간부직원·파산관재인 또는 청산인이 다음 각 호의 어느 하나에 해당하면 ▨▨ 이하의 징역 또는 ▨▨ 이하의 벌금에 처한다.
1. 제14조 제1항 단서, 제16조 제1항(제80조 제2항, 제108조, 제113조 또는 제168조에 따라 준용되는 경우를 포함한다), 제37조 제2항(제108조 또는 제113조에 따라 준용되는 경우를 포함한다), 제77조 제2항(제108조 또는 제113조에 따라 준용되는 경우를 포함한다), 제78조 제3항(제108조 또는 제113조에 따라 준용되는 경우를 포함한다), 제113조의5 제1항, 제113조의6 제2항, 제126조 제2항에 따른 감독기관의 인가를 받지 아니한 경우
2. 제16조 제1항(제80조 제2항, 제108조, 제113조 또는 제168조에 따라 준용되는 경우를 포함한다), 제32조 제1항(제108조, 제113조, 제113조의10 또는 제168조에 따라 준용되는 경우를 포함한다), 제37조 제1항(제108조, 제113조 또는 제113조의10에 따라 준용되는 경우를 포함한다), 제57조 제1항부터 제3항까지(제108조 또는 제113조에 따라 준용되는 경우를 포함한다), 제67조(제108조 또는 제113조에 따라 준용되는 경우를 포함한다), 제77조 제1항(제108조 또는 제113조에 따라 준용되는 경우를 포함한다), 제80조 제1항(제108조 또는 제113조에 따라 준용되는 경우를 포함한다), 제84조 제2호(제108조, 제113조 또는 제113조의10에 따라 준용되는 경우를 포함한다), 제126조 제1항, 제127조 제3항, 제135조 제1항 및 제3항 또는 제162조에 따라 총회·대의원회 또는 이사회의 의결을 거쳐야 하는 사항에 대하여 의결을 거치지 아니하고 집행한 경우
3. 제48조 제1항(제108조 또는 제113조에 따라 준용되는 경우를 포함한다), 제48조 제2항(제108조, 제113조 또는 제133조 제5항에 따라 준용되는 경우를 포함한다), 제131조 제4항, 제142조 제2항 또는 제169조 제6항에 따른 감독기관·총회·대의원회 또는 이사회에 대한 보고를 부실하게 하거나 사실을 ▨▨ 한 경우
4. 제60조 제1항 제15호, 제107조 제1항 제13호, 제112조 제1항 제13호 또는 제138조 제1항 제17호에 따른 감독기관의 승인을 받지 아니한 경우

5. 제64조 제2항(제108조 또는 제168조에 따라 준용되는 경우를 포함한다)에 따른 의결을 거치지 아니한 경우
6. 제69조(제108조 또는 제113조에 따라 준용되는 경우를 포함한다)를 위반하여 조합이 여유자금을 사용한 경우
7. 제70조 제1항·제3항·제4항(제108조, 제113조, 제113조의10 또는 제168조에 따라 준용되는 경우를 포함한다), 제70조 제2항(제108조 또는 제113조에 따라 준용되는 경우를 포함한다) 또는 제165조를 위반하여 법정적립금 등을 적립하거나 잉여금을 이월한 경우
8. 제71조(제108조, 제113조, 제113조의10 또는 제168조에 따라 준용되는 경우를 포함한다) 또는 제166조 제1항·제2항을 위반하여 손실 보전을 하거나 잉여금을 배당한 경우
9. 제72조(제108조, 제113조, 제113조의10 또는 제168조에 따라 준용되는 경우를 포함한다)를 위반하여 법정적립금 및 자본적립금을 사용한 경우
10. 제73조 제1항부터 제3항까지(제108조, 제113조, 제113조의10 또는 제168조에 따라 준용되는 경우를 포함한다) 또는 제163조를 위반한 경우
11. 제74조 제1항(제108조, 제113조, 제113조의10 또는 제168조에 따라 준용되는 경우를 포함한다)을 위반하여 조합 및 중앙회가 ▮▮▮▮를 작성하지 아니한 경우
12. 제87조(제108조, 제113조 또는 제113조의10에 따라 준용되는 경우를 포함한다)를 위반하여 총회 또는 해양수산부장관의 승인을 받지 아니한 경우
13. 제89조(제108조, 제113조 또는 제113조의10에 따라 준용되는 경우를 포함한다)를 위반하여 청산인이 재산을 분배한 경우
14. 제90조(제108조, 제113조 또는 제113조의10에 따라 준용되는 경우를 포함한다)를 위반하여 총회의 승인을 받지 아니한 경우
15. 제92조(제78조 제5항, 제80조 제2항, 제108조, 제113조, 제113조의10 또는 제168조에 따라 준용되는 경우를 포함한다), 제93조부터 제95조까지(제108조, 제113조, 제113조의10 또는 제168조에 따라 준용되는 경우를 포함한다), 제97조부터 제100조까지(제108조, 제113조 또는 제113조의10에 따라 준용되는 경우를 포함한다) 또는 제103조(제108조, 제113조, 제113조의10 또는 제168조에 따라 준용되는 경우를 포함한다)에 따른 등기를 부정하게 한 경우
16. 감독기관의 검사 또는 중앙회의 감사를 ▮▮▮▮·방해 또는 기피한 경우

답

제178조(벌칙) ① 다음 각 호의 어느 하나에 해당하는 자는 2년 이하의 징역 또는 ▢▢▢ 이하의 벌금에 처한다.
1. 제7조 제2항을 위반하여 ▢▢▢ 에 관여한 자
2. 제53조 제1항(제108조, 제113조 또는 제168조에 따라 준용되는 경우를 포함한다)을 위반하여 선거운동을 한 자
3. 제53조 제10항(제108조, 제113조 또는 제168조에 따라 준용하는 경우를 포함한다)을 위반하여 선거운동을 한 자
4. 제53조의3(제108조 또는 제113조에 따라 준용하는 경우를 포함한다)을 위반하여 축의·부의금품을 제공한 자

② 다음 각 호의 어느 하나에 해당하는 자(제108조, 제113조 또는 제168조에 따라 준용되는 자를 포함한다)는 ▢▢▢ 이하의 징역 또는 1천만 원 이하의 벌금에 처한다.
1. 제53조 제2항을 위반하여 호별 방문을 하거나 특정 장소에 모이게 한 자
2. 제53조 제8항을 위반하여 선전벽보 부착 등의 금지된 행위를 한 자
3. 제53조 제4항부터 제7항까지의 규정을 위반한 자
4. 제53조의2를 위반한 자

③ 삭제 〈2014. 6. 11.〉

④ 제53조 제3항(제108조, 제113조 또는 제168조에 따라 준용되는 자를 포함한다)을 위반하여 거짓 사실을 공표하는 등 후보자를 비방한 자는 500만 원 이상 ▢▢▢ 이하의 벌금에 처한다.

⑤ 제1항부터 제4항까지에 규정된 죄의 공소시효는 해당 선거일 후 6개월(선거일 후에 지은 죄는 그 행위가 있었던 날부터 6개월)이 지남으로써 완성된다. 다만, 범인이 도피하였거나 범인이 공범 또는 범인의 증명에 필요한 참고인을 도피시킨 경우에는 그 기간을 ▢▢▢ 으로 한다.

답

제179조(선거범죄로 인한 당선무효 등) ① 조합이나 중앙회의 임원 선거와 관련하여 다음 각 호의 어느 하나에 해당하는 경우에는 해당 선거의 당선을 무효로 한다.
1. 당선인이 그 선거에서 제178조에 따라 징역형 또는 ▢▢▢ 이상의 벌금형을 선고받은 경우
2. 당선인의 직계 존속·비속이나 배우자가 해당 선거에서 제53조 제1항이나 제53조의2를 위반하여 징역형 또는 ▢▢▢ 이상의 벌금형을 선고받은 경우. 다만, 다른 사람의 유도 또는 도발에 의하여 해당 당선인의 당선을 무효로 되게 하기 위하여 죄를 저지른 때에는 그러하지 아니하다.

② 다음 각 호의 어느 하나에 해당하는 사람은 당선인의 당선무효로 실시사유가 확정된 재선거(당선인이 그 기소 후 확정판결 전에 사직함으로 인하여 실시사유가 확정된 보궐선거를 포함한다)의 ▢▢▢ 가 될 수 없다.

1. 제1항 제2호 또는 「공공단체등 위탁선거에 관한 법률」 제70조(위탁선거범죄로 인한 당선무효) 제2호에 따라 당선이 무효로 된 사람(그 기소 후 확정판결 전에 사직한 사람을 포함한다)
2. 당선되지 아니한 사람(후보자가 되려던 사람을 포함한다)으로서 제1항 제2호 또는 「공공단체등 위탁선거에 관한 법률」 제70조(위탁선거범죄로 인한 당선무효) 제2호에 따른 직계 존속·비속이나 배우자의 죄로 당선무효에 해당하는 형이 확정된 사람

답

제180조(과태료) ① 제3조 제2항, 제113조의3 제3항 또는 제114조 제3항을 위반하여 ▨▨▨을 사용한 자에게는 200만 원 이하의 과태료를 부과한다.
② 조합등 또는 중앙회의 임원·집행간부·일반간부직원·파산관재인 또는 청산인이 공고하거나 독촉하여야 할 사항에 대하여 공고 또는 독촉을 게을리하거나 부정한 공고 또는 독촉을 한 경우에는 200만 원 이하의 과태료를 부과한다.
③ 제53조의2(제108조, 제113조 또는 제168조에 따라 준용하는 경우를 포함한다)를 위반하여 금전·물품이나 그 밖의 재산상의 이익을 제공받은 사람에게는 그 제공받은 금액 또는 가액의 ▨▨▨ 이상 50배 이하에 상당하는 금액의 과태료를 부과하되, 그 상한액은 3천만 원으로 한다.
④ 삭제 〈2014. 6. 11.〉
⑤ 제1항부터 제3항까지의 규정에 따른 과태료는 대통령령으로 정하는 바에 따라 해양수산부장관 또는 ▨▨▨가 부과·징수한다.

답

제181조(선거범죄 신고자 등의 보호) 제178조에 규정된 죄(제180조 제3항의 과태료에 해당하는 죄를 포함한다)의 신고자 등의 보호에 관하여는 「▨▨▨법」 제262조의2를 준용한다.

답

**제182조(선거범죄 신고자에 대한 포상금 지급)** 조합은 제178조에 규정된 죄(제180조 제3항의 과태료에 해당하는 죄를 포함한다)에 대하여 해당 조합 또는 조합선거관리위원회가 [　　]하기 전에 그 범죄행위를 신고한 사람에게 정관으로 정하는 바에 따라 포상금을 지급할 수 있다.

> 답

**제183조(자수자에 대한 특례)** ① 제53조(제108조, 제113조 또는 제168조에 따라 준용하는 경우를 포함한다) 및 제53조의2(제108조, 제113조 또는 제168조에 따라 준용하는 경우를 포함한다)를 위반한 자 중 금전·물품·향응, 그 밖의 재산상의 이익 또는 공사의 직을 제공받거나 받기로 승낙한 자가 자수한 때에는 그 형 또는 과태료를 [　　] 또는 [　　]한다.
② 제1항에 규정된 자가 이 법에 따른 선거관리위원회에 자신의 선거범죄 사실을 신고하여 선거관리위원회가 관계 [　　]에 이를 통보한 때에는 선거관리위원회에 신고한 때를 자수한 때로 본다.

> 답

## 시행령 수산업협동조합법 시행령

▶ 정답과 해설 47쪽

**제1조(목적)** 이 영은 「⬚⬚⬚」에서 위임된 사항과 그 시행에 필요한 사항을 규정함을 목적으로 한다.

답

**제2조(어촌계의 목적)** 「수산업협동조합법」(이하 "법"이라 한다) 제15조에 따라 설립되는 어촌계(이하 "어촌계"라 한다)는 ⬚⬚⬚의 어업 생산성을 높이고 생활 향상을 위한 ⬚⬚⬚의 수행과 경제적·사회적 및 문화적 지위의 향상을 도모함을 목적으로 한다.

답

**제3조(어촌계의 명칭)** 어촌계는 "⬚⬚⬚"의 명칭을 사용하여야 한다.

답

**제4조(어촌계의 설립)** ① 어촌계는 구역에 거주하는 지구별 수산업협동조합(이하 "지구별수협"이라 한다)의 조합원 ⬚⬚⬚ 이상이 발기인이 되어 설립준비위원회를 구성하고, 어촌계 정관을 작성하여 창립총회의 의결을 거쳐 특별자치도지사·시장·군수·구청장(구청장은 자치구의 구청장을 말하며, 이하 "시장·군수·구청장"이라 한다)의 인가를 받아야 한다. 다만, 「섬 발전 촉진법」 제2조에 따른 섬의 경우에는 조합원 ⬚⬚⬚ 이상이 발기인이 되어 설립준비위원회를 구성한다.
② 설립준비위원회의 의사(議事)는 재적 발기인 과반수의 찬성으로 의결하고, 창립총회의 의사는 어촌계원의 자격이 있는 사람 중 개의(開議) 전까지 설립준비위원회에 ⬚⬚⬚를 제출한 사람 과반수의 찬성으로 의결한다.
③ 제1항 및 제2항에 따른 설립절차 및 인가신청에 관하여 필요한 사항은 해양수산부령으로 정한다.

답

제5조(어촌계 정관) ① 어촌계 정관에는 다음 각 호의 사항이 포함되어야 한다.
1. 목적
2. 명칭
3. 구역
4. 주된 사무소의 소재지
5. 어촌계원의 자격 및 권리·의무에 관한 사항
6. 어촌계원의 가입·탈퇴 및 제명(除名)에 관한 사항
7. ▨▨▨ 및 그 밖의 의결기관과 임원의 정수(定數)·선출 및 해임에 관한 사항
8. 사업의 종류와 그 집행에 관한 사항
9. 경비 부과, 수수료 및 ▨▨▨에 관한 사항
10. 적립금의 금액 및 적립방법에 관한 사항
11. 잉여금의 처분 및 결손금의 처리방법에 관한 사항
12. 회계연도 및 회계에 관한 사항
13. 해산에 관한 사항
② 어촌계 정관의 변경에 관한 사항은 ▨▨▨의 인가를 받아야 한다. 다만, 해양수산부장관이 정하는 정관 예에 따라 변경하는 경우에는 그러하지 아니하다.

🗒 답


제6조(어촌계원 및 준어촌계원) ① ▨▨▨의 조합원으로서 어촌계의 구역에 거주하는 사람은 어촌계에 가입할 수 있다.
② 「수산업·어촌 공익기능 증진을 위한 직접지불제도 운영에 관한 법률」제14조 제3호 및 같은 법 시행령 제5조 제1항에 따라 어촌계의 계원 자격을 이양받는 사람으로서 해당 어촌계의 구역에 거주하는 사람은 제1항에도 불구하고 어촌계에 가입한 날부터 ▨▨▨ 이내에 해당 구역의 지구별수협의 조합원으로 가입할 것을 조건으로 어촌계에 가입할 수 있다.
③ 다음 각 호의 어느 하나에 해당하는 사람은 총회의 의결을 받아 ▨▨▨이 될 수 있다.
1. 제1항에 따른 어촌계원의 자격이 없는 어업인 중 어촌계가 취득한 마을어업권 또는 어촌계의 구역에 있는 지구별수협이 취득한 ▨▨▨의 어장(漁場)에서 「수산업법」제2조 제8호에 따른 입어(入漁)를 하는 사람
2. 어촌계의 구역에 거주하는 사람으로서 어촌계의 사업을 이용하는 것이 적당하다고 인정되는 사람

🗒 답

제7조(어촌계의 사업) ① 어촌계는 그 목적을 달성하기 위하여 어촌계 정관으로 정하는 바에 따라 다음 각 호의 사업을 수행할 수 있다.
1. 교육 · 지원사업
2. ▢▢▢ · 양식업권의 취득 및 어업의 경영
3. 소속 지구별수협이 취득한 어업권 · 양식업권의 행사
4. 어업인의 생활필수품과 ▢▢▢ 및 어구의 공동구매
5. 어촌 공동시설의 설치 및 운영
6. 수산물의 간이공동 제조 및 가공
7. 어업자금의 알선 및 배정
8. 어업인의 후생복지사업
9. 구매 · 보관 및 판매사업
10. 다른 경제단체 · 사회단체 및 문화단체와의 교류 · 협력
11. 국가, 지방자치단체 또는 지구별수협의 위탁사업 및 보조에 따른 사업
12. 다른 법령에서 어촌계의 사업으로 정하는 사업
13. 제1호부터 제12호까지의 사업에 부대하는 사업
14. 그 밖에 어촌계의 목적 달성에 필요한 사업
② 어촌계는 제1항의 사업 목적을 달성하기 위하여 ▢▢▢을 조성 · 운용하거나 중앙회, 법 제141조의4에 따른 수협은행(이하 "수협은행"이라 한다) 또는 지구별수협으로부터 자금을 차입(借入)할 수 있다.

답

제8조(해산 사유) ① 어촌계는 다음 각 호의 어느 하나에 해당하는 경우에 해산한다.
1. 어촌계 ▢▢▢으로 정한 해산 사유의 발생
2. 총회의 해산의결
3. 어촌계원의 수가 ▢▢▢ 미만이 되는 경우. 다만, 「섬 발전 촉진법」 제2조에 따른 섬의 경우는 어촌계원의 수가 5명 미만이 되는 경우로 한다.
4. 제9조에 따른 설립인가의 취소
② 삭제 〈2014. 12. 23.〉
③ 어촌계가 해산하였을 때에는 그 해산 사유가 발생한 날부터 ▢▢▢ 이내에 소속 지구별수협의 조합장을 거쳐 시장 · 군수 · 구청장에게 보고하여야 한다.

답

**제9조(설립인가의 취소)** 시장·군수·구청장은 어촌계가 다음 각 호의 어느 하나에 해당하는 경우에는 설립인가를 취소할 수 있다.

1. 어촌계의 ▢▢▢ 가 그 자산을 초과한 경우
2. 어촌계의 사업량으로 보아 어촌계의 운영이 매우 곤란하다고 인정되는 경우
3. 「수산업법」 제7조 제1항 제2호에 따른 ▢▢▢ 을 행사할 때 분쟁의 조정상 필요하다고 인정되는 경우

답

**제10조(지도·감독)** ① 지구별수협의 ▢▢▢ 은 조합구역의 어촌계의 업무를 지도·감독한다. 다만, 지방자치단체가 보조한 사업 및 그 관련 업무에 대해서는 해당 지방자치단체의 장이 지도·감독할 수 있다.

② 지구별수협의 조합장과 지방자치단체의 장은 제1항의 직무를 수행하기 위하여 필요하다고 인정하면 그 소속 직원 또는 소속 공무원으로 하여금 어촌계를 ▢▢▢ 하게 할 수 있다.

답

**제12조(조합의 설립인가 기준)** 법 제16조 제1항·제77조·제78조 및 제80조(법 제108조 및 제113조에서 준용하는 경우를 포함한다)에 따른 조합의 설립인가 기준은 다음 각 호와 같다. 다만, 분할에 따라 설립하는 경우 분할 대상 조합이 분할로 인하여 조합운영이 매우 곤란하다고 인정될 때에는 설립인가를 하지 아니할 수 있다.

1. 지구별수협
   가. 조합원 자격이 있는 설립동의자(합병 또는 분할에 따른 설립의 경우에는 "조합원"을 말한다. 이하 이 조에서 같다)의 수가 구역에 거주하는 조합원 자격자의 과반수로서 최소한 ▢▢▢ 이상일 것
   나. 삭제 〈2014. 12. 23.〉
   다. 조합원 자격이 있는 설립동의자의 출자금납입확약총액(합병 또는 분할에 따른 설립의 경우에는 출자금총액을 말한다. 이하 같다)이 ▢▢▢ 이상일 것
2. 업종별 수산업협동조합(이하 "업종별수협"이라 한다) 및 수산물가공 수산업협동조합(이하 "수산물가공수협"이라 한다)

가. 조합원 자격이 있는 설립동의자의 수가 구역에 거주하는 조합원 자격자의 과반수일 것
나. 삭제 〈2014. 12. 23.〉
다. 조합원 자격이 있는 설립동의자의 출자금납입확약총액이 ▭ 이상일 것

> 답

**제13조(조합의 설립인가 절차)** 법 제16조 제1항(법 제108조 및 제113조에서 준용하는 경우를 포함한다)에 따라 발기인이 조합의 설립인가를 받으려고 할 때에는 설립인가신청서에 다음 각 호의 서류를 첨부하여 ▭ 에게 제출해야 한다.
1. 정관
2. 처음 연도 및 다음 연도의 사업계획서와 수지예산서
3. ▭ 의 의사록
4. 임원 명부
5. 해당 조합이 설립인가 기준에 적합함을 증명하는 서류
6. 합병 또는 분할을 의결한 총회 의사록 또는 조합원 투표록(수산물가공수협의 경우는 제외하며, 의사록 및 투표록에는 신설되는 조합이 승계하여야 할 권리·의무의 범위가 적혀 있어야 한다)
7. 조합구역의 어업자 또는 수산물가공업자의 명단과 조합 가입에 동의한 사람의 동의서 및 그 ▭ (성명, 주소·거소 또는 사업장 소재지, 어업 또는 수산물가공업의 종류, 어업의 기간 또는 가공 기간, 어획량 또는 제품 생산량, 보유 선박 수·톤수 또는 시설 규모 및 종사자 수를 적어야 한다)

> 답

**제14조(지구별수협의 조합원 자격)** 법 제20조 제3항에 따른 지구별수협의 조합원의 자격요건인 어업인의 범위는 1년 중 ▭ 이상 조합의 정관에서 정하는 어업을 경영하거나 이에 종사하는 사람을 말한다.

> 답

**제14조의2(감사의 자격요건)** 법 제46조 제1항 본문(법 제108조 및 제113조에서 준용하는 경우를 포함한다)에서 "대통령령으로 정하는 요건에 적합한 ▓▓▓"란 다음 각 호의 어느 하나에 해당하는 사람을 말한다.

1. 중앙회, 조합 또는「금융위원회의 설치 등에 관한 법률」제38조에 따른 검사 대상 기관(이에 상당하는 외국금융기관을 포함한다)에서 5년 이상 종사한 경력이 있는 사람. 다만, 해당 조합에서 최근 ▓▓▓ 이내에 임직원으로 근무한 사람(감사로 근무 중이거나 근무한 사람은 제외한다)은 제외한다.
2. 수산업 또는 금융 관계 분야의 ▓▓▓ 이상의 학위를 소지한 사람으로서 연구기관 또는 대학에서 연구원 또는 조교수 이상의 직에 5년 이상 종사한 경력(학위 취득 전의 경력을 포함한다)이 있는 사람
3. 판사·검사·군법무관의 직에 5년 이상 종사하거나 변호사 또는 공인회계사로서 5년 이상 종사한 경력이 있는 사람
4. 「자본시장과 금융투자업에 관한 법률」제9조 제15항 제3호에 따른 주권상장법인에서 법률·재무·감사 또는 회계 관련 업무에 임직원으로 5년 이상 종사한 경력이 있는 사람
5. 국가, 지방자치단체,「공공기관의 운영에 관한 법률」에 따른 공공기관(이하 "공공기관"이라 한다) 및「금융위원회의 설치 등에 관한 법률」제24조에 따른 금융감독원(이하 "금융감독원"이라 한다)에서 재무 또는 회계 관련 업무 및 이에 대한 감독업무에 5년 이상 종사한 경력이 있는 사람

답

**제15조(상임이사와 조합원이 아닌 이사의 자격요건)** 법 제46조 제4항 단서(법 제108조 및 제113조에서 준용하는 경우를 포함한다)에서 "대통령령으로 정하는 요건을 충족하는 사람"이란 다음 각 호의 어느 하나에 해당하는 사람을 말한다.

1. 조합, ▓▓▓ 또는 ▓▓▓에서 상근직으로 5년 이상 종사한 경력이 있는 사람
2. 수산업과 관련된 국가기관, 지방자치단체, ▓▓▓에서 상근직으로 5년 이상 종사한 경력이 있는 사람
3. 「은행법」에 따른 은행에서 상근직으로 5년 이상 종사한 경력이 있는 사람
4. 수산업과 관련된 연구기관·교육기관 또는 상사회사에서 상근직으로 5년 이상 종사한 경력이 있는 사람

답

제15조의2(중앙회의 조합 감사선출 지원) 법 제46조 제9항에서 "조합이 도서지역에 있거나 영세하여 부득이하게 ▨▨▨ 감사를 선출할 수 없는 경우 등 대통령령으로 정하는 경우"란 조합이 다음 각 호의 어느 하나에 해당하는 경우를 말한다.
1. 조합의 ▨▨▨ 가 도서지역에 있는 경우
2. 조합의 직전 회계연도 말 자산 규모가 500억 원 미만인 경우

답

제15조의3(연체 대상 금융기관의 범위) 법 제51조 제1항 제12호 라목(법 제108조, 제113조 및 제168조에서 준용하는 경우를 포함한다)에서 "대통령령으로 정하는 금융기관"이란 다음 각 호의 어느 하나에 해당하는 금융기관을 말한다.
1. 「한국수출입은행법」에 따른 한국수출입은행
2. 「한국주택금융공사법」에 따른 한국주택금융공사
3. 「상호저축은행법」에 따른 상호저축은행과 그 중앙회
4. 「농업협동조합법」에 따른 조합과 그 중앙회 및 농협은행
5. ▨▨▨
6. 「산림조합법」에 따른 조합과 그 중앙회
7. 「신용협동조합법」에 따른 신용협동조합과 그 중앙회
8. 「새마을금고법」에 따른 새마을금고와 그 중앙회
9. 「보험업법」에 따른 ▨▨▨
10. 「여신전문금융업법」에 따른 여신전문금융회사
11. 「기술보증기금법」에 따른 기술보증기금
12. 「신용보증기금법」에 따른 신용보증기금
13. 「벤처투자 촉진에 관한 법률」 제2조 제10호 및 제11호에 따른 벤처투자회사 및 벤처투자조합
14. 「중소기업협동조합법」에 따른 중소기업협동조합
15. 「지역신용보증재단법」에 따른 신용보증재단과 그 중앙회

답

**제16조(선거관리위원회의 구성·운영 등)** 법 제54조 제1항(법 제108조 및 제113조에서 준용하는 경우를 포함한다)에 따른 선거관리위원회의 위원은 조합의 ▨▨▨ 가 위촉하며, 그 밖에 선거관리위원회의 구성 및 운영에 필요한 사항은 조합의 정관으로 정한다.

> 답

**제16조의2(실질적인 경쟁관계에 있는 사업의 범위)** ① 법 제55조 제5항(법 제108조, 제113조, 제113조의10 및 제168조에서 준용하는 경우를 포함한다)에 따른 실질적인 경쟁관계에 있는 사업의 범위는 별표의 사업으로 하되, 해당 조합, 법 제113조의3에 따른 조합공동사업법인(이하 "조합공동사업법인"이라 한다) 및 ▨▨▨ 가 수행하고 있는 사업에 해당하는 경우로 한정한다.
② 제1항에도 불구하고 조합·조합공동사업법인(이하 "조합등"이라 한다) 및 중앙회가 사업을 위하여 ▨▨▨ 한 법인이 수행하고 있는 사업은 실질적인 경쟁관계에 있는 사업으로 보지 아니한다.

> 답

**제17조(간부직원의 자격)** 법 제59조 제2항 본문(법 제108조 및 제113조에서 준용하는 경우를 포함한다)에서 "대통령령으로 정하는 자격을 가진 사람"이란 다음 각 호의 어느 하나에 해당하는 사람을 말한다.
 1. 조합의 직원으로서 시험성적, 교육이수 또는 ▨▨▨ 평가 결과 등이 중앙회의 회장(이하 "회장"이라 한다)이 정하는 요건에 해당하는 사람
 2. 중앙회 또는 수협은행의 직원으로 5년 이상 재직한 사람으로서 조합의 정관에서 제1호의 사람과 같은 수준 이상의 자격이 있다고 정하는 사람
 3. 수산 관계 행정기관에서 7급 이상 공무원으로 5년 이상 재직한 사람
 4. 수산업 또는 ▨▨▨ 관련 국가기관·연구기관·교육기관 또는 상사회사에서 5년 이상 종사한 경력이 있는 사람

> 답

**제18조(조합의 자금차입 한도 및 신용사업의 한도와 방법)** ① 신용사업을 수행하는 조합이 법 제60조 제2항 및 제3항(법 제108조 및 제113조에서 준용하는 경우를 포함한다)에 따라 신용사업을 위하여 중앙회 또는 수협은행으로부터 차입할 수 있는 자금합계액의 한도(조합이 중앙회 또는 수협은행에 예치한 예탁금의 범위에서 실행되는 중앙회 또는 수협은행의 대출은 제외한다)는 법 제68조(법 제108조 및 제113조에서 준용하는 경우를 포함한다)에 따른 자기자본(이하 "자기자본"이라 한다)의 범위로 한다. 다만, 신용사업을 수행하는 조합이 법 제129조 제1항에 따른 지도경제사업대표이사(이하 "지도경제사업대표이사"라 한다)의 승인을 받아 차입하는 경우에는 자기자본의 〇〇 이내로 한다.

② 조합이 법 제60조 제2항 및 제3항(법 제108조 및 제113조에서 준용하는 경우를 포함한다)에 따라 신용사업 외의 사업을 위하여 중앙회 또는 수협은행으로부터 차입할 수 있는 자금합계액의 한도는 자기자본의 7배 이내로 한다.

③ 조합은 〇〇 의 수행이나 예금인출 등 불가피한 사유로 자금이 필요한 경우에는 해양수산부령으로 정하는 바에 따라 제1항 및 제2항에 따른 한도를 초과하여 자금을 차입할 수 있다.

④ 법 제60조 제3항(법 제108조 및 제113조에서 준용하는 경우를 포함한다)에 따라 조합이 신용사업을 수행할 때에는 다음 각 호의 기준에서 정하는 한도와 방법에 따라야 한다.

1. 「신용협동조합법」 제83조의3에 따른 〇〇
2. 「수산업협동조합의 부실예방 및 구조개선에 관한 법률」 제4조의2 제2항 후단에 따른 적기시정조치기준

답

**제19조(위탁 계약)** 국가나 공공단체가 법 제60조 제4항(법 제108조, 제113조 및 제168조에서 준용하는 경우를 포함한다)에 따라 조합 또는 중앙회와 위탁 계약을 체결할 때에는 다음 각 호의 사항을 구체적으로 밝힌 〇〇 으로 하여야 한다.
1. 위탁사업의 대상과 범위
2. 〇〇
3. 그 밖에 위탁사업의 수행에 필요한 사항

답

제20조(수산물 위탁판매사업 등) ① 조합등 및 중앙회는 수산물 위탁판매사업을 할 수 있다.
② 제1항에 따라 위탁판매사업을 하는 조합등 및 중앙회는 정관에서 정하는 바에 따라 위탁자가 소속한 조합에 위탁판매수수료 중 일부를 ▇▇▇ 으로 지급하여야 한다.

**답**

제20조의2(비조합원 등의 사업이용 제한) ① 지구별수협은 법 제61조 제1항 단서에 따라 조합원이 아닌 자가 법 제60조 제1항 제3호 나목, 같은 항 제9호부터 제11호까지 및 제14호의 사업을 이용하는 경우 각 사업별로 그 회계연도 사업량(해당 사업이 대출인 경우에는 그 사업연도에 새로 취급하는 대출취급액, 그 밖의 사업의 경우에는 각 사업별 회계연도의 취급량 또는 취급액을 말한다. 이하 이 조에서 같다)의 ▇▇▇ 의 범위에서 그 이용을 제한할 수 있다.
② 업종별수협은 법 제107조 제2항 단서 또는 법률 제14242호 수산업협동조합법 일부개정법률 부칙 제7조에 따라 조합원이 아닌 자가 다음 각 호의 어느 하나에 해당하는 사업을 이용하는 경우 각 사업별로 그 회계연도 사업량의 3분의 1의 범위에서 그 이용을 제한할 수 있다.
1. 법 제107조 제1항 제1호, 같은 항 제4호 나목, 같은 항 제7호부터 제9호까지, 제12호의 사업
2. 법률 제4820호 수산업협동조합법중개정법률 부칙 제5조에 따른 신용사업(대출만 해당한다)
③ 수산물가공수협은 법 제112조 제2항 단서 또는 법률 제14242호 수산업협동조합법 일부개정법률 부칙 제7조에 따라 조합원이 아닌 자가 다음 각 호의 어느 하나에 해당하는 사업을 이용하는 경우 각 사업별로 그 회계연도 사업량의 3분의 1의 범위에서 그 이용을 제한할 수 있다.
1. 법 제112조 제1항 제1호, 같은 항 제4호 나목, 같은 항 제7호부터 제9호까지, 제12호의 사업
2. 법률 제4820호 수산업협동조합법중개정법률 부칙 제5조에 따른 신용사업(대출만 해당한다)
④ ▇▇▇ 는 법 제139조 제1항 단서에 따라 회원이 아닌 자가 법 제138조 제1항 제1호, 제10호부터 제12호까지, 제15호 및 제16호의 사업을 이용하는 경우 각 사업별로 그 회계연도 사업량의 3분의 1의 범위에서 그 이용을 제한할 수 있다.

**답**

제21조(조합의 여유금 등의 운용) ① 법 제69조 제1항 제1호(법 제108조 및 제113조에서 준용하는 경우를 포함한다)에서 "대통령령으로 정하는 유가증권"이란 다음 각 호의 유가증권을 말한다.
1. 「자본시장과 금융투자업에 관한 법률」 제4조 제3항에 따른 ▨▨▨ 중 국채증권·지방채증권·특수채권 및 사채권
2. 삭제 〈2014. 12. 23.〉
3. 「자본시장과 금융투자업에 관한 법률」에 따른 신탁업자가 발행하는 수익증권
4. 「자본시장과 금융투자업에 관한 법률」에 따른 집합투자업자가 발행하는 수익증권
5. 「자본시장과 금융투자업에 관한 법률」에 따른 종합금융회사가 발행하는 수익증권
② 제1항 제1호 및 제3호부터 제5호까지의 규정에 따른 유가증권은 조합의 여유금 운용의 안정성을 해칠 우려가 없는 범위에서 해양수산부장관이 ▨▨▨ 와 협의하여 정하여 고시한 것으로 한정한다.
③ 법 제69조 제1항 제2호(법 제108조 및 제113조에서 준용하는 경우를 포함한다)에서 "대통령령으로 정하는 금융기관"이란 다음 각 호의 금융기관을 말한다.
1. 「은행법」에 따른 은행
2. 「자본시장과 금융투자업에 관한 법률」에 따른 투자매매업자, 투자중개업자, 집합투자업자, 신탁업자 및 종합금융회사
3. 「한국산업은행법」에 따른 한국산업은행
4. 「중소기업은행법」에 따른 중소기업은행
5. 「한국수출입은행법」에 따른 한국수출입은행
6. ▨▨▨
7. ▨▨▨ 을 하는 업종별수협 및 수산물가공수협
8. 「우체국예금·보험에 관한 법률」에 따른 체신관서

답

**제22조(업종별수협의 조합원 자격)** 법 제106조 제1항에서 "대통령령으로 정하는 종류의 어업"이란 다음 각 호의 어업을 말한다.

1. ▨▨▨
2. 외끌이대형저인망어업
3. 쌍끌이대형저인망어업
4. 동해구외끌이중형저인망어업
5. 서남해구외끌이중형저인망어업
6. 서남해구쌍끌이중형저인망어업
7. 대형트롤어업
8. 동해구중형트롤어업
9. 대형선망어업
10. 근해자망어업
11. 근해안강망어업(어선의 규모가 30톤 이상인 어업으로 한정한다)
12. 근해장어통발어업
13. 근해통발어업
14. 기선권현망어업
15. 잠수기어업
16. 다음 각 목의 어느 하나에 해당하는 양식방법으로 어류 등(패류 외의 수산동물을 말하며, 이하 이 호에서 "어류등"이라 한다)을 양식하거나 어류등의 종자를 생산하는 어업
    가. 가두리식
    나. 축제식(築堤式)
    다. 수조식(水槽式)
    라. 연승식(延繩式)·뗏목식
    마. 살포식(撒布式)·투석식(投石式)·침하식(沈下式)
17. 다음 각 목의 어느 하나에 해당하는 양식방법으로 패류를 양식하거나 패류의 종자를 생산하는 어업
    가. 간이식·연승식·뗏목식
    나. 살포식·투석식·침하식
    다. 가두리식
18. 다음 각 목의 어느 하나에 해당하는 양식방법으로 해조류를 양식하거나 해조류의 종자를 생산하는 어업
    가. 건홍식(건建式)·연승식          나. 투석식
19. ▨▨▨ 에서 뱀장어 등 수산동식물을 포획·채취하거나 양식·종자생산하는 어업
20. 염전에서 바닷물을 자연 증발시켜 소금을 생산하는 사업

> 답

**제23조(수산물가공수협의 조합원 자격)** 법 제111조에서 "대통령령으로 정하는 종류의 수산물가공업을 경영하는 자"란 다음 각 호의 어느 하나에 해당하는 자를 말한다.
1. 수산물냉동·냉장업을 경영하는 자(해당 사업장에서 수산물과 농산물·축산물 또는 임산물을 함께 냉동·냉장하는 경우를 포함한다)
2. 수산물 ▨▨▨ 가공업을 경영하는 자(해당 사업장에서 수산물과 농산물·축산물 또는 임산물을 원료로 하거나 함께 혼합하여 통조림 가공을 하는 경우를 포함한다)
3. 수산물건제품가공업을 경영하는 자(해당 사업장의 공장 면적이 330제곱미터 이상으로 등록되어 있는 경우만 해당한다)
4. ▨▨▨ 가공업을 경영하는 자(해당 사업장의 공장 면적이 200제곱미터 이상으로 등록되어 있는 경우만 해당한다)

**답**

**제23조의2(조합공동사업법인의 설립인가 기준 및 절차)** ① 법 제113조의5 제2항에 따른 조합공동사업법인의 설립인가에 필요한 기준은 다음 각 호와 같다.
1. 회원의 자격이 있는 설립동의자(조합 또는 중앙회에 한정한다)가 ▨▨▨ 이상일 것
2. 회원의 자격이 있는 설립동의자(조합 또는 중앙회에 한정한다)의 ▨▨▨ 이 3억 원 이상일 것

② 조합공동사업법인의 설립인가 절차에 관하여는 제13조(제7호는 제외한다)를 준용한다. 이 경우 "법 제16조 제1항(법 제108조 및 제113조에서 준용하는 경우를 포함한다)"은 "법 제113조의5 제1항"으로, "조합"은 "조합공동사업법인"으로, "조합원"은 "회원"으로 본다.

**답**

**제23조의3(내부통제기준)** ① 법 제127조의4 제1항에 따른 내부통제기준(이하 "내부통제기준"이라 한다)에는 다음 각 호의 사항이 포함되어야 한다.
1. 업무의 분장 및 ▨▨▨ 에 관한 사항
2. 자산의 운용 또는 업무의 수행 과정에서 발생하는 위험의 관리에 관한 사항
3. 임직원이 업무를 수행할 때 준수하여야 하는 절차에 관한 사항
4. 경영의사의 결정에 필요한 정보가 효율적으로 전달될 수 있는 체제의 구축에 관한 사항
5. 임직원의 내부통제기준 준수 여부를 확인하는 절차·방법 및 내부통제기준을 위반한 임직원에

대한 조치에 관한 사항
6. 임직원의 ▢▢▢ 거래명세의 보고 등 불공정 거래행위를 방지하기 위한 절차나 기준에 관한 사항
7. 내부통제기준의 제정 또는 변경 절차에 관한 사항
8. 제1호부터 제7호까지의 사항에 관한 구체적인 기준으로서 해양수산부장관이 정하는 사항
② 중앙회는 내부통제기준을 제정하거나 개정하려면 ▢▢▢의 의결을 거쳐야 한다.

📝 답




제23조의4(준법감시인의 자격요건 등) ① 법 제127조의4 제2항에 따른 준법감시인은 다음 각 호의 요건을 모두 갖춘 사람으로 한다.
1. 다음 각 목의 어느 하나에 해당하는 사람일 것
    가. 중앙회 또는 「금융위원회의 설치 등에 관한 법률」 제38조에 따른 검사 대상 기관(이에 상당하는 외국금융기관을 포함한다)에서 10년 이상 종사한 경력이 있는 사람
    나. 수산업 또는 금융 관계 분야의 석사 이상의 학위를 소지한 사람으로서 연구기관 또는 대학에서 연구원 또는 조교수 이상의 직에 5년 이상 종사한 경력(학위 취득 전의 경력을 포함한다)이 있는 사람
    다. 변호사 또는 공인회계사 자격을 가지고 해당 자격과 관련된 업무에 5년 이상 종사한 경력이 있는 사람
    라. 국가·지방자치단체에서 수산업 또는 금융업과 관련된 업무에 5년 이상 종사한 경력이 있는 사람으로서 해당 기관에서 퇴임 또는 퇴직한 후 ▢▢▢이 지난 사람
2. 법 제51조 제1항 제1호부터 제10호까지의 어느 하나에 해당하지 아니할 것
3. 최근 5년간 금융 관련 법령 또는 수산업협동조합 관련 법령을 위반하여 금융위원회, 금융감독원의 원장 또는 해양수산부장관으로부터 ▢▢▢ 요구 이상에 해당하는 조치를 받은 사실이 없을 것
② 준법감시인은 선량한 관리자의 주의로 그 직무를 수행하여야 하며, 다음 각 호의 직무를 담당해서는 아니 된다.
1. ▢▢▢에 관한 업무
2. 중앙회가 수행하는 상호금융사업, 공제사업과 경제사업 및 그와 관련되는 부대업무
③ 중앙회는 준법감시인이 그 직무를 독립적으로 수행할 수 있도록 하여야 하며, 준법감시인이 그 직무를 수행할 때 자료나 정보의 제출을 임직원에게 요구하는 경우 이에 성실히 응하도록 하여야 한다.

📝 답

제24조의2(중앙회 감사위원의 자격요건) 법 제133조 제2항에서 "대통령령으로 정하는 요건에 적합한 외부전문가"란 다음 각 호의 어느 하나에 해당하는 사람을 말한다.
1. 중앙회, 조합 또는 「금융위원회의 설치 등에 관한 법률」 제38조에 따른 검사대상기관(이에 상응하는 외국금융기관을 포함한다)에서 10년 이상 종사한 경력이 있는 사람. 다만, 중앙회 또는 ▢▢▢에서 최근 2년 이내에 임직원으로 근무한 사람(중앙회 감사위원으로 근무 중이거나 근무한 사람은 제외한다)은 제외한다.
2. 수산업 또는 금융 관계 분야의 석사 이상의 학위를 소지한 사람으로서 연구기관 또는 대학에서 연구원 또는 조교수 이상의 직에 5년 이상 종사한 경력(학위 취득 전의 경력을 포함한다)이 있는 사람
3. ▢▢▢ · 검사 · 군법무관의 직에 5년 이상 종사하거나 변호사 또는 공인회계사로서 5년 이상 종사한 경력이 있는 사람
4. 「자본시장과 금융투자업에 관한 법률」 제9조 제15항 제3호에 따른 주권상장법인에서 법률 · 재무 · 감사 또는 회계 관련 업무에 임원으로 5년 이상 또는 임직원으로 10년 이상 종사한 경력이 있는 사람
5. 국가, 지방자치단체, 공공기관 및 ▢▢▢에서 재무 또는 회계 관련 업무 및 이에 대한 감독업무에 5년 이상 종사한 경력이 있는 사람

답

제25조(사업전담대표이사의 자격요건) 법 제134조 제2항에서 "경력 등 대통령령으로 정하는 요건을 충족하는 사람"이란 다음 각 호의 어느 하나에 해당하는 사람을 말한다.
1. 중앙회에서 ▢▢▢ 이상 종사한 경력이 있는 사람
2. 수산업 관련 국가기관 · 연구기관 · 교육기관 또는 상사회사에서 종사한 경력이 있는 사람으로서 중앙회 ▢▢▢에서 제1호의 사람과 같은 수준 이상의 자격이 있다고 인정하는 사람

답

**제27조(대리인의 선임등기)** ① 수협은행은 회장 또는 [      ]가 법 제136조 제4항에 따라 대리인을 선임한 경우에는 선임 후 [      ] 이내에 대리인을 둔 주된 사무소의 소재지에서 다음 각 호의 사항을 등기하여야 한다. 등기한 사항을 변경된 경우에도 또한 같다.
1. 대리인의 성명과 주소
2. 대리인을 둔 중앙회 또는 지사무소의 명칭과 주소
3. 대리인의 권한을 제한한 경우에는 그 제한 내용

② 제1항에 따른 대리인의 선임에 관한 등기를 신청할 때에는 대리인의 선임을 증명하는 서면과 그 대리인의 권한을 제한한 경우에는 그 사실을 증명하는 서면을 첨부하여야 한다.

답

**제27조의2(회원의 상환준비금의 운용·관리)** 중앙회가 법 제138조 제1항 제4호 가목에 따른 회원의 상환준비금을 운용·관리할 때에는 다음 각 호의 방법으로 하여야 한다.
1. 회원에 대한 대출
2. 「한국은행법」에 따른 한국은행(이하 "한국은행"이라 한다) 또는 제21조 제3항 각 호에 따른 금융기관에의 예치
3. 제21조 제3항 각 호에 따른 금융기관에 대한 단기대출
4. 공공기관에 대한 [      ]
5. 「자본시장과 금융투자업에 관한 법률」 제3조에 따른 금융투자상품의 매입(파생상품의 경우 [      ]를 위한 거래로 한정한다)
6. 「수산업협동조합의 부실예방 및 구조개선에 관한 법률」 제20조에 따른 상호금융예금자보호기금에 대한 자금 지원

**제27조의3(회원의 여유자금의 운용 · 관리)** ① 중앙회가 법 제138조 제1항 제4호 가목에 따른 회원의 여유자금을 운용 · 관리할 때에는 다음 각 호의 방법으로 하여야 한다.
1. 회원에 대한 대출
2. ▨▨▨ 또는 제21조 제3항 각 호에 따른 금융기관에의 예치
3. 제21조 제3항 각 호에 따른 금융기관에 대한 대출
4. 공공기관에 대한 대출
5. 「자본시장과 금융투자업에 관한 법률」 제3조에 따른 금융투자상품의 매입
6. 「수산업협동조합의 부실예방 및 구조개선에 관한 법률」 제20조에 따른 상호금융예금자보호기금에 대한 자금 지원
7. 법인에 대한 대출
8. 중앙회 내에서 다른 사업 부문으로의 운용
9. 그 밖에 해양수산부장관이 ▨▨▨ 와 협의하여 정하는 방법에 따른 운용

② 제1항 제7호에 따른 법인에 대한 대출은 직전 회계연도 말 여유자금 예치금 잔액의 ▨▨▨ 을 초과할 수 없으며, 같은 법인에 대한 대출은 대출 당시 여유자금 예치금 잔액의 100분의 5를 초과할 수 없다. 다만, 제21조 제3항 제1호에 따른 금융기관, 「신용보증기금법」에 따른 신용보증기금, 「기술보증기금법」에 따른 기술보증기금, 「한국주택금융공사법」에 따른 주택금융신용보증기금 또는 「농림수산업자 신용보증법」에 따른 농림수산업자신용보증기금이 지급보증하는 경우에는 그러하지 아니하다.

답

**제27조의4(부대사업의 범위)** 중앙회는 법 제138조 제1항 제16호에 따라 같은 항 제4호의 부대사업으로 다음 각 호의 사업을 할 수 있다. 이 경우 그 사업이 다른 법령에 따라 인가, 허가 등을 받아야 하는 것일 때에는 해당 인가, 허가 등을 받은 범위에서 그 사업을 할 수 있다.
1. 유가증권의 ▨▨▨ 거래
2. ▨▨▨ 채권의 매매. 다만, 매도 거래는 국가, 지방자치단체, 공공기관, 한국은행 또는 제21조 제3항 각 호에 따른 금융기관으로 한정한다.

답

제29조(소형어선 담보에 대한 조치) ① 조합, 중앙회 또는 수협은행으로부터 자금을 차입하는 자가 「어선법」 제13조에 따라 등록된 총톤수 ▨▨▨ 미만의 어선(총톤수 5톤 미만의 ▨▨▨ 은 제외한다)을 담보로 제공하는 경우에는 조합장, 지도경제사업대표이사 또는 수협은행의 은행장(이하 "수협은행장"이라 한다)은 법 제141조 제4항에 따라 다음 각 호의 사항을 적은 서면을 시장·군수·구청장에게 제출하여야 한다.
1. 자금차입자의 주소 및 성명
2. 자금의 대출기관명
3. 자금의 대출액
4. 상환기간, 이율 및 그 밖의 대출조건
② 시장·군수·구청장은 제1항의 서면을 받았을 때에는 지체 없이 ▨▨▨ 에 기입하여야 한다.
③ 시장·군수·구청장은 제1항의 담보로 제공된 어선에 대하여 소유자 명의변경 신청이 있을 때에는 자금을 대출한 조합장, 지도경제사업대표이사 또는 수협은행장의 동의를 받거나 상환완료증명서를 받은 후 그 명의를 변경하여야 한다.
④ 시장·군수·구청장은 제1항의 담보로 제공된 어선에 대하여 다음 각 호의 사실이 있음을 알게 되었을 때에는 자금을 대출한 조합, 중앙회 또는 수협은행에 그 사실을 알려야 한다.
1. 조합, 중앙회 또는 수협은행 외의 자에 의한 ▨▨▨ 의 신청
2. 「수산업·어촌 발전 기본법」에 따른 어선의 폐기·감축 지원 대상으로의 지정

답


제29조의2(국가 보조 또는 융자 사업에 대한 공시정보대상) 법 제141조의2 제1항에서 "자금 사용내용 등 대통령령으로 정하는 정보"란 다음 각 호의 정보를 말한다.
1. 사업명
2. 보조 또는 융자받은 ▨▨▨
3. 사업수행주체
4. 사업기간
5. 자금 사용내용
6. 그 밖에 ▨▨▨ 가 국가 보조 또는 융자 사업에 대하여 공시할 필요가 있다고 판단한 정보

답

제29조의3(수협은행의 등기사항) ① 수협은행은 법 제141조의6 제2항에 따라 설립등기를 할 때에는 다음 각 호의 사항을 등기하여야 한다.
1. 목적
2. 명칭
3. 본점의 소재지
4. 지점의 소재지
5. 자본금, 발행할 주식의 총수 및 1주의 금액
6. 발행한 주식의 총수 및 종류와 종류별 내용 및 수
7. ▨▨ 의 성명·주민등록번호 및 주소
8. 이사 및 감사의 성명 및 주민등록번호
9. 공고의 방법
② 삭제 〈2025. 1. 21.〉
③ 수협은행은 지점을 설치한 경우에는 설치 후 2주일 이내에 ▨▨ 의 소재지에서 지점의 명칭, 소재지 및 설치 연월일을 등기해야 한다.
④ 수협은행은 본점을 이전한 경우에는 이전 후 2주일 이내에 종전 소재지 또는 새 소재지에서 새 소재지와 이전 연월일을 등기해야 한다.
⑤ 수협은행은 지점을 이전한 경우에는 이전 후 ▨▨ 이내에 본점의 소재지에서 새 소재지와 이전 연월일을 등기해야 한다.
⑥ 수협은행은 제1항 각 호 또는 제3항의 등기사항이 변경된 경우(제4항 또는 제5항의 이전등기에 해당하는 경우는 제외한다)에는 변경 후 2주일 이내에 본점의 소재지에서 변경사항을 등기해야 한다.
⑦ 수협은행장은 정관이 정하는 바에 따라 ▨▨ 또는 직원 중에서 수협은행의 업무에 관한 재판상 또는 재판 외의 모든 행위를 할 권한을 가진 대리인을 선임한 경우 해당 대리인의 선임등기에 관하여는 제27조를 준용한다. 이 경우 "회장 또는 사업전담대표이사"는 "수협은행장"으로, "주된 사무소" 및 "중앙회"는 "본점"으로, "지사무소"는 "지점"으로 본다.

답

**제29조의4(수협은행의 업무)** ① 수협은행은 법 제141조의9 제1항 제4호·제6호 및 제7호에 따른 업무를 수행하는 경우에는 국가, 공공단체, 중앙회 또는 조합과 위탁받은 해당 업무에 관한 위탁계약을 ▩▩▩ 으로 체결하여야 한다.

② 수협은행은 법 제141조의9 제1항 제4호에 따라 ▩▩▩ 가 위탁하거나 보조하는 업무를 수행하는 경우 금융 관계 법령과의 상충 여부를 판단하기 위하여 필요한 경우에는 해양수산부장관 및 금융위원회위원장과 협의하여야 한다.

③ 수협은행은 법 제141조의9 제1항 제6호에 따라 중앙회로부터 다음 각 호의 업무를 위탁받아 수행할 수 있다.

1. 공제모집, 공제계약의 유지 및 관리 업무
   가. 공제계약의 체결을 중개하거나 ▩▩▩ 하는 업무
   나. 공제증권, 공제료 납입증명서 등 각종 증명서의 발행 업무
   다. ▩▩▩ 수납 업무
   라. 사고공제금 청구 접수 업무
   마. 공제계약 관계자의 정보 등록, 변경 등 관리 업무
2. 각종 지급금 및 사고공제금 지급 업무
   가. 만기공제금, 해지환급금 등 각종 지급금 지급 업무
   나. 사고공제금 지급 업무
3. 공제계약의 해지, 청약철회 및 부활 관련 업무
   가. 공제계약의 해지 및 청약철회 업무
   나. 공제계약 부활 청약서 접수 업무
4. 공제계약 대출 관련 업무
   가. 공제계약 대출 신청 접수 업무
   나. 대출실행 및 상환 업무
5. 그 밖에 해양수산부장관이 정하여 고시하는 업무

④ 수협은행은 법 제141조의9 제1항 제7호에 따라 중앙회 또는 조합으로부터 다음 각 호와 관련한 ▩▩▩ 의 개발, 운영 및 정보처리 업무를 위탁받아 수행할 수 있다.

1. 법 제60조 제1항 제3호에 따른 신용사업
2. 법 제138조 제1항 제4호에 따른 상호금융사업
3. 그 밖에 중앙회 및 조합이 위탁하거나 보조하는 업무

**답**

**제30조(조합감사위원회 위원의 자격요건)** 법 제144조 제2항에서 "대통령령으로 정하는 요건"이란 다음 각 호와 같다.
1. 조합 또는 [　　]의 감사·회계 또는 수산 관련 부문에서 상근직으로 10년 이상 종사한 경력이 있는 사람. 다만, 조합에서 최근 2년 이내에 임직원으로 근무한 사람은 제외한다.
2. 「은행법」에 따른 은행의 감사 또는 회계 부문에서 상근직으로 10년 이상 종사한 경력이 있는 사람
3. [　　] 또는 [　　] 관련 국가기관·연구기관·교육기관 또는 상사회사에서 상근직으로 10년 이상 종사한 경력이 있는 사람
4. 판사·검사·군법무관의 직에 5년 이상 종사하거나 변호사 또는 [　　]로서 5년 이상 종사한 경력이 있는 사람

답

**제31조(우선출자증권 발행사항의 공고)** 지도경제사업대표이사는 법 제147조에 따라 우선출자를 하게 할 때에는 우선출자의 납입일 [　　] 전까지 발행하려는 우선출자증권의 내용, 좌수(座數), 발행가액, 납입일 및 모집방법을 공고하고 출자자와 우선출자자에게 알려야 한다. 이 경우 [　　]가 우선출자자일 때에는 해양수산부장관에게 알려야 한다.

답

**제32조(우선출자의 청약)** ① 우선출자의 청약을 하려는 자는 [　　]에 인수하려는 우선출자의 좌수 및 인수가액과 주소를 적고 기명날인하여야 한다.
② 우선출자청약서의 서식은 지도경제사업대표이사가 정하되, 다음 각 호의 사항이 포함되어야 한다.
1. 중앙회의 명칭
2. 출자 1좌의 금액 및 총좌수
3. 우선출자 총좌수의 최고한도
4. 이미 발행한 우선출자의 종류 및 종류별 좌수
5. 우선출자를 발행하는 날이 속하는 연도의 전년도 말 현재의 자기자본
6. 발행하려는 우선출자의 [　　]·내용 및 좌수

7. 발행하려는 우선출자의 ▨▨▨ 및 납입일
8. 제37조에 따라 우선출자의 매입소각을 하는 경우에는 그에 관한 사항
9. 우선출자 인수금액의 납입을 취급하는 금융기관

**답**

제33조(우선출자 금액의 납입 등) ① 우선출자의 청약을 한 자는 지도경제사업대표이사가 배정한 우선출자의 좌수에 대하여 우선출자를 인수할 수 있다.
② 제1항에 따라 우선출자를 인수하려는 자는 납입일까지 우선출자 ▨▨▨ 전액을 납입하여야 한다.
③ 우선출자를 인수한 자는 우선출자 발행가액의 납입일의 ▨▨▨부터 우선출자자가 된다.

**답**

제37조(우선출자의 매입소각) 중앙회는 ▨▨▨의 의결을 거쳐 우선출자를 매입하여 소각할 수 있다.

**답**

제38조의2(조합등의 우선출자) ① 조합의 우선출자에 관하여는 제31조부터 제33조까지 및 제37조를 준용한다. 이 경우 "중앙회"는 "조합"으로, "지도경제사업대표이사"는 "▨▨▨"으로 보고, 제31조 중 "법 제147조"는 "법 제22조의2, 제108조 및 제113조"로 본다.
② 조합공동사업법인의 우선출자에 관하여는 제31조부터 제33조까지 및 제37조를 준용한다. 이 경우 "중앙회"는 "조합공동사업법인"으로, "지도경제사업대표이사"는 "▨▨▨"로 보고, 제31조 중 "법 제147조"는 "법 제113조의10 제2항"으로 본다.

**답**

제40조(국가 등의 출자지원) 법 제153조 제1항에서 "대통령령으로 정하는 유가증권"이란 다음 각 호의 유가증권을 말한다.
1. 수협은행이 보유하고 있는 채권 중 국채·지방채와 ▩▩가 원리금의 지급을 보증한 채권
2. ▩▩이 발행한 「은행법」 제33조 제1항 제2호부터 제4호까지의 채권
3. 제1호 또는 제2호의 유가증권에 준하는 것으로서 ▩▩가 인정하는 유가증권

답

제42조(채권의 발행방법) 법 제156조 제1항에 따라 회장, 사업전담대표이사 또는 수협은행장이 수산금융채권(이하 "채권"이라 한다)을 발행할 때에는 ▩▩, 매출 또는 ▩▩의 방법에 따른다.

답

제43조(채권의 형식) 법 제156조 제1항에 따라 중앙회 또는 수협은행이 발행하는 채권은 ▩▩으로 한다. 다만, 청약인 또는 소유자의 요구에 따라 무기명식을 기명식으로, 기명식을 무기명식으로 할 수 있다.

답

제44조(채권의 모집) ① 채권모집에 응하려는 자는 ▩▩ 2부에 청약하려는 채권의 매수(枚數)·금액과 주소를 적고 기명날인하여야 한다.
② 채권청약서는 회장, 사업전담대표이사 또는 수협은행장이 작성하되, 다음 각 호의 사항이 포함되어야 한다.
1. 중앙회 또는 수협은행의 명칭
2. 채권의 발행총액
3. 채권의 권종(券種)별 액면금액
4. 채권의 ▩▩

5. 원금상환의 방법과 시기
6. 채권의  또는 그 최저가액
7. 법 제156조 제3항에 따라 채권의 차환(借換)을 위하여 발행하는 경우 이에 관한 사항
8. 이미 발행한 채권의 미상환분이 있는 경우 그 총액
9. 이자 지급 시기와 방법
10. 법 제167조에 따른 신용사업특별회계(이하 "신용사업특별회계"라 한다)를 제외한 중앙회 또는 수협은행의 자기자본

③ 채권발행의 최저가액을 정한 경우에는 청약인은 채권청약서에 □□□을 적어야 한다.

> 답

**제45조(계약에 따른 채권인수)** 계약에 따라 채권의 을 인수하는 경우에는 제44조를 적용하지 아니한다. □□□을 위탁받은 자가 스스로 채권의 일부를 인수할 때에도 또한 같다.

> 답

**제46조(채권발행의 총액)** 회장, 사업전담대표이사 또는 수협은행장은 채권을 발행하는 경우로서 실제로 청약된 총액이 채권청약서에 적힌 채권발행총액에 미치지 못한 경우에도 채권을 한다는 표시를 할 수 있다. 이 경우 채권발행총액은 □□□으로 한다.

> 답

**제47조(모집발행채권의 기재사항)** 채권을 모집의 방법으로 발행할 때에는 제44조 제2항 제1호부터 제5호까지 및 제9호의 사항과 를 적어야 한다.

> 답

**제48조(채권의 납입)** ① 채권의 [　　] 을 마쳤을 때에는 회장, 사업전담대표이사 또는 수협은행장은 지체 없이 각 채권 발행가액 전액을 납입시켜야 한다.
② 채권은 제50조에 따라 발행하는 경우를 제외하고는 전액을 납입한 후가 아니면 그 증권을 [　　] 할 수 없다.

답

**제49조(채권모집의 위탁)** 채권모집을 위탁받은 자는 [　　] 로 제48조에 따른 행위를 할 수 있다.

답

**제50조(채권의 매출발행)** ① 채권을 매출의 방법으로 발행할 때에는 회장, 사업전담대표이사 또는 수협은행장은 다음 각 호의 사항을 공고하여야 한다.
1. 매출기간
2. 제44조 제2항 제1호부터 제6호까지 및 제9호의 사항
② 제1항의 경우에는 [　　] 가 필요하지 아니하다.
③ 제1항에 따라 발행하는 채권에는 제44조 제2항 제1호·제3호부터 제5호까지 및 제9호의 사항과 [　　] 를 적어야 한다.

답

**제51조(매출채권의 총액)** 채권의 매출기간 중에 매출한 채권총액이 제50조 제1항에 따라 공고한 채권의 총액에 달하지 아니할 때에는 그 [　　] 을 채권의 총액으로 한다.

답

제54조(채권원부) ① 회장, 사업전담대표이사 또는 수협은행장은 주된 사무소에 채권원부를 갖춰 두고 다음 각 호의 사항을 적어야 한다.
1. 채권의 권종별 수와 번호
2. 채권의 발행일
3. 제44조 제2항 제2호부터 제5호까지 및 제9호의 사항
4. 각 채권에 대한 ▨▨▨ 및 납입 연월일
5. 채권이 ▨▨▨인 경우에는 채권소유자의 주소·성명 및 취득 연월일
② 회장, 사업전담대표이사 또는 수협은행장은 회원과 채권자가 요구하면 ▨▨▨에는 언제든지 채권원부를 열람시켜야 한다.

답

제55조(채권의 매입소각) 회장, 사업전담대표이사 또는 수협은행장은 ▨▨▨의 의결을 거쳐 채권을 매입하여 소각할 수 있다.

답

제56조(통지와 독촉) ① 채권청약인에 대한 통지와 독촉은 ▨▨▨에 적힌 청약인의 주소로 하며, 그 청약인이 따로 주소를 회장, 사업전담대표이사 또는 수협은행장에게 통지한 경우에는 그 주소로 통지와 독촉을 해야 한다.
② ▨▨▨ 채권의 채권자에 대한 통지와 독촉은 소유자가 따로 그 주소를 회장, 사업전담대표이사 또는 수협은행장에게 통지한 경우를 제외하고는 채권원부에 적힌 주소로 한다.
③ ▨▨▨ 채권의 소지자에 대한 통지와 독촉은 공고의 방법으로 한다.

답

제58조(질권 설정) ▮▮▮▮ 채권에 질권을 설정한 경우에는 「상법」 제338조 및 제340조를 준용한다.

답

제59조(이권의 흠결) ① 이권(利權) 있는 ▮▮▮▮ 채권을 상환하는 경우에 이권이 흠결된 것에 대해서는 그 이권에 상당하는 금액을 상환액에서 공제한다.
② 제1항에 따라 그 이권에 상당하는 금액이 상환액에서 공제된 이권의 소지인은 언제든지 그 이권과의 ▮▮▮▮ 으로 공제된 금액의 지급을 청구할 수 있다.

답

제61조(해양수산부장관 등의 감독 등) ① ▮▮▮▮ 은 감독을 위하여 필요할 때에는 법 제169조 제1항에 따라 조합등, 중앙회, 수협은행 및 법 제114조에 따른 수산업협동조합협의회(이하 "조합협의회"라 한다)에 대하여 소속 공무원으로 하여금 업무 및 재산 상황을 감사하게 할 수 있으며, 그 결과에 따라 필요한 조치를 할 수 있다.
② 해양수산부장관은 법 제169조 제1항에 따른 감독을 효과적으로 수행하기 위하여 필요한 절차 및 방법 등 세부사항을 정하여 고시하여야 한다.
③ ▮▮▮▮ 은 법 제169조 제4항에 따른 감독에 필요하다고 인정할 때에는 조합등에 대하여 지방자치단체가 보조한 사업과 관련된 업무에 관한 자료의 제출을 요구할 수 있다. 이 경우 해당 조합등은 정당한 사유가 없으면 그 요구에 따라야 한다.
④ ▮▮▮▮ 는 법 제169조 제5항에 따른 감독에 필요하다고 인정할 때에는 조합(신용사업에 한정한다) 및 수협은행에 대하여 그 업무 또는 재산에 관한 자료의 제출을 요구할 수 있다. 이 경우 해당 조합 및 수협은행은 정당한 사유가 없으면 그 요구에 따라야 한다.
⑤ 법 제169조 제7항 본문에서 "대통령령으로 정하는 기준액"이란 직전 회계연도 말의 자산총액 300억 원(2015회계연도까지는 3천억 원)을 말한다.

답

### 제62조(감독권의 위임·위탁) 해양수산부장관은 법 제169조 제3항에 따라 다음 각 호의 권한을 회장에게 위탁한다.

1. 법 제86조 제4항(법 제108조 및 제113조에서 준용하는 경우를 포함한다)에 따른 ▨▨▨ 사무의 감독
2. 법 제172조 제1항에 따른 경영지도 업무(이 영 제65조 제3항에 따른 경영지도에 필요한 세부사항의 제정·고시에 관한 업무를 포함한다)
3. 제61조에 따른 조합에 대한 감사 중 ▨▨▨ 인 업무에 대한 감사와 그 결과에 따른 필요한 조치

 답

### 제63조(경영지도의 통지) 해양수산부장관은 법 제172조 제1항에 따라 경영지도를 할 때에는 그 사유 및 기간 등을 해당 조합등에 ▨▨▨ 으로 알려야 한다.

답

### 제64조(경영지도의 방법 등) ① 법 제172조 제1항에 따른 경영지도는 그에 필요한 자료를 제출받아 ▨▨▨ 으로 하는 것을 원칙으로 한다. 다만, 다음 각 호의 어느 하나에 해당하는 경우에는 직원을 조합등의 사무소에 파견하여 현지지도를 할 수 있다.

1. 경영지도를 받고 있는 조합등이 ▨▨▨ 의 가능성이 큰 경우
2. 불법·부실 대출의 회수 실적이 모자라고 조합등이 자체적으로 시정할 수 없다고 인정되는 경우
3. 불법·부실 대출이 추가로 이루어진 경우
4. 그 밖에 제1호 및 제2호에 준하는 경우로서 현지지도를 할 필요가 있다고 인정되는 경우

② 법 제172조 제2항 제3호에서 "대통령령으로 정하는 사항"이란 다음 각 호의 사항을 말한다.
1. 위법·부당한 행위의 시정
2. 부실한 자산의 정리
3. 인력 및 조직 운영의 개선

 답

**제65조(경영지도의 기간 등)** ① 법 제172조 제1항에 따른 경영지도의 기간은 ▨▨▨로 한다. 다만, 해양수산부장관은 조합원을 보호하기 위하여 필요하다고 인정하면 6개월 단위로 경영지도의 기간을 연장할 수 있다.

② 해양수산부장관은 제1항에 따라 경영지도의 기간을 연장하려는 경우에는 그 이유를 구체적으로 밝혀 경영지도 기간의 만료일 ▨▨▨ 전까지 그 사실을 해당 조합등에 서면으로 알려야 한다.

③ 제64조 및 제1항·제2항에서 규정한 사항 외에 경영지도에 필요한 세부사항은 해양수산부장관이 정하여 고시한다.

> 답

**제66조(채무의 지급정지)** 해양수산부장관은 법 제172조 제3항에 따라 채무의 지급을 정지하는 경우에도 다음 각 호의 어느 하나에 해당하는 채무는 지급정지의 대상에서 제외한다.

1. ▨▨▨ 또는 임차료의 지급채무
2. 「근로기준법」 제38조 제2항에 따라 우선변제권이 인정되는 최종 ▨▨▨분의 임금 및 재해보상금에 관한 채무
3. 「근로자퇴직급여 보장법」 제12조 제2항에 따라 우선변제권이 인정되는 최종 3년간의 ▨▨▨에 관한 채무
4. 그 밖에 조합등의 유지·관리를 위하여 필요한 것으로서 해양수산부장관이 정하여 고시하는 채무

> 답

**제67조(임원의 직무정지)** 해양수산부장관은 법 제172조 제3항에 따라 임원의 직무를 정지하려는 때에는 당사자에게 미리 그 근거와 이유를 ▨▨▨으로 알려야 한다.

> 답

제68조(회원 간의 분쟁조정 등) ① 회장은 회원의 건전한 발전을 도모하고 조합등, 중앙회 및 조합협의회 간의 업무구역, 사업영역 등에 관한 분쟁 등을 자율적으로 조정하기 위하여 ▉▉▉를 설치·운영할 수 있다.
② 제1항에 따른 ▉▉▉의 구성·운영 등에 필요한 사항은 중앙회의 정관으로 정한다.

> 답

제69조(조합에 대한 지도) ① 회장은 법 제142조 제2항에 따른 경영평가 또는 법 제146조에 따른 감사 결과 ▉▉▉ 및 사고금이 너무 많이 발생하거나 그 밖에 이에 준하는 사유로 경영 상태가 극히 불량한 회원에 대하여 그 경영의 빠른 정상화와 조합원 또는 제3자 보호를 위하여 특히 필요하다고 인정할 때에는 소속 직원을 그 회원에 ▉▉▉하여 업무를 지도할 수 있다.
② 중앙회는 법 제138조 제1항 각 호의 사업 수행과 법 제142조 및 제146조에 따른 회원에 대한 지도, 경영평가 및 효율적인 감사를 위하여 필요한 경우 자료의 제출, 관련자의 출석·진술을 요구할 수 있다.
③ 제2항의 요구를 받은 회원은 지체 없이 이에 따라야 한다.

> 답

제69조의2(민감정보 및 고유식별정보의 처리) ① 조합, 중앙회 또는 수협은행은 다음 각 호의 사무(수협은행의 경우에는 제11호에 한정한다)를 수행하기 위하여 불가피한 경우 「개인정보 보호법 시행령」 제19조에 따른 ▉▉▉, 여권번호, ▉▉▉의 면허번호 또는 외국인등록번호(이하 "고유식별정보"라 한다)가 포함된 자료를 처리할 수 있다.
1. 법 제20조, 제22조·제25조·제33조(법 제108조, 제113조 및 제168조에서 준용하는 경우를 포함한다), 제106조 및 제111조에 따른 조합원의 자격, 출자, 사업 이용 및 지분 환급에 관한 사무
2. 법 제21조(법 제108조, 제113조 및 제168조에서 준용하는 경우를 포함한다)에 따른 준조합원의 가입, 탈퇴 및 사업 이용에 관한 사무
3. 법 제22조의2(법 제108조 및 제113조에서 준용하는 경우를 포함한다) 및 제147조에 따른 우선출자에 관한 사무

4. 법 제31조 제3항(법 제108조 및 제113조에서 준용하는 경우를 포함한다)에 따른 조합원의 탈퇴 확인에 관한 사무
5. 법 제48조(법 제108조 및 제113조에서 준용하는 경우를 포함한다) 및 제133조에 따른 감사 및 이에 따른 조치 등에 관한 사무
6. 법 제51조(법 제108조, 제113조 및 제168조에서 준용하는 경우를 포함한다)에 따른 임원의 결격사유 확인에 관한 사무
7. 법 제61조(법 제108조 및 제113조에서 준용하는 경우를 포함한다)에 따른 비조합원의 사업 이용에 관한 사무
8. 법 제71조 제3항(법 제108조, 제113조 및 제168조에서 준용하는 경우를 포함한다)에 따른 배당에 관한 사무
9. 법 제142조의2에 따른 자회사에 대한 지도·감독에 관한 사무
10. 법 제143조 및 제146조에 따른 회원에 대한 지도·감사 및 이에 따른 조치 등에 관한 사무
11. 법 제156조에 따른 ◯◯◯의 발행 및 관리에 관한 사무

② 해양수산부장관은 법 제169조 및 제170조에 따른 감독 및 법령 위반에 대한 조치와 관련된 사무를 수행하기 위하여 불가피한 경우 고유식별정보가 포함된 자료를 처리할 수 있다.

③ 지방자치단체의 장은 법 제169조 제4항에 따른 감독 및 필요한 조치와 관련된 사무를 수행하기 위하여 불가피한 경우 고유식별정보가 포함된 자료를 처리할 수 있다.

④ 조합, 중앙회 또는 수협은행은 다음 각 호의 사무를 수행하기 위하여 필요한 범위에 한정하여 다음 각 호의 구분에 따라 「개인정보 보호법」 제23조에 따른 ◯◯◯ 중 건강에 관한 정보(이하 "건강정보"라 한다) 또는 고유식별정보가 포함된 자료를 처리할 수 있다.

1. 법 제60조 제1항 제4호, 제107조 제1항 제3호, 제112조 제1항 제3호 및 제138조 제1항 제5호에 따른 공제사업 또는 이 영 제29조의4 제3항에 따른 업무를 위한 공제계약의 체결, 유지·관리 및 공제금의 지급 등에 관한 사무 : 공제계약자 또는 피공제자에 관한 건강정보 또는 고유식별정보
2. 「상법」 제639조 및 제664조에 따른 타인을 위한 공제계약의 체결, 유지·관리 및 공제금의 지급에 관한 사무 : 피공제자에 관한 건강정보 또는 고유식별정보
3. 「상법」 제664조 및 제719조(「상법」 제726조에서 준용하는 재보험계약을 포함한다)에 따라 제3자에게 배상할 책임을 이행하기 위한 사무 : 제3자에 대한 건강정보 또는 고유식별정보
4. 「상법」 제664조 및 제733조에 따른 공제수익자 지정 또는 변경에 관한 사무 : 공제수익자에 관한 고유식별정보
5. 「상법」 제664조 및 제735조의3에 따른 단체공제계약의 체결, 유지·관리 및 공제금의 지급에 관한 사무 : 피공제자에 대한 건강정보 또는 고유식별정보

답

**제69조의3(규제의 재검토)** 은 다음 각 호의 사항에 대하여 다음 각 호의 기준일을 기준으로 3년마다(매 3년이 되는 해의 기준일과 같은 날 전까지를 말한다) 그 타당성을 검토하여 개선 등의 조치를 해야 한다.
  1. 삭제 〈2022. 3. 8.〉
  2. 삭제 〈2020. 3. 3.〉
  3. 제17조에 따른 간부직원의 자격 : 2017년 1월 1일
  4. 제18조에 따른 조합의 자금차입 한도 및 신용사업의 한도와 방법 : 2019년 1월 1일
  5. 제24조의2에 따른 중앙회 감사위원의 자격요건 : 2019년 1월 1일
  6. 제27조의2에 따른 회원의 상환준비금의 운용·관리 : 2019년 1월 1일
  7. 제27조의4에 따른 부대사업의 범위 : 2019년 1월 1일
  8. 제30조에 따른 조합감사위원회 위원의 자격요건 : 2019년 1월 1일

답

**제70조(과태료의 부과 및 징수절차)** 구·시·군가 법 제180조 제5항에 따라 과태료를 부과·징수하는 경우 그 성질에 어긋나지 아니하는 범위에서 「공직선거관리규칙」 제143조를 준용한다.

답

# 규칙 수산업협동조합법 시행규칙

**제1조(목적)** 이 규칙은 「▢▢▢▢」 및 같은 법 시행령에서 위임된 사항과 그 시행에 필요한 사항을 규정함을 목적으로 한다.

> **답**

**제2조(어촌계의 설립준비위원회와 창립총회)** ① 지구별 수산업협동조합(이하 "지구별수협"이라 한다)의 조합원이 어촌계를 설립하려는 경우에는 「수산업협동조합법 시행령」(이하 "영"이라 한다) 제4조제1항에 따른 발기인이 다음 각 호의 사항을 1주일 이상 주된 사무소의 예정지에 공고한 후 설립준비위원회를 개최하여야 한다.
1. 명칭
2. 구역
3. 어촌계원의 자격
4. 어촌계원의 권리와 의무
5. 그 밖에 어촌계 설립에 필요한 사항

② 설립준비위원회는 어촌계의 정관안과 ▢▢▢안을 작성하고 가입 신청에 관한 사항, 창립총회의 일시 및 장소를 정하여 1주일 이상 주된 사무소의 예정지에 공고한 후 어촌계원의 자격이 있는 사람 중 어촌계의 설립에 동의하는 사람으로부터 어촌계 ▢▢▢를 받아야 한다.

③ 다음 각 호의 사항은 창립총회의 의결을 거쳐야 한다.
1. ▢▢▢
2. 사업계획 및 수지예산
3. 그 밖에 어촌계 설립에 필요한 사항

> **답**

제3조(어촌계의 설립인가 신청 및 통보) ① ▭가 영 제4조 제1항에 따라 어촌계의 설립인가를 받으려는 경우에는 별지 제1호서식의 어촌계설립인가 신청서에 다음 각 호의 서류를 첨부하여 시장(특별자치도의 경우에는 특별자치도지사를 말한다. 이하 같다)·군수·구청장(자치구의 구청장을 말한다. 이하 같다)에게 제출하여야 한다.
1. 정관
2. 창립총회 의사록
3. 사업계획서 및 수지예산서
4. 임원 및 어촌계원 명부
5. 구역 및 ▭ 약도
6. 삭제 〈2013. 12. 30.〉
② 시장·군수·구청장은 어촌계의 설립을 인가한 경우에는 그 사실을 관할 ▭의 장에게 통보하여야 한다.

**답**

제4조(조합원 가입 신청) 「수산업협동조합법」(이하 "법"이라 한다) 제29조(법 제108조 및 제113조에서 준용하는 경우를 포함한다)에 따라 조합원의 자격을 가진 자가 조합에 가입하려는 경우에는 ▭에 다음 각 호의 서류를 첨부하여 ▭에게 제출하여야 한다.
1. 법 제20조에 따른 조합원 자격을 증명하는 서류로서 국가 또는 지방자치단체에서 발급한 서류
2. 삭제 〈2017. 1. 2.〉
3. 그 밖에 정관에서 정하는 조합원 자격을 증명하는 서류

**답**

제5조(의결 취소의 청구 등) 법 제35조 제1항(법 제108조, 제113조, 제113조의10 및 제168조에서 준용하는 경우를 포함한다)에 따라 총회(창립총회를 포함한다)의 의결이나 선거에 따른 당선의 취소 또는 무효 확인을 청구하려는 조합원 또는 회원은 청구의 취지·이유 및 위반되었다고 주장하는 규정을 분명히 밝힌 취소청구서 또는 무효확인청구서에 총회의사록 또는 선거록 ▢▢▢ 및 사실관계를 증명할 수 있는 서류를 첨부하여 ▢▢▢ 에게 제출하여야 한다.

답

제6조(정관 변경 등의 인가 신청) ① 조합 및 법 제113조의3에 따른 조합공동사업법인(이하 "조합공동사업법인"이라 한다)이 법 제37조 제2항 본문(법 제108조, 제113조 및 제113조의10에서 준용하는 경우를 포함한다)에 따라 정관의 변경 또는 조합 및 조합공동사업법인(이하 "조합등"이라 한다)의 해산·합병·분할의 인가를 받으려는 경우에는 인가신청서에 정관의 변경 또는 조합등의 해산·합병·분할을 의결한 총회의사록을 첨부하여 ▢▢▢ 에게 제출하여야 한다.
② ▢▢▢ 가 법 제126조 제2항 본문에 따라 정관 변경의 인가를 받으려는 경우에는 인가신청서에 정관의 변경을 의결한 총회의사록을 첨부하여 해양수산부장관에게 제출하여야 한다.
③ 법 제141조의4에 따른 수협은행(이하 "수협은행"이라 한다)이 법 제141조의5 제2항 본문에 따라 정관 변경의 인가를 받으려는 경우에는 인가신청서에 정관의 변경을 의결한 총회의사록을 첨부하여 해양수산부장관에게 제출하여야 한다.

답

제7조(조합의 자금차입 한도의 예외) 조합이 영 제18조 제3항에 따라 자금의 차입한도를 초과하여 중앙회 또는 수협은행으로부터 자금을 차입하려는 경우에는 다음 각 호의 구분에 따라 중앙회의 지도경제사업대표이사 또는 해양수산부장관의 승인을 받아야 한다.
1. ▢▢▢ 의 수행을 위하여 자금이 필요한 경우 : 중앙회의 지도경제사업대표이사
2. 예금 인출 등 불가피한 사유로 자금이 필요한 경우 : 해양수산부장관

답

**제8조(상임이사를 두어야 하는 기준)** 법 제46조 제2항 단서(법 제108조 및 제113조에서 준용하는 경우를 포함한다)에서 "해양수산부령으로 정하는 기준"이란 직전 회계연도 말 자산 규모 ▨▨▨ 을 말한다.

답

**제8조의2(다수인이 왕래하거나 집합하는 공개된 장소의 범위)** 법 제53조 제8항 제3호(법 제108조, 제113조 및 제168조에서 준용하는 경우를 포함한다)에서 "도로·시장 등 해양수산부령으로 정하는 다수인이 왕래하거나 집합하는 공개된 장소"란 도로·도로변·광장·공터·주민회관·시장·점포·공원·운동장·주차장·위판장·선착장·방파제·대기실·경로당 등 누구나 오갈 수 있는 공개된 장소를 말한다. 다만, 다음 각 호의 어느 하나에 해당하는 장소는 제외한다.
1. ▨▨▨·▨▨▨·극장의 안
2. 지구별수협(법 제108조에 따라 법 제53조 제8항 제3호가 준용되는 경우에는 업종별 수산업협동조합을 말하고, 법 제113조에 따라 법 제53조 제8항 제3호가 준용되는 경우에는 수산물가공 수산업협동조합을 말하며, 법 제168조에 따라 법 제53조 제8항 제3호가 준용되는 경우에는 중앙회를 말한다)의 ▨▨▨ 나 지(支)사무소의 건물의 안

답

**제8조의3(선거운동방법)** 법 제53조 제8항(법 제108조, 제113조 및 제168조에서 준용하는 경우를 포함한다)에 따른 ▨▨▨ 에 관한 세부적인 사항은 별표 1의2와 같다.

답

**제9조(조합원이 아닌 수산업자에 대한 대출)** 해양수산부장관은 법 제60조 제6항(법 제108조, 제113조 및 제168조에서 준용하는 경우를 포함한다)에 따라 조합원이 아닌 수산업자에 대한 자금의 대출에 관하여 다음 각 호의 사항을 정하여 조합, 중앙회 및          등 관련 기관에 통보하여야 한다.
1. 대출 대상자 및 지원 규모
2. 대출 한도 및 조건
3. 그 밖에 자금의 대출에 필요한 사항

답

**제9조의2(공제규정 기재사항)** ① 법 제60조의2 제2항(법 제108조, 제113조 및 제168조에서 준용하는 경우를 포함한다)에 따라 공제규정에 포함되어야 하는 사항은 다음 각 호와 같다.
1. 공제사업의 실시에 관한 다음 각 목의 사항
   가. 공제사업의 
   나. 공제를 모집할 수 있는 자
   다. 공제상품 안내 자료의 기재사항
   라. 통신수단을 이용한 모집 시 준수사항
   마. 공제 모집 시 금지행위
   바. 공제 모집 시 불법행위로 인한 공제계약자 등에 대한 손해배상에 관한 사항
2. 공제상품에 관한 다음 각 목의 사항
   가. 공제상품 개발기준
   나. 사업방법서, 약관, 공제료 및 책임준비금 산출방법에 관한 사항
3. 공제계약에 관한 다음 각 목의 사항
   가. 공제계약자 및 피공제자(被共濟者)의 범위
   나. 공제계약의 성립 및 책임 개시에 관한 사항
   다. 공제계약의 체결 절차
   라. 공제금의 지급 및 지급 사유에 관한 사항
   마. 공제계약의 무효에 관한 사항
   바. 공제계약의 변경에 관한 사항
   사.        의 수납 및 환급에 관한 사항
   아. 공제계약의 해지ㆍ부활ㆍ소멸에 관한 사항
   자. 공제자의 의무 범위 및 그 의무 이행의 시기에 관한 사항
   차. 공제자의 면책사유에 관한 사항
4. 공제자산 운용의 범위 및 방법에 관한 사항

5. 공제회계에 관한 다음 각 목의 사항
   가. 결산, 재무제표 작성, 사업비 집행 등의 회계처리에 관한 사항
   나. 책임준비금 등의 적립 및 배당에 관한 사항
6. 재무건전성 및 공시에 관한 다음 각 목의 사항
   가. 지급여력(支給餘力)의 산출 기준 및 방법
   나. 자산건전성 기준 및 위험관리에 관한 사항
   다. 경영공시 및 ▓▓▓의 방법·절차 등에 관한 사항
7. 공제 회계처리 및 손해사정(損害査定)에 관한 사항
8. 공제분쟁심의위원회의 설치 및 운영에 관한 사항
9. 조합의 재공제(再共濟) 및 중앙회의 재보험(再保險)에 관한 사항
10. 법 제169조 제8항에 따른 공제사업 감독기준에서 정한 사항과 그 밖에 공제사업을 위하여 필요한 사항

② 공제규정에는 제1항에 따라 포함되어야 하는 사항 외에 공제상품의 표준사업방법서 및 ▓▓▓ 이 공제규정 부속서로 포함되어야 한다.

**답**

---

제9조의3(책임준비금의 적립기준) ① 공제사업을 하는 조합 또는 중앙회는 법 제60조의2 제3항(법 제108조, 제113조 및 제168조에서 준용하는 경우를 포함한다)에 따라 공제사업의 종류별로 다음 각 호의 금액을 책임준비금으로 적립한다.
1. 매 회계연도 말 현재 지급 사유가 발생하지 아니하였으나 장래에 지급할 공제금 및 환급금에 충당하기 위하여 공제료 및 책임준비금 산출방법서에서 정하는 바에 따라 계산한 공제료 적립금과 미경과(未經過) 공제료
2. 매 회계연도 말 현재 지급 사유가 발생하였으나 신청 지연 또는 지급금액 미확정 등의 사유로 아직 지급하지 아니한 공제금 및 환급금에 대하여 지급하여야 할 것으로 추정되는 금액
3. 공제계약자에게 배당하기 위하여 적립한 ▓▓▓
4. 법 제169조 제8항에 따른 공제사업 감독기준에서 정하는 바에 따른 ▓▓▓ 및 공제기금

② 제1항에도 불구하고 공제사업을 중앙회에 전액 ▓▓▓ 하는 조합의 경우에는 책임준비금을 적립하지 아니할 수 있다.

**답**

제9조의4(조합공동사업법인 회원의 가입 신청) 법 제113조의4에 따라 조합공동사업법인의 회원의 자격을 가진 자가 조합공동사업법인에 가입하려는 경우에는 다음 각 호의 서류를 첨부하여 조합공동사업법인에 제출하여야 한다.
1. 법인 등기사항증명서
2. 정관
3. 인수하려는 　　　　 수를 적은 서면
4. 조합공동사업법인에 가입을 의결한 총회의사록(이사회의 의결이 필요한 경우에는 이사회의사록을 말한다)
5. 　　　　

답

제9조의5(수산업협동조합협의회의 구성 등) ① 법 제114조 제1항에 따른 조합협의회는 　　　　의 경우에는 특별시·광역시·도 또는 특별자치도를 단위로 구성하고, 업종별수협 및 수산물가공수협의 경우에는 　　　　을 단위로 구성할 수 있다.
② 제1항에서 규정한 사항 외에 조합협의회의 구체적인 구성 및 운영 등에 필요한 사항은 해양수산부장관이 정하여 고시한다.

답

제10조(국가 보조 또는 융자 사업에 대한 정보의 공시) ① 중앙회의 회장 및 사업전담대표이사는 소관 업무의 범위에서 법 제141조의2 제1항에 따른 국가 보조 또는 융자 사업에 대한 자금 사용내용 등을 중앙회의 　　　　에 보고하여야 한다.
② 중앙회는 제1항에 따른 국가 보조 또는 융자 사업에 대한 자금 사용내용 등에 관하여 중앙회의 　　　　에 공시하여야 한다.

답

**제10조의2(수협은행의 우대조치)** 수협은행은 법 제141조의9 제5항에 따라 조합 및 중앙회에 법 제141조의9 제4항 각 호의 어느 하나에 해당하는 자금을 지원하는 경우 이자, 수수료 및 ▮▮▮ 등 지원조건을 우대할 수 있다.

답

**제10조의3(외부회계감사)** 법 제169조 제7항 단서에서 "회계부정, 횡령, 배임 등 해양수산부령으로 정하는 중요한 사항이 발생한 조합"이란 임직원이 다음 각 호의 어느 하나에 해당하는 행위로 징계를 받은 조합을 말한다.
1. 「▮▮▮」 제355조(횡령, 배임) 또는 제356조(업무상의 횡령과 배임)에 해당하는 행위
2. 「특정경제범죄 가중처벌 등에 관한 법률」 제5조(수재 등의 죄) 또는 제7조(알선수재의 죄)에 해당하는 행위
3. 「특정경제범죄 가중처벌 등에 관한 법률」 제8조(사금융 알선 등의 죄)에 해당하는 행위
4. 조합자금의 편취·유용 또는 예산의 부당전용·▮▮▮ 등의 회계부정

답

**제10조의4(업무정지의 세부기준)** 법 제170조 제4항에 따른 조합등 또는 ▮▮▮에 대한 업무정지의 세부기준은 별표 2와 같다.

답

**제11조(조합원의 검사 청구)** 조합원이 법 제174조 제1항에 따라 검사를 청구할 때에는 청구의 취지·이유 및 위반되었다고 주장하는 ▮▮▮을 분명히 밝힌 검사청구서를 ▮▮▮에게 제출하여야 한다.

답

# 전국 수험 1회 기출예상문제 답안지

# 2회 기출예상문제

# 전국 수험 3회 기출예상문제

# 전국 수험 4회 기출예상문제

# 대기업·금융

  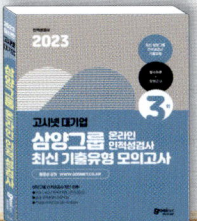  

저마다의 일생에는,
특히 그 일생이 동터 오르는 여명기에는
모든 것을 결정짓는 한 순간이 있다.
그 순간을 다시 찾아내는 것은 어렵다.
그것은 다른 수많은 순간들의 퇴적 속에
깊이 묻혀있다.

- 장 그르니에, 섬 LES ILES

# 2026 고시넷

## 전국 수협 전공시험
### 수협법 일반관리계 선택과목

### 정답과 해설

NCS 직무수행능력평가

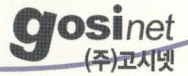

스마트폰에서 검색

고시넷 금융권

**베스트셀러!!**

# 금융상식
# 경제상식 경영상식
## 은행 필기시험

**최신 금융·디지털 용어 정리** → **110개 빈출테마** → **OX문제로 필수이론 마스터**

IBK기업은행, NH농협은행, KB국민은행, 신한은행,
KEB하나은행, 한국주택금융공사, 신용보증기금,
수협은행, 새마을금고중앙회, 신협중앙회
금융권 필기시험 대비

# 2026 고시넷

## 전국 수협 전공시험
### 수협법 일반관리계 선택과목

**정답과 해설**

NCS 직무수행능력평가

gosinet
(주)고시넷

# 정답과 해설

## 파트2 기출예상모의고사

### 1회 기출예상문제

▶문제 190쪽

| 01 | ① | 02 | ④ | 03 | ③ | 04 | ⑤ | 05 | ① |
| 06 | ③ | 07 | ② | 08 | ① | 09 | ③ | 10 | ② |
| 11 | ④ | 12 | ④ | 13 | ④ | 14 | ② | 15 | ① |
| 16 | ② | 17 | ⑤ | 18 | ① | 19 | ② | 20 | ④ |
| 21 | ⑤ | 22 | ① | 23 | ④ | 24 | ⑤ | 25 | ④ |
| 26 | ③ | 27 | ⑤ | 28 | ② | 29 | ③ | 30 | ⑤ |
| 31 | ② | 32 | ⑤ | 33 | ④ | 34 | ⑤ | 35 | ② |
| 36 | ④ | 37 | ④ | 38 | ① | 39 | ③ | 40 | ③ |
| 41 | ⑤ | 42 | ① | 43 | ④ | 44 | ② | 45 | ④ |
| 46 | ④ | 47 | ② | 48 | ② | 49 | ③ | 50 | ⑤ |

## 01
| 정답 | ①

| 해설 | 「수산업협동조합법」에서 정의하는 수산업은 어업과 수산물가공업을 의미하며, 여기에는 「수산업법」 제2조 제5호에 따른 수산물가공업과 「내수면어업법」 제2조 제5호에 따른 내수면어업, 「양식산업발전법」 제2조 제2호에 따른 양식업을 포함한다(「수산업협동조합법」 제2조 제1호, 제2호).

## 02
| 정답 | ④

| 해설 | 수협중앙회는 회원의 사업이 원활히 이루어지도록 돕고, 회원의 공동이익을 위한 사업을 수행함을 원칙으로 하며, 회원 공동의 이익을 위해 회원과 공동출자의 방식으로 사업을 수행할 수 있다(「수산업협동조합법」 제6조 제2항).
| 오답풀이 |
① 「수산업협동조합법」 제5조 제1항
② 「수산업협동조합법」 제5조 제2항
③ 수협중앙회는 설립 취지에 반하여 영리 또는 투기를 목적으로 하는 업무를 하여서는 아니 된다(「수산업협동조합법」 제5조 제3항).
⑤ 「수산업협동조합법」 제6조 제2항

## 03
| 정답 | ③

| 해설 | 수협중앙회의 업무 및 재산에 대하여는 국가 및 지방자치단체의 조세 외의 부과금을 면제한다(「수산업협동조합법」 제8조). 따라서 수협중앙회의 사업에 국세가 면제되지는 않는다.
| 오답풀이 |
① 「수산업협동조합법」 제9조 제1항
② 「수산업협동조합법」 제9조 제2항
④ 수협중앙회는 공직선거에서 특정 정당을 지지하는 행위와 특정인이 당선되게 하거나 당선되지 아니하도록 하는 행위를 하여서는 아니 되며(「수산업협동조합법」 제7조 제1항), 누구든지 중앙회를 이용하여 제1항에 따른 행위를 하여서는 아니 된다(「수산업협동조합법」 제7조 제2항).
⑤ 수협중앙회의 회장은 중앙회의 발전을 위하여 필요한 사항에 관하여 국가와 공공단체에 의견을 제출할 수 있으며, 이 경우 국가와 공공단체는 그 의견이 반영되도록 노력하여야 한다(「수산업협동조합법」 제9조 제3항).

## 04
| 정답 | ⑤

| 해설 | 제시된 글은 어촌계(漁村契)에 대한 설명이다. 지구별수협의 조합원은 행정구역·경제권 등을 중심으로 어촌계를 조직할 수 있다(「수산업협동조합법」 제15조 제1항). 어촌계는 어촌계원의 어업 생산성을 높이고 생활 향상을 위한 공동사업의 수행과 경제적·사회적 및 문화적 지위의 향상을 도모함을 목적으로 한다(「수산업협동조합법 시행령」 제2조).
어촌계는 전근대 시대부터 인근 어장을 중심으로 조직되는 어촌 주민들의 협업조직을 의미하는 것으로, 수산업협동조합의 기초조직이 되면서 어촌의 관행에 따라 정관을 구성

하고 설립인가를 받아 설립하고 총회를 통해 계원들과 협의하여 사업을 추진하는 형태로, 계의 운영 원리에 기반하여 체계화되었다.

## 05

|정답| ①

|해설| 지구별수협 창립총회의 의사는 개의 전까지 발기인에게 설립동의서를 제출한 자 과반수의 찬성으로 의결한다(「수산업협동조합법」 제16조 제2항).

|오답풀이|
② 지구별수협의 설립인가를 위해서는 조합원 자격이 있는 설립동의자의 출자금납입확약총액(합병 또는 분할에 따른 설립의 경우에는 출자금총액)이 3억 원 이상이어야 한다(「수산업협동조합법 시행령」 제12조 제1호 다목).
③ 「수산업협동조합법」 제16조 제4항
④ 「수산업협동조합법」 제18조 제1항
⑤ 「수산업협동조합법」 제19조 제1항

## 06

|정답| ③

|해설| 지구별수협의 조합원은 해당 지구별수협에 탈퇴 의사를 서면으로 통지하고 탈퇴할 수 있다(「수산업협동조합법」 제31조 제1항).

|오답풀이|
① 「수산업협동조합법」 제21조 제1항 제2호
② 「수산업협동조합법」 제29조 제2항
④ 지구별 수산업협동조원의 자격이 없음을 이유로 하는 당연탈퇴는 이사회의 의결로 결정하며, 이에 따라 조합원에 대하여 당연탈퇴의 결정이 이루어진 경우에는 그 사실을 지체 없이 해당 조합원에게 통보하여야 한다(「수산업협동조합법」 제31조 제3항, 제4항).
⑤ 「수산업협동조합법」 제33조 제1항

## 07

|정답| ②

|해설| 조합원의 의결권을 대신 행사하는 대리인은 다른 조합원이거나 본인과 동거하는 가족 또는 법인인 경우에는 그 구성원일 것을 요구한다(「수산업협동조합법」 제28조 제2항).

|오답풀이|
① 지구별수협의 선거권은 임원 또는 대의원의 임기 만료일(보궐선거의 경우에는 그 선거 실시 사유가 확정된 날) 전 180일까지 해당 조합의 조합원으로 가입한 자만 행사할 수 있다(「수산업협동조합법」 제27조).
③ 「수산업협동조합법」 제28조 제1항
④ 조합원의 의결권을 대리하는 대리인은 조합원 1인만을 대리할 수 있다(「수산업협동조합법」 제28조 제2항). 위임장 대결(Proxy Fight)은 주로 주식회사의 주주총회에서 다수의 주주들로부터 의결권 행사의 위임을 받아 강력한 의결권을 행사하는 것으로, 주로 기업의 인수합병(M&A)이나 경영진 교체 등 기업 경영의 중대한 사항에 대한 주주총회 의결에서 사용되는 방법이다.
⑤ 「수산업협동조합법」 제28조 제3항

## 08

|정답| ①

|해설| 제시된 글은 대의원회에 대한 설명이다. 지구별수협은 정관으로 정하는 바에 따라 해산·합병 또는 분할이나 조합장 선출 방식에 관한 정관의 변경 이외의 사항에 대한 총회의 의결에 관하여 총회를 갈음하는 조합장과 대의원으로 구성된 대의원회를 둘 수 있다(「수산업협동조합법」 제44조 제1항).

## 09

|정답| ③

|해설| 지구별수협의 상임조합장, 상임이사와 상임감사를 제외한 지구별수협의 임원은 명예직으로 하되, 정관으로 정하는 바에 따라 실비변상을 받을 수 있다(「수산업협동조합법」 제46조 제5항).

|오답풀이|
① 지구별수협에 임원으로 조합장을 포함한 7명 이상 11명 이하의 이사와 2명의 감사를 두되, 감사 중 1명은 대통령령으로 정하는 요건에 적합한 외부전문가 중에서 선출하여야 한다(「수산업협동조합법」 제46조 제1항).

② 지구별수협의 자산규모가 해양수산부령으로 정하는 기준에 미달하거나 신용사업을 수행하지 아니하는 경우에는 상임이사를 두지 아니할 수 있다(「수산업협동조합법」 제46조 제2항).
④ 지구별수협은 이사 정수의 5분의 1 이상을 여성조합원에게 배분되도록 노력하여야 한다. 다만, 여성조합원이 전체 조합원의 100분의 30 이상인 지구별수협은 이사 중 1명 이상을 여성조합원 중에서 선출하여야 한다(「수산업협동조합법」 제46조 제8항).
⑤ 지구별수협이 도서지역에 있거나 영세하여 부득이하게 외부전문가 감사를 선출할 수 없는 경우 등 대통령령으로 정하는 경우에는 수협중앙회에서 외부전문가인 감사를 파견하거나 감사 선출과 관련한 재정적 지원을 할 수 있다(「수산업협동조합법」 제46조 제9항).

## 10

|정답| ②

|해설| 지구별수협의 조합장은 지구별수협을 대표하여 업무를 집행한다(「수산업협동조합법」 제47조 제1항). 다만, 지구별수협의 신용사업과 이에 관한 사업계획, 예산·결산 및 자금 및 자금 조달·운용계획의 수립에 관하여는 상임이사가 전담하여 처리하고 그에 대한 경영책임을 진다(「수산업협동조합법」 제47조 제3항 제1호, 제4호)

|오답풀이|
① 조합장은 지구별수협을 대표하여 업무를 집행한다(「수산업협동조합법」 제47조 제1항). 여기서 조합장이 조합을 대표하는 것에는 조합의 소송업무에 관하여 조합장이 조합을 대표하는 소송대표인이 되는 것을 포함한다. 다만, 지구별수협과 조합장 간의 소송에서는 소송당사자인 조합장은 조합을 대표할 수 없으므로, 이 경우에는 감사가 조합을 대표한다(「수산업협동조합법」 제49조).
③ 지구별수협의 조합장은 총회와 이사회의 의장이 된다(「수산업협동조합법」 제47조 제2항).
④ 조합장과 이사의 임기는 4년으로 하고, 비상임인 조합장은 한 번만 연임할 수 있고, 상임인 조합장은 두 번만 연임할 수 있다(「수산업협동조합법」 제50조 제1항).
⑤ 지구별수협의 감사는 조합의 재산 상황 또는 업무 집행에 관하여 발견한 부정한 사실을 총회에 신속히 보고해야 할 필요가 있는 경우 정관으로 정하는 바에 따라 기간을 정하여 조합장에게 총회의 소집을 요구할 수 있다(「수산업협동조합법」 제48조 제2항).

## 11

|정답| ④

|해설| ㉠ 「수산업협동조합법」 제51조 제1항 제8호의2
㉡ 「수산업협동조합법」 제51조 제1항 제12호
㉢ 「수산업협동조합법」 제51조 제1항 제9호

|오답풀이|
㉣ 파산선고를 받고 복권되지 아니한 사람은 지구별수협의 임원이 될 수 없다(「수산업협동조합법」 제51조 제1항 제3호). 파산선고를 받은 후 복권이 되면 파산선고를 받기 전과 같은 상태로 돌아가며, 파산선고로 인한 공·사법상의 불이익은 제거된다.

## 12

|정답| ④

|해설| 지구별수협의 임원 선거를 위한 선거운동으로는 선전벽보의 부착, 선고공보의 배부, 도로·시장 등 다수인이 왕래하거나 집합하는 공개된 장소에서의 지지 호소 및 명함 배부, 합동연설회 또는 공개토론회의 개최, 문자메시지와 전자우편을 포함한 전화나 컴퓨터통신을 이용하여 지지를 호소하는 행위를 허용하고 있다(「수산업협동조합법」 제53조 제8항).

|오답풀이|
① 누구든지 후보자등록마감일의 다음 날부터 선거일 전일까지의 선거운동 기간 외에는 선거운동을 할 수 없다(「수산업협동조합법」 제53조 제5항).
② 누구든지 특정 임원의 선거에 투표하거나 투표하게 할 목적으로 자신이나 타인의 이름을 거짓으로 선거인명부에 올려서는 아니 된다(「수산업협동조합법」 제53조 제4항).
③ 임원이나 대의원이 되려는 사람은 선거운동을 위하여 선거일 공고일부터 선거일까지의 기간 중에는 조합원을 호별(戶別)로 방문할 수 없다(「수산업협동조합법」 제53조 제2항).
⑤ 누구든 선거인을 지구별수협의 임원으로 당선되게 하거

나 당선되지 못하게 할 목적으로 선거인이나 그 가족이 설립·운영하고 있는 기관·단체·시설에 금전·물품·향응이나 그 밖의 재산상의 이익을 제공하는 행위를 할 수 없다(「수산업협동조합법」제53조 제1항 제1호 가목).

## 13

|정답| ④

|해설| 지구별수협의 임원은 다른 조합의 직원을 겸직할 수 없다(「수산업협동조합법」제55조 제3항).
|오답풀이|
① 조합장을 포함한 이사는 그 지구별수협의 감사를 겸직할 수 없다(「수산업협동조합법」제55조 제1항).
② 지구별수협의 임원은 다른 조합의 임원을 겸직할 수 없다(「수산업협동조합법」제55조 제3항).
③ 지구별수협의 임원은 그 지구별수협의 직원을 겸직할 수 없다(「수산업협동조합법」제55조 제2항).
⑤ 지구별수협의 사업과 실질적인 경쟁관계에 있는 사업을 경영하거나 이에 종사하는 사람은 지구별수협의 임직원 및 대의원이 될 수 없다(「수산업협동조합법」제55조 제4항).

## 14

|정답| ②

|해설| ⓒ 이사회에서 선출한 조합장의 해임은 이사회의 해임 요구에 따라 총회에서 의결한다(「수산업협동조합법」제57조 제2항 제2호).
|오답풀이|
㉠ 「수산업협동조합법」제57조 제2항 제1호
㉢ 「수산업협동조합법」제57조 제2항 제3호

## 15

|정답| ①

|해설| 지구별수협의 직원은 정관으로 정하는 바에 따라 조합장이 임면하되, 조합장이 비상임인 경우에는 상임이사의 제청에 의하여 조합장이 임면한다(「수산업협동조합법」제59조 제1항).
|오답풀이|
② 「수산업협동조합법」제59조 제2항
③ 「수산업협동조합법」제59조 제2항, 제3항
④ 「수산업협동조합법」제59조 제1항
⑤ 「수산업협동조합법 시행령」제17조 제1호

## 16

|정답| ②

|해설| 지구별수협은 사업을 수행하기 위해 같은 법인에 출자할 때 그 규모는 자기자본의 100분의 20을 초과할 수 없다. 다만 수협중앙회에 출자하는 경우나 경제사업을 목적으로 지구별수협이 보유하고 있는 부동산이나 시설물을 출자하는 경우에는 예외로 자기자본의 100분의 20을 초과하는 규모를 출자할 수 있다(「수산업협동조합법」제60조 제8항 제2호).
|오답풀이|
① 「수산업협동조합법」제60조 제1항 제8호, 제5항
③ 「수산업협동조합법」제60조 제8항 제1호
④ 「수산업협동조합법」제60조 제9항
⑤ 「수산업협동조합법」제60조 제10항

## 17

|정답| ⑤

|해설| 제시된 글에서 설명하는 유가증권은 창고증권이다. 지구별수협의 보관사업으로 창고증권을 발행하여 보관하고 있는 임치물의 보관 기간은 갱신할 수 있다. 다만 해당 창고증권의 소지인이 조합원이 아닌 경우에는 조합원의 이용에 지장이 없는 범위에서 갱신이 가능하다(「수산업협동조합법」제63조 제5항).
|오답풀이|
① 보관사업을 하는 지구별수협은 정관으로 정하는 바에 따라 임치물에 관하여 창고증권을 발행할 수 있다(「수산업협동조합법」제63조 제1항).
② 「수산업협동조합법」제63조 제2항
③ 「수산업협동조합법」제63조 제3항
④ 「수산업협동조합법」제63조 제4항

## 18

| 정답 | ①

| 해설 | 지구별수협은 매 회계연도의 손실 보전을 하고 남을 때에는 자기자본의 3배가 될 때까지 매 사업연도 잉여금의 10분의 1 이상을 법정적립금으로 적립하여야 한다(「수산업협동조합법」 제70조 제1항).

| 오답풀이 |
② 지구별수협은 정관으로 정하는 바에 따라 교육·지원 사업 등의 지도사업 비용에 충당하기 위하여 잉여금의 100분의 20 이상을 지도사업이월금으로 다음 회계연도로 이월하여야 한다(「수산업협동조합법」 제70조 제2항).
③, ④ 지구별수협은 감자에 따른 차익, 자산재평가 차익, 합병차익, 그 밖의 자본잉여금을 자본적립금으로 적립하여야 한다(「수산업협동조합법」 제70조 제4항).
⑤ 지구별수협이 적립한 법정적립금과 자본적립금은 지구별수협의 손실금을 보전하거나 지구별수협의 구역이 다른 조합의 구역이 된 경우에 그 재산의 일부를 다른 조합에 양여하는 경우 외에는 사용할 수 없다(「수산업협동조합법」 제72조).

## 19

| 정답 | ②

| 해설 | 합병으로 지구별수협을 설립할 때에는 그 설립위원을 총회에서 선출하여야 한다(「수산업협동조합법」 제78조 제1항).

| 오답풀이 |
① 「수산업협동조합법」 제77조 제2항
③ 「수산업협동조합법」 제78조 제2항
④ 「수산업협동조합법」 제92조 제4항
⑤ 「수산업협동조합법」 제79조

## 20

| 정답 | ④

| 해설 | 「수산업협동조합법」 제95조 제1항
| 오답풀이 |
① 등기사항으로서 해양수산부장관의 인가·승인 등을 받아야 하는 것은 그 인가·승인 등의 문서가 도달한 날부터 등기기간을 계산한다(「수산업협동조합법」 제101조).
② 지구별수협의 지사무소를 설치한 경우 주된 사무소의 소재지에서 3주일 이내에 그 지사무소의 소재지와 설치 연월일을 등기하여야 한다(「수산업협동조합법」 제93조 제1항).
③ 지구별수협이 지사무소를 이전한 경우 주된 사무소의 소재지에서 3주일 이내에 새 소재지와 이전 연월일을 등기하여야 한다(「수산업협동조합법」 제94조 제2항).
⑤ 행정구역의 지명이 변경된 경우 등기부 및 정관에 기재된 해당 지구별수협의 사무소의 소재지와 구역에 관한 지명도 변경된 것으로 본다(「수산업협동조합법」 제96조 제1항). 다만 이러한 변경에 대해 지구별수협은 지체 없이 그 사실을 등기소에 통지하여야 하며, 등기소는 해당 통지를 받으면 등기부의 기재 내용을 변경하여야 한다(「수산업협동조합법」 제96조 제2항, 제3항).

## 21

| 정답 | ⑤

| 해설 | 조합공동사업법인은 사업의 공동수행을 통하여 수산물의 판매·유통·가공 등과 관련된 사업을 활성화함으로써 수산업의 경쟁력 강화와 어업인의 이익 증진에 기여하는 것을 목적으로 한다(「수산업협동조합법」 제113조의2). 조합공동사업법인은 조합과 중앙회, 영어조합법인과 어업회사법인을 회원으로 하며(「수산업협동조합법」 제113조의4 제1항) 물자의 공동구매와 상품의 공동판매 등의 사업을 주로 수행한다(「수산업협동조합법」 제113조의8 제1호).

## 22

| 정답 | ①

| 해설 | 수협중앙회 인사추천위원회는 수협중앙회 감사위원, 지도경제사업대표이사, 비상임이사, 조합감사위원회 위원 2명을 추천하기 위한 기관이다(「수산업협동조합법」 제127조의2 제1항).

| 오답풀이 |
② 수협중앙회는 회원의 조합원과 직원에 대한 교육·훈련 및 정보를 제공하는 교육업무를 지원하기 위해 이사회 소속으로 교육위원회를 둔다(「수산업협동조합법」 제127조의3 제1항).

③ 수협중앙회는 재산과 업무집행상황을 감사하기 위하여 감사위원회를 둔다. 감사위원회는 감사위원장을 포함한 3명의 감사위원으로 구성하되, 그 임기는 3년으로 하며 감사위원 중 2명은 대통령령으로 정하는 요건에 적합한 외부전문가 중에서 선출하여야 한다(「수산업협동조합법」 제133조 제1항, 제2항).

④ 수협중앙회는 내부통제기준의 준수 여부를 점검하고 위반 여부를 조사하여 감사위원회에 보고하는 준법감시인을 1명 이상 두어야 한다(「수산업협동조합법」 제127조의4 제2항).

⑤ 수협중앙회장은 수협중앙회가 수행하는 수산물등의 판매활성화 사업 점검 및 평가에 관한 사항에 대한 자문을 위하여 수산업협동조합 경제사업 평가협의회를 둔다(「수산업협동조합법」 제139조의3 제2항 제1호).

## 23

|정답| ③

|해설| 수협중앙회 임원 중 선출에 대한 선거관리를 중앙선거관리위원회에 위탁하는 것은 수협중앙회장 선출을 위한 선거이다(「수산업협동조합법」 제134조 제7항).

|오답풀이|
① 「수산업협동조합법」 제134조 제2항
② 「수산업협동조합법」 제134조 제6항
④ 상임인 임원, 집행간부 및 일반간부직원은 직무와 관련되는 영리를 목적으로 하는 사업에 종사할 수 없다(「수산업협동조합법」 제137조).
⑤ 사업전담대표이사 및 이사의 임기는 2년으로 한다(「수산업협동조합법」 제134조 제5항).

## 24

|정답| ⑤

|해설| 수협중앙회는 다른 법인이 발행한 의결권 있는 주식의 100분의 15를 초과하는 주식을 취득할 수 없다. 다만 다음의 어느 하나에 해당하는 경우에는 그러하지 아니하다(「수산업협동조합법」 제141조의3 제2항).

• 수협중앙회의 사업(제138조 제1항)의 수행을 위하여 필요한 경우

• 주식배당이나 무상증자에 따라 주식을 취득하게 되는 경우
• 기업의 구조조정 등으로 인하여 대출금을 출자로 전환함에 따라 주식을 취득하게 되는 경우
• 담보권의 실행으로 인하여 주식을 취득하게 되는 경우
• 기존 소유지분의 범위에서 유상증자에 참여함에 따라 주식을 취득하게 되는 경우
• 신주인수권부사채 등 주식 관련 채권을 주식으로 전환함에 따라 주식을 취득하게 되는 경우
• 수협은행의 주식을 취득하는 경우

## 25

|정답| ④

|해설| 수산물 유통 조절 및 비축사업은 수협은행이 아닌 지구별수협 및 업종별수협의 사업에 해당한다(「수산업협동조합법」 제60조 제1항 제2호 라목, 제107조 제1항 제2호 라목).

|오답풀이|
① 「수산업협동조합법」 제141조의9 제1항 제1호
② 「수산업협동조합법」 제141조의9 제1항 제2호
③ 「수산업협동조합법」 제141조의9 제1항 제5호
⑤ 「수산업협동조합법」 제141조의9 제1항 제7호

> **보충 플러스+**
> 겸영업무(「은행법」 제28조)
> 은행은 은행업이 아닌 업무 중 파생상품의 매매 및 중개업, 투자자문업, 집합투자증권에 대한 투자중개업, 신탁업, 신용카드업 등 「은행법 시행령」 제18조의2에서 정하는 업무에 대해서는 금융위원회에 이를 신고하고 직접 운영할 수 있는데, 이를 겸영업무라고 한다.

## 26

|정답| ③

|해설| 수협중앙회장은 수협중앙회 회원의 건전한 업무 운영과 회원의 조합원 또는 제3자의 보호를 위하여 필요하다고 인정할 때에는 해당 업무에 관하여 해양수산부장관에게 정관 또는 규약의 변경, 업무의 전부 또는 일부의 정지 등의 처분을 하여 줄 것을 요청할 수 있다(「수산업협동조합

법」제142조 제3항). 즉, 수협중앙회장은 지도 결과에 따라 직접 해당 조합에 대한 처분을 내릴 수는 없다.

| 오답풀이 |
① 「수산업협동조합법」제142조 제1항
② 「수산업협동조합법」제142조 제2항
④ 「수산업협동조합법」제142조의2 제1항
⑤ 「수산업협동조합법」제142조의2 제2항

## 27

| 정답 | ⑤

| 해설 | 우선출자증권은 질권을 목적으로 설정할 수 있다. 이때 질권자는 본인의 성명 및 주소를 우선출자자 명부에 등록해야 해당 우선출자증권에 대해 중앙회나 그 밖의 제3자에게 대항할 수 있다(「수산업협동조합법」제150조 제5항).

| 오답풀이 |
① 「수산업협동조합법」제148조
② 「수산업협동조합법」제150조 제1항
③ 「수산업협동조합법」제150조 제3항
④ 「수산업협동조합법」제150조 제4항

## 28

| 정답 | ②

| 해설 | 수산금융채권은 수협중앙회 또는 수협은행이 필요한 자금을 조달하기 위해 발행하는 회사채 혹은 금융채이다(「수산업협동조합법」제156조 제1항).

| 오답풀이 |
① 지분환급청구권은 제명된 조합원을 포함한 탈퇴 조합원이 제명을 포함한 탈퇴 당시 회계연도의 다음 회계연도부터 정관으로 정하는 바에 따라 그 지분의 환급을 청구할 수 있는 권리이다(「수산업협동조합법」제33조 제1항).
③ 유통지원자금은 중앙회 회원의 조합원과 지구별수협의 조합원이 생산한 수산물등(수산물 및 그 가공품 등)의 유통을 지원하기 위하여 조성 및 운용되는 것이다(「수산업협동조합법」제62조 제1항, 제139조의4 제1항).

④ 신주인수권부사채는 발행회사의 주식을 매입할 수 있는 권리가 부여된 사채이다.
⑤ 국채증권은 국채에 대한 권리를 표시하기 위하여 발행한 증권이다.

## 29

| 정답 | ③

| 해설 | 수협중앙회는 조합만이 출자한 법인 및 정관으로 정하는 법인에 대해서는 명칭사용료를 부과하지 않는다(「수산업협동조합법」제162조의2 제1항).

| 오답풀이 |
① 수협중앙회는 수산물 판매·유통 활성화와 회원과 조합원에 대한 교육·지원 사업 등의 수행에 필요한 재원을 안정적으로 조달하기 위하여 수산업협동조합의 명칭을 사용하는 영리법인에 대해 명칭사용료를 부과할 수 있다(「수산업협동조합법」제162조의2 제1항).
② 수협중앙회가 부과하는 명칭사용료는 영리법인의 영업수익 또는 매출액의 1천분의 25 범위에서 정관으로 정하는 기준에 따라 총회에서 정하는 부과율을 곱하여 산정하는 금액으로 한다(「수산업협동조합법」제162조의2 제1항).
④ 수협중앙회 회원의 조합원이 생산한 수산물들의 원활한 유통을 지원하기 위한 유통지원자금은 명칭사용료 및 임의적립금 등으로 조성한다(「수산업협동조합법」제139조의4 제3항).
⑤ 「수산업협동조합법」제162조의2 제2항

## 30

| 정답 | ⑤

| 해설 | 수협중앙회의 자기자본은 우선출자금, 납입출자금, 회전출자금, 가입금, 각종 적립금, 미처분 이익잉여금, 자본조정, 기타포괄손익누계액을 합친 금액에서 이월결손금을 공제한 금액으로 한다(「수산업협동조합법」제164조 제2항).

## 31

| 정답 | ②

| 해설 | 제시된 내용은 부실조합에 대한 설명이다. 「수산업협동조합의 부실예방 및 구조개선에 관한 법률」에 따른 부실조합으로 지정되어 해양수산부장관으로부터 적기시정조치를 받은 지구별수협은 그 적기시정조치의 이행을 마칠 때까지 경제사업 등에 대해서 상임이사가 업무를 전담하여 처리하고 그에 대하여 경영책임을 진다(「수산업협동조합법」 제47조 제4항). 또한 직전 회계연도 말 자산총액이 기준액 이상인 수산업협동조합은 조합감사위원회의 감사를 받지 아니한 회계연도에는 「주식회사 등의 외부감사에 관한 법률」에 따른 외부의 감사인의 감사를 받도록 하고 있으나, 부실조합의 경우에는 조합감사위원회의 감사 여부와 관계없이 매년 외부의 감사인으로부터 감사를 받아야 한다(「수산업협동조합법」 제169조 제7항).

## 32

| 정답 | ⑤

| 해설 | 지구별수협이 합병과 파산으로 인한 경우를 제외한 사유로 해산하였을 때에는 주된 사무소의 소재지에서 2주일 이내에 해산등기를 하여야 한다(「수산업협동조합법」 제98조 제1항).

| 오답풀이 |

① 해양수산부장관은 지구별수협의 뱅크런으로 인해 조합원 보호에 지장을 줄 우려가 있다고 인정하면 해당 지구별수협에 대해 불법·부실 대출의 회수 및 채권의 확보 등의 내용을 포함한 경영지도를 한다(「수산업협동조합법」 제172조 제1항 제3호, 제2항 제1호).

② 수협중앙회의 회장 또는 금융감독원장은 뱅크런이 발생한 조합에 대한 재산실사 결과 위법·부당한 행위로 인해 조합등에 손실을 끼친 임직원에 대하여는 재산 조회 및 가압류 신청 등 손실금 보전을 위하여 필요한 조치를 하여야 한다(「수산업협동조합법」 제172조 제4항).

③ 지구별수협이 그 채무를 다 갚을 수 없게 되었을 때에는 법원은 조합장이나 채권자의 청구에 의하여 또는 직권으로 파산을 선고할 수 있다(「수산업협동조합법」 제85조).

④ 수협중앙회 회원이 해산하거나 파산한 경우에는 당연히 탈퇴한다(「수산업협동조합법」 제121조).

## 33

| 정답 | ④

| 해설 | 지구별수협의 조합장이 궐위·구금되거나 의료기관에서 60일 이상 계속하여 입원한 경우 등 부득이한 사유로 직무를 수행할 수 없을 때에는 이사회가 정하는 순서에 따라 이사가 그 직무를 대행한다(「수산업협동조합법」 제47조 제5항). 즉 조합장의 궐위·구금만을 이유로 지구별수협의 설립인가가 취소되지 않는다.

| 오답풀이 |

① 「수산업협동조합법」 제173조 제1항 제2호
② 「수산업협동조합법」 제173조 제1항 제5호
③ 「수산업협동조합법」 제173조 제1항 제1호
⑤ 「수산업협동조합법」 제173조 제1항 제3호

## 34

| 정답 | ⑤

| 해설 | 당선인의 직계 존속·비속이나 배우자가 해당 선거에서 제53조 제1항이나 제53조의2를 위반하여 징역형 또는 300만 원 이상의 벌금형을 선고받은 경우, 그 기소 후 확정판결 전에 사직한 사람은 이를 이유로 실시하는 보궐선거에 후보자로 등록할 수 없다. 다만 해당 사건이 다른 사람의 유도 또는 도발에 의하여 해당 당선인의 당선을 무효로 되게 하기 위해 죄를 저지른 경우에는 해당하지 않는다(「수산업협동조합법」 제179조 제1항 제2호, 제2항 제1호).

| 오답풀이 |

①, ④ 「수산업협동조합법」 제179조 제1항 제2호, 제2항 제1호

②, ③ 이전 선거에서 후보자가 되려던 사람과 당선되지 아니한 사람으로서 직계 존속·비속이나 배우자의 죄로 당선무효에 해당하는 형이 확정된 사람은 해당 재선거 및 보궐선거의 후보자가 될 수 없다(「수산업협동조합법」 제179조 제2항 제2호).

## 35

| 정답 | ②

| 해설 | 수협중앙회와 수협은행은 「근로복지기본법」을 적용하는 경우 동일한 사업 또는 사업장으로 보고 같은 법 제50

조에 따른 사내근로복지기금을 통합하여 운용할 수 있다(「수산업협동조합법」 제12조의2 제1항).

| 오답풀이 |
① 「수산업협동조합법」 제12조 제2항
③ 「수산업협동조합법」 제12조 제3항
④ 「수산업협동조합법」 제141조의4 제2항
⑤ 「수산업협동조합법」 제103조

## 36

| 정답 | ④

| 해설 | 중앙회는 정관으로 정하는 바에 따라 해양수산 관련 법인 또는 단체, 제113조의3에 따른 조합공동사업법인, 그 외에 중앙회의 사업을 이용하는 것이 적당하다고 인정하는 자를 준회원으로 할 수 있다(「수산업협동조합법」 제119조).

| 오답풀이 |
① 「수산업협동조합법」 제118조
② 「수산업협동조합법」 제120조 제1항, 제2항
③ 수협중앙회 회원의 책임은 그 출자액을 한도로 한다(「수산업협동조합법」 제122조).
⑤ 수협중앙회 회원의 조합원 및 그와 동일한 세대에 속하는 사람, 준회원, 어촌계는 수협중앙회의 사업을 이용하는 경우 회원이 이용한 것으로 본다(「수산업협동조합법」 제139조 제2항).

## 37

| 정답 | ④

| 해설 | 업종별 수산업협동조합은 양식방법을 포함한 업종명 또는 품종명을 붙인 수산업협동조합의 명칭을 사용해야 하며, 이 경우 주된 사무소의 소재지가 속한 지방자치단체의 명칭을 함께 사용할 수 있다(「수산업협동조합법」 제3조 제1항 제2호).

| 오답풀이 |
① 「수산업협동조합법」 제3조 제1항 제1호
② 「수산업협동조합법」 제3조 제2항 제1호
③ 「수산업협동조합법」 제113조의3 제2항
⑤ 「수산업협동조합법」 제180조 제1항

## 38

| 정답 | ①

| 해설 | 조합공동사업법인의 회원은 조합, 수협중앙회, 영어조합법인, 어업회사법인으로 한다(「수산업협동조합법」 제113조의4 제1항). 한편, 조합공동사업법인을 설립하려면 회원의 자격을 가진 둘 이상의 조합이나 조합과 중앙회가 발기인이 되어 정관을 작성하고 창립총회의 의결을 거친 후 해양수산부장관의 인가를 받아야 하므로(「수산업협동조합법」 제113조의5 제1항), 수협중앙회는 조합공동사업법인의 발기인이 될 수 있다.

| 오답풀이 |
② 「수산업협동조합법」 제113조의4 제2항
③ 「수산업협동조합법」 제113조의4 제1항
④ 「수산업협동조합법」 제113조의6 제2항
⑤ 「수산업협동조합법」 제113조의7

## 39

| 정답 | ③

| 해설 | 지구별수협 총회에서 지구별수협과 총회 구성원의 이해가 상반되는 의사를 의결할 때에는 해당 구성원은 그 의결에 참여할 수 없다(「수산업협동조합법」 제41조 제2항).

| 오답풀이 |
① 「수산업협동조합법」 제42조 제2항
② 「수산업협동조합법」 제43조 제1항 제1호
④ 「수산업협동조합법」 제39조 제2항
⑤ 「수산업협동조합법」 제41조 제3항

## 40

| 정답 | ③

| 해설 | 지구별수협은 정관으로 정하는 바에 따라 조합원에게 경비와 과태금을 부과할 수 있다(「수산업협동조합법」 제26조 제1항). 조합원은 경비와 과태금을 납부할 때 지구별수협에 대한 채권과 상계할 수 없다(「수산업협동조합법」 제26조 제3항).

| 오답풀이 |
① 「수산업협동조합법」 제25조 제1항

② 「수산업협동조합법」 제25조 제2항
④ 「수산업협동조합법」 제27조
⑤ 「수산업협동조합법」 제33조 제3항

ⓒ 조합원의 사망은 당연탈퇴사유에 해당한다(「수산업협동조합법」 제31조 제2항 제2호).

## 41

|정답| ⑤

|해설| 지구별수협의 공제사업은 지구별수협 상임이사가 전담하여 처리하고 그에 대하여 경영책임을 진다(「수산업협동조합법」 제47조 제3항 제1호).

|오답풀이|
① 「수산업협동조합법」 제60조의2 제1항
② 「수산업협동조합법」 제169조 제8항
③ 지구별수협의 공제규정에는 공제사업의 실시, 공제계약 및 공제료와 공제사업의 책임준비금, 그 밖에 준비금 적립에 관한 사항 등이 포함되어야 한다(「수산업협동조합법」 제60조의2 제2항).
④ 「수산업협동조합법」 제60조의2 제3항

## 42

|정답| ①

|해설| 수협중앙회의 임직원이 투기의 목적으로 중앙회의 재산을 처분하거나 이용하여 중앙회에 손실을 끼쳤을 때에는 10년 이하의 징역 또는 1억 원 이하의 벌금에 처한다(「수산업협동조합법」 제176조 제1항 제2호).

## 43

|정답| ③

|해설| ㉠ 「수산업협동조합법」 제32조 제1항 제3호
㉢ 「수산업협동조합법」 제32조 제1항 제1호
㉣ 「수산업협동조합법」 제32조 제1항 제2호

|오답풀이|
㉡ 조합원이 법인인 경우에는 조합원·사원 등 그 구성원을 대리인으로 하여 의결권을 행사하게 할 수 있다(「수산업협동조합법」 제28조 제2항 제3호).

## 44

|정답| ②

|해설| 임원이 그 직무를 수행하면서 고의 또는 과실로 지구별수협에 끼친 손해에 대해서는 연대하여 손해배상의 책임을 지는데, 이때 비상임인 임원의 경우에는 과실이 아닌 중대한 과실인 경우를 요구한다(「수산업협동조합법」 제56조 제2항).

|오답풀이|
① 「수산업협동조합법」 제56조 제2항
③ 「수산업협동조합법」 제56조 제3항
④ 「수산업협동조합법」 제56조 제4항
⑤ 이사회의 의결에 찬성한 이사가 연대하여 손해배상의 책임을 지는데, 이때 해당 의결에 참가한 이사 중 이의를 제기한 사실이 의사록에 기록되어 있지 아니한 사람은 그 의결에 찬성한 것으로 추정한다(「수산업협동조합법」 제56조 제4항).

## 45

|정답| ④

|해설| 이사회의 의사에 특별한 이해관계가 있는 이사회의 구성원은 그 이사회의 회의에 참여할 수 없다(「수산업협동조합법」 제127조 제7항).

|오답풀이|
① 「수산업협동조합법」 제127조 제2항
② 「수산업협동조합법」 제127조 제5항
③ 「수산업협동조합법」 제127조 제6항
⑤ 수협중앙회장은 이사 3명 이상 또는 감사위원회의 요구가 있을 때에는 지체 없이 이사회를 소집하여야 하며, 회장이 필요하다고 인정할 때에는 직접 이사회를 소집할 수 있다(「수산업협동조합법」 제127조 제4항).

## 46

|정답| ④

|해설| 제53조의2를 위반하여 금전·물품이나 그 밖의 재산상의 이익을 제공받은 사람에게는 그 제공받은 금액 또는 가액의 10배 이상 50배 이하에 상당하는 과태료를 부과하되, 그 상한액은 3천만 원으로 한다(「수산업협동조합법」 제180조 제3항).

## 47

|정답| ②

|해설| 지구별수협은 수산물 판매활성화 사업에 필요한 경우 수협중앙회와 수협중앙회가 출자한 법인에게 수산물의 판매위탁을 요청할 수 있는데(「수산업협동조합법」 제60조의4 제2항), 제141조의4에 따라 판매위탁을 요청할 수 있는 법인에 수협은행은 제외한다(「수산업협동조합법」 제6조 제4항).

|오답풀이|

① 「수산업협동조합법」 제60조의4 제1항 제1호
③ 「수산업협동조합법」 제60조의4 제3항
④ 「수산업협동조합법」 제60조의4 제4항
⑤ 「수산업협동조합법」 제60조의4 제1항 제3호

## 48

|정답| ②

|해설| 수협은행의 이사 및 감사는 정관으로 정하는 바에 따라 주주총회에서 선출한다(「수산업협동조합법」 제141조의7 제3항).

|오답풀이|

① 수협은행장은 주주총회에서 선출하되, 정관으로 정하는 추천위원회에서 추천한 사람으로 한다(「수산업협동조합법」 제141조의7 제2항).
③ 수협은행의 임원인 수협은행장, 이사 및 감사의 임기는 3년 이내의 범위에서 정관으로 정한다(「수산업협동조합법」 제141조의7 제4항).
④ 「수산업협동조합법」 제141조의7 제3항
⑤ 「수산업협동조합법」 제141조의8 제3항

## 49

|정답| ③

|해설| 조합원은 지구별수협에 대한 채권과 출자금 납입을 상계할 수 없다(「수산업협동조합법」 제22조 제5항).

|오답풀이|

① 「수산업협동조합법」 제22조 제1항
② 「수산업협동조합법」 제22조 제4항
④ 「수산업협동조합법」 제22조 제2항, 제3항
⑤ 「수산업협동조합법」 제25조 제1항

## 50

|정답| ⑤

|해설| 제시된 기사에서 소개하는 대형기선저인망수협은 특정한 종류의 어업을 경영하는 어업인들을 조합원으로 하는 업종별 수산업협동조합에 해당한다. 업종별 수산업협동조합의 구역은 정관으로 정한다(「수산업협동조합법」 제105조). 조합의 구역이 시·군의 행정구역에 따르는 것은 지구별수협에 대한 설명이다(「수산업협동조합법」 제14조 제1항).

|오답풀이|

① 업종별수협의 조합원은 그 구역에 주소·거소 또는 사업장이 있는 자로서 대통령령으로 정하는 종류의 어업을 경영하는 어업인일 것을 요구한다(「수산업협동조합법」 제106조 제1항).
② 업종별수협의 조합원자격을 가진 자 중 단일 어업을 경영하는 자는 해당 업종별수협에만 가입할 수 있다(「수산업협동조합법」 제106조 제2항).
③ 「수산업협동조합법」 제107조 제2항
④ 「수산업협동조합법」 제105조 제2항

## 2회 기출예상문제

▶문제 210쪽

| 01 | ⑤ | 02 | ③ | 03 | ④ | 04 | ③ | 05 | ② |
| --- | --- | --- | --- | --- | --- | --- | --- | --- | --- |
| 06 | ⑤ | 07 | ① | 08 | ⑤ | 09 | ③ | 10 | ② |
| 11 | ① | 12 | ① | 13 | ② | 14 | ① | 15 | ④ |
| 16 | ① | 17 | ① | 18 | ① | 19 | ② | 20 | ③ |
| 21 | ② | 22 | ⑤ | 23 | ② | 24 | ② | 25 | ③ |
| 26 | ⑤ | 27 | ③ | 28 | ⑤ | 29 | ③ | 30 | ⑤ |
| 31 | ④ | 32 | ⑤ | 33 | ② | 34 | ③ | 35 | ⑤ |
| 36 | ② | 37 | ④ | 38 | ④ | 39 | ① | 40 | ② |
| 41 | ③ | 42 | ② | 43 | ③ | 44 | ⑤ | 45 | ④ |
| 46 | ⑤ | 47 | ④ | 48 | ② | 49 | ④ | 50 | ① |

## 01

| 정답 | ⑤

| 해설 | ㉠ 지구별 수산업협동조합은 지구명을 붙인 수산업협동조합의 명칭을 사용하여야 한다(「수산업협동조합법」 제3조 제1항 제1호).

㉡ 수협유통은 「수산업협동조합법」에 따라 설립된 조합이나 중앙회에 해당하지 않는다. 그러나 수협중앙회가 출자하여 설립한 법인이므로 '수협' 명칭을 사용할 수 있다(「수산업협동조합법」 제3조 제2항 제1호).

㉢ 업종별 수산업협동조합은 업종명, 품종명 또는 양식방법을 붙인 수산업협동조합의 명칭을 사용해야 하며, 여기에 주된 사무소의 소재지가 속한 지방자치단체의 명칭을 함께 사용할 수 있다(「수산업협동조합법」 제3조 제1항 제2호).

㉣ 수산물가공 수산업협동조합은 수산물가공업명을 붙인 수산업협동조합의 명칭을 사용하여야 한다(「수산업협동조합법」 제3조 제1항 제3호).

㉤ 중앙회는 '수산업협동조합중앙회'의 명칭을 사용해야 한다(「수산업협동조합법」 제3조 제1항 제4호).

## 02

| 정답 | ③

| 해설 | 「수산업협동조합법」 제2조 제2호에서는 '어업 또는 수산물가공업', 제2조 제3호에서는 '어업인 또는 수산물가공업자'로 용어를 정의함에 따라 어업과 수산물가공업, 어업인과 수산물가공업자를 분리하여 보고 있다.

| 오답풀이 |

① 「수산업협동조합법」 제1조

② 「수산업협동조합법」에서 수산업이란 어업과 수산물가공업을 말한다(「수산업협동조합법」 제2조 제1호).

④ 「수산업협동조합법」 제110조 제1항, 제111조

⑤ 「수산업협동조합법」 제109조

## 03

| 정답 | ④

| 해설 | 수협중앙회는 설립 취지에 반하여 영리 또는 투기를 목적으로 하는 업무를 하여서는 아니 된다(「수산업협동조합법」 제5조 제3항). 수협과 수협중앙회는 어업인들의 자조조직으로 「법인세법」상 비영리법인으로 분류한다.

| 오답풀이 |

① 「수산업협동조합법」 제5조 제1항

②, ③ 「수산업협동조합법」 제5조 제2항

⑤ 「수산업협동조합법」 제5조 제3항

### 보충 플러스+

「법인세법 시행령」상의 비영리법인

법인 중 주주·사원 또는 출자자에게 이익을 배당할 수 있는 법인은 영리법인으로 분류하나, 다음의 법인은 「법인세법 시행령」 제2조 제항에 따라 비영리법인으로 구분한다.

- 농업협동조합법과 그 중앙회
- 소비자생활협동조합과 그 연합회 및 전국연합회
- 수산업협동조합(어촌계와 조합공동사업법인을 포함)과 그 중앙회
- 산림조합(산림계를 포함)과 그 중앙회
- 엽연초생산협동조합과 그 중앙회
- 중소기업협동조합과 그 연합회 및 중앙회
- 신용협동조합과 그 연합회 및 중앙회
- 새마을금고와 그 연합회
- 대한염업조합

## 04

|정답| ③

|해설| 지구별수협을 설립하려면 해당 구역의 조합원 자격을 가진 자 20인 이상이 발기인이 되어 정관을 작성해야 한다(「수산업협동조합법」 제16조 제1항).

|오답풀이|

㉠, ㉡ 지구별수협의 설립을 위해서는 정관을 작성하고 창립총회의 의결을 거친 후 해양수산부장관의 인가를 받아야 한다(「수산업협동조합법」 제16조 제1항).

㉣ 해양수산부장관은 지구별수협의 설립인가 신청을 받은 날로부터 60일 이내에 인가 여부를 신청인에게 통지하여야 한다(「수산업협동조합법」 제16조 제4항).

㉤ 발기인은 설립인가를 받으면 지체 없이 그 사무를 조합장에게 인계하여야 한다(「수산업협동조합법」 제18조 제1항).

## 05

|정답| ②

|해설| 「수산업협동조합법」 제17조에 따르면 지구별수협 임원의 성명·주민등록번호 및 주소는 지구별수협의 정관의 필요적 기재사항에 포함되지 않는다.

|오답풀이|

① 「수산업협동조합법」 제17조 제4호

③ 「수산업협동조합법」 제17조 제5호

④ 「수산업협동조합법」 제17조 제11호

⑤ 「수산업협동조합법」 제17조 제12호

## 06

|정답| ⑤

|해설| 지구별수협의 잉여금에 대한 배당은 정관으로 정하는 바에 따라 조합원의 사업 이용 실적에 대한 배당, 정관으로 정하는 비율의 한도 이내에서 납입출자액에 대한 배당 다음으로 준조합원의 사업 이용 실적에 대한 배당의 순서로 진행한다(「수산업협동조합법」 제71조 제3항).

|오답풀이|

① 「수산업협동조합법」 제21조 제1항 제2호

② 지구별수협은 준조합원에 대하여 정관으로 정하는 바에 따라 가입금과 경비를 부담하게 할 수 있다(「수산업협동조합법」 제21조 제2항).

③ 「수산업협동조합법」 제21조 제3항

④ 「수산업협동조합법」 제61조 제2항 제2호

## 07

|정답| ①

|해설| 사망으로 인하여 탈퇴하게 된 조합원의 상속인이 조합원의 자격이 있는 경우에는 피상속인의 출자를 승계하여 소합원이 될 수 있다(「수산업협동조합법」 제30조 제1항). 이때 지구별수협은 정당한 사유 없이 조합원 자격을 갖추고 있는 상속인의 가입을 거절할 수 없다(「수산업협동조합법」 제30조 제2항).

|오답풀이|

② 사망한 조합원의 상속인이 공동상속인인 경우에는 그 중 1명의 상속인만이 피상속인인 조합원의 출자를 승계한다(「수산업협동조합법」 제30조 제1항).

③ 지구별수협의 조합원이 사망하면 당연히 탈퇴하게 된다(「수산업협동조합법」 제31조 제2항 제2호).

⑤ 사망으로 인하여 탈퇴하게 된 조합원의 상속인이 조합원의 자격을 가지고 피상속인의 출자를 승계하여 조합원이 되는 경우 지구별수협은 정당한 사유 없이 다른 조합원보다 불리한 가입 조건을 달 수 없다(「수산업협동조합법」 제30조 제2항).

## 08

|정답| ⑤

|해설| 수협중앙회의 전산시스템의 위탁운영 및 관리는 수협은행의 업무에 해당하므로(「수산업협동조합법」 제141조의9 제1항 제7호) 지구별수협 총회의 의결 사항에 해당되지 않는다.

|오답풀이|

① 「수산업협동조합법」 제37조 제1항 제1호

② 「수산업협동조합법」 제37조 제1항 제6호

③ 「수산업협동조합법」 제37조 제1항 제3호

④ 「수산업협동조합법」 제37조 제1항 제10호

## 09

|정답| ③

|해설| 지구별수협 조합원의 투표로 총회의 의결을 갈음할 수 있는 사항은 조합의 해산·합병 또는 분할, 조합장 선출 방식에 관한 정관의 변경에 한한다(「수산업협동조합법」 제43조 제1항). 즉, 지구별수협에서 조합원 제명을 결정하는 총회의 의결은 조합원의 투표로 갈음할 수 없다.

|오답풀이|
① 총회를 소집하려면 총회 개회 7일 전까지 총회소집통지서를 조합원에게 발송해야 하나, 같은 목적으로 총회를 다시 소집할 때에는 개회 전날까지 통지한다(「수산업협동조합법」 제39조 제2항).
② 지구별수협의 조합원을 제명하는 의결은 구성원 과반수의 찬성과 출석구성원 3분의 2 이상의 찬성으로 의결한다(「수산업협동조합법」 제40조).
④ 지구별수협이 조합원에게 통지 또는 독촉을 할 때에는 조합원 명부에 기재된 조합원의 주소 또는 거소나 조합원이 지구별수협에 통지한 연락처로 하여야 한다(「수산업협동조합법」 제39조 제1항).
⑤ 조합장은 총회의 의사록을 주된 사무소에 갖추어 두어야 한다(「수산업협동조합법」 제42조 제3항).

## 10

|정답| ②

|해설| 지구별수협의 합병으로 새롭게 설립되는 지구별수협은 해양수산부장관이 합병인가를 한 날부터 2주일 이내에 주된 사무소의 소재지에서 설립등기를 하여야 한다(「수산업협동조합법」 제97조 제1항). 합병인가 이후 변경등기를 하는 경우는 합병 이후 기존 지구별수협이 존속하는 경우에 해당한다.

|오답풀이|
① 지구별수협의 총 출자계좌 수와 납입출자금의 총액에 관한 변경등기는 회계연도 말을 기준으로 그 회계연도가 끝난 후 3개월 이내에 하여야 한다(「수산업협동조합법」 제95조 제2항).
③ 「수산업협동조합법」 제99조 제1항
④ 「수산업협동조합법」 제93조 제1항
⑤ 「수산업협동조합법」 제92조 제1항

## 11

|정답| ①

|해설| 조합공동사업법인의 회원은 조합, 중앙회, 영어조합법인, 어업회사법인으로 하며, 다른 조합공동사업법인은 준회원으로 한다. 조합공동사업법인의 회원은 정관으로 정하는 바에 따라 출자하여야 하며, 준회원에 대해서는 가입금 및 경비를 부담하게 할 수 있다(「수산업협동조합법」 제113조의4 제1항, 제2항).

## 12

|정답| ①

|해설| 수협중앙회는 서울특별시에 주된 사무소를 두고, 전국을 구역으로 한다(「수산업협동조합법」 제117조 제1항, 제2항).

|오답풀이|
② 「수산업협동조합법」 제118조
③ 「수산업협동조합법」 제119조 제3호
④ 회원이 해산하거나 파산한 경우에는 당연히 탈퇴한다(「수산업협동조합법」 제121조).
⑤ 「수산업협동조합법」 제122조

## 13

|정답| ②

|해설| 수협중앙회장, 사업전담대표이사, 감사위원, 이사의 선출 및 해임에 관한 의결은 수협중앙회 총회의 의결 사항에 해당한다(「수산업협동조합법」 제126조 제1항 제3호).

|오답풀이|
① 「수산업협동조합법」 제127조 제3항 제1호
③ 「수산업협동조합법」 제127조 제3항 제6호
④ 수협중앙회 이사회는 수협중앙회 사업전담대표이사에 대하여 총회에 해임을 요구하는 의결을 할 수 있다(「수산업협동조합법」 제127조 제3항 제5호).
⑤ 「수산업협동조합법」 제127조 제3항 제8호

## 14

|정답| ①

|해설| 수협중앙회장은 인사추천위원회의 추천 없이 총회에서 선출한다(「수산업협동조합법」 제134조 제1항).

|오답풀이|
② 「수산업협동조합법」 제127조의2 제1항 제4호
③ 「수산업협동조합법」 제127조의2 제1항 제2호
④ 「수산업협동조합법」 제127조의2 제1항 제1호
⑤ 「수산업협동조합법」 제127조의2 제1항 제3호

## 15

|정답| ④

|해설| 수협중앙회의 의료지원사업(「수산업협동조합법」 제138조 제1항 제6호)은 수협중앙회 사업전담대표이사가 전담하여 처리하는 업무에 해당하지 않는다(「수산업협동조합법」 제131조 제2항).

|오답풀이|
① 수협중앙회의 교육·지원 사업 중 회원의 조직·경영 및 사업에 관한 지도·조정(「수산업협동조합법」 제138조 제1항 제1호 가목)은 수협중앙회 사업전담대표이사가 전담하여 처리하는 업무에 해당한다(「수산업협동조합법」 제131조 제2항 제1호).
② 국가가 수협중앙회에 위탁한 사업 중 교육·지원 사업과 경제사업 및 그 부대사업의 경영목표의 설정은 수협중앙회 사업전담대표이사가 전담하여 처리하는 업무에 해당한다(「수산업협동조합법」 제138조 제2항 제3호, 제4호).
③ 수협중앙회의 상호금융사업(「수산업협동조합법」 제138조 제1항 제4호)에 관한 자금 조달·운용계획의 수립은 수협중앙회 사업전담대표이사가 전담하여 처리하는 업무에 해당한다(「수산업협동조합법」 제131조 제2항 제5호).
⑤ 수협중앙회의 공제사업(「수산업협동조합법」 제138조 제1항 제5호)에 관한 업무의 경영공시는 수협중앙회 사업전담대표이사가 전담하여 처리하는 업무에 해당한다(「수산업협동조합법」 제131조 제2항 제6호).

## 16

|정답| ①

|해설| 수협중앙회 감사위원회는 수협중앙회 소속 회원의 감사가 아닌 수협중앙회의 재산과 업무집행상황을 감사하는 기관이다(「수산업협동조합법」 제133조 제1항).

|오답풀이|
②, ③ 「수산업협동조합법」 제133조 제2항
④ 「수산업협동조합법」 제133조 제4항
⑤ 「수산업협동조합법」 제133조 제3항

## 17

|정답| ①

|해설| 해당 내용은 수협중앙회 비상임이사의 구성에 대한 설명이다. 수협중앙회 비상임이사 중 5명은 회원조합장이 아닌 사람 중에서, 나머지 인원은 회원조합장 중에서 선출한다(「수산업협동조합법」 제134조 제4항).

|오답풀이|
② 수협 회원은 회원 3분의 1 이상의 동의를 받아 총회에 임원의 해임을 요구할 수 있다(「수산업협동조합법」 제135조 제1항).
③ 이사회는 사업전담대표이사의 경영 상태를 평가한 결과 경영 실적이 부실하여 그 직무를 담당하기 곤란하다고 인정될 경우 총회에 사업전담대표이사의 해임을 요구할 수 있다(「수산업협동조합법」 제135조 제3항).
④ 사업전담대표이사, 감사위원장 등 상임인 임원, 집행간부 및 일반간부직원은 이사회가 승인하는 경우를 제외하고는 다른 직업에 종사할 수 없다(「수산업협동조합법」 제137조).
⑤ 「수산업협동조합법」 제135조 제4항

## 18

|정답| ①

|해설| 제시된 내용은 수협의 교육·지원 사업 중 사업에 관한 교육·훈련 및 정보를 제공하는 어업인 안전조업교육에 대한 설명이다(「수산업협동조합법」 제138조 제1항 제1호).

## 19

|정답| ②

|해설| 수산업협동조합 경제사업 평가협의회는 수협중앙회가 수행하는 수산물등의 판매활성화 사업을 점검하고 평가하기 위한 수협중앙회 소속 기관이다(「수산업협동조합법」 제139조의3 제2항).

## 20

|정답| ③

|해설| 조합, 중앙회 또는 수협은행으로부터 자금을 차입하는 자가 담보로 제공한 20톤 미만의 어선에 대한 채권 보전을 위해 필요한 절차에 관한 사항은 대통령령으로 정한다(「수산업협동조합법」 제141조 제4항).

> **보충 플러스+**
> 어선의 등록과 선박등기
> 어선의 소유자는 「어선법」 제13조에 따라 그 어선이 주로 입항·출항하는 항구 및 포구를 관할하는 시장·군수·구청장에게 어선원부에 어선의 등록을 하여야 하는데, 이때 선박등기의 대상이 되는 어선은 선박등기를 한 후에 어선의 등록을 하여야 한다. 여기서 선박등기의 대상이 되는 어선은 총톤수 20톤 이상의 기선(기관을 사용하여 추진하는 선박)과 범선(돛을 사용하여 추진하는 선박), 총톤수 100톤 이상의 부선(자력항행능력 없이 다른 선박에 끌리거나 밀려서 항행되는 선박)으로, 총톤수가 그 미만인 어선은 선박등기 없이 어선의 등록을 하게 된다.

## 21

|정답| ②

|해설| 우선출자제도는 회원 또는 임직원을 대상으로 잉여금 배당에 관하여 내용이 다른 출자보다 우선적 지위를 가지는 우선출자를 하게 하는 제도로, 출자 1계좌당 금액에서의 차이를 가지는 출자를 의미하지 않는다. 우선출자 1계좌의 금액은 다른 출자 1계좌의 금액과 같아야 한다(「수산업협동조합법」 제147조 제3항).

|오답풀이|
① 「수산업협동조합법」 제147조 제2항, 제3항

③ 우선출자의 총액은 자기자본의 2분의 1을 초과할 수 없다(「수산업협동조합법」 제147조 제3항).
④ 「수산업협동조합법」 제147조 제4항
⑤ 「수산업협동조합법」 제151조 제2항

## 22

|정답| ⑤

|해설| 수협중앙회는 국가로부터 자금이나 사업비의 전부 또는 일부를 보조 또는 융자받아 시행한 직전 연도 사업에 관련된 자금 사용내용 등의 정보를 매년 4월 30일까지 공시하여야 한다(「수산업협동조합법」 제141조의2 제1항).

|오답풀이|
① 「수산업협동조합법」 제138조 제1항, 제2항
② 「수산업협동조합법」 제159조
③ 「수산업협동조합법」 제153조 제1항
④ 「수산업협동조합법」 제139조의4 제4항

## 23

|정답| ④

|해설| 수산물 유통 조절 및 비축사업은 지구별·업종별수협이 수행하는 경제사업으로(「수산업협동조합법」 제60조, 제107조) 수협은행의 업무와 직접 관련되지 않는다.

|오답풀이|
① 「수산업협동조합법」 제141조의9 제1항 제2호
② 「수산업협동조합법」 제141조의9 제1항 제7호
③ 「수산업협동조합법」 제141조의9 제1항 제5호
⑤ 「수산업협동조합법」 제141조의9 제1항 제6호

## 24

|정답| ②

|해설| 수협중앙회장은 회원의 경영 상태를 평가하고 그 결과에 따라 회원에게 경영 개선을 요구하거나 합병을 권고하는 등 필요한 조치를 할 수 있다(「수산업협동조합법」 제142조 제2항). 수협중앙회장은 수협중앙회 회원의 경영지도로 합병을 권고할 수 있으나 이를 직접 지시할 수는 없다.

| 오답풀이 |
① 수협중앙회장은 회원을 지도하며 이에 필요한 규약·규정 또는 예규 등을 정할 수 있다(「수산업협동조합법」 제142조 제1항).
③ 「수산업협동조합법」 제142조 제2항
④ 「수산업협동조합법」 제142조 제3항 제1호
⑤ 「수산업협동조합법」 제142조 제3항 제2호

## 25

| 정답 | ③

| 해설 | 수협중앙회는 매 회계연도가 지난 후 3개월 이내에 그 결산보고서를 해양수산부장관에게 제출하여야 한다(「수산업협동조합법」 제163조 제2항).
| 오답풀이 |
① 「수산업협동조합법」 제162조 제1항
② 「수산업협동조합법」 제162조의2 제2항
④ 「수산업협동조합법」 제163조 제1항
⑤ 「수산업협동조합법」 제167조 제1항

## 26

| 정답 | ⑤

| 해설 | 수협은행의 정관을 작성하거나 변경할 때에는 해양수산부장관의 인가를 받아야 하며, 해양수산부장관은 인가를 하기 전 미리 금융위원회와 협의하여야 한다(「수산업협동조합법」 제141조의5 제2항).
| 오답풀이 |
① 「수산업협동조합법」 제144조 제1항 제4호
② 「수산업협동조합법」 제169조 제1항
③ 해양수산부장관 또는 금융위원회는 조합, 중앙회 또는 수협은행에 대하여 필요하다고 인정할 때에는 조합, 중앙회 또는 수협으로부터 그 업무 또는 재산 상황에 관한 보고를 받을 수 있다(「수산업협동조합법」 제169조 제6항).
④ 금융위원회는 「은행법」 제55조 제1항에 따라 수협은행이 분할 또는 합병, 해산 또는 폐업, 영업의 전부 또는 중요한 일부를 양도·양수하는 결정을 인가하는 경우 해양수산부장관과 미리 협의하여야 한다(「수산업협동조

합법」 141조의4 제3항).

## 27

| 정답 | ③

| 해설 | 수협중앙회가 임직원의 개선(改選), 징계면직의 조치를 요구받은 경우 해당 임직원은 그 날부터 그 조치가 확정되는 날까지 직무가 정지된다(「수산업협동조합법」 제170조 제3항).
| 오답풀이 |
①, ② 「수산업협동조합법」 제170조 제1항
④ 「수산업협동조합법」 제170조 제3항
⑤ 「수산업협동조합법」 제170조 제4항

## 28

| 정답 | ⑤

| 해설 | 해양수산부장관이 조합원의 보호를 위해 조합등에 대해 실시하는 경영지도란 조합등의 경영상 문제에 대해 기간을 정하여 불법·부실 대출의 회수 및 채권의 확보, 자금의 수급 및 여신·수신에 관한 업무, 그 밖에 조합등의 경영에 관하여 대통령령으로 정하는 사항을 지도하는 것을 의미한다(「수산업협동조합법」 제172조 제2항). 지구별수협이 보유한 유가증권을 매입하는 것은 경영지도의 내용에 포함되지 않는다.
| 오답풀이 |
③ 「수산업협동조합법 시행령」 제64조 제2항 제2호
④ 「수산업협동조합법 시행령」 제64조 제2항 제3호

## 29

| 정답 | ③

| 해설 | 「수산업협동조합법」에서 과태료를 부과·징수하는 주체는 해양수산부장관 또는 중앙선거관리위원회이다(「수산업협동조합법」 제180조 제5항).
| 오답풀이 |
① 「수산업협동조합법」 제180조 제3항, 제5항
② 「수산업협동조합법」 제180조 제1항
④ 「수산업협동조합법」 제180조 제2항

⑤ 「수산업협동조합법」 제180조 제3항

## 30

| 정답 | ⑤

| 해설 | ⓒ 수협중앙회의 보관사업에 대해서는 「상법」 제155조부터 제168조까지의 규정을 준용한다(「수산업협동조합법」 제12조 제2항).
ⓒ 수협중앙회의 집행간부 및 일반간부직원에 대해서는 「상업등기법」 제23조 제1항, 제50조 및 제51조를 준용한다(「수산업협동조합법」 제136조 제5항).

| 오답풀이 |
㉠, ㉡ 수협중앙회의 사업에 대해서는 「여객자동차 운수사업법」 제4조·제8조·제81조 및 「화물자동차 운수사업법」 제56조를 적용하지 아니한다(「수산업협동조합법」 제12조 제1항).

## 31

| 정답 | ④

| 해설 | 지구별수협의 설립에서 현물출자자는 해당 구역의 조합원 자격을 가진 발기인이 설립인가를 받고 사무를 조합장에게 인계한 이후에 정관으로 정하는 납입기일 내에 출자 목적인 재산을 지구별수협에 제출하여야 한다(「수산업협동조합법」 제18조 제3항).

| 오답풀이 |
①, ②, ③ 「수산업협동조합법」 제17조 제17호
⑤ 「수산업협동조합법」 제18조 제3항

## 32

| 정답 | ⑤

| 해설 | 지구별수협이 출자 1계좌당 금액을 감소시키는 의결에 대한 공고 또는 독촉은 이를 의결한 날로부터 2주 이내에 하여야 한다(「수산업협동조합법」 제74조 제3항).

| 오답풀이 |
① 「수산업협동조합법」 제74조 제1항
②, ③ 「수산업협동조합법」 제74조 제2항
④ 「수산업협동조합법」 제75조 제2항

## 33

| 정답 | ②

| 해설 | 청산인이 결원 상태인 경우 또는 설립인가의 취소로 인하여 지구별수협이 해산한 경우에는 해양수산부장관이 청산인을 임명한다(「수산업협동조합법」 제86조 제2항). 해양수산부장관은 지구별수협의 청산에서 청산 사무를 감독한다(「수산업협동조합법」 제86조 제4항).

| 오답풀이 |
① 「수산업협동조합법」 제175조 제2호
③ 「수산업협동조합법」 제86조 제3항
④ 「수산업협동조합법」 제89조
⑤ 「수산업협동조합법」 제100조 제2항

## 34

| 정답 | ③

| 해설 | 「수산업협동조합법」에서 임원 선거의 후보자가 하는 기부행위란 임원 선거의 후보자, 그 배우자 및 후보자가 속한 기관·단체·시설이 임원의 임기 만료일 전 180일부터 해당 선거일까지 선거인이나 그 가족 또는 선거인이나, 그 가족이 설립·운영하고 있는 기관·단체·시설에 대하여 금전·물품이나 그 밖의 재산상 이익의 제공, 이익 제공의 의사표시 또는 그 제공을 약속하는 행위를 의미한다(「수산업협동조합법」 제53조의2 제1항). 다만, 후보자가 친족이 아닌 사람의 관혼상제 의식에 일반적인 범위에서 축의·부의금품을 제공하거나 주례를 서는 행위는 의례적 행위로 보고 이를 기부행위로 보지 아니한다(「수산업협동조합법」 제53조의2 제2항 제2호 나목).

| 오답풀이 |
① 임원 선거의 후보자가 친족이 아닌 사람의 관혼상제 의식에서 축의금 지급을 넘어 예식장 대여비용까지를 사비로 직접 부담하는 것은 일반적인 범위에서의 축의금품을 제공하고 있는 것으로는 보기 어려워 의례적 행위에 해당한다고 볼 수 없으며, 기부행위에 해당한다고 볼 수 있다(「수산업협동조합법」 제53조의 제2항 제2호 나목).
② 임원 선거의 후보자가 친족이 아닌 사람의 관혼상제 의식에서 일반적인 범위에서 축의금을 제공하는 것은 의례적 행위로 볼 수 있으나, 화환·화분을 제공하는 것은 의례적 행위의 범위에서 제외된다(「수산업협동조합

법」 제53조의2 제2항 제2호 나목).
④ 「수산업협동조합법」 제181조
⑤ 「수산업협동조합법」 제182조

## 35

| 정답 | ⑤

| 해설 | ⓒ 수협중앙회는 수협중앙회장 선출에 대한 선거관리를 정관으로 정하는 바에 따라 「선거관리위원회법」에 따른 중앙선거관리위원회에 위탁하여야 한다(「수산업협동조합법」 제134조 제7항).
ⓔ 수협은행의 은행장은 주주총회에서 선출하되, 정관으로 정하는 추천위원회에서 추천한 사람으로 한다(「수산업협동조합법」 제141조의7 제2항).

| 오답풀이 |
ⓐ 지구별수협은 조합장 선거의 관리에 대하여는 정관으로 정하는 바에 따라 그 주된 사무소의 소재지를 관할하는 「선거관리위원회법」에 따른 구·시·군선거관리위원회에 위탁하여야 한다(「수산업협동조합법」 제54조 제2항).
ⓑ 수산물가공수협에 관하여는 제54조의 규정을 준용한다(「수산업협동조합법」 제113조).

## 36

| 정답 | ②

| 해설 | 지구별수협의 직원은 정관으로 정하는 바에 따라 조합장이 임면하되, 조합장이 비상임인 경우에는 상임이사의 제청에 의하여 조합장이 임면한다(「수산업협동조합법」 제59조 제1항).

| 오답풀이 |
①, ⑤ 「수산업협동조합법」 제46조 제1항
③ 조합장은 지구별수협을 대표하며 업무를 집행한다. 다만, 조합장이 비상임인 경우에는 상임이사나 간부직원인 전무가 그 업무를 집행한다(「수산업협동조합법」 제47조 제1항).
④ 조합장과 이사의 임기는 4년으로 하고, 비상임인 조합장은 한 번만 연임할 수 있고, 상임인 조합장은 두 번만 연임할 수 있다(「수산업협동조합법」 제50조 제1항).

## 37

| 정답 | ④

| 해설 | 「수산업협동조합법」 제53조 제3항을 위반하여 거짓 사실을 공표하는 등 후보자를 비방한 자는 500만 원 이상 3천만 원 이하의 벌금에 처한다(「수산업협동조합법」 제178조 제4항).

## 38

| 정답 | ④

| 해설 | 지구별수협의 감사는 자체감사 또는 중앙회 등 외부기관의 감사 결과 주요 지적 사항이 발생한 경우 조합장에게 이사회의 소집을 요구하고 이에 대한 시정권고를 할 수 있다(「수산업협동조합법」 제48조 제3항). 그 외에도 이사회에 직접 출석하여 의견을 진술할 수 있고(「수산업협동조합법」 제48조 제4항), 지구별수협이 조합장을 포함한 이사와 계약을 할 때에는 지구별수협을 대표한다(「수산업협동조합법」 제49조 제1항).

## 39

| 정답 | ①

| 해설 | 명칭사용료를 부과하고 이를 관리 및 운영하는 사업은 수협중앙회의 교육·지원 사업에 해당한다(「수산업협동조합법」 제138조 제1항 제1호 차목). 명칭사용료의 관리 및 운영은 지구별수협의 사업에는 포함하지 않는다.

| 오답풀이 |
② 지구별수협은 공제사업을 하려면 공제규정을 정하여 해양수산부장관의 인가를 받아야 한다(「수산업협동조합법」 제60조의2 제1항).
③ 「수산업협동조합법」 제60조 제1항 제5호 가목
④ 지구별수협은 조합원의 공동이익을 위하여 어업 및 그에 부대하는 사업을 경영할 수 있다(「수산업협동조합법」 제64조 제1항).
⑤ 지구별수협은 조합원이 생산한 수산물 및 그 가공품 등의 유통을 지원하기 위하여 유통지원자금을 조성할 수 있으며, 유통지원자금은 수산물의 생산 관련 사업이나

매취사업, 그 밖에 지구별수협이 필요하다고 인정하는 유통 관련 사업 등에 운용한다(「수산업협동조합법」 제62조 제1항, 제2항).

## 40

| 정답 | ②

| 해설 | 지구별수협의 조합원이 아닌 자가 지분을 양수하려고 할 때에는 「수산업협동조합법」 또는 정관에서 정하고 있는 가입 신청, 자격 심사 등 조합원 가입에 관한 규정에 따른다(「수산업협동조합법」 제24조 제2항).

| 오답풀이 |
① 지구별수협의 조합원은 이사회의 승인 없이 그 지분을 양도할 수 없다(「수산업협동조합법」 제24조 제1항).
③ 지구별수협 지분의 양수인은 그 지분에 관하여 양도인의 권리·의무를 승계한다(「수산업협동조합법」 제24조 제3항).
④ 조합원의 지분은 공유할 수 없다(「수산업협동조합법」 제24조 제4항).
⑤ 지구별수협은 조합원의 지분을 취득하거나 이에 대하여 질권을 설정하지 못한다(「수산업협동조합법」 제76조).

## 41

| 정답 | ③

| 해설 | 업종별수협은 교육·지원 사업으로 조합원의 노동력 또는 어촌의 부존자원을 활용한 관광사업 등의 어가 소득증대사업을 할 수 있다(「수산업협동조합법」 제107조 제1항 제1호 자목).

| 오답풀이 |
① 「수산업협동조합법」 제104조
② 업종별수협의 조합원은 그 구역에 주소·거소 또는 사업장이 있는 자로서 대통령령으로 정하는 종류의 어업을 경영하는 어업인이어야 한다(「수산업협동조합법」 제106조 제1항).
④ 「수산업협동조합법」 제107조 제1항 제2호 마목
⑤ 「수산업협동조합법」 제107조 제2항

## 42

| 정답 | ②

| 해설 | 수협중앙회 사업전담대표이사의 업무를 보좌하는 집행간부는 사업전담대표이사가 임면한다(「수산업협동조합법」 제136조 제2항).

| 오답풀이 |
① 「수산업협동조합법」 제136조 제1항
③ 회장과 사업전담대표이사는 집행간부 또는 직원 중에서 업무에 관한 재판상 또는 재판 외의 모든 행위를 할 권한을 가지는 대리인을 선임할 수 있다(「수산업협동조합법」 제136조 제4항).
④ 상임인 임원, 집행간부 및 일반간부직원은 직무와 관련되는 영리를 목적으로 하는 사업에 종사할 수 없다(「수산업협동조합법」 제137조).
⑤ 「수산업협동조합법」 제127조 제6항

## 43

| 정답 | ③

| 해설 | 합병으로 설립되는 조합의 설립 당시 조합장·이사 및 감사의 임기는 설립등기일로부터 2년으로 한다. 다만, 합병으로 소멸한 조합의 조합장이 합병으로 설립되는 조합의 조합장으로 선출되는 경우, 설립등기일 현재 조합장의 남은 임기가 2년을 초과하는 경우에는 그 남은 임기를 그 조합장의 임기로 한다(「수산업협동조합법」 제50조 제3항). 조합장의 임기는 4년이므로(「수산업협동조합법」 제50조 제1항) 제시된 경우, 새로운 지구별수협 C의 조합장으로 선출된 지구별수협 B의 조합장 최 씨는 취임 당시 종전 임기가 3년이 남아 있는 상태이다. 따라서 새로운 지구별수협 C의 조합장으로 선출된 이후의 최 씨의 임기는 그 남은 임기인 3년이 된다.

## 44

| 정답 | ⑤

| 해설 | 수협중앙회에서 임시이사를 임명한 이후 수협중앙회장은 임시이사가 취임한 날부터 1개월 이내에 총회를 소집하여 결원된 이사를 선출하여야 한다(「수산업협동조합법」 제52조 제2항).

| 오답풀이 |
①, ②, ③ 수협중앙회장은 이사의 결원으로 지구별수협의 이사회를 개최할 수 없어 지구별수협의 업무가 지연되어 손해가 생길 우려가 있으면 조합원이나 이해관계인의 청구에 의하여 또는 직권으로 임시이사를 임명할 수 있다(「수산업협동조합법」 제52조 제1항).
④ 「수산업협동조합법」 제52조 제3항

## 45

| 정답 | ④

| 해설 | 수협중앙회가 수협은행의 주식을 취득하기 위하여 자기자본을 초과하여 출자를 할 경우, 사업전담대표이사는 3개월 이내에 해당 출자의 목적 및 금액 등을 총회에 보고하여야 한다(「수산업협동조합법」 제141조의3 제4항).

| 오답풀이 |
① 「수산업협동조합법」 제141조의3 제2항 제7호
② 「수산업협동조합법」 제141조의3 제3항
③ 「수산업협동조합법」 제141조의4 제4항
⑤ 「수산업협동조합법」 제141조의9 제4항 제2호

## 46

| 정답 | ⑤

| 해설 | ㉠ 「수산업협동조합법」 제145조 제4호
㉡ 「수산업협동조합법」 제145조 제5호
㉢ 「수산업협동조합법」 제145조 제1호
㉣ 「수산업협동조합법」 제145조 제3호

## 47

| 정답 | ④

| 해설 | 지구별수협의 일반회계는 신용사업 부문 회계와 신용사업 외의 사업 부문 회계로 구분하여 회계처리하여야 한다(「수산업협동조합법」 제66조 제2항). 조합원에게 필요한 자금을 대출하는 사업은 지구별수협이 수행하는 신용사업에 해당한다(「수산업협동조합법」 제60조 제1항 제3호 나목).

| 오답풀이 |
① 지구별수협의 경제사업에 해당한다(「수산업협동조합법」 제60조 제1항 제2호 다목).
② 지구별수협의 교육·지원 사업에 해당한다(「수산업협동조합법」 제60조 제1항 제1호 나목).
③ 「수산업협동조합법」 제60조 제1항 제4호
⑤ 「수산업협동조합법」 제60조 제1항 제13호

## 48

| 정답 | ②

| 해설 | 지구별수협의 조합장이 궐위(闕位)·구금되어 직무를 수행할 수 없을 때에는 이사회가 정하는 순서에 따라 이사가 그 직무를 대행하며(「수산업협동조합법」 제47조 제5항), 이것으로 지구별수협의 해산사유를 직접 도출하지는 않는다.

| 오답풀이 |
① 「수산업협동조합법」 제84조 제2호
③ 「수산업협동조합법」 제84조 제5호
④ 「수산업협동조합법」 제84조 제4호
⑤ 「수산업협동조합법」 제84조 제3호

## 49

| 정답 | ④

| 해설 | 지구별수협이 수행하는 사업의 종류와 그 집행에 관한 사항은 지구별수협의 정관에 기재되어야 하며(「수산업협동조합법」 제17조 제12호), 지구별수협의 설립등기에 기재되어야 하는 내용에는 포함되지 않는다.

| 오답풀이 |
① 「수산업협동조합법」 제92조 제2항 제3호
② 「수산업협동조합법」 제92조 제2항 제2호
③ 「수산업협동조합법」 제92조 제2항 제4호
⑤ 「수산업협동조합법」 제17조 제4호, 제92조 제2항 제1호

## 50

|정답| ①

|해설| 수산금융채권의 소멸시효는 원금은 5년, 이자는 2년으로 한다(「수산업협동조합법」 제160조).

|오답풀이|
② 「수산업협동조합법」 제156조 제4항
③ 「수산업협동조합법」 제156조 제2항
④ 「수산업협동조합법」 제157조
⑤ 「수산업협동조합법」 제141조의5 제1항 제9호

## 3회 기출예상문제

▶ 문제 230쪽

| 01 | ③ | 02 | ② | 03 | ① | 04 | ③ | 05 | ③ |
| 06 | ④ | 07 | ⑤ | 08 | ⑤ | 09 | ⑤ | 10 | ② |
| 11 | ④ | 12 | ① | 13 | ③ | 14 | ③ | 15 | ① |
| 16 | ④ | 17 | ③ | 18 | ① | 19 | ③ | 20 | ② |
| 21 | ③ | 22 | ⑤ | 23 | ④ | 24 | ④ | 25 | ⑤ |
| 26 | ④ | 27 | ⑤ | 28 | ④ | 29 | ② | 30 | ④ |
| 31 | ③ | 32 | ⑤ | 33 | ③ | 34 | ⑤ | 35 | ⑤ |
| 36 | ④ | 37 | ⑤ | 38 | ⑤ | 39 | ② | 40 | ④ |
| 41 | ① | 42 | ③ | 43 | ④ | 44 | ① | 45 | ② |
| 46 | ③ | 47 | ① | 48 | ④ | 49 | ③ | 50 | ③ |

## 01

|정답| ③

|해설| 「수산업협동조합법」에서 정하는 수산업이란 어업과 수산물가공업을 말하며, 이는 어업, 수산물가공업과 함께 내수면어업(內水面漁業) 또는 양식업을 포함한다(「수산업협동조합법」 제2조 제1호, 제2호). 이 중 내수면어업이란 하천, 댐, 호수, 늪, 저수지와 그 밖에 인공적으로 조성된 민물이나, 바닷물과 민물이 섞인 기수의 물흐름 또는 수면의 뜻인 내수면에서 수산동식물을 포획·채취하는 사업을 의미한다(「내수면어업법」 제2조 제1호, 제5호).

## 02

|정답| ②

|해설| 국가와 공공단체는 수협중앙회의 사업에 적극적으로 협력해야 하며, 이를 위해 수협중앙회의 사업에 필요한 경비를 보조하거나 융자할 수 있다(「수산업협동조합법」 제9조 제1항). 이때, 국가와 공공단체는 수협중앙회의 자율성을 침해하여서는 아니 된다(「수산업협동조합법」 제9조 제2항).

|오답풀이|
① 수협중앙회는 회원의 사업이 원활히 이루어지도록 돕고, 회원의 공동사업을 위한 사업을 수행함을 원칙으로 한다(「수산업협동조합법」 제6조 제2항).

③ 수협중앙회는 회원의 사업과 직접 경합되는 사업을 하여 회원의 사업을 위축시켜서는 아니 된다. 다만, 중앙회가 회원과 공동출자 등의 방식으로 회원 공동의 이익을 위하여 사업을 수행하는 경우에는 회원의 사업과 직접 경합하는 것으로 보지 아니한다(「수산업협동조합법」 제6조 제2항).
④ 「수산업협동조합법」 제5조 제1항
⑤ 「수산업협동조합법」 제10조

## 03

|정답| ①

|해설| 지구별수협의 조합원은 행정구역·경제권 등을 중심으로 어촌계를 조직할 수 있다(「수산업협동조합법」 제15조 제1항). 즉, 어촌계를 조직하기 위해서는 해당 지구별수협의 조합원일 것을 요구한다.

|오답풀이|
② 「수산업협동조합법」 제15조 제1항
③ 「수산업협동조합법 시행령」 제4조 제1항
④ 「수산업협동조합법 시행령」 제6조 제1항
⑤ 「수산업협동조합법 시행령」 제10조 제1항

## 04

|정답| ③

|해설| ⓒ 지구별수협을 설립하려면 창립총회의 의결을 거친 후 해양수산부장관의 인가를 받아야 하는데(「수산업협동조합법」 제16조 제1항), 설립의 절차가 법령을 위반한 경우에 해당하므로 설립인가를 받을 수 없다(「수산업협동조합법」 제16조 제3항 제2호).
ⓒ 조합원의 자격은 지구별수협의 정관에 필수적으로 포함되어야 하는 사항이므로(「수산업협동조합법」 제17조 제5호), 정관의 내용이 법령을 위반한 경우에 해당하여 설립인가를 받을 수 없다(「수산업협동조합법」 제16조 제3항 제2호).

|오답풀이|
㉠ 지구별수협의 설립을 위해서는 해당 구역의 조합원 자격을 가진 자 20인 이상이 발기인이 될 것을 요구하므로(「수산업협동조합법」 제16조 제1항) 설립인가를 받을 수 있다.
㉣ 해양수산부장관은 지구별수협의 설립인가 신청을 받은 날부터 60일 이내에 인가 여부를 신청인에게 통지하여야 하며, 그 인가 여부 또는 처리기간의 연장 여부를 신청인에게 통지하지 아니하면 그 기간이 끝난 날의 다음 날에 인가를 한 것으로 본다(「수산업협동조합법」 제16조 제4항, 제5항).
㉤ 지구별수협의 설립등기는 설립인가를 받은 이후의 절차이므로 이미 설립인가를 받은 경우에 해당한다.

## 05

|정답| ③

|해설| 지구별수협은 수협중앙회 및 다른 조합을 대상으로 우선출자를 하게 할 수 없다(「수산업협동조합법」 제22조의2 제2항).

|오답풀이|
① 「수산업협동조합법」 제22조 제1항
② 「수산업협동조합법」 제22조 제3항
④ 조합원은 지구별수협에 대한 채권과 출자금 납입을 상계할 수 없다(「수산업협동조합법」 제22조 제5항).
⑤ 설립인가를 받은 지구별수협의 조합장은 정관으로 정하는 기일 이내에 조합원이 되려는 자에게 출자금 전액을 납입하게 하여야 한다(「수산업협동조합법」 제18조 제2항). 또한 출자금 납입이 완료된 날로부터 2주 이내에 주된 사무소의 소재지에서 설립등기를 하여야 한다(「수산업협동조합법」 제92조 제1항).

## 06

|정답| ④

|해설| 지구별수협은 총회의 의결에 관하여 총회를 갈음하는 대의원회를 둘 수 있으며(「수산업협동조합법」 제44조 제1항), 총회에 관한 규정을 준용한다. 다만, 대의원의 의결권은 대리인이 행사할 수 없다(「수산업협동조합법」 제44조 제5항).

|오답풀이|
①, ② 「수산업협동조합법」 제27조
③ 「수산업협동조합법」 제28조 제1항, 제2항 제2호

⑤ 지구별수협의 총회는 조합원으로 구성하며(「수산업협동조합법」 제36조 제2항), 지구별수협과 총회 구성원의 이해가 상반되는 의사를 의결할 때는 해당 구성원은 그 의결에 참여할 수 없다(「수산업협동조합법」 제41조 제2항).

③ 「수산업협동조합법」 제38조 제2항
④ 「수산업협동조합법」 제38조 제3항

## 07
|정답| ⑤
|해설| 조합원은 조합원 10분의 1 이상의 동의를 받아 총회 개회 30일 전까지 조합장에게 서면으로 일정한 사항을 총회의 목적 사항으로 할 것을 제안하는 조합원제안을 할 수 있다(「수산업협동조합법」 제41조 제3항).

## 08
|정답| ⑤
|해설| 지구별수협의 조합원이 1년 이상 지구별수협의 사업을 이용하지 않는다면 지구별수협은 총회의 의결을 거쳐 해당 조합원을 제명할 수 있다(「수산업협동조합법」 제32조 제1항 제1호). 이는 당연히 탈퇴하는 사유에 해당하지 않는다.
|오답풀이|
① 「수산업협동조합법」 제31조 제2항 제3호
② 「수산업협동조합법」 제31조 제2항 제4호
③ 「수산업협동조합법」 제31조 제2항 제2호
④ 「수산업협동조합법」 제31조 제2항 제5호

## 09
|정답| ⑤
|해설| 조합장과 감사 모두 조합원의 정당한 총회 소집 청구에 불응하여 기간 내에 총회를 소집하지 아니할 때에는 소집을 청구한 조합원의 대표가 총회를 소집하고, 이 경우 조합원의 대표가 의장의 직무를 수행한다(「수산업협동조합법」 제38조 제4항).
|오답풀이|
①, ② 「수산업협동조합법」 제38조 제1항

## 10
|정답| ②
|해설| 지구별수협의 이사회는 조합장을 포함한 이사로 구성한다(「수산업협동조합법」 제45조 제2항). 지구별수협의 대의원회는 총회를 갈음하는 기관으로(「수산업협동조합법」 제44조 제1항), 이사회와 별도의 기관이다.
|오답풀이|
① 지구별수협에 이사회를 둔다(「수산업협동조합법」 제45조 제1항). 즉, 지구별수협의 이사회는 임의적 기관이 아닌 필요적 상설기관이다.
③ 지구별수협 조합원의 가입 자격에 대한 심사는 지구별수협 이사회의 의결 사항에 해당하며(「수산업협동조합법」 제45조 제3항 제1호), 이사회는 구성원 과반수 출석으로 개의하고 출석구성원 과반수의 찬성으로 의결한다(「수산업협동조합법」 제45조 제4항).
④ 「수산업협동조합법」 제45조 제5항
⑤ 「수산업협동조합법」 제45조 제7항

## 11
|정답| ④
|해설| 지구별수협은 이사 중 2명 이내의 상임이사를 두어야 한다(「수산업협동조합법」 제46조 제2항). 즉, 상임이사가 반드시 2명이여야 하는 것은 아니다.
|오답풀이|
①, ② 「수산업협동조합법」 제46조 제1항
③ 지구별수협은 상임이사 외에 조합원이 아닌 1명의 이사를 정관으로 정하는 바에 따라 둘 수 있다(「수산업협동조합법」 제46조 제2항).
⑤ 조합장(상임인 경우에만 해당한다), 상임이사 및 상임감사를 제외한 지구별수협의 임원은 명예직으로 하되, 정관으로 정하는 바에 따라 실비변상을 받을 수 있다(「수산업협동조합법」 제46조 제5항).

## 12

|정답| ①

|해설| 지구별수협의 조합장은 조합원 중에서 정관으로 정하는 바에 따라 조합원이 총회 또는 총회 외에서의 투표로 선출하거나, 혹은 대의원회에서 선출하거나 이사회가 이사회 구성원 중에서 선출한다(「수산업협동조합법」 제46조 제3항).

## 13

|정답| ③

|해설| 상임이사에 대해서는 임기가 시작된 후 2년이 되는 때에 그 업무 실적 등을 고려하여 이사회의 의결로 남은 임기를 계속 채울지를 정한다(「수산업협동조합법」 제50조 제1항).

|오답풀이|

①, ②「수산업협동조합법」 제50조 제1항

④「수산업협동조합법」 제50조 제3항

⑤「수산업협동조합법」 제50조 제4항

## 14

|정답| ③

|해설|「형법」 제303조(업무상위력 등에 의한 간음) 또는「성폭력범죄의 처벌 등에 관한 특례법」 제10조(업무상 위력 등에 의한 추행)에 규정된 죄를 저지른 사람으로서 300만 원 이상의 벌금형을 선고받고 그 형이 확정된 후 2년이 지나지 아니한 사람은 지구별수협의 임원이 될 수 없다(「수산업협동조합법」 제51조 제1항 제8호의2). 따라서 형이 확정된 후 3년이 경과한 시점에서는 결격사유에 해당한다고 볼 수 없다.

|오답풀이|

①「수산업협동조합법」 제51조 제1항 제2호

②「수산업협동조합법」 제51항 제1항 제7호

④「수산업협동조합법」 제51항 제1항 제10호

⑤「수산업협동조합법」 제51항 제1항 제12호 가목

## 15

|정답| ①

|해설|「공직선거법」 제112조 제2항 제3호에 따른 구호적·자선적 행위에 준하는 행위는 지구별수협의 임원 선거 후보자가 해당 임원의 임기 만료일 전 180일부터 해당 선거일까지의 기간 내에 할 수 없는 기부행위에 해당하지 않는다(「수산업협동조합법」 제53조의2 제2항 제3호).

|오답풀이|

②, ③ 구호적·자선적 행위는 직무상의 행위 및 의례적 행위에 포함되지 않는다(「수산업협동조합법」 제53조의2 제2항 제3호).

④ 조합장은 재임 중에는 기부행위를 할 수 없다(「수산업협동조합법」 제53조의2 제6항). 다만 구호적·자선적 행위는 기부행위로 보지 아니하는 행위에 해당하므로 여기에 포함되지 않는다.

⑤ 조합의 경비로 관혼상제 의식이나 그 밖의 경조사에 축의·부의금품을 제공할 경우 해당 조합장의 직명 또는 성명을 밝히거나 그가 하는 것으로 추정할 수 있는 방법으로 하는 행위는 기부행위로 봄은 별론으로 하고(「수산업협동조합법」 제53조의3 제2항), 구호적·자선적 행위는 여기서 말하는 관혼상제 의식이나 그 밖의 경조사에 해당하지 않으므로 해당 조항의 적용 대상이 되지 않는다.

## 16

|정답| ④

|해설| 지구별수협의 임원은 그 지구별수협의 직원을 겸직할 수 없다(「수산업협동조합법」 제55조 제2항).

|오답풀이|

①「수산업협동조합법」 제59조 제1항

②「수산업협동조합법」 제59조 제2항

③ 지구별수협의 대의원은 해당 지구별수협의 조합장을 제외한 임직원을 겸직하여서는 아니 된다(「수산업협동조합법」 제44조 제4항).

⑤「수산업협동조합법」 제47조 제6항

## 17

| 정답 | ③

| 해설 | 국가나 공공단체는 지구별수협에 사업을 위탁하는 경우에는 대통령령으로 정하는 바에 따라 지구별수협과 위탁 계약을 체결하여야 한다(「수산업협동조합법」 제60조 제4항).

| 오답풀이 |
① 「수산업협동조합법」 제60조 제1항 제12호
② 「수산업협동조합법」 제60조 제1항 제8호
④ 「수산업협동조합법」 제60조 제9항, 제10항
⑤ 「수산업협동조합법」 제60조 제5항

## 18

| 정답 | ①

| 해설 | 지구별수협은 조합원이 생산한 수산물 및 그 가공품의 유통을 지원하기 위하여 유통지원자금을 조성·운용할 수 있다. 유통지원자금은 수산물의 생산 관련 사업과 출하조절사업, 공동규격 출하촉진사업 등 지구별수협이 필요하다고 인정하는 유통 관련 사업에 운용된다. 국가, 공공단체 및 수협중앙회는 예산의 범위에서 지구별수협의 유통지원자금 조성을 지원할 수 있다(「수산업협동조합법」 제62조 제1항, 제2항, 제3항).

## 19

| 정답 | ③

| 해설 | 지구별수협이 준조합원에 대해 부담하도록 하는 가입금은 지구별수협의 자기자본에 해당한다(「수산업협동조합법」 제68조 제4호).

| 오답풀이 |
① 「수산업협동조합법」 제68조 제2호
② 지구별수협은 사업 목적을 달성하기 위하여 국가, 공공단체, 중앙회, 수협은행 또는 다른 금융기관으로부터 자금을 차입할 수 있다(「수산업협동조합법」 제60조 제2항).
④ 「수산업협동조합법」 제60조 제8항
⑤ 「수산업협동조합법」 제147조 제1항

## 20

| 정답 | ②

| 해설 | 잉여금은 정관으로 정하는 바에 따라 조합원의 사업 이용 실적에 대한 배당-정관으로 정하는 비율의 한도 이내에서 납입출자액에 대한 배당-준조합원의 사업 이용 실적에 대한 배당의 순서로 배당한다(「수산업협동조합법」 제71조 제3항).

## 21

| 정답 | ③

| 해설 | 지구별수협의 조합원과 채권자는 정관, 총회의사록, 조합원 명부 및 결산보고서를 열람하거나 그 사본의 발급을 청구할 수 있다(「수산업협동조합법」 제73조 제2항).

| 오답풀이 |
① 「수산업협동조합법」 제67조 제1항
② 「수산업협동조합법」 제73조 제1항
④ 「수산업협동조합법」 제73조 제2항
⑤ 「수산업협동조합법」 제73조 제3항

## 22

| 정답 | ⑤

| 해설 | 지구별수협의 합병은 합병 후 존속하거나 합병으로 설립되는 지구별수협이 그 주된 사무소의 소재지에서 합병등기를 함으로써 그 효력을 가진다(「수산업협동조합법」 제83조).

| 오답풀이 |
① 「수산업협동조합법」 제79조
② 지구별수협은 합병차익으로 발생한 금액을 자본적립금으로 적립하여야 한다(「수산업협동조합법」 제70조 제4항 제3호).
③ 「수산업협동조합법」 제81조 제2항
④ 「수산업협동조합법」 제77조 제3항

## 23

| 정답 | ④

| 해설 | 청산인은 그 직무의 범위에서 조합장과 동일한 권리 의무를 가진다(「수산업협동조합법」 제86조 제3항).

| 오답풀이 |
① 지구별수협이 해산하였을 때에는 조합장이 청산인이 된다. 다만, 지구별수협이 파산하여 해산된 경우는 제외한다(「수산업협동조합법」 제86조 제1항).
② 청산인은 취임 후 지체 없이 재산 상황을 조사하고 재산목록 및 재무상태표를 작성하여 재산 처분 방법을 정한 후 이를 총회에 제출하여 승인을 받아야 한다(「수산업협동조합법」 제87조 제1항).
③ 청산인은 취임한 날부터 2주일 이내에 주된 사무소의 소재지에서 그 성명·주민등록번호 및 주소를 등기하여야 한다(「수산업협동조합법」 제99조 제1항).
⑤ 청산 사무가 끝나면 청산인은 지체 없이 결산보고서를 작성하고 이를 총회에 제출하여 승인을 받아야 한다(「수산업협동조합법」 제90조).

## 24

| 정답 | ④

| 해설 | 행정구역의 지명이 변경되어 등기부 및 정관에 기재된 해당 지구별수협의 사무소의 소재지와 구역에 대한 지명이 변경된 경우 지구별수협은 지체 없이 이에 대한 변경등기를 신청하는 것이 아닌, 해당 사실을 등기소에 통지하여야 한다(「수산업협동조합법」 제96조 제2항).

| 오답풀이 |
① 「수산업협동조합법」 제95조 제2항
② 「수산업협동조합법」 제95조 제4항
③ 「수산업협동조합법」 제95조 제5항 제3호
⑤ 「수산업협동조합법」 제97조 제1항

## 25

| 정답 | ⑤

| 해설 | 사업장 외의 지역에 주소 또는 거소만이 있는 어업인이 그 외의 사업장 소재지를 구역으로 하는 지구별수협의 조합원이 되는 경우에는 주소 또는 거소를 구역으로 하는 지구별수협의 조합원이 될 수 없다(「수산업협동조합법」 제20조 제1항).

| 오답풀이 |
①, ② 조합공동사업법인의 회원은 조합, 중앙회, 영어조합법인, 어업회사법인으로 한다(「수산업협동조합법」 제113조의4 제1항).
③ 「수산업협동조합법」 제106조 제2항
④ 수산물가공수협의 조합원은 그 구역에 주소·거소 또는 사업장이 있는 자로서 대통령령으로 정하는 수산물가공업을 경영하는 자여야 한다(「수산업협동조합법」 제111조).

> **보충 플러스+**
>
> 수산물가공수협의 조합원 자격이 되는 수산물가공업(「수산업협동조합법 시행령」 제23조)
> • 수산물냉동·냉장업 : 해당 사업장에서 수산물과 농산물·축산물 또는 임산물을 함께 냉동·냉장하는 경우를 포함한다.
> • 수산물통조림가공업 : 해당 사업장에서 수산물과 농산물·축산물 또는 임산물을 원료로 하거나 함께 혼합하여 통조림 가공을 하는 경우를 포함한다.
> • 수산물건제품가공업 : 해당 사업장의 공장 면적이 330제곱미터 이상으로 등록되어 있는 경우만 해당한다.
> • 해조류가공업 : 해당 사업장의 공장 면적이 200제곱미터 이상으로 등록되어 있는 경우만 해당한다.

## 26

| 정답 | ④

| 해설 | 수협중앙회는 조합을 회원으로 하고(「수산업협동조합법」 제118조), 해양수산 관련 법인 또는 단체, 조합공동사업법인과 기타 수협중앙회의 사업을 이용하는 것이 적당하다고 인정되는 자를 준회원으로 할 수 있다(「수산업협동조합법」 제119조). 따라서 수협중앙회의 회원으로는 업종별수협인 ㉡, 지구별수협인 ㉢, 수산물가공수협인 ㉣이 적절하고 준회원으로는 조합공동사업법인인 ㉠과 해양수산 관련 법인에 해당하는 어업회사법인인 ㉤이 적절하다.

## 27

| 정답 | ⑤

| 해설 | 정관으로 정하는 바에 따라 총회의 의결에 관하여 총회를 갈음하는 대의원회를 둘 수 있는 것은 지구별수협으로, 대의원회는 조합장과 대의원으로 구성한다(「수산업협동조합법」 제44조 제1항). 수협중앙회는 총회를 갈음하는 기관인 대의원회를 두지 않는다.

| 오답풀이 |

① 「수산업협동조합법」 제125조 제2항
② 「수산업협동조합법」 제125조 제3항
③ 정기총회는 회계연도 경과 후 3개월 이내에 회장이 매년 1회 소집한다(「수산업협동조합법」 제125조 제4항).
④ 정관의 변경은 총회의 의결을 거쳐 해양수산부장관의 인가를 받아야 한다(「수산업협동조합법」 제126조 제2항).

## 28

| 정답 | ④

| 해설 | 이사회는 총회에 사업전담대표이사의 해임을 요구하는 의결을 할 수 있으며(「수산업협동조합법」 제127조 제3항 제5호), 수협중앙회 사업전담대표이사의 선출 및 해임을 직접 의결하는 곳은 수협중앙회 총회이다(「수산업협동조합법」 제126조 제1항 제3호).

| 오답풀이 |

① 「수산업협동조합법」 제127조 제2항
② 「수산업협동조합법」 제127조 제3항 제10호
③ 수협중앙회장은 이사 3명 또는 감사위원회의 요구가 있을 때에는 지체 없이 이사회를 소집하여야 하고, 수협중앙회장이 필요하다고 인정할 때에는 직접 이사회를 소집할 수 있다(「수산업협동조합법」 제127조 제4항).
⑤ 「수산업협동조합법」 제127조 제3항 제12호

## 29

| 정답 | ②

| 해설 | 수협중앙회의 사업 중 회원에 대한 감사의 업무는 수협중앙회장이 전담하여 처리하되, 정관으로 정하는 바에 따라 조합감사위원회의 위원장에게 위임하여 전결처리하게 하여야 한다(「수산업협동조합법」 제130조 제2항 제1호).

| 오답풀이 |

① 수협중앙회장은 수협중앙회를 대표한다. 다만, 사업전담대표이사가 대표하는 업무에서는 그러하지 아니하다(「수산업협동조합법」 제130조 제1항).
③ 수협중앙회 회원과 그 조합원의 권익 증진을 위한 사업은 수협중앙회장이 전결 없이 전담하여 처리한다(「수산업협동조합법」 제130조 제2항 제4호).
④, ⑤ 수협중앙회 회원의 조직·경영 및 사업에 관한 지도·조정, 수협중앙회 회원의 조합원과 직원에 대한 교육·훈련은 지도경제사업대표이사인 사업전담대표이사가 전담하여 처리하는 업무에 해당한다(「수산업협동조합법」 제131조 제2항 제1호).

## 30

| 정답 | ④

| 해설 | 수협중앙회 이사의 임기는 상임·비상임을 불문하고 모두 2년으로 한다(「수산업협동조합법」 제134조 제5항).

| 오답풀이 |

①, ② 「수산업협동조합법」 제134조 제5항
③ 「수산업협동조합법」 제133조 제2항
⑤ 「수산업협동조합법」 제144조 제3항

## 31

| 정답 | ③

| 해설 | 수협중앙회의 상임인 임원, 집행간부 및 일반간부직원은 직무와 관련되는 영리를 목적으로 하는 사업에 종사할 수 없으며, 수협중앙회 이사회가 승인하는 경우를 제외하고는 다른 직업에 종사할 수 없다(「수산업협동조합법」 제137조).

| 오답풀이 |

① 수협중앙회의 사업계획·수지예산 및 결산의 승인은 수협중앙회 총회의 의결 사항에 해당한다(「수산업협동조합법」 제126조 제1항 제4호).
② 수협중앙회가 관리하는 명칭사용료의 수입과 지출은 수협중앙회 총회의 승인을 받아야 한다(「수산업협동조합법」 제162조의2 제2항).

④ 지구별수협은 법률로 정하는 사업 외에 지구별수협의 목적 달성을 위해 필요한 사업으로 수협중앙회장의 승인을 받은 사업을 수행할 수 있다(「수산업협동조합법」 제60조 제1항 15호).

⑤ 지구별수협 상임이사의 궐위기간이 6개월을 초과하는 경우 수협중앙회는 해양수산부장관의 승인을 받아 새로운 상임이사가 선출될 때까지 해당 상임이사의 직무를 수행하는 관리인을 파견할 수 있다(「수산업협동조합법」 제47조 제6항).

## 32

| 정답 | ③

| 해설 | 수산업협동조합 경제사업 평가협의회는 중앙회가 수행하는 수산물등의 판매활성화 사업 점검 및 평가에 관한 사항을 결정하는 의결기관이 아닌 그에 대한 자문을 제공하는 자문기관이다(「수산업협동조합법」 제139조의3 제2항 제1호).

| 오답풀이 |
① 「수산업협동조합법」 제139조의2 제1항 제2호
② 「수산업협동조합법」 제139조의2 제2항
④ 「수산업협동조합법」 제139조의4 제3항
⑤ 「수산업협동조합법」 제139조의3 제1항, 제6항

## 33

| 정답 | ③

| 해설 | 수협중앙회는 수협은행의 의결권 있는 주식의 100분의 15를 초과하는 주식을 취득할 수 있고(「수산업협동조합법」 제141조의3 제2항 제7호), 그에 대한 의결권 역시 전부 행사할 수 있다.

| 오답풀이 |
① 「수산업협동조합법」 제141조의4 제2항
② 「수산업협동조합법」 제141조의4 제4항
④ 수협은행에 대해서는 「은행법」 제8조와 제53조 제2항 제1호·제2호를 적용하지 아니하므로(「수산업협동조합법」 제141조의4 제3항) 수협은행의 경영에는 금융위원회의 인가를 요구하지 않는다.
⑤ 금융위원회가 「은행법」 제53조 제2항 제3호부터 제6호까지의 규정에 따라 제재를 할 경우에는 해양수산부장관과 미리 협의하여야 한다(「수산업협동조합법」 제141조의4 제3항).

## 34

| 정답 | ⑤

| 해설 | 유통지원자금은 수협 소속 조합원의 수산물 및 가공품 등의 유통을 지원하기 위해 조합과 수협중앙회가 조성하는 기금으로 수협은행의 정관에 기재될 사업에 해당하지 않는다.

| 오답풀이 |
① 「수산업협동조합법」 제141조의5 제1항 제2호
② 「수산업협동조합법」 제141조의5 제1항 제4호
③ 「수산업협동조합법」 제141조의5 제1항 제10호
④ 수협은행의 정관에는 수협은행의 본점, 지점, 출장소와 대리점에 관한 사항을 포함한다(「수산업협동조합법」 제141조의5 제1항 제3호).

## 35

| 정답 | ⑤

| 해설 | 수협은행은 업무를 수행하기 위해 필요한 경우에는 국가·공공단체 또는 금융기관으로부터 자금을 차입하거나 금융기관에 예치하는 등의 방법으로 자금을 운용할 수 있다(「수산업협동조합법」 제141조의9 제6항).

| 오답풀이 |
① 「수산업협동조합법」 제141조의9 제2항
② 「수산업협동조합법」 제141조의9 제1항 제5호
③ 「수산업협동조합법」 제141조의8 제1항
④ 「수산업협동조합법」 제141조의9 제1항 제7호

## 36

| 정답 | ④

| 해설 | 수협중앙회장은 회원의 경영 상태를 평가하고 그 결과에 따라 회원에게 경영 개선을 요구하거나 합병을 권고하는 등의 필요한 조치를 할 수 있다(「수산업협동조합법」

제142조 제2항). 다른 수협과의 합병은 수협중앙회장이 해양수산부장관에게 처분을 요청할 수 있는 사항에 해당하지 않는다.

|오답풀이|
① 「수산업협동조합법」 제142조 제3항 제1호
②, ③ 「수산업협동조합법」 제142조 제3항 제2호
⑤ 「수산업협동조합법」 제142조 제3항 제3호

## 37

|정답| ⑤

|해설| 수협중앙회장이 위촉하는 수산 관련 단체 대표는 수협중앙회 조합감사위원회가 아닌 수산업협동조합 경제사업평가협의회의 위원 구성에 해당한다(「수산업협동조합법」 제139조의3 제4항 제1호).

|오답풀이|
① 「수산업협동조합법」 제144조 제1항 제1호
② 「수산업협동조합법」 제144조 제1항 제3호
③ 「수산업협동조합법」 제144조 제1항 제2호
④ 「수산업협동조합법」 제144조 제1항 제4호

## 38

|정답| ⑤

|해설| 수협중앙회 또는 수협은행은 수산금융채권의 차환(借換)을 위하여 그 발행 한도인 자기자본의 5배를 초과하여 발행할 수 있다(「수산업협동조합법」 제156조 제2항, 제3항).

## 39

|정답| ②

|해설| 수협중앙회는 수산물 판매·유통 활성화와 회원과 조합원에 대한 교육·지원 사업 등의 수행에 필요한 재원을 안정적으로 조달하기 위하여 수산업협동조합의 명칭을 사용하는 법인에 대하여 영업수익 또는 매출액의 1천분의 25 범위에서 정관으로 정하는 기준에 따라 총회에서 정하는 부과율을 곱하여 산정하는 금액을 명칭사용료로 부과할 수 있다(「수산업협동조합법」 제162조의2 제1항).

## 40

|정답| ④

|해설| 해양수산부장관은 지구별수협의 선거 당선 취소(ⓒ)와 설립인가 취소(ⓔ)에 대한 처분을 하려면 청문을 하여야 한다(「수산업협동조합법」 제175조).

## 41

|정답| ①

|해설| 수협중앙회 사업전담대표이사가 정관으로 정하는 바에 따라 실시한 경영 상태의 평가 결과를 이사회와 총회에 보고하는 법 제131조 제4항에 대하여 만일 그 보고를 부실하게 하거나 사실을 은폐한 경우에는 3년 이하의 징역 또는 3천만 원 이하의 벌금에 처한다(「수산업협동조합법」 제177조 제3호).

## 42

|정답| ③

|해설| ㉠ 누구든지 조합을 이용하여 공직선거에서 특정 정당을 지지하는 행위와 특정인이 당선되게 하거나 당선되지 아니하게 하도록 하는 행위를 하여서는 아니 된다(「수산업협동조합법」 제7조 제2항).
㉢ 법 제7조 제2항을 위반하여 공직선거에 관여한 자에 대한 신고자 등의 보호는 「공직선거법」 제262조의2를 준용한다(「수산업협동조합법」 제181조).

|오답풀이|
㉡ 법 제7조 제2항을 위반하여 공직선거에 관여한 자는 2년 이하의 징역 또는 2천만 원 이하의 벌금에 처한다(「수산업협동조합법」 제178조 제1항 제1호).

## 43

|정답| ④

|해설| 수협중앙회는 국가로부터 자금이나 사업비의 전부 또는 일부를 보조 또는 융자받아 시행한 직전연도 사업에 관련된 자금 사용내용 등 대통령령으로 정하는 정보를 매년 4월 30일까지 공시하여야 한다(「수산업협동조합법」 제141조의2 제1항).

## 44

|정답| ①

|해설| 수협중앙회의 회원이 회원 10분의 1 이상의 동의를 받아 수협중앙회의 업무 집행 상황이 법령 또는 수협중앙회의 정관에 위배된다는 사유로 해양수산부장관에게 이에 대한 검사를 청구할 경우, 해양수산부장관은 금융감독원장에게 수협중앙회에 대한 검사를 요청할 수 있다(「수산업협동조합법」 제174조 제2항).

## 45

|정답| ②

|해설| 수협중앙회는 법령과 정관을 준수하고 중앙회의 이용자를 보호하기 위해 정하는 기본적인 절차와 기준인 내부통제기준의 준수 여부를 점검하고 위반 여부를 조사하여 감사위원회에 보고하는 준법감시인을 1명 이상 두어야 한다(「수산업협동조합법」 제127조의4 제2항).

## 46

|정답| ③

|해설| 제시된 글은 「수산업협동조합의 부실예방 및 구조개선에 관한 법률」 제9조의 경영정상화 이행약정에 대한 설명이다. 지구별수협 조합장의 상임이나 비상임 여부는 정관으로 정하나, 경영정상화 이행약정을 체결한 지구별수협이 만일 2년 연속하여 그 경영정상화 이행약정을 이행하지 못할 경우에는 해당 지구별수협의 조합장은 비상임으로 한다(「수산업협동조합법」 제46조 제1항).

## 47

|정답| ①

|해설| 지구별수협의 회계는 일반회계와 특별회계로 구분하며, 이 중 특별회계는 특정 사업을 운영할 경우, 특정 자금을 보유하여 운영할 경우, 그 밖에 일반회계와 구분할 필요가 있는 경우에 정관으로 정하는 바에 따라 설치한다(「수산업협동조합법」 제66조 제1항, 제3항).

## 48

|정답| ④

|해설| 수협중앙회 이사회가 요청한 사업전담대표이사의 해임에 대한 총회의 의결에 관하여는 수협중앙회 회원이 요청한 임원의 해임에 대한 총회의 의결과 동일하게 구성원 과반수의 출석과 출석구성원 3분의 2 이상의 찬성을 요구한다(「수산업협동조합법」 제135조 제3항).

|오답풀이|

①, ② 「수산업협동조합법」 제135조 제1항

③ 「수산업협동조합법」 제135조 제3항

⑤ 「수산업협동조합법」 제135조 제4항

## 49

|정답| ③

|해설| 수산업협동조합협의회는 회원을 위한 사업의 개발 및 정책 건의, 회원을 위한 생산·유통 조절 및 시장개척, 제품 홍보, 기술 보급 및 회원 간의 정보교환, 그 밖에 회원의 공동이익을 증진하기 위하여 필요한 사업을 수행한다(「수산업협동조합법」 제114조 제2항).

## 50

|정답| ③

|해설| 수협중앙회 교육위원회는 위원장을 포함한 5명 이내의 위원으로 구성한다(「수산업협동조합법」 제127조의3 제2항).

|오답풀이|

① 「수산업협동조합법」 제127조의3 제1항

② 「수산업협동조합법」 제127조 제3항 제7호, 제127조의3 제1항

④ 「수산업협동조합법」 제127조의3 제2항

⑤ 「수산업협동조합법」 제127조의3 제3항

## 4회 기출예상문제

▶ 문제 252쪽

| 01 | ③ | 02 | ⑤ | 03 | ② | 04 | ③ | 05 | ② |
| 06 | ⑤ | 07 | ⑤ | 08 | ④ | 09 | ① | 10 | ② |
| 11 | ② | 12 | ② | 13 | ④ | 14 | ③ | 15 | ⑤ |
| 16 | ⑤ | 17 | ① | 18 | ③ | 19 | ③ | 20 | ① |
| 21 | ② | 22 | ④ | 23 | ② | 24 | ① | 25 | ② |
| 26 | ④ | 27 | ⑤ | 28 | ③ | 29 | ② | 30 | ② |
| 31 | ⑤ | 32 | ③ | 33 | ④ | 34 | ③ | 35 | ① |
| 36 | ③ | 37 | ⑤ | 38 | ① | 39 | ③ | 40 | ④ |
| 41 | ② | 42 | ① | 43 | ① | 44 | ③ | 45 | ⑤ |
| 46 | ② | 47 | ⑤ | 48 | ④ | 49 | ③ | 50 | ① |

## 01

| 정답 | ③

| 해설 | 「수산업협동조합법」은 어업인과 수산물가공업자의 자주적인 협동조직을 바탕으로 어업인과 수산물가공업자의 경제적·사회적·문화적 지위의 향상과 어업 및 수산물가공업의 경쟁력 강화를 도모함으로써 어업인과 수산물가공업자의 삶의 질을 높이고 국민경제의 균형 있는 발전에 이바지함을 목적으로 한다(「수산업협동조합법」 제1조).

## 02

| 정답 | ⑤

| 해설 | 수의계약이란 계약자를 선정하는 과정에서 경쟁입찰의 방식이 아닌 계약의 상대방을 임의로 선택하는 방법으로 계약을 체결하는 것을 의미한다. 조합등이 공공기관에 직접 생산하는 물품을 공급하는 경우에는 조합등을 「중소기업제품 구매촉진 및 판로지원에 관한 법률」 제33조 제1항 각 호 외의 부분에 따른 국가와 수의계약으로 납품계약을 체결할 수 있는 자로 본다(「수산업협동조합법」 제12조의3).

## 03

| 정답 | ②

| 해설 | 조합등, 중앙회 및 수협은행의 업무 및 재산에 대하여는 국가 및 지방자치단체의 조세 외의 부과금을 면제한다. 다만, 그 재산이 조합등, 중앙회 및 수협은행의 사업 외의 목적으로 사용되는 경우에는 그러하지 아니하다(「수산업협동조합법」 제8조).

## 04

| 정답 | ③

| 해설 | ㉠ 「농어업경영체 육성 및 지원에 관한 법률」 제19조에 따른 어업회사법인으로서 그 주된 사무소를 지구별수협의 구역에 두고 어업을 경영하는 법인은 지구별수협의 조합원이 될 수 있다(「수산업협동조합법」 제20조 제2항).
㉢ 지구별수협의 구역에 주소를 둔 어업인이 구성원이 되거나 출자자가 된 해양수산 관련 단체를 지구별수협의 준조합원으로 할 수 있다(「수산업협동조합법」 제21조 제1항 제1호).

## 05

| 정답 | ②

| 해설 | 지구별수협 조합원의 책임은 그 출자액을 한도로 한다(「수산업협동조합법」 제25조 제1항).

| 오답풀이 |
① 「수산업협동조합법」 제5조 제1항
③, ④ 「수산업협동조합법」 제25조 제2항
⑤ 「수산업협동조합법」 제5조 제2항

## 06

| 정답 | ⑤

| 해설 | ㉠ 지구별수협은 조합원의 출자액에 대한 배당 금액의 전부 또는 일부를 그 조합원으로 하여금 출자하게 할 수 있는데, 이때 조합원은 배당받을 금액을 지구별수협에 대한 채무와 상계할 수 없다(「수산업협동조합법」 제22조의3).

- ⓒ 지구별수협은 그 사업의 이용 실적에 따라 조합원에게 배당할 금액의 전부 또는 일부를 그 조합원에게 출자하게 할 수 있는데, 이때 조합원은 이를 지구별수협에 대한 채무와 상계할 수 없다(「수산업협동조합법」제23조).
- ⓒ 지구별수협은 정관으로 정하는 바에 따라 조합원에게 경비와 과태금을 부과할 수 있으며, 이는 지구별수협에 대한 채권과 상계할 수 없다(「수산업협동조합법」제26조 제3항).

## 07

| 정답 | ⑤

| 해설 | 지구별수협 조합원의 선거권은 임원 또는 대의원의 임기 만료일, 보궐선거 등의 경우에는 그 선거 실시 사유가 확정된 날 전 180일까지 해당 조합의 조합원으로 가입한 자만 행사할 수 있다(「수산업협동조합법」제27조).

## 08

| 정답 | ④

| 해설 | 지구별수협에서 탈퇴한 조합원은 탈퇴 당시 회계연도의 다음 회계연도부터 정관으로 정하는 바에 따라 그 지분의 환급을 청구할 수 있다(「수산업협동조합법」제33조 제1항).

| 오답풀이 |
① 지분환급청구권은 2년간 행사하지 않으면 시효로 인하여 소멸된다(「수산업협동조합법」제33조 제3항).
② 지분환급청구권을 행사할 수 있는 탈퇴 조합원에는 제명된 조합원을 포함한다(「수산업협동조합법」제33조 제1항).
③ 「수산업협동조합법」제33조 제2항
⑤ 「수산업협동조합법」제33조 제4항

## 09

| 정답 | ①

| 해설 | 지구별수협 총회의 의결사항 중 정관의 변경과 지구별수협의 해산·합병 또는 분할은 해양수산부장관의 인가를 받지 아니하면 효력이 발생하지 아니한다(「수산업협동조합법」제37조 제2항).

## 10

| 정답 | ②

| 해설 | ⓒ 지구별수협의 총회를 소집하려면 총회 개회 7일 전까지 그 회의 목적 등을 적은 총회소집통지서를 조합원에게 발송하여야 한다(「수산업협동조합법」제39조 제2항). 따라서 총회 개회일이 4월 14일이라면 총회소집 통지서는 그로부터 7일 전인 4월 7일까지는 발송을 해야 한다.

| 오답풀이 |
- ㉠ 조합원은 조합원 5분의 1 이상의 동의를 받아 소집의 목적과 이유를 서면에 적어 조합장에게 제출하고 총회의 소집을 청구할 수 있다(「수산업협동조합법」제38조 제1항).
- ㉡ 조합장은 총회 소집의 청구를 받으면 그로부터 2주 이내에 총회를 소집하여야 한다(「수산업협동조합법」제38조 제2항). 조합장은 총회소집청구서를 제출 당일인 4월 2일에 받았으므로 그로부터 2주 뒤인 4월 16일 이내로 총회를 소집하여야 하므로 적절하다.
- ㉣ 지구별수협이 총회 소집을 통지할 때에는 조합원 명부에 기재된 조합원의 주소 또는 거소나 조합원이 지구별수협에 통지한 연락처로 하여야 한다(「수산업협동조합법」제39조 제1항).

## 11

| 정답 | ②

| 해설 | 지구별수협의 임원 결격사유에 해당하여 퇴직하게 된 임원이 퇴직하기 전에 관여한 행위는 그 효력을 상실하지 않는다(「수산업협동조합법」제51조 제3항).

| 오답풀이 |
① 「수산업협동조합법」제51조 제1항 제12호 나목
③ 선거일 공고일 현재 해당 지구별수협의 정관으로 정하는 일정규모 이상의 사업 이용 실적이 없는 사람은 지구별수협의 임원이 될 수 없다. 다만 해당 내용은 조합원인 임원에게 한해 적용되므로(「수산업협동조합법」제51

조 제1항 제13호), 외부전문가에서 선출된 감사 등 조합원이 아닌 임원에 대하여는 적용되지 않는다.
④ 「수산업협동조합법」 제51조 제1항 제2호
⑤ 「신용협동조합법」 제84조에 따른 개선(改選) 또는 징계면직의 처분을 받은 날로부터 5년이 지나지 아니한 사람은 지구별수협의 임원이 될 수 없다(「수산업협동조합법」 제51조 제1항 제6호).

## 12

|정답| ②

|해설| 지구별수협의 임원이나 대의원이 되려는 사람은 선거운동을 위하여 선거일 공고일로부터 선거일까지의 기간 중에는 조합원을 호별(戶別)로 방문하거나 특정 장소에 모이게 할 수 없다(「수산업협동조합법」 제53조 제2항).
|오답풀이|
①, ③ 「수산업협동조합법」 제53조 제8항 제5호
④ 「수산업협동조합법」 제53조 제8항 제3호
⑤ 「수산업협동조합법」 제53조 제8항 제1호

## 13

|정답| ④

|해설| 이사회는 상임이사의 경영 상태를 평가한 결과 경영 실적이 부실하여 그 직무를 담당하기 곤란하다고 판단할 경우 총회에 상임이사의 해임을 요구할 수 있는데, 이 경우 총회의 해임 의결에 대해서는 지구별수협 조합원이 총회에 임원을 해임을 요구하는 경우와 같이 구성원 과반수의 출석과 출석구성원 3분의 2 이상의 찬성을 요구한다(「수산업협동조합법」 제57조 제3항).
|오답풀이|
① 「수산업협동조합법」 외의 법률에 따라 자격이 상실되거나 정지된 사람은 지구별수협의 임원의 결격사유에 해당하며, 이 경우 총회의 의결 없이 당연히 퇴직한다(「수산업협동조합법」 제51조 제1항 제4호, 제2항).
② 조합원 3분의 1 이상의 동의로 총회에 지구별수협의 임원의 해임을 요구할 수 있고, 이 경우 총회는 구성원 과반수의 출석과 출석구성원 3분의 2 이상의 찬성으로 의결한다(「수산업협동조합법」 제57조 제1항).

③ 대의원회에서 선출된 조합장의 해임은 대의원 3분의 1 이상의 요구 및 대의원 과반수의 출석과 출석대의원 3분의 2 이상의 찬성으로 대의원회에서 해임을 의결한다(「수산업협동조합법」 제57조 제2항 제1호). 대의원회의 의결을 거쳐 조합원의 투표로 해임을 결정하는 것은 조합원이 총회 외에서 직접 선출한 조합장을 해임하는 경우에 해당한다(「수산업협동조합법」 제57조 제2항 제3호).
⑤ 조합원 3분의 1 이상의 동의로 총회에 조합장의 해임을 요구할 경우 해당 조합장에게 해임 이유를 통지하고 총회에서 의견을 진술할 기회를 주어야 한다(「수산업협동조합법」 제57조 제4항). 즉, 해당 조합장은 총회에 참여할 수 있다.

## 14

|정답| ③

|해설| 지구별수협의 수산물 유통 조절 및 비축사업은 지구별수협의 경제사업에 해당한다(「수산업협동조합법」 제60조 제1항 제2호 라목).
|오답풀이|
① 「수산업협동조합법」 제60조 제1항 제1호 자목
② 「수산업협동조합법」 제60조 제1항 제3호 가목, 나목
④ 「수산업협동조합법」 제60조의2 제2항
⑤ 「수산업협동조합법」 제60조 제9항

## 15

|정답| ⑤

|해설| 지구별수협의 사업을 이용하는 경우 해당 지구별수협의 조합원과 같은 세대에 속하는 사람, 준조합원, 다른 조합 및 다른 조합의 조합원은 해당 지구별사업의 조합원이 그 사업을 이용한 것으로 본다(「수산업협동조합법」 제61조 제2항).

## 16

|정답| ⑤

|해설| 지구별수협은 정관으로 정하는 바에 따라 교육·지원 사업등의 지도사업 비용을 충당하기 위해 잉여금의 100분의 20 이상을 지도사업이월금으로 다음 회계연도로 이월하여야 한다(「수산업협동조합법」 제70조 제2항).

## 17

|정답| ①

|해설| 자본적립금이란 기업이 영업 이외에 자본거래를 통해 발생시킨 잉여금을 의미한다. 지구별수협은 감자(減資)에 따른 차익, 자산재평가 차익, 합병차익, 그 밖의 자본잉여금을 자본적립금으로 적립하여야 한다(「수산업협동조합법」 제70조 제4항). 지구별수협의 자본적립금은 지구별수협의 손실금을 보전하거나 지구별수협의 구역이 다른 조합의 구역이 된 경우 그 재산의 일부를 다른 조합에 양여하는 경우 외에는 사용하지 못하며(「수산업협동조합법」 제72조) 이를 위반할 경우 3년 이하의 징역 또는 3천만 원 이하의 벌금에 처하도록 하고 있다(「수산업협동조합법」 제177조 제9호).

## 18

|정답| ③

|해설| 지구별수협은 출자계좌 수의 감소(출자감소)를 의결하였을 때에는 그 의결을 한 날로부터 2주 이내에 재무상태표를 작성하여야 한다(「수산업협동조합법」 제74조 제1항).

|오답풀이|

①, ⑤ 지구별수협의 조합장은 정기총회 1주 전까지 사업보고서, 재무상태표 및 손익계산서와 잉여금처분안 또는 손실금처리안 등을 포함한 결산보고서를 감사에게 제출하고 이를 주된 사무소에 갖추어 두어야 한다(「수산업협동조합법」 제73조 제1항).

② 지구별수협의 조합장은 결산보고서를 정기총회에 제출하여 승인을 받은 후 재무상태표를 지체 없이 공고하여야 한다(「수산업협동조합법」 제73조 제3항).

④ 지구별수협의 청산인은 취임 후 지체 없이 재산 상황을 조사하고 재산목록 및 재무상태표를 작성하여 재산 처분 방법을 정한 후 이를 총회에 제출하여 승인을 받아야 한다(「수산업협동조합법」 제87조 제1항).

## 19

|정답| ③

|해설| 지구별수협의 총 출자계좌 수와 납입출자금의 총액의 변경이 발생한 경우 그 주된 사무소의 소재지에서 회계연도 말을 기준으로 그 회계연도가 끝난 후 3개월 이내에 변경등기를 하여야 한다(「수산업협동조합법」 제95조 제2항).

|오답풀이|

① 「수산업협동조합법」 제14조 제2항

② 지구별수협의 지사무소를 설치한 경우 주된 사무소의 소재지에서 3주일 이내에 지사무소의 설치등기를 하여야 하며, 설치등기의 신청인은 조합장이 된다(「수산업협동조합법」 제93조 제1항, 제2항).

④ 지구별수협이 해산하였을 때에는 주된 사무소의 소재지에서 2주일 이내에 해산등기를 하여야 한다(「수산업협동조합법」 제98조 제1항).

⑤ 지구별수협의 청산이 끝나면 청산인은 주된 사무소의 소재지에서 2주일 이내에 청산종결의 등기를 하여야 한다(「수산업협동조합법」 제100조 제1항).

## 20

|정답| ①

|해설| 조합공동사업법인의 회원이 되려는 자는 정관으로 정하는 바에 따라 출자하여야 한다. 다만 조합이 아닌 회원이 출자한 총액은 조합공동사업법인 출자 총액의 100분의 50, 중앙회는 100분의 30 미만으로 한다(「수산업협동조합법」 제113조의4 제2항).

## 21

|정답| ②

|해설| 수협중앙회 총회에서는 회장, 사업전담대표이사, 감사위원, 이사의 선출과 해임을 의결한다(「수산업협동조합법」 제126조 제1항 제3호). 그 중 수협중앙회 비상임이사는

수협중앙회 총회에서 선출하되, 인사추천위원회에서 추천한 사람 5명을 선출하고, 나머지는 회원조합장 중에서 선출한다(「수산업협동조합법」 제134조 제4항).

| 오답풀이 |
- ㉠ 수협중앙회 교육위원회의 구성은 수협중앙회 이사회의 의결 사항이다(「수산업협동조합법」 제127조 제3항 제7호).
- ㉡ 수협중앙회 준법감시인은 수협중앙회 이사회의 의결을 거쳐 수협중앙회장이 임면한다(「수산업협동조합법」 제127조의4 제3항).
- ㉣ 수협중앙회 인사추천위원회는 수협중앙회 이사회가 위촉하는 회원조합장 3명과 수산관련 단체 및 학계 등이 추천하는 외부전문가 중에서 이사회가 위촉하는 2명으로 구성한다(「수산업협동조합법」 제127조의2 제2항).

## 22

| 정답 | ④

| 해설 | ㉠ 수협중앙회는 감사위원, 지도경제사업대표이사, 상임이사, 비상임이사, 조합감사위원회 위원 2명을 추천하기 위하여 인사추천위원회를 둔다(「수산업협동조합법」 제127조의2 제1항).
㉡ 수협중앙회장은 수협중앙회가 수행하는 수산물등의 판매활성화 사업 점검 및 평가에 관한 사항에 대한 자문을 위하여 수산업협동조합 경제사업 평가협의회를 둔다(「수산업협동조합법」 제139조의3 제2항).
㉢ 수협중앙회 회원의 건전한 발전을 도모하기 위하여 회장 소속으로 회원의 업무를 지도·감사할 수 있는 조합감사위원회를 둔다(「수산업협동조합법」 제143조 제1항).

## 23

| 정답 | ②

| 해설 | ㉠ 같은 법인에 대한 수협중앙회의 출자 한도는 자기자본의 100분의 20 이내에서 정관으로 정한다(「수산업협동조합법」 제141조의3 제1항).
㉡ 수협중앙회는 출자지분을 포함하여 다른 법인이 발행한 의결권 있는 주식의 100분의 15를 초과하는 주식을 취득할 수 없다(「수산업협동조합법」 제141조의3 제2항).

## 24

| 정답 | ①

| 해설 | 제53조 제10항을 위반하여 선거운동을 한 자는 2년 이하의 징역 또는 2천만 원 이하의 벌금에 처한다(「수산업협동조합법」 제178조 제1항 제3호). 이외의 선택지는 모두 3년 이하의 징역 또는 3천만 원 이하의 벌금에 해당하는 사항이다.

| 오답풀이 |
② 「수산업협동조합법」 제177조 제8호
③ 「수산업협동조합법」 제177조 제11호
④ 「수산업협동조합법」 제177조 제13호
⑤ 「수산업협동조합법」 제177조 제15호

## 25

| 정답 | ②

| 해설 | 수협중앙회 회원에 대하여 외부의 감사인에게 회계감사를 요청한 경우, 그 감사 결과에 따라 해당 회원의 관련 임원에 대하여 개선(改選), 직무의 정지, 견책 또는 변상의 조치를 할 것을 요구할 수 있다. 징계면직, 정직, 감봉, 견책 또는 변상의 조치는 해당 회원의 관련 직원에 대해 요구할 수 있는 사항에 해당한다(「수산업협동조합법」 제146조 제3항).

| 오답풀이 |
① 「수산업협동조합법」 제146조 제2항, 제3항
③ 조합 중 직전 회계연도 말 자산총액이 대통령령으로 정하는 기준액 이상인 조합은 조합감사위원회로부터 감사를 받지 아니한 회계연도에는 외부의 감사인으로부터 감사를 받아야 한다. 다만 최근 5년 이내에 회계부정, 횡령, 배임 등의 사항이 발생한 조합이나 부실조합 및 부실우려조합은 외부의 감사인으로부터 감사를 매년 받아야 한다(「수산업협동조합법」 제169조 제7항).
④ 「수산업협동조합법」 제48조 제1항
⑤ 수협중앙회의 결산보고서에는 회계법인의 회계감사를 받은 의견서를 첨부하여야 하며, 중앙회는 매 회계연도가 지난 후 3개월 이내에 그 결산보고서를 해양수산부장관에게 제출하여야 한다(「수산업협동조합법」 제163조 제1항, 제2항).

## 26

|정답| ④

|해설| 수협중앙회 총회의 의장(「수산업협동조합법」 제125조 제3항), 이사회의 의장(「수산업협동조합법」 제127조 제1항), 조합감사위원회 위원의 임명권자(「수산업협동조합법」 제144조 제1항), 집행간부를 제외한 수협중앙회 직원의 임면권자(「수산업협동조합법」 제136조 제3항)는 수협중앙회의 회장이다. 수협중앙회 감사위원회의 감사위원장은 감사위원 중에서 호선하며(「수산업협동조합법」 제133조 제4항) 수협중앙회의 회장은 감사위원에 포함되지 않는다.

## 27

|정답| ⑤

|해설| 제53조의2를 위반한 자 중 금전·물품·향응, 그 밖의 재산상의 이익 또는 공사의 직을 제공받거나 받기로 승낙한 자가 자수한 때에는 그 형 또는 과태료를 감경 또는 면제한다(「수산업협동조합법」 제183조 제1항).

|오답풀이|
① 「수산업협동조합법」 제180조 제5항
② 「수산업협동조합법」 제180조 제1항
③ 「수산업협동조합법」 제180조 제2항
④ 「수산업협동조합법」 제182조

## 28

|정답| ③

|해설| 제시된 기사는 협동조합의 우선출자제도에 대한 설명이다. 수협중앙회는 자기자본의 확충을 통한 경영의 건전성을 도모하기 위해 정관으로 정하는 바에 따라 회원 또는 임직원 등을 대상으로 잉여금 배당에 관하여 우선적 지위를 가지나 의결권과 선거권을 가지지 않는 우선출자를 하게 할 수 있다(「수산업협동조합법」 제147조 제1항, 제4항). 따라서 빈칸에는 '우선출자'가 적절하다.

## 29

|정답| ②

|해설| 후보자가 친족이 아닌 사람의 관혼상제 의식에 일반적인 범위에서 화환·화분을 제외한 축의·부의금품을 제공하거나 주례를 서는 행위는 지구별수협의 임원 선거 후보자에게 제한되는 행위인 기부행위로 보지 않으며 의례적 행위에 해당한다(「수산업협동조합법」 제53조의2 제2항 제2호 나목).

|오답풀이|
①, ③, ④ 지구별수협의 임원 선거 후보자에게 제한되는 행위인 기부행위로 보지 아니하는 행위 중 직무상의 행위에 해당한다(「수산업협동조합법」 제53조의2 제2항 제1호).
⑤ 지구별수협의 임원 선거 후보자는 선거기간 중 선거인의 가족이 설립·운영하고 있는 기관·단체·시설에 대하여 금전·물품이나 그 밖의 재산상 이익의 제공뿐만 아니라 이익 제공의 의사표시 또는 그 제공을 약속하는 행위인 기부행위를 할 수 없다(「수산업협동조합법」 제53조의2 제1항).

## 30

|정답| ②

|해설| 제7조 제2항을 위반하여 공직선거에 관여한 죄의 공소시효는 해당 선거일 후 6개월, 선거일 후에 지은 죄는 그 행위가 있었던 날로부터 6개월이 지남으로써 완성된다. 다만, 범인이 도피하였거나 범인이 공범 또는 범인의 증명에 필요한 참고인을 도피시킨 경우에는 그 기간을 3년으로 한다(「수산업협동조합법」 제178조 제5항).

## 31

|정답| ⑤

|해설| 제시된 서식은 수협 설립인가 신청서로 지구별수협을 설립하려면 해당 구역의 조합원 자격을 가진 자 20인 이상이 발기인이 되어 정관을 작성하고 창립총회의 의결을 거친 후 해양수산부장관의 인가를 받아야 한다(「수산업협

동조합법」 제16조 제1항). 지구별수협 창립총회의 의사는 개의 전까지 발기인에게 설립동의서를 제출한 자 과반수의 찬성으로 의결한다(「수산업협동조합법」 제16조 제2항).

| 오답풀이 |
① 해양수산부장관은 지구별수협의 설립인가 신청을 받은 날부터 60일 이내에 인가 여부를 신청인에게 통지하여야 한다(「수산업협동조합법」 제16조 제4항).
② 지구별수협을 설립하면 해당 구역의 조합원 자격을 가진 자 20인 이상의 발기인을 요구한다(「수산업협동조합법」 제16조 제1항).
③ 조합과 중앙회의 주소는 그 주된 사무소의 소재지로 한다(「수산업협동조합법」 제4조 제2항).
④ 지구별수협의 정관에는 주된 사무소의 소재지가 포함되어야 한다(「수산업협동조합법」 제17조 제4호).

## 32

| 정답 | ③

| 해설 | 지구별수협이 분할할 때에는 분할 후 설립되는 조합이 승계하여야 하는 권리의무의 범위를 총회에서 의결하여야 한다(「수산업협동조합법」 제80조 제1항).

| 오답풀이 |
① 「수산업협동조합법」 제37조 제1항 제2호, 제2항
② 「수산업협동조합법」 제43조 제2항
④ 「수산업협동조합법」 제82조
⑤ 「수산업협동조합법」 제92조 제5항 제2호

## 33

| 정답 | ④

| 해설 | 지구별수협 지사무소의 설치등기는 조합장이 신청인이 된다(「수산업협동조합법」 제93조 제2항).

| 오답풀이 |
① 「수산업협동조합법」 제95조 제3항
② 「수산업협동조합법」 제94조 제3항
③ 「수산업협동조합법」 제100조 제1항
⑤ 「수산업협동조합법」 제97조 제2항

## 34

| 정답 | ③

| 해설 | 조합공동사업법인의 회원은 조합, 중앙회, 영어조합법인, 어업회사법인으로 하며, 다른 조합공동사업법인을 준회원으로 한다(「수산업협동조합법」 제113조의4 제1항).

| 오답풀이 |
① 조합공동사업법인은 준회원에 대하여 정관으로 정하는 바에 따라 가입금 및 경비를 부담하게 할 수 있다(「수산업협동조합법」 제113조의4 제2항).
② 「수산업협동조합법」 제111조
④ 수협중앙회는 종합공동사업법인의 회원이 될 수 있으며(「수산업협동조합법」 제113조의4 제1항), 조합공동사업법인은 회원의 자격을 가진 둘 이상의 조합이나 조합과 중앙회가 발기인이 되어 설립한다(「수산업협동조합법」 제113조의5 제1항).
⑤ 「수산업협동조합법」 제106조 제2항

## 35

| 정답 | ①

| 해설 | 조합공동사업법인은 지구별수협과 달리 교육·지원사업을 수행하지 않으므로 지도사업 비용을 충당하기 위한 지도사업이월금을 구성하지 않으며, 이에 따라 잉여금 배당 전 공제에서 지도사업이월금에 따른 공제 역시 발생하지 않는다. 「수산업협동조합법」 제113조의10에서는 잉여금을 배당하기 전의 공제를 정하는 제71조 제2항에서 지도사업이월금에 관한 내용은 제외하고 이를 인용하고 있다.

| 오답풀이 |
② 「수산업협동조합법」 제113조의10 제1항에서는 지구별수협 총회의 의결에 관한 제40조 본문을 준용하여 총회의 의결 요건으로는 '의결권 총수의 과반수에 해당하는 회원의 출석으로 개의하고 출석한 회원의 의결권 과반수의 찬성'으로 정하고 있다.
③ 「수산업협동조합법」 제113조의10 제1항에서는 지구별수협 총회의 의결에 관한 제55조 제3항을 준용하여 '조합공동사업법인의 임원은 다른 조합공동사업법인의 임원 또는 직원을 겸직할 수 없다'고 정하고 있다.
④ 「수산업협동조합법」 제113조의10 제1항에서는 지구별수협의 의결권을 대리하는 대리인의 요건을 정하는 제28조 제2항의 내용을 준용하면서 '대리인은 회원이어야

하며, 대리인은 회원의 의결권 수에 따라 대리할 수 있다'고 정하고 있다.
⑤ 「수산업협동조합법」 제113조의10 제2항에서는 조합공동사업법인의 우선출자에 관하여 수협중앙회의 우선출자에 관한 제147조 제1항부터 제5항까지의 내용을 준용하고 있다.

## 36

| 정답 | ③

| 해설 | 수협중앙회는 조합을 회원으로 하며(「수산업협동조합법」 제118조) 회원이 해산하거나 파산한 경우에는 수협중앙회에서 당연히 탈퇴한다(「수산업협동조합법」 제121조).
㉠ 지구별수협이 그 채무를 갚을 수가 없게 되었을 때에는 법원은 직권으로 파산을 선고할 수 있다(「수산업협동조합법」 제85조).
㉡ 지구별수협은 합병 또는 분할로 해산한다(「수산업협동조합법」 제84조 제3호).
㉣ 지구별수협의 설립인가가 취소되면 해산한다(「수산업협동조합법」 제84조 제5호).

| 오답풀이 |
㉢ 「신용협동조합법」 제83조 제1항·제2항에 따른 감독 및 검사의 결과 경영지도가 필요하다고 인정되는 조합에 대해서는 금융위원회 또는 금융감독원장은 해양수산부장관에게 해당 조합에 대한 경영지도를 건의할 수 있다(「수산업협동조합법」 제172조 제1항 제5호). 다만 이는 해당 조합의 조합원을 보호하고 조합경영의 정상화를 목적으로 시행하는 것으로 조합의 해산 사유에 해당하지는 않는다.

## 37

| 정답 | ⑤

| 해설 | 수협중앙회의 사업계획·수지예산 및 결산의 승인은 수협중앙회 총회의 의결 사항에 해당한다(「수산업협동조합법」 제126조 제1항 제4호).

| 오답풀이 |
① 「수산업협동조합법」 제127조 제3항 제1호
② 「수산업협동조합법」 제127조 제3항 제10호
③ 「수산업협동조합법」 제127조 제3항 제3호
④ 「수산업협동조합법」 제127조 제3항 제2호

## 38

| 정답 | ①

| 해설 | 조합원은 해양수산부장관에게 선거에 따른 당선의 취소 또는 무효 확인을 청구할 때에는 조합원 10분의 1 이상의 동의를 받아 선거일부터 1개월 이내에 청구하여야 한다. 이 경우 해양수산부장관은 그 청구서를 받은 날부터 3개월 이내에 처리 결과를 청구인에게 알려야 한다(「수산업협동조합법」 제35조 제2항).

## 39

| 정답 | ③

| 해설 | 수협중앙회는 수산업협동조합의 명칭을 사용하는 영리법인에 대하여 그 영업수익 또는 매출액의 1천분의 25 범위에서 정관으로 정하는 기준에 따라 총회에서 정하는 부과율을 곱하여 산정하는 금액을 명칭사용료로 부과할 수 있다(「수산업협동조합법」 제162조의2 제1항).

## 40

| 정답 | ④

| 해설 | 조합장이 궐위·구금되거나 의료기관에서 60일 이상 계속하여 입원한 경우 등 부득이한 사유로 직무를 수행할 수 없을 때에는 이사회가 정하는 순서에 따라 이사가 그 직무를 대행한다(「수산업협동조합법」 제47조 제5항).

## 41

| 정답 | ②

| 해설 | ㉢ 조합의 경비로 축의·부의금품을 제공하는 경우 해당 조합장의 직명 또는 성명을 밝히거나 그가 하는 것으로 추정할 수 있는 방법으로 하는 행위는 기부행위로 본다(「수산업협동조합법」 제53조의3 제2항).

| 오답풀이 |

㉠, ㉡ 조합의 경비로 관혼상제 의식이나 그 밖의 경조사에 축의·부의금품을 제공할 때에는 조합의 명의로 하여야 하며, 해당 조합의 경비임을 명기하여야 한다(「수산업협동조합법」 제53조의3 제1항).

## 42

| 정답 | ①

| 해설 | 「수산업협동조합법」 제58조에 의해 지구별수협의 임원에 관하여는 「상법」 제385조 제2항(해임)의 규정을 준용한다. 이에 따라 지구별수협의 이사가 그 직무에 관하여 부정행위 또는 법령이나 정관에 위반에 중대한 사실이 있음에도 불구하고 총회에서 그 해임을 부결할 경우, 해당 지구별수협의 조합원은 조합원 5분의 1 이상의 동의를 받아 총회의 결의가 있는 날부터 1월 내에 그 이사의 해임을 법원에 청구할 수 있다.

## 43

| 정답 | ①

| 해설 | 지구별수협의 총회를 소집할 사람이 없거나 조합장이 2주 이내에 정당한 사유 없이 총회를 소집하지 아니할 때에는 감사가 5일 이내에 총회를 소집하고, 이 경우 감사가 의장의 직무를 수행한다(「수산업협동조합법」 제38조 제3항).

## 44

| 정답 | ③

| 해설 | 지구별수협이 해산하였을 때에는 조합장이 청산인이 되는 것이 원칙이다(「수산업협동조합법」 제86조 제1항). 따라서 만일 총회에서 조합장 이외의 다른 사람을 청산인으로 선임하는 등의 사유로 청산인등기에 있어서 청산인이 조합장이 아니게 된 경우에는 등기신청과 함께 청산인등기의 신청인 자격을 증명하는 서류를 첨부하여야 한다(「수산업협동조합법」 제99조 제2항).

| 오답풀이 |

①, ② 「수산업협동조합법」 제99조 제1항

④ 청산이 끝나면 청산인은 주된 사무소의 소재지에서 2주일 이내에 청산종결의 등기를 하여야 한다(「수산업협동조합법」 제100조 제1항).

⑤ 「수산업협동조합법」 제100조 제2항

## 45

| 정답 | ⑤

| 해설 | 지구별수협의 구역에 주소·거소 또는 사업장이 있는 어업인은 해당 지구별수협의 조합원이 될 수 있다(「수산업협동조합법」 제20조 제1항).

| 오답풀이 |

① 지구별수협의 구역은 시·군의 행정구역에 따른다. 다만, 해양수산부장관의 인가를 받은 경우에는 그러하지 아니하다(「수산업협동조합법」 제14조 제1항).

② 지구별수협의 조합원은 행정구역·경제권 등을 중심으로 어촌계를 조직할 수 있다(「수산업협동조합법」 제15조 제1항).

③ 「수산업협동조합법」 제96조 제1항

④ 「수산업협동조합법」 제17조 제3호

## 46

| 정답 | ②

| 해설 | 해양수산부장관이 실시하는 경영지도의 기간은 6개월로 한다. 다만, 해양수산부장관은 조합원을 보호하기 위하여 필요하다고 인정하면 6개월 단위로 경영지도의 기간을 연장할 수 있다(「수산업협동조합법 시행령」 제65조 제1항).

| 오답풀이 |

① 「수산업협동조합법 시행령」 제64조 제1항

③ 「수산업협동조합법 시행령」 제63조

④ 「수산업협동조합법 시행령」 제64조 제1항 제1호

⑤ 「수산업협동조합법 시행령」 제64조 제2항 제2호

## 47

|정답| ⑤

|해설| 수협의 해산·합병 또는 분할, 조합장 선출 방식에 관한 정관의 변경을 정하는 총회의 의결은 조합원의 투표로 이를 갈음할 수 있다(「수산업협동조합법」 제43조 제1항).

|오답풀이|
① 지구별수협의 총회는 개회 7일 전까지 조합원들에게 통지한 사항에 대하여만 의결할 수 있으나, 예외로 구성원 과반수의 출석과 출석구성원 3분의 2의 찬성이 있을 때에는 총회 개회 전에 통지한 사항 외에 대한 의결을 진행할 수 있다. 다만 정관의 변경, 해산·합병 또는 분할, 조합원의 제명, 임원의 선출 및 해임에 관한 의결은 제외한다(「수산업협동조합법」 제41조 제1항).
② 정관의 변경, 해산·합병 또는 분할, 조합원의 제명에 관하여는 구성원 과반수의 출석과 출석구성원 3분의 2 이상의 찬성으로 의결한다(「수산업협동조합법」 제40조).
③ 「수산업협동조합법」 제42조 제2항
④ 「수산업협동조합법」 제35조 제1항

## 48

|정답| ④

|해설| 금융위원회는 조합의 신용사업과 수협은행에 대해서 그 경영의 건전성 확보를 위한 감독을 하고 그에 필요한 명령을 할 수 있다(「수산업협동조합법」 제169조 제5항). 수협중앙회의 신용사업은 분리되어 2016년에 그 사업을 하는 법인인 수협은행이 설립되었다.

|오답풀이|
① 「수산업협동조합법」 제169조 제1항
② 「수산업협동조합법」 제169조 제4항
③ 「수산업협동조합법」 제169조 제3항
⑤ 법 제169조 제6항에 따른 감독기관에 대한 보고를 은폐한 경우 3년 이하의 징역 또는 3천만 원 이하의 벌금에 처한다(「수산업협동조합법」 제177조 제3호).

## 49

|정답| ③

|해설| 제시된 글에서 설명하는 법인은 「농어촌경영체 육성 및 지원에 관한 법률」 제16조를 근거로 설립하는 영리법인인 영어조합법인으로, 주로 영세어민들의 협업을 목적으로 구성되어 운영되는 조합이다. 지구별수협의 해당 구역 내에 주된 사무소를 두고 있는 영어조합법인은 그 지구별수협의 조합원이 될 수 있다(「수산업협동조합법」 제20조 제2항).

|오답풀이|
④ 어업회사법인은 「농어촌경영체 육성 및 지원에 관한 법률」 제19조를 근거로 설립하는 회사법인으로, 조합의 형태로 구성되는 영어조합법인과 달리 주식회사, 유한회사 등 「상법」에서 정하는 회사의 형태로 구성되어 운영된다. 또한 어업회사법인은 그 설립에 있어서 어업인과 어업생산자단체로만을 발기인으로 함을 요구하나 설립 이후에는 지분양도의 형태로 어업인이 아닌 사람이 법인의 운영에 직접 참여할 수 있다는 점에서 영어조합법인과 차이가 있다.

## 50

|정답| ①

|해설| 대의원의 임기 만료 연도 결산기의 마지막 달 이후 결산기에 관한 정기총회 전에 임기가 만료된 경우에는 정기총회가 끝날 때까지 그 임기가 연장된다(「수산업협동조합법」 제44조 제3항). 지구별수협의 정기총회는 회계연도 경과 후 3개월 이내에 조합장이 매년 1회 소집한다(「수산업협동조합법」 제36조 제3항).

## 파트3 법조문 빈칸 채우기

### 1장 총칙

제1조(목적) 협동조직, 국민경제
제2조(정의) 수산업, 내수면어업, 양식업, 수산업협동조합중앙회
제3조(명칭) 지구명, 지방자치단체, 출자
제4조(법인격 등) 법인, 사무소
제5조(최대 봉사의 원칙 등) 조합원, 회원, 영리, 투기
제6조(중앙회등의 책무) 공동이익, 공동출자, 수협은행, 판매위탁, 수급조절
제7조(공직선거 관여 금지) 정당
제8조(부과금의 면제) 조세
제9조(국가·공공단체의 협력 등) 융자, 자율성
제10조(다른 협동조합 등과의 협력) 외국, 공동사업
제12조(다른 법률의 적용 배제 및 준용) 보관사업, 조합공동사업법인
제12조의2(「근로복지기본법」과의 관계) 수협은행, 사내근로복지기금법인
제12조의3(「중소기업제품 구매촉진 및 판로지원에 관한 법률」과의 관계) 수의계약

### 2장 지구별 수산업협동조합

제3조(목적) 판로, 자금
제4조(구역 및 지사무소) 행정구역, 지사무소
제5조(어촌계) 조합원
제16조(설립인가 등) 조합원, 20인, 설립동의서, 사업계획서, 60일
제17조(정관 기재사항) 조합원, 과태금(過怠金), 현물출자(現物出資)
제18조(설립사무의 인계와 출자납입) 설립인가, 출자금, 지구별수협
제19조(지구별수협의 성립) 사무소, 설립등기

제20조(조합원의 자격) 어업인, 영어조합법인
제21조(준조합원) 출자자, 가입금, 사업
제22조(출자) 질권(質權), 상계(相計)
제22조의2(우선출자) 중앙회
제22조의3(출자배당금의 출자전환) 출자, 채무
제23조(회전출자) 사업, 배당
제24조(지분의 양도·양수와 공유 금지) 이사회, 승계
제25조(조합원의 책임) 출자액, 수산물
제26조(경비와 과태금 등의 부과) 사용료, 사용료, 채권
제27조(의결권 및 선거권) 출자금, 180일
제28조(의결권의 대리) 출석, 가족, 사원
제29조(가입) 조건, 출자
제30조(상속에 따른 가입) 사망, 조합원
제31조(탈퇴) 서면, 파산, 해산, 이사회, 당연탈퇴
제32조(제명) 총회, 1년, 출자
제33조(지분환급청구권과 환급정지) 지구별수협, 2년, 채무
제34조(탈퇴 조합원의 손실액 부담) 채무, 환급분
제35조(의결 취소의 청구 등) 정관, 10분의 1, 3개월
제36조(총회) 조합원, 3개월, 임시총회
제37조(총회의 의결 사항 등) 정관, 어업권, 해양수산부장관
제38조(총회의 소집 청구) 5분의 1, 감사, 조합원의 대표
제39조(조합원에 대한 통지와 독촉) 명부, 총회소집통지서, 전날
제40조(총회의 개의와 의결) 과반수, 3분의 2
제41조(의결권의 제한 등) 3분의 2, 의결, 10분의 1, 30일
제42조(총회의 의사록) 의장, 사무소
제43조(총회 의결의 특례) 조합장, 3분의 2
제44조(대의원회) 조합장, 2년, 대리인
제45조(이사회) 조합장, 5분의 1, 과반수, 간부직원, 이해관계
제46조(임원의 정수 및 선출) 2명, 외부전문가, 비상임, 조합원, 실비변상(實費辨償), 100분의 30, 중앙회
제47조(조합장 및 상임이사의 직무) 비상임, 상임이사, 경제사업, 구금, 간부직원, 6개월
제48조(감사의 직무) 중앙회, 시정권고, 이사회
제49조(감사의 대표권) 계약, 소송
제50조(임원의 임기) 4년, 상임이사, 합병, 2년

제51조(임원의 결격사유) 미성년자, 금고, 성폭력범죄, 정관, 수협은행, 사업

제51조의2(형의 분리 선고) 경합범, 배우자

제52조(임시이사 임명) 이사회, 총회

제53조(선거운동의 제한) 약속, 요구, 선거인명부, 후보자 등록마감일, 선전벽보, 명함, 지지도

제53조의2(기부행위의 제한) 배우자, 180일, 사업계획, 채무, 주례, 사무직원, 회비, 조합장

제53조의3(조합장의 축의·부의금품 제공 제한) 조합, 기부행위

제54조(선거관리위원회) 임원, 조합장

제55조(임직원의 겸직 금지 등) 감사, 직원, 이사회

제56조(임원의 의무와 책임) 연대, 이사회, 의사록

제57조(임원의 해임) 3분의 1, 3분의 2, 과반수, 이사회

제58조(「민법」·「상법」의 준용) 5분의 1

제59조(직원의 임면) 비상임, 이사회, 상임이사

제60조(사업) 어업권, 경제, 신용, 국가, 수산업자, 100분의 20, 중앙회

제60조의2(공제규정) 해양수산부장관, 공제료, 회계연도 말

제60조의3(조합원에 대한 교육) 경영상담, 전문상담원

제60조의4(수산물 판매활성화) 공동사업, 거래처, 유통지원자금

제61조(비조합원의 사업 이용) 조합원, 준조합원

제62조(유통지원자금의 조성·운용) 매취(買取), 중앙회

제63조(창고증권의 발행) 수산업협동조합창고증권, 6개월, 조합원

제64조(어업의 경영) 공동이익, 총회

제65조(회계연도) 정관

제66조(회계의 구분 등) 일반회계, 특별회계, 해양수산부장관, 금융위원회

제67조(사업계획과 수지예산) 사업계획서, 수지예산서

제68조(자기자본) 이월결손금, 가입금

제69조(여유자금의 운용) 유가증권, 금융기관

제70조(법정적립금 등) 10분의 1, 지도사업이월금, 자본적립금

제71조(손실의 보전과 잉여금의 배당) 미처분 이월금, 조합원, 준조합원

제72조(법정적립금 및 자본적립금의 사용 금지) 손실금

제73조(결산 등) 정기총회, 감사, 수수료, 재무상태표

제74조(출자금액의 감소 의결) 재무상태표, 1개월, 2주

제75조(출자감소 의결에 대한 채권자의 이의) 승인, 담보

제76조(지분 취득 등의 금지) 질권

제77조(합병) 합병계약서, 해양수산부장관

제78조(설립위원) 총회, 조합원 수, 정관

제79조(합병 지원) 국가

제80조(분할) 총회

제81조(합병으로 인한 권리의무의 승계) 등기부

제82조(합병·분할의 공고 및 독촉 등) 채권자 이의

제83조(합병의 효력) 등기

제84조(해산 사유) 총회, 100인

제85조(파산선고) 법원, 채권자

제86조(청산인) 조합장, 해양수산부장관, 조합장

제87조(청산인의 직무) 재산목록, 해양수산부장관

제88조(청산 잔여재산) 정관

제89조(청산인의 재산 분배 제한) 변제, 공탁(供託)

제90조(결산보고서) 청산인

제91조(「민법」 등의 준용) 비송사건

제92조(설립등기) 2주, 조합장, 창립총회의사록

제93조(지사무소의 설치등기) 주된, 3주일, 조합장

제94조(사무소의 이전등기) 3주일, 조합장

제95조(변경등기) 출자계좌, 3개월, 출자감소

제96조(행정구역의 지명 변경과 등기) 등기부, 정관, 사무소

제97조(합병등기) 변경등기, 해산등기, 설립등기

제98조(해산등기) 파산, 2주일, 설립인가

제99조(청산인등기) 2주, 조합장

제100조(청산종결등기) 결산보고서

제101조(등기일의 기산일) 해양수산부장관, 도달한

제102조(등기부) 지구

제103조(「비송사건절차법」 등의 준용) 상업등기

## 3장 업종별 수산업협동조합

제104조(목적) 어업, 판로, 자금
제105조(구역 및 지사무소) 정관
제106조(조합원의 자격) 사업장, 어업인
제107조(사업) 어장, 관광사업, 임대, 중앙회
제108조(준용규정) 15인, 업종별 수산업협동조합등기부

## 4장 [1]수산물가공 수산업협동조합

제109조(목적) 수산물가공업
제110조(구역 및 지사무소) 정관
제111조(조합원의 자격) 수산물가공업
제112조(사업) 교육훈련, 유통 조절, 수협은행
제113조(준용규정) 수산물가공업, 7인, 수산물가공 수산업협동조합등기부

## 4장 [2]조합공동사업법인

제113조의2(목적) 공동수행, 가공
제113조의3(법인격 및 명칭) 지역명, 사업명
제113조의4(회원의 자격 등) 중앙회, 준회원, 조합, 의결권
제113조의5(설립인가 등) 중앙회, 발기인
제113조의6(정관기재사항) 목적, 출자
제113조의7(임원) 2명, 감사
제113조의8(사업) 공동구매, 공동판매, 수협은행, 공동이익
제113조의9(회계처리기준) 해양수산부장관
제113조의10(준용규정) 대표이사, 의결권, 우선출자

## 5장 수산업협동조합협의회

제114조(수산업협동조합협의회) 공동사업, 조합, 지역명
제115조(조합협의회에 대한 지원 등) 융자

## 6장 수산업협동조합중앙회

제116조(목적) 공동이익
제117조(사무소 및 구역) 서울특별시, 전국
제118조(회원) 조합
제119조(준회원) 해양수산, 조합공동사업법인
제120조(출자) 정관
제121조(당연 탈퇴) 해산, 파산
제122조(회원의 책임) 출자액
제123조(정관 기재사항) 우선출자, 수산금융채권
제124조(해산) 법률
제125조(총회) 1회, 임시총회
제126조(총회의 의결 사항) 제명, 사업계획, 해양수산부장관
제127조(이사회) 사업전담대표이사, 5분의 1, 3명, 과반수, 집행간부, 이해관계
제127조의2(인사추천위원회) 지도경제사업대표이사, 조합감사위원회, 회원조합장
제127조의3(교육위원회) 이사회, 5명
제127조의4(내부통제기준 등) 감사위원회, 중앙회장
제129조(임원) 사업전담대표이사, 감사위원장
제130조(회장의 직무) 조합감사위원회, 사업전담대표이사, 이사회
제131조(사업전담대표이사의 직무) 대표, 이사회, 총회, 이사
제133조(감사위원회) 재산, 2명, 총회
제134조(임원의 선출 및 임기) 회원, 5명, 연임, 2년, 중앙선거관리위원회
제135조(임원의 해임) 3분의 1, 이사회
제136조(집행간부 및 직원의 임면 등) 사업전담대표이사, 일반간부직원
제137조(다른 직업 종사의 제한) 상임, 영리

제138조(사업) 명칭사용료, 상호금융, 어업협정, 재해보상보험, 해양수산부장관

제139조(비회원의 사업 이용) 준회원, 어촌계

제139조의2(수산물등 판매활성화) 판매위탁, 가격, 비축

제139조의3(수산물등 판매활성화 사업 평가) 1회, 조합장, 해양수산부장관, 경영평가

제139조의4(유통지원자금의 조성·운용) 출하조절사업, 명칭사용료, 임의적립금

제141조(여신자금의 관리 등) 압류, 어선

제141조의2(국가 보조 또는 융자 사업에 대한 공시정보대상 등) 4월, 위탁

제141조의3(다른 법인에 대한 출자의 제한 등) 자기자본, 주식배당, 담보권, 신주인수권부사채, 자기자본, 총회, 공동

제141조의4(설립) 신용사업, 주식회사, 해양수산부장관, 중앙회

제141조의5(정관) 수산금융채권, 금융위원회

제141조의6(등기) 본점

제141조의7(임원) 주주총회, 이사, 3년

제141조의8(이사회) 은행장, 감사

제141조의9(업무 등) 수산자금, 공제상품, 우대조치, 경영지도기준

제142조(중앙회의 지도) 합병, 해양수산부장관, 정관, 처분

제142조의2(중앙회의 자회사에 대한 감독) 이익, 경영개선

제143조(조합감사위원회) 회장, 5명

제144조(위원회의 구성) 회원, 기획재정부, 해양수산부, 금융위원회

제145조(의결 사항) 징계, 변상책임

제146조(회원에 대한 감사 등) 2년, 회계감사, 임원, 직원, 해양수산부장관

제147조(우선출자) 잉여금, 2분의 1, 의결권, 선거권, 정기총회

제148조(우선출자증권의 발행) 납입기일

제149조(우선출자자의 책임) 인수가액(引受價額)

제150조(우선출자의 양도) 우선출자증권, 추정, 명의변경

제151조(우선출자자총회) 정관, 3분의 2

제152조(우선출자에 관한 그 밖의 사항) 대통령령

제153조(국가 등의 출자 지원 등) 유가증권, 예금 인출, 자금 지원

제156조(수산금융채권의 발행) 5배, 차환(借換), 할인

제157조(채권의 명의변경 요건) 기명식(記名式), 증권

제158조(채권의 질권설정) 질권자

제159조(상환에 대한 국가 보증) 원리금

제160조(소멸시효) 5년, 2년

제161조(수산금융채권에 관한 그 밖의 사항) 대통령령

제162조(사업계획과 수지예산) 1개월

제162조의2(명칭사용료) 매출액, 부과율, 조합, 총회

제163조(결산 등) 회계감사, 해양수산부장관

제164조(자기자본) 납입출자금, 이익잉여금

제165조(그 밖의 적립금 등) 법정적립금, 100분의 20

제166조(손실의 보전과 잉여금의 배당) 사업 부문, 지도사업이월금

제167조(신용사업특별회계) 국가, 예금보험공사

제168조(준용규정) 이사, 7개, 수산입협동조합중앙회등기부

## 7장 감독

제169조(감독) 수협은행, 중앙회, 신용사업, 자산총액, 매년

제170조(법령 위반에 대한 조치) 임원, 직원, 개선, 징계면직, 6개월

제172조(경영지도) 부실대출, 파산, 인출, 금융감독원장, 6개월, 가압류, 사업전담대표이사, 자본잠식

제173조(설립인가의 취소 등) 합병, 설립등기, 사업, 경영평가

제174조(조합원 또는 회원의 검사 청구) 중앙회의 회장, 금융감독원장

제175조(청문) 선거 당선, 설립인가

## 8장 벌칙

제176조(벌칙) 10년, 투기, 병과(倂科)
제177조(벌칙) 3년, 3천만 원, 은폐, 재무상태표, 거부
제178조(벌칙) 2천만 원, 공직선거, 1년, 3천만 원, 3년
제179조(선거범죄로 인한 당선무효 등) 100만 원, 300만 원, 후보자
제180조(과태료) 명칭, 10배, 중앙선거관리위원회
제181조(선거범죄 신고자 등의 보호) 공직선거
제182조(선거범죄 신고자에 대한 포상금 지급) 인지
제183조(자수자에 대한 특례) 감경, 면제, 수사기관

## 시행령 수산업협동조합법 시행령

제1조(목적) 수산업협동조합법
제2조(어촌계의 목적) 어촌계원, 공동사업
제3조(어촌계의 명칭) 어촌계
제4조(어촌계의 설립) 10명, 5명, 설립동의서
제5조(어촌계 정관) 총회, 사용료, 시장·군수·구청장
제6조(어촌계원 및 준어촌계원) 지구별수협, 1년, 준어촌계원, 마을어업권
제7조(어촌계의 사업) 어업권, 어선, 기금
제8조(해산 사유) 정관, 10명, 2주일
제9조(설립인가의 취소) 부채, 마을어업권
제10조(지도·감독) 조합장, 감사
제12조(조합의 설립인가 기준) 200명, 3억 원, 2억 원
제13조(조합의 설립인가 절차) 해양수산부장관, 창립총회, 실태조서
제14조(지구별수협의 조합원 자격) 60일
제14조의2(감사의 자격요건) 외부전문가, 2년, 석사
제15조(상임이사와 조합원이 아닌 이사의 자격요건) 중앙회, 수협은행, 공공기관
제15조의2(중앙회의 조합 감사선출 지원) 외부전문가, 주된 사무소
제15조의3(연체 대상 금융기관의 범위) 조합, 보험회사
제16조(선거관리위원회의 구성·운영 등) 이사회
제16조의2(실질적인 경쟁관계에 있는 사업의 범위) 중앙회, 출자
제17조(간부직원의 자격) 근무성적, 금융업
제18조(조합의 자금차입 한도 및 신용사업의 한도와 방법) 5배, 수산정책, 경영건전성기준
제19조(위탁 계약) 서면, 위탁기간
제20조(수산물 위탁판매사업 등) 위탁판매조성금
제20조의2(비조합원 등의 사업이용 제한) 3분의 1, 중앙회
제21조(조합의 여유금 등의 운용) 채무증권, 금융위원회, 지구별수협, 신용사업
제22조(업종별수협의 조합원 자격) 정치망어업, 내수면
제23조(수산물가공수협의 조합원 자격) 통조림, 해조류
제23조의2(조합공동사업법인의 설립인가 기준 및 절차) 둘, 출자금납입확약총액
제23조의3(내부통제기준) 조직구조, 유가증권, 이사회
제23조의4(준법감시인의 자격요건 등) 5년, 감봉, 자산운용
제24조의2(중앙회 감사위원의 자격요건) 조합, 판사, 금융감독원
제25조(사업전담대표이사의 자격요건) 10년, 정관
제27조(대리인의 선임등기) 사업전담대표이사, 2주일
제27조의2(회원의 상환준비금의 운용·관리) 단기대출, 위험회피
제27조의3(회원의 여유자금의 운용·관리) 한국은행, 금융위원회, 3분의 1
제27조의4(부대사업의 범위) 대차(貸借), 환매조건부
제29조(소형어선 담보에 대한 조치) 20톤, 무동력어선, 어선원부, 강제집행
제29조의2(국가 보조 또는 융자 사업에 대한 공시정보대상) 금액, 중앙회
제29조의3(수협은행의 등기사항) 수협은행장, 본점, 2주일, 이사
제29조의4(수협은행의 업무) 서면, 중앙회, 대리, 공제료, 전산시스템
제30조(조합감사위원회 위원의 자격요건) 중앙회, 수산업, 금융업, 공인회계사
제31조(우선출자증권 발행사항의 공고) 2주, 국가
제32조(우선출자의 청약) 우선출자청약서, 액면금액, 발행가액

제33조(우선출자 금액의 납입 등) 발행가액, 다음 날
제37조(우선출자의 매입소각) 이사회
제38조의2(조합등의 우선출자) 조합장, 대표이사
제40조(국가 등의 출자지원) 국가, 수협은행, 금융위원회
제42조(채권의 발행방법) 모집, 사모(私募)
제43조(채권의 형식) 무기명식
제44조(채권의 모집) 채권청약서, 이율, 발행가액, 청약가액
제45조(계약에 따른 채권인수) 총액, 채권모집
제46조(채권발행의 총액) 발행, 청약총액
제47조(모집발행채권의 기재사항) 채권번호
제48조(채권의 납입) 모집, 발행
제49조(채권모집의 위탁) 자기명의
제50조(채권의 매출발행) 채권청약서, 채권번호
제51조(매출채권의 총액) 매출총액
제54조(채권원부) 납입금액, 기명식, 업무시간
제55조(채권의 매입소각) 이사회
제56조(통지와 독촉) 채권청약서, 기명식, 무기명식
제58조(질권 설정) 기명식
제59조(이권의 흠결) 무기명식, 상환
제61조(해양수산부장관 등의 감독 등) 해양수산부장관, 지방자치단체의 장, 금융위원회
제62조(감독권의 위임·위탁) 청산, 일상적
제63조(경영지도의 통지) 서면
제64조(경영지도의 방법 등) 서면, 불법경영
제65조(경영지도의 기간 등) 6개월, 15일
제66조(채무의 지급정지) 제세공과금, 3개월, 퇴직금
제67조(임원의 직무정지) 서면
제68조(회원 간의 분쟁조정 등) 분쟁조정위원회, 분쟁조정위원회
제69조(조합에 대한 지도) 결손금, 파견
제69조의2(민감정보 및 고유식별정보의 처리) 주민등록번호, 운전면허, 수산금융채권, 민감정보
제69조의3(규제의 재검토) 해양수산부장관
제70조(과태료의 부과 및 징수절차) 선거관리위원회

## 규칙 수산업협동조합법 시행규칙

제1조(목적) 수산업협동조합법
제2조(어촌계의 설립준비위원회와 창립총회) 사업계획서, 설립동의서, 정관
제3조(어촌계의 설립인가 신청 및 통보) 설립준비위원회, 어장, 지구별수협
제4조(조합원 가입 신청) 가입신청서, 조합장
제5조(의결 취소의 청구 등) 사본, 해양수산부장관
제6조(정관 변경 등의 인가 신청) 해양수산부장관, 중앙회
제7조(조합의 자금차입 한도의 예외) 수산정책
제8조(상임이사를 두어야 하는 기준) 500억 원
제8조의2(다수인이 왕래하거나 집합하는 공개된 장소의 범위) 병원, 종교시설, 주된 사무소
제8조의3(선거운동방법) 선거운동방법
제9조(조합원이 아닌 수산업자에 대한 대출) 수협은행
제9조의2(공제규정 기재사항) 종목, 공제료, 상품공시, 표준약관
제9조의3(책임준비금의 적립기준) 계약자배당준비금, 비상위험준비금, 재공제
제9조의4(조합공동사업법인 회원의 가입 신청) 출자계좌, 재무상태표
제9조의5(수산업협동조합협의회의 구성 등) 지구별수협, 전국
제10조(국가 보조 또는 융자 사업에 대한 정보의 공시) 이사회, 인터넷 홈페이지
제10조의2(수협은행의 우대조치) 대출기간
제10조의3(외부회계감사) 형법, 초과사용
제10조의4(업무정지의 세부기준) 중앙회
제11조(조합원의 검사 청구) 규정, 해양수산부장관

# 고시넷 금융권 직무평가 최신판

### 은행·금융 공기업 NCS
실제유형 + 실전모의고사

### 지역농협 6급
인적성&직무능력평가

### NH농협은행 6급
온라인 필기시험

### MG 새마을금고
기출예상모의고사

### 지역신협 인적성검사
최신 기출유형 모의고사

### 전국 수협 인적성검사
최신 기출유형 모의고사

# 2026
## 고시넷
### 전국 수협 전공시험
# 수협법
**일반관리계 선택과목**

NCS 직무수행능력평가